Schriftenreihe
der Juristischen Schulung

Band 51

W0192661

Einführung
in das Jugendstrafrecht

von

Dr. Alexander Böhm

em. Professor an der Universität Mainz
Richter am Oberlandesgericht a. D.

und

Dr. Wolfgang Feuerhelm

außerplanmäßiger Professor an der Universität Mainz

4. Auflage

Verlag C. H. Beck München 2004

Verlag C. H. Beck im Internet:
beck.de

ISBN 3 406 51319 0

© 2004 Verlag C. H. Beck oHG
Wilhelmstraße 9, 80801 München
Druck und Bindung: Druckhaus Nomos
In den Lissen 12, 76547 Sinzheim

Satz: Fotosatz Otto Gutfreund GmbH, Darmstadt

Gedruckt auf säurefreiem, alterungsbeständigem Papier
(hergestellt aus chlorfrei gebleichtem Zellstoff)

Vorwort zur vierten Auflage

Mit dieser Auflage hat die Einführung nun zwei Autoren, neben dem bisherigen Verfasser nun auch Herrn Professor Dr. Wolfgang Feuerhelm, der schon an der letzten Auflage mitgearbeitet hat.

Seit dem Erscheinen der dritten Auflage vor mehr als acht Jahren hat das JGG keine entscheidenden Veränderungen erfahren. Auf dem 64. Deutschen Juristentag in Berlin im Herbst 2002 hat dessen strafrechtliche Abteilung die Frage, ob das deutsche Jugendstrafrecht noch zeitgemäß ist, behandelt. Der dort mit großer Mehrheit gefasste Beschluss, wonach sich das JGG als Grundlage für die strafjudizielle Reaktion auf Jugendkriminalität bewährt hat, entspricht der in diesem Buch stets vertretenen Auffassung. Hinsichtlich gleichwohl bestehenden Änderungsbedarf wird hier weiterhin eine eher zurückhaltende Position eingenommen.

Literatur, Rechtsprechung und statistisches Material sind bis Mitte 2004 ausgewertet.

Mainz, im Juli 2004   *Alexander Böhm*
Wolfgang Feuerhelm

Aus dem Vorwort zur ersten Auflage

Will jemand im Jugenstrafrecht so ausgebildet sein, daß er einen Sachverhalt aus diesem Gebiet angemessen bearbeiten kann, dann muß er das materielle Strafrecht, das Strafprozeßrecht, die Gerichtsverfassung, das Recht der Vollstreckung und des Vollzugs der möglichen Maßnahmen und Strafen für die vom Gesetzgeber als Jugend bezeichnete Personengruppe kennen. Lehrbücher des Jugendstrafrechts und Lehrveranstaltungen über dieses Thema vermitteln den erwähnten Stoff aber nicht vollständig. Das hängt damit zusammen, daß der Gesetzgeber keine abschließende Regelung geschaffen hat. Er hat sich vielmehr darauf beschränkt, in einem vergleichsweise knappen Gesetz, dem Jugendgerichtsgesetz (JGG), die Besonderheiten festzulegen, die bei der Verfolgung, Verhandlung und Ahndung von Straftaten junger Menschen zu beachten sind. Im übrigen sind die allgemein geltenden Vorschriften, das Strafgesetzbuch, die Strafprozeßordnung und das Gerichtsverfassungsgesetz – um nur die wichtigsten zu nennen –, für anwendbar erklärt. Jene die Praxis des Jugendstrafrechts weitgehend bestimmenden Gesetze werden auch in dieser Einführung nicht erklärt werden können; gewisse Kenntnisse aus den genannten Rechtsgebieten sind jedoch zum Verständnis des Jugendstrafrechts unentbehrlich. Deshalb ist es richtig, das Wahlfach „Jugendstrafrecht" im Anschluß an das Pflichtfach „Strafrecht" zu studieren. Und wer – aus einem anderen als dem juristischen Ausbildungsgang kommend – sich mit Jugendstrafrecht befaßt, darf nicht übersehen, daß die Regelungen des JGG, auf deren Darstellung ich mich im wesentlichen beschränken muß, allein keinen genügenden Einblick in die Materie gewähren.

Da das Jugendgerichtsgesetz nur Teibereiche regelt und im übrigen auf die allgemeinen Vorschriften verweist (§ 2), ist es nötig, seine Stellung im Rechtssystem zu bedenken, insbesondere die Frage zu prüfen, wie die aus anderen Gesetzen übernommenen Bestimmungen in das Jugendstrafrecht einzuordnen sind. Umfang und Entwicklung der Jugendkriminalität, derentwegen ein eigenes Rechtsgebiet wie das Jugendstrafrecht erforderlich erscheint, sollen wenigstens angesprochen werden. Dieses rechtliche und tatsächliche Umfeld des Jugendstrafrechts wird im ersten Teil dieser Einführung – Stellung und Aufgabe des Jugenstrafrechts – knapp behandelt werden.

Das Jugendgerichtsgesetz bezeichnet die Personengruppe, für die es gilt. Aber auch die Menschen, die im Verfahren eine Rolle spielen und bei Vollstreckung und Vollzug der Maßnahmen und Strafen mitwirken, sind mehr oder weniger eingehend beschrieben. Deshalb wird sich der zweite Hauptteil der Einführung mit „den Personen" befassen. Außerdem ist das Jugendgerichtsgesetz eine Art Filter, durch den die Vorschriften des Strafrechts und die den Strafprozeß regelnden Gesetze auf „die Jugend" Anwendung finden. Dabei geht das Gesetz unterschiedlich vor: aus dem Strafgesetzbuch werden etwa alle Vorschriften über Verbrechensaufbau, Versuch und Vollendung, Tun und Unterlassen, Täterschaft und Teilnahme, Vorsatz und Irrtum, Fahrlässigkeit, Rechtfertigungs- und Entschuldigungsgründe sowie die einzelnen Tatbestände der Verbrechen und Vergehen übernommen. Die Regelungen über Strafen und Maßregeln der Besserung und Sicherung, über Strafbemessung und Strafvollzug sind dagegen fast vollständig durch eigene Vorschriften ersetzt. Wegen dieses weiteren Schwerpunkts des Gesetzes beschäftigt sich der dritte Teil des Buches mit „den Maßnahmen".

In die Einführung sind Erfahrungen eingegangen, die ich als Leiter einer Jugendstrafanstalt gemacht habe. Mitunter werden deshalb eigene Erlebnisse und Untersuchungen mitgeteilt. Sie sind eingebettet in den ständigen, bereichernden Gedankenaustausch mit den Mitarbeitern der JVA Rockenberg (Oberhessen): Aufsichts-, Werk- und Verwaltungsbeamten, Lehrern und Sozialarbeitern, Psychologen und Ärzten, Geistli-

chen und Juristen. Ihnen allen schulde ich Dank. Ganz besonders ist freilich der langjährige Vollstreckungsleiter, Richter *Josef Müller*, zu erwäh-
nen, dessen vorbildliche Haltung auf dem schmalen Pfad zwischen Erzie-
hungsangebot und Strafrecht meine Einstellung zu den Problemen des
Jugendgerichtsgesetzes stark beeinflußt hat.

Inhaltsverzeichnis

3. Teil. Die Maßnahmen

Abkürzungsverzeichnis

ders. . . . . derselbe
d. h. . . . . das heißt
dies. . . . . dieselbe, n
Die Justiz . . . . Amtsblatt des Justizministeriums Baden-Württemberg (zitiert nach Jahr und Seite)
Diss. . . . . Dissertation
DJTag . . . . Deutscher Juristentag
DRiZ . . . . Deutsche Richterzeitung (zitiert nach Jahr und Seite)
Drs. . . . . Drucksache
DVJJ . . . . Deutsche Vereinigung für Jugendgerichte und Jugendgerichtshilfen
DVJJ-J . . . . DVJJ-Journal, Mitgliederrundbrief der DVJJ eV (zitiert mit Heft, Jahr und Seite)
EGGVG . . . . Einführungsgesetz zum Gerichtsverfassungsgesetz
EGJVollz . . . . Entwurf eines Gesetzes zur Regelung des Jugendstrafvollzugs (Stand: 8. 4. 2004)
EJVollzG . . . . Entwurf zum Jugendstrafvollzugsgesetz
Einf. . . . . Einführung
EGMR . . . . Europäischer Gerichtshof für Menschenrechte
einschl. . . . . einschließlich
EMRK . . . . Europäische Konvention für Menschenrechte
etc. . . . . et cetera
EUVollzg 1999 . . . . Entwurf eines Gesetzes zur Regelung des Vollzuges der Untersuchungshaft vom 30. 4. 1999
eV . . . . eingetragener Verein
E2.JGGÄndG . . . . Referentenentwurf eines Zweiten Gesetzes zur Änderung des Jugendgerichtsgesetzes (Stand: 8. April 2004)
f. . . . . folgende Seite, für
ff. . . . . folgende Seiten
FGG . . . . Gesetz über die freiwillige Gerichtsbarkeit
Fn. . . . . Fußnote
FS . . . . Festschrift
GA . . . . Goltdammers Archiv für Strafrecht (zitiert nach Jahr und Seite)
GBA . . . . Generalbundesanwalt
gedr. . . . . gedruckt
gem. . . . . gemäß
Ges. . . . . Gesetz
GG . . . . Grundgesetz für die Bundesrepublik Deutschland
ggfs. . . . . gegebenenfalls
GnO . . . . Gnadenordnung
GVBl . . . . Gesetz- und Verordnungsblatt
Grdl. z. . . . . Grundlagen zu
GS . . . . Gedächtnisschrift
GVG . . . . Gerichtsverfassungsgesetz
H . . . . Heft
Hess. . . . . Hessen, hessischen
Hinw. . . . . Hinweise(n)
h. L. . . . . herrschende Lehre
hM . . . . herrschende Meinung
Hrsg., hrsg. . . . . Herausgeber, herausgegeben
i. d. F. . . . . in der Fassung
insges. . . . . insgesamt
i. S. . . . . im Sinne

i.V.	in Verbindung
JA	Juristische Arbeitsblätter (zitiert nach Jahr und Seite)
JAVollzO	Jugendarrestvollzugsordnung
JBl.	Justizblatt
JGG	Jugendgerichtsgesetz
JGH	Jugendgerichtshilfe
JGTag	Jugendgerichtstag
JM	Justizminister, -ium
JMBl	Justizministerialblatt
JR	Juristische Rundschau (zitiert nach Jahr und Seite)
JStR	Jugendstrafrecht
JStrVK	Jugendstrafvollzugskommission
Jugendwohl	Jugendwohl. Zeitschrift für Kinder- und Jugendhilfe (zitiert nach Jahr und Seite)
JuS	Juristische Schulung (zitiert nach Jahr und Seite)
JWG	Jugendwohlfahrtsgesetz
JZ	Juristenzeitung (zitiert nach Jahr und Seite)
jur.	juristische
KFN	Kriminologisches Forschungsinstitut Niedersachsen eV
KG	Kammergericht
KJHG	Kinder- und Jugendhilfegesetz vom 26. 6. 1990
KKW	Kleines Kriminologisches Wörterbuch
KrimGegfr	Kriminologische Gegenwartsfragen (zitiert nach Jahr, Heft und Seite)
KrimJ	Kriminologisches Journal (zitiert nach Jahr und Seite)
krit.	kritisch, e, er, es
KUP	Kriminologie und Praxis. Schriftenreihe der kriminologischen Zentralstelle e. V., Wiesbaden
LG	Landgericht
LVerfRhPf	Verfassung des Landes Rheinland-Pfalz
MdJ	Ministerium der Justiz
MDR	Monatsschrift für deutsches Recht (zitiert nach Jahr und Seite)
m. E.	meines Erachtens
MschrKrim	Monatsschrift für Kriminologie und Strafrechtsreform (zitiert nach Jahr und Seite)
m.w.	mit weiteren
nachgedr.	nachgedruckt
Nachw.	Nachweisen
NdsRpfl.	Niedersächsische Rechtspflege (zitiert nach Jahr und Seite)
NJ	Neue Justiz (zitiert nach Jahr und Seite)
NJW	Neue Juristische Wochenschrift (zitiert nach Jahr und Seite)
Nr.	Nummer, n
NStZ	Neue Zeitschrift für Strafrecht (zitiert nach Jahr und Seite)
NStZ-RR	NStZ-Rechtsprechungsreport Strafrecht (zitiert nach Jahr und Seite)
NZV	Neue Zeitschrift für Verkehrsrecht (zitiert nach Jahr und Seite)
o.	oben
OLG	Oberlandesgericht
OVG	Oberverwaltungsgericht
PDV	Polizeidienstvorschrift
PKS	Polizeiliche Kriminalstatistik, herausgegeben vom Bundeskriminalamt (zitiert nach Jahr und Seite)
PKW	Personenkraftwagen

RdJB .... Recht der Jugend und des Bildungswesens (zitiert nach Jahr und Seite)
Rn. .... Randnummer, n
RG .... Reichsgericht
RGSt .... Entscheidungen des Reichsgerichts in Strafsachen (zitiert nach Band und Seite)
RhPf .... Rheinland-Pfalz
RiL .... Richtlinie
Rpfleger .... Der Deutsche Rechtspfleger (zitiert nach Jahr und Seite)
Rspr .... Rechtsprechung
RÜ .... Böhm, Aus der neueren Rechtsprechung zum Jugendstrafrecht (die Entscheidungen des BGH sind nach Entscheidungsart und Datum zitiert)
s. .... siehe
S. .... Seite
SchlHA .... Schleswig-Holsteinische Anzeigen (zitiert nach Jahr und Seite)
SchlussB .... Schlussbericht der Jugendstrafvollzugskommission. Hrsg. v. Bundesminister der Justiz (1980)
SGB VIII .... Achtes Buch Sozialgesetzbuch
sog. .... so genannt, e
st. .... ständige
stat. .... statistisches
StGB .... Strafgesetzbuch
StPO .... Strafprozessordnung
StraFo .... Strafverteidiger Forum (zitiert nach Jahr und Seite)
StR, StrafR ..... Strafrecht
StrVert .... Strafverteidiger (zitiert nach Jahr und Seite)
StVollstrO ...... Strafvollstreckungsordnung
StVollzG .... Strafvollzugsgesetz
s. u. .... siehe unten
Tab. .... Tabelle
TBer. .... Tagungsberichte der Jugendstrafvollzugskommission. Hrsg. v. Bundesministerium der Justiz (zitiert nach Band − I−IX − und Seite)
TÜV .... Technischer Überwachungsverein
u. a. .... und andere, r
U-Gefangene ..... Untersuchungsgefangene
U-Haft .... Untersuchungshaft
UVollzO .... Untersuchungshaftvollzugsordnung
UJ .... Unsere Jugend, Zeitschrift für Jugendhilfe in Wissenschaft und Praxis (zitiert nach Jahr und Seite)
Urt. .... Urteil
USA .... United States of America
usw. .... und so weiter
uU .... unter Umständen
v. .... vom, von
VG .... Verwaltungsgericht
VGH .... Verwaltungsgerichtshof
vgl. .... vergleiche
Vorb. .... Vorbemerkung
VorPrA .... Vorprüfungsausschuss
VRS .... Verkehrsrechtssammlung (zitiert nach Band und Nr.)
VV .... Verwaltungsvorschriften

VVJug . . . . Bundeseinheitliche Verwaltungsvorschriften für den Jugendstraf-
vollzug
WStG . . . . Wehrstrafgesetz
z. B. . . . . zum Beispiel
Zbl . . . . Zentralblatt für Jugendrecht (bis einschließlich Dezember 1983:
Zentralblatt für Jugendrecht und Jugendwohlfahrt – zitiert nach
Jahr und Seite)
ZfStrVo . . . . Zeitschrift für Strafvollzug (zitiert nach Jahr und Seite)
ZJJ . . . . Zeitschrift für Jugendkriminalrecht und Jugendhilfe (zitiert nach
Jahr, Heft und Seite)
ZRP . . . . Zeitschrift für Rechtspolitik (zitiert nach Jahr und Seite)
ZStW . . . . Zeitschrift für die gesamte Strafrechtswissenschaft (zitiert nach
Band, Jahr und Seite)
zust. . . . . zustimmende, r
zutr. . . . . zutreffend

Verzeichnis der abgekürzt zitierten Literatur

Albrecht .... Albrecht, Peter-Alexis: Jugendstrafrecht. 3. Aufl. (2000).

Albrecht Gutachten ...... Albrecht, Hans-Jörg: Ist das deutsche Jugendstrafrecht noch zeitgemäß? Gutachten D zum 64. DJTag Berlin 2002.

Ber. 16. JGTag .... DVJJ (Hrsg.), Jugendgerichtsbarkeit und Sozialarbeit. Bericht über die Verhandlungen des 16. Deutschen Jugendgerichtstages in Darmstadt vom 17. bis 20. September 1974. Schriftenreihe der DVJJ. Neue Folge, Heft 9, 1975.

Ber. 17. JGTag .... DVJJ (Hrsg.), Junge Volljährige im Kriminalrecht. Bericht über die Verhandlungen des 17. Deutschen Jugendgerichtstages in Saarbrücken vom 27. bis 30. September 1977. Schriftenreihe der DVJJ. Neue Folge, Heft 11, 1978.

Ber. 18. JGTag .... DVJJ (Hrsg.), Die jugendrichterlichen Entscheidungen – Anspruch und Wirklichkeit. Bericht über die Verhandlungen des 18. Deutschen Jugendgerichtstages in Göttingen vom 29. September bis 3. Oktober 1980. Schriftenreihe der DVJJ. Neue Folge, Heft 12, 1981.

Ber. 19. JGTag .... DVJJ (Hrsg.), Jugendgerichtsverfahren und Kriminalprävention. Bericht über die Verhandlungen des 19. Deutschen Jugendgerichtstages in Mannheim vom 3. bis 7. Oktober 1983. Schriftenreihe der DVJJ. Neue Folge, Heft 13, 1984.

Ber. 20. JGTag .... DVJJ (Hrsg.), Und wenn es künftig weniger werden? Bericht über die Verhandlungen des 20. Deutschen Jugendgerichtstages in Köln vom 6. bis 10. Oktober 1986. Schriftenreiche der DVJJ. Neue Folge, Heft 17, 1987.

Beschl. 64. DJTag .... Die Beschlüsse des 64. Deutschen Juristentages Berlin 2002.

Blei .... Blei, Hermann: Strafrecht I. Allgemeiner Teil, 18. Aufl. (1983).

BMJ-Jugendgerichtshilfe .. Bundesminister der Justiz (Hrsg.), Jugendgerichtshilfe – quo vadis? (Frankfurter Symposium) 1991.

BMJ-Jugendstrafrechts-
reform .... BMJ (Hrsg.), Jugendstrafrechtsreform durch die Praxis (Konstanzer Symposium), 1989.

Bock .... Bock, Michael: Kriminologie, 2. Aufl. (2000).

Brunner/Dölling .... Brunner, Rudolf/Dölling, Dieter: Jugendgerichtsgesetz. 11. Aufl. (2002).

Dallinger/Lackner ...... Dallinger, Wilhelm/Lackner, Karl: Jugendgerichtsgesetz. 2. Aufl. (1965).

DSS .... Diemer, Herbert/Schoreit, Armin/Sonnen, Bernd-Rüdeger: JGG Kommentar zum Jugendgerichtsgesetz, 4. Aufl. (2002).

Dünkel .... Dünkel, Frieder: Freiheitsentzug für junge Rechtsbrecher (1990).

DVJJ-Reform .... Deutsche Vereinigung für Jugendgerichte und Jugendgerichtshilfen e.V. (Hrsg.): Vorschläge für eine Reform des Jugendstrafrechts. Abschlussbericht der 2. Jugendstrafrechts-Kommission. DVJJ-Extra Nr. 5 (2002).

Eisenberg . . . .   Eisenberg, Ulrich: Jugendgerichtsgesetz, 10. Aufl. (2004).

FS Böhm . . . .   Feuerhelm, Wolfgang u. a. (Hrsg.), Festschrift für Alexander Böhm zum 70. Geburtstag (1999).

FS Dünnebier . . . .   Hanack, Ernst-Walter u. a. (Hrsg.), Festschrift für Hanns Dünnebier zum 75. Geburtstag am 12. Juni 1982 (1982).

FS Hanack . . . .   Ebert, Udo u. a. (Hrsg.): Festschrift für Ernst-Wilhelm Hanack zum 70. Geburtstag (1999).

FS Heinitz . . . .   Lüttger, Hans u. a. (Hrsg.), Festschrift für Ernst Heinitz zum 70. Geburtstag (1972).

FS Kaiser . . . .   Albrecht, Hans-Jörg u. a. (Hrsg.): Internationale Perspektiven in Kriminologie und Strafrecht. Festschrift für Günther Kaiser zum 70. Geburtstag (1998).

FS Leferenz . . . .   Kerner, Hans-Jürgen u. a. (Hrsg.), Kriminologie – Psychiatrie – Strafrecht. Festschrift für Heinz Leferenz zum 70. Geburtstag (1983).

FS Mezger . . . .   Engisch, Karl u. a. (Hrsg.), Festschrift für Edmund Mezger zum 70. Geburtstag (1954).

FS Miyazawa . . . .   Kühne, Hans-Heiner (Hrsg.): Festschrift für Koichi Miyazawa. Dem Wegbereiter des japanisch-deutschen Strafrechtsdiskurses (1995).

FS Müller-Dietz . . . .   Britz, Guido u. a. (Hrsg.): Grundfragen staatlichen Strafens. Festschrift für Heinz Müller-Dietz zum 70. Geburtstag (2001).

FS Nüchterlein . . . .   Festschrift für den scheidenden Präsidenten des Oberlandesgerichts Nürnberg Dr. Maximilian Nüchterlein (1978).

FS Peters . . . .   Baumann, Jürgen u. a. (Hrsg.), Einheit und Vielfalt des Strafrechts. Festschrift für Karl Peters zum 70. Geburtstag (1974).

FS Schaffstein . . . .   Grünwald, Gerald u. a. (Hrsg.), Festschrift für Friedrich Schaffstein zum 70. Geburtstag (1975).

FS Schneider . . . .   Schwind Hans-Dieter u. a. (Hrsg.): Festschrift für Hans-Joachim Schneider zum 70. Geburtstag (1998).

FS Schreiber . . . .   Amelung, Kurt u. a. (Hrsg.): Strafrecht, Biorecht, Rechtsphilosophie. Festschrift für Hans-Ludwig Schreiber zum 70. Geburtstag (2003).

FS Schüler-Springorum . . .   Albrecht, Peter-Alexis u. a. (Hrsg.), Festschrift für Horst Schüler-Springorum zum 65. Geburtstag (1993).

FS Spendel . . . .   Seebode, Manfred (Hrsg.), Festschrift für Günter Spendel zum 70. Geburtstag (1992).

FS Stutte . . . .   Remschmidt, Helmut u. a. (Hrsg.), Jugendpsychiatrie und Recht. Festschrift für Hermann Stutte zum 70. Geburtstag (1979).

FS Würtenberger . . . .   Herren, Rüdiger u. a. (Hrsg.), Kultur – Kriminalität – Strafrecht. Festschrift für Thomas Würtenberger zum 70. Geburtstag am 7. 10. 1977 (1977).

GS H. Kaufmann . . . .   Hirsch/Kaiser (Hrsg.), Gedächtnisschrift für Hilde Kaufmann (1986).

GS Meyer . . . .   Geppert/Dehnicke (Hrsg.), Gedächtnisschrift für Karlheinz Meyer (1990).

Göppinger . . . .   Göppinger, Hans: Kriminologie. 5. Aufl. (1997).

Grunewald . . . .   Grunewald, Ralph-Pierre: Die De-Individualisierung des Erziehungsgedankens im Jugendstrafrecht. Jur. Diss. Mainz (2002).

Herz . . . .   Herz, Ruth: Jugendstrafrecht, 2. Aufl. (1987).

Jugendkriminalität	Simonsohn, Berthold (Hrsg.), Jugendkriminalität, Strafjustiz und Sozialpädagogik. 2. Aufl. (1969).
Jugendkriminalität und Resozialisierung	Kongressbericht 1974. Deutsche Akademie für medizinische Fortbildung Kassel (Hrsg.), Redaktion: Schüler-Springorum, Horst und Krokowski, Gisela (1975).
Kaiser	Kaiser, Günther: Kriminologie. 3. Aufl. (1996).
2. Kölner Symposium	Bundesminister der Justiz (Hrsg.), Grundfragen des Jugendkriminalrechts und seiner Neuregelung (1991).
3. Kölner Symposium	Bundesminister der Justiz (Hrsg.), Das Jugendkriminalrecht als Erfüllungsgehilfe gesellschaftlicher Erwartungen? (1995).
KKW	Kaiser, Günther/Kerner, Hans-Jürgen/Sack, Fritz/Schellhoss, Hartmut (Hrsg.), Kleines Kriminologisches Wörterbuch. 3. Aufl. (1993).
Lackner/Kühl	Lackner, Karl/Kühl, Kristian: Strafgesetzbuch mit Erläuterungen. 24. Aufl. (2001).
Landau Gutachten	Landau, Herbert: Referat, in: Ständige Deputation des deutschen Juristentages (Hrsg.): Verhandlungen des 64. DJTages, Band II/1 Berlin 2002, N 37 ff.
Laubenthal	Laubenthal Klaus: Jugendgerichtshilfe im Strafverfahren (1993).
LR-Schäfer	Löwe-Rosenberg: Die Strafprozessordnung und das Gerichtsverfassungsgesetz. 28. Lieferung: §§ 1–21i GVG, Bearbeiter: Karl Schäfer. 24. Aufl. (1990).
Ludwig Gutachten	Ludwig, Heike: Referat, in: Ständige Deputation des deutschen Juristentages (Hrsg.): Verhandlungen des 64. DJTages, Band II/1 Berlin 2002, N 1 ff.
Maurach/Zipf	Maurach, Reinhart/Gössel, Heinz/Zipf, Heinz: Strafrecht. Allgemeiner Teil. Teilband 2. 7. Aufl. (1989).
Mehrfach auffällig	Schüler-Springorum, Horst (Hrsg.), Mehrfach auffällig (1982).
Meier/Rössner/Schöch ...	Meier, Bernd/Rössner, Dieter/Schöch, Heinz: Jugendstrafrecht (2003).
Meyer-Goßner	Meyer-Goßner, Lutz: Strafprozessordnung, Gerichtsverfassungsgesetz, Nebengesetze und ergänzende Bestimmungen, 47. Aufl. (2004).
Mrozynski.............	Mrozynski, Peter: Jugendhilfe und Jugendstrafrecht (1980).
Nix (Bearbeiter)	Nix, Christoph (Hrsg.), Kurzkommentar zum Jugendgerichtsgesetz. Kommentar. 3. Aufl. (1994).
Ostendorf	Ostendorf, Heribert: Jugendgerichtsgesetz Kommentar. 6. Aufl. (2003).
Peters	Peters, Karl: Strafprozess. 4. Aufl. (1985).
Pfeiffer	Pfeiffer, Christian: Kriminalprävention im Jugendgerichtsverfahren (1983).
Roxin	Roxin, Claus: Strafverfahrensrecht. 25. Aufl. (1998).
Schaffstein/Beulke	Schaffstein, Friedrich/Beulke, Werner: Jugendstrafrecht. 14. Aufl. (2002).
Schlüchter	Schlüchter, Ellen: Plädoyer für den Erziehungsgedanken (1994).
Sch/Sch (Bearbeiter)	Schönke, Adolf/Schröder, Horst: Strafgesetzbuch. 26. Aufl. (2001).
Schwind	Schwind, Hans-Dieter: Kriminologie. 14. Aufl. (2004).
Strafmündigkeit........	Nissen, Gerhardt u. a. (Hrsg.), Strafmündigkeit (1973).

Streng .... Streng, Franz: Jugendstrafrecht (2003).
Streng Gutachten .... Streng, Franz: Referat, in: Ständige Deputation des deutschen Juristentages (Hrsg.): Verhandlungen des 64. DJTages, Band II/1 Berlin 2002, N 69 ff.
Symp Brunner .... Dölling, Dieter (Hrsg.): Das Jugendstrafrecht an der Wende zum 21. Jahrhundert. Symposium zum 80. Geburtstag von Dr. Rudolf Brunner (2001).
Trenczek .... Trenczek, Thomas (Hrsg.), Freiheitsentzug bei jungen Straffälligen. Schriftenreihe der Deutschen Vereinigung für Jugendgerichte und Jugendgerichtshilfen e. V., Band 21 (1993).
Tröndle/Fischer .... Tröndle, Herbert/Fischer, Thomas: Strafgesetzbuch und Nebengesetze, 51. Aufl. (2003).
Walter .... Walter, Michael: Jugendkriminalität. Eine systematische Darstellung, 2. Aufl. (2001).
Weg und Aufgabe .... Schaffstein, Friedrich/Miehe, Olaf (Hrsg.), Weg und Aufgabe des Jugendstrafrechts (1968).
Wiesner u. a. SGB VIII .... Wiesner, Reinhard (Hrsg.): SGB VIII Kinder- und Jugendhilfe, 2. Aufl. (2000).
Wolff .... Wolff, Jörg: Jugendliche vor Gericht im Dritten Reich (1992).

1. Teil. Stellung und Aufgabe des Jugendstrafrechts

§ 1. Einige Grundlagen

Literatur: Peters, Die Grundlagen der Behandlung junger Rechtsbrecher, Mschr-Krim 1966, 49 ff.; *Simonsohn,* Vom Strafrecht zur Jugendhilfe. Ein geschichtlicher Überblick, 1969; *ders.,* Der junge Mensch vor Gericht. Gedanken zur Neugestaltung des Rechts im Geiste demokratischer Erziehung, 1963; beide in: Jugendkriminalität, S. 7 ff., S. 196 ff.; *Schaffstein,* Jugendkriminalrecht und Jugendhilferecht, MschrKrim 1973, 326 ff.; *Kaiser,* Jugendstrafrecht oder Jugendhilferecht?, ZRP 1975, 212.

1. Der junge Mensch in unserer Strafrechtsordnung

Nach unserer Strafrechtsordnung verlangt der Gedanke des Rechtsgüterschutzes, eine Reihe von Verhaltensweisen unter Strafdrohung zu stellen.[1] Ob man so verfahren muss oder ob die Rechtsgüter der einzelnen Bürger und der Gemeinschaft auch durch ein System von bessernden und sichernden Maßnahmen, durch „etwas, was besser als Strafrecht ist, nämlich eine rationale Behandlung des Rechtsbrechers im Sinne seiner Erziehung und der Sicherung der Gesellschaft"[2] geschützt werden könnten, soll hier unerörtert bleiben, denn sowohl unsere als auch die meisten anderen Rechtsordnungen machen dem erwachsenen Täter die Straftat zum Vorwurf, wenn er sie – was die Regel ist – schuldhaft begangen hat. Schuld setzt voraus, dass der Täter das Unrecht seines Tuns erkennen kann und fähig ist, nach dieser Erkenntnis zu handeln. Auch diese Voraussetzung der meisten Strafrechtsordnungen ist nicht selbstverständlich. Es ist mehr eine Glaubenssache als ein erwiesener Umstand, dass jeder erwachsene Mensch, der nicht geisteskrank ist (§ 20 StGB), über die erwähnten Fähigkeiten verfügt. Aber auch dieses Problem ist hier nicht zu diskutieren, denn ohne Zweifel beruht unser Strafrecht auf der geschilderten Annahme.[3] Wenn aber jeder gesunde Erwachsene das Unrecht seiner Taten erkennen und nach dieser Erkenntnis sich frei für Recht und Unrecht entscheiden kann, so ist jedenfalls sicher, dass diese Fähigkeiten

---

[1] Vgl. das Urteil des *BVerfG* v. 25. 2. 1975 zur „Fristenlösung" beim Schwangerschaftsabbruch, *BVerfGE* 39, 1 ff., 46 ff., das sogar eine Pflicht des Gesetzgebers, Strafnormen als „ultima ratio" zu erlassen, postuliert (gegen die abweichende Meinung zweier Verfassungsrichter, 73 ff.). Grundsätzlich zur Strafrechtsordnung: *BVerfGE* 45, 187 ff., 253 ff.

[2] *Radbruch,* Der Erziehungsgedanke im Strafwesen, 1932, nachgedr. in: ZfStrVo 1952/53, 154 ff., 159.

[3] *BGHSt* 2, 194 ff., 200, 201; *Maurach/Zipf,* § 63 I A und B.

dem Menschen nicht angeboren sind. Er erwirbt sie in einem längeren Lernprozess. Sie sind ein Ergebnis der Sozialisation, die es dem Einzelnen ermöglicht, sich selbst in der Gemeinschaft so zu verwirklichen, dass er die berechtigten Interessen anderer achtet und die gemeinschaftlichen Ziele fördert. Der zur gelungenen Sozialisation führende Lernprozess beruht auf der schrittweisen Bewältigung zwischenmenschlicher Beziehungen, zur Mutter, zur Familie, zur Nachbarschaft, zu Gleichaltrigen, zum anderen Geschlecht. Hierbei wird ein Gefüge von Verhaltensnormen erlernt und verinnerlicht, das es den meisten Menschen erlaubt, ein gesetzmäßiges und geordnetes Leben zu führen. Dieser Lernprozess findet in einem gesellschaftlichen Umfeld statt. Sein Gelingen oder (teilweises) Misslingen ist nicht „Verschulden" des jeweiligen jungen Menschen, auch nicht unbedingt seiner Eltern oder sonstiger Erzieher.[4] So richtig es ist, dass die gesellschaftlichen Normen keineswegs eindeutig und widerspruchsfrei sind und dass Jugendliche aus ihrer Lebensgeschichte verständliche eigene Motive für ihr Handeln erwerben,[5] so kann doch kein Zweifel daran bestehen, dass es allgemeiner Konsens ist, andere Menschen nicht zu töten, zu verletzen, zu berauben, zu erpressen, zu bestehlen oder ihr Eigentum zu zerstören.[6]

Es sind zwei Möglichkeiten vorstellbar, wie das Strafrecht mit dem geschilderten Sachverhalt fertig wird. Es ist eine gesetzliche Lösung denkbar, die die *strafrechtliche Verantwortung erst mit dem Abschluss des dargestellten Lernprozesses,* also mit dem Beginn des Erwachsenseins, etwa der Vollendung des 18. Lebensjahres, eintreten lässt. Vor diesem Zeitpunkt erkennbare Fehlentwicklungen, auch wenn sie sich in Straftaten äußern, dürften dann nur unter pädagogischen Gesichtspunkten betrachtet werden, also etwa Angebote nach dem Jugendhilferecht auslösen.

Eine solche Regelung ist in Deutschland nicht verwirklicht, aber lebhaft diskutiert worden.[7] Allerdings haben manche Kämpfer wider das Jugendgericht[8] indessen auch Vorbehalte gegen das Strafrecht überhaupt angemeldet.[9] Ihr Eintreten für ein reines Erziehungsrecht gegenüber Jugendlichen ist ein strategischer Schritt auf dem Wege zur *Abschaffung des Strafrechts.* Das ist gewiss legitim, aber nicht der Weg, den unser Gesetz-

---

[4] Die Kritik der hier vertretenen Ansicht bei *Albrecht,* § 8 IV 2, ist insoweit nicht recht verständlich.

[5] Worauf *Albrecht,* § 8 IV 2, zutreffend hinweist.

[6] Vgl. *Kerner,* Kriminalitätseinschätzung und Innere Sicherheit, BKA-Forschungsreihe Band 11, 1980, S. 285 ff., 307.

[7] Vgl. die verdienstvolle Zusammenstellung der wichtigsten Stimmen von 1892 bis 1969 in: Jugendkriminalität.

[8] Das Schlagwort stammt von *Webler,* Wider das Jugendgericht, 1929, nachgedr. in: Jugendkriminalität, S. 75 ff.

[9] Etwa *Aichhorn,* Kann der Jugendliche straffällig werden? Ist das Jugendgericht eine Lösung?, 1934, nachgedr. in: Jugendkriminalität, S. 100; *Künzel,* in: Moser, Gespräche mit Eingeschlossenen, 1970, S. 17 ff.

geber gehen kann und darf, wenn er nicht auch seine Entscheidung für das Strafrecht gegenüber Erwachsenen in Frage gestellt sehen will. Man kann aber auch den langen Erziehungsprozess aufteilen in den Zeitraum der Kindheit, in der jede strafrechtliche Verantwortung ausgeschlossen ist, und in den Zeitraum der Jugend, in der der junge Mensch langsam mit Verantwortung belastet und so organisch an seine Verantwortlichkeit als Erwachsener herangeführt wird. Diese Lösung führt zu einem *besonderen Jugendstrafrecht* für die zwischen der Kindheit und dem Erwachsenenalter liegende Altersgruppe. Entscheidet man sich für diese Lösung, so bestehen für den Gesetzgeber wieder zwei Regelungsmöglichkeiten. Er kann dieses Jugendstrafrecht entweder ausschließlich an der geringeren Verantwortlichkeit des Jugendlichen orientieren und daneben – mehr oder weniger unverbunden – dem Jugendlichen die zur Erziehung geschuldeten Hilfen anbieten, oder aber erzieherische Hilfen in die strafrechtlichen Maßnahmen integrieren.

a) Nebeneinander von Strafrecht und Erziehungsrecht

In der Geschichte des Strafrechts führte die Jugend des Täters zunächst zu einer Milderung der Strafe.[10] Dem liegt die Erkenntnis zugrunde, dass der Jugendliche, der noch in der Entwicklung begriffen ist, für seine Taten nicht in der gleichen Weise verantwortlich gemacht werden kann wie der Erwachsene. Ansätze in dieser Richtung finden sich bereits in der Peinlichen Halsgerichtsordnung Kaiser *Karls V.*, der sog. „Carolina" aus dem Jahre 1532. Sie sind seither in verschiedenen Gesetzen wiederholt und spezifiziert worden. Das Strafgesetzbuch für das Deutsche Reich vom 18. 5. 1871 sah vor, dass gegenüber Jugendlichen, welche eine strafbare Handlung begangen haben, die Strafe zwischen dem gesetzlichen Mindestbetrag der angedrohten Strafart und der Hälfte des Höchstbetrages der angedrohten Strafe zu bestimmen ist. Der Gesetzgeber von 1871 sah in dem Jugendlichen, beinahe wörtlich, „den Halbstarken", dem allenfalls die Hälfte des Höchstbetrages zugemessen werden kann. Wie das Strafmaß hiernach im Einzelfall zu ermitteln war, hat das *RG* im Jahre 1882[11] entschieden: der Richter muss zunächst die im Einzelfall begangene Straftat feststellen. Danach hat er die für diese Tat in ihrer konkreten Verübung angedrohte Strafe zu ermitteln, zunächst ohne Rücksicht darauf, dass der Täter jugendlich ist, d. h. er sucht die Strafe, die ein erwachsener Täter erhalten hätte. Dabei berücksichtigt er etwa mildernde Umstände, die aus einem anderen Grund als der Jugend des Täters gegeben sind. Hat der Richter die Strafart und die in diesem Falle zulässige Höchststrafe gefunden, so ermittelt er den Sonderstrafrahmen für den Jugendlichen. Dieser ergibt sich aus dem gesetzlichen Mindestbetrag der

---

[10] *Krebs*, ZfStrVo 1962, 211 ff., 253 ff.; *Schaffstein/Beulke*, § 3; *Meier/Rössner/Schöch*, § 2 Rn. 4.

[11] *RGSt* 6, 98 ff.

Strafart – bei Gefängnis seinerzeit ein Tag – und der Hälfte der für den Erwachsenen bei einer entsprechenden Tat vorgesehenen Höchststrafe.

b) Die integrierte Lösung

Während im Strafgesetzbuch von 1871 der Jugendliche als ein „halber" Erwachsener angesehen wurde, weiß man heute, dass der Jugendliche mit seinen typischen Entwicklungsproblemen nicht ein kleiner Erwachsener, sondern etwas anderes als ein Erwachsener ist. Die ausschließlich mildere Behandlung wird seinen Bedürfnissen nicht gerecht. Deshalb hat unser Jugendgerichtsgesetz im „Jahrhundert des Kindes"[12] versucht, ein System angemessener Reaktionen auf Straftaten Jugendlicher zu schaffen, die einerseits seiner geringeren Verantwortlichkeit, andererseits aber seiner Erziehungsbedürftigkeit Rechnung tragen. Dabei wird ein Neben- oder gar Gegeneinander von Straf- und Erziehungsrecht nach Möglichkeit verhindert. Diese Regelung ist praktisch und vernünftig, bringt aber dogmatisch eine ganze Reihe von Schwierigkeiten mit sich.[13]

2. Verantwortung und Erziehungsbedürfnis

Ob und in welchem Umfang jemand für die von ihm begangene Tat *verantwortlich* ist, richtet sich nach seinem Zustand im Zeitpunkt der Tat. Ob jemand besonderer erzieherischer Hilfen bedarf, hängt von seiner Befindlichkeit im Augenblick der Entscheidung über solche Hilfen sowie von seiner vermutlichen weiteren Entwicklung ab. Ein Jugendstrafrecht, das Straftaten zum Anlass des Eingreifens nimmt, hat in jedem einzelnen Fall mehr oder weniger von dieser Spannung zu bewältigen. Extrem sind die Fälle, in denen schwere Delikte – wie Mord und Totschlag – erst viele Jahre nach ihrer Begehung aufgeklärt werden.

Ein 20-jähriger Mann muss sich etwa wegen eines Mordes verantworten, den er als 15-jähriger Junge begangen hat. Bei der Bemessung der „Strafe" ist zu bedenken, dass seine Verantwortlichkeit zur Tatzeit nicht der eines reifen Menschen entsprach. Was erzieherisch notwendig ist, muss sich nach seinem Zustand im Zeitpunkt der Verhandlung richten. Ist zu diesem Zeitpunkt eine erzieherische Einwirkung nicht mehr nötig oder nicht mehr möglich, dann wirkt sich die Anwendung von Jugendstrafrecht notwendigerweise nur in einer Strafmilderung wegen geringerer Verantwortlichkeit zur Tatzeit aus. Je näher aber Tat und Aburteilung zeitlich zusammenliegen, desto stärker beeinflussen die beiden unterschiedlichen Aspekte einander. In zwei Fällen kann nur noch eine der Leitlinien be-

---

[12] Eine von der schwedischen Schriftstellerin *Ellen Key* stammende Bemerkung. Vgl. hierzu *Swientek*, Von der „Majestät des Kindes" zu „Monsterkid und Co". Das „Jahrhundert des Kindes" von seinem Ende her betrachtet, 2002, S. 10–47.
[13] *Thiesmeyer,* in: Strafmündigkeit, S. 52 ff., 61; *Kaiser,* ZRP 1975, 212 ff., 216, 217; *Streng,* § 1 Rn. 15–23.

rücksichtigt werden. Ist die Tat eines Kindes zu einem Zeitpunkt bekannt geworden, da das Kind schon ein Jugendlicher ist – etwa die Tötung eines Spielkameraden durch einen 12-Jährigen, nachdem der Täter inzwischen 15 Jahre alt geworden ist –, so ist jede jugendstrafrechtliche Reaktion ausgeschlossen. Es fehlt an der Verantwortlichkeit, so dass nur die der Erziehungsbedürftigkeit entsprechenden Maßnahmen nach den jugendhilferechtlichen und vormundschaftsrechtlichen Vorschriften ergriffen werden können. Steht die Tat eines Jugendlichen zur Aburteilung, wenn dieser bereits erwachsen ist – etwa der Mord eines heranwachsenden KZ-Bewachers, der erst lange nach dem Krieg im Alter von 40 Jahren vor Gericht steht[14] –, so kann nur noch Strafe in Betracht kommen. Die Tat eines Kindes, die erst bekannt wird, wenn der Täter erwachsen ist – die Tat des 13-Jährigen wird bekannt, als dieser schon 19 Jahre alt ist –, kann nach diesem System überhaupt keine Reaktion erfahren; denn erzieherische Maßnahmen gegen einen Volljährigen sind nicht mehr möglich, und zur Tatzeit war der Täter noch nicht verantwortlich.

§ 2. Verhältnis der allgemeinen Vorschriften zum Jugendgerichtsgesetz

Vergleichsweise einfach ist es, ein Gesetz mittels „filternder" Vorschriften auf andere Personengruppen anzuwenden, wenn die Grundlagen der „gefilterten" Bestimmungen in einer bestimmten, dem System des Gesetzes innewohnenden Richtung verändert werden. Bei der Festlegung der Strafrahmen und bei der Strafbemessung lässt sich das Strafgesetzbuch von dem Gedanken des *Rechtsgüterschutzes* leiten: je wertvoller das geschützte Rechtsgut und je verwerflicher die Art des gegen es geführten Angriffs, desto schwerer ist das Unrecht und desto höher die Strafdrohung. Die Strafbemessung im Einzelnen richtet sich dann vornehmlich nach der Schuld des Täters. Je schwerer der Vorwurf, der dem Täter bei der Verletzung des Rechtsguts gemacht werden muss, desto höher die Strafe. Ginge das Jugendgerichtsgesetz von der Vorstellung aus, dass der junge Mensch wegen seiner noch nicht abgeschlossenen Entwicklung grundsätzlich in geringerem Maße schuldig ist als der Erwachsene, dann würde das im System des Strafgesetzbuches bedeuten, dass die Strafen milder auszufallen hätten. Entweder würden die im Gesetz vorgesehenen Strafen nach einem gewissen Maßstab gemildert (wie im Strafgesetzbuch von 1871 vorgesehen), oder sie würden teilweise durch mildere jugendgemäße Strafen ersetzt, so etwa wie im Jugendstrafrecht der ehemaligen DDR.[1] Man

---

[14] *Schaffstein/Beulke,* § 8 II 1 b.
[1] Vgl. hierzu *Böhm,* Das Jugendstrafrecht, in: Zieger/Schroeder, Die strafrechtliche Entwicklung in Deutschland – Divergenz oder Konvergenz –, 1988, S. 117 ff.

könnte dann auch statt der oder neben die (gemilderte) Strafe eine den Bedürfnissen junger Menschen angemessene Maßregel der Besserung und Sicherung treten lassen, die von der Gefährdung der Allgemeinheit durch künftige Straftaten einerseits und der notwendigen Erziehung zu einem gesetzmäßigen Leben andererseits bestimmt wäre. Diese Methode, die gewissermaßen im gedanklichen Geleise des Strafgesetzbuches bliebe, ist aber nicht die Methode des Jugendgerichtsgesetzes.

Freilich sind auch dem Jugendgerichtsgesetz solche Gedankengänge nicht fremd. Wenn etwa die Höchststrafe auf zehn Jahre Jugendstrafe begrenzt ist und gegenüber jugendlichen eine Jugendstrafe von mehr als fünf Jahren nur für Taten in Betracht kommt, die im allgemeinen Strafrecht mit einer Höchststrafe von mehr als zehn Jahren Freiheitsstrafe bedroht sind (§ 18 I JGG), oder wenn nach § 106 JGG die gegen Heranwachsende zu verhängende Freiheitsstrafe gemildert werden kann, so ist hier dem Umstand Rechnung getragen, dass jugendliches Alter generell schuldmindernd wirkt.[2]

Im Übrigen ist aber der leitende Gedanke für Auswahl und Bemessung der jeweiligen Reaktion, die erforderliche Erziehung zu ermöglichen und zu sichern, oder doch jedenfalls möglichst wenig zu behindern. So darf der Richter nur dann Jugendstrafe verhängen, wenn wegen der in der Tat hervorgetretenen schädlichen Neigungen des Jugendlichen Erziehungsmaßregeln oder Zuchtmittel zur Erziehung nicht ausreichen oder wenn wegen der Schwere der Schuld Jugendstrafe erforderlich ist (§ 17 II JGG). Beide Voraussetzungen schränken den Anwendungsbereich von Jugendstrafe im Verhältnis zum Anwendungsbereich der Freiheitsstrafe gegenüber den dem allgemeinen Strafrecht unterliegenden Tätern zwar ein, finden dort aber keine Entsprechung. Und die Jugendstrafe im Einzelnen ist so zu bemessen, dass die erforderliche erzieherische Einwirkung möglich ist (§ 18 II JGG). Erwägungen dieser Art sind wieder dem allgemeinen Strafrecht nicht ganz fremd, wir kennen sie bei den Maßregeln vor allem unter dem Stichwort der „Besserung" und bei den Strafen bei der Überlegung der „Wiedereingliederung". Aber im allgemeinen Strafrecht bestimmen diese Gedanken weder die Strafe noch die Maßnahme, sondern finden nur im Rahmen der schuldangemessenen Sühne für das Unrecht und der Sicherung der Allgemeinheit vor erneuter Straffälligkeit Berücksichtigung. So kann etwa nur in einem eng gesteckten, durch Gegenausnahmen noch weiter eingeschränkten Rahmen aus Gründen der besseren Eingliederung des Täters auf die Vollstreckung einer Freiheitsstrafe, die dann zur Bewährung ausgesetzt wird, verzichtet werden (§§ 47, 56, 57 StGB). Zwar soll der Vollzug der Freiheitsstrafe dazu dienen, den Täter zu befähigen, ein Leben ohne Straftaten zu führen (§ 2 StVollzG), aber das ist gewissermaßen die Umwertung einer zu anderen Zwecken verhängten Strafe im Vollzug. Hier macht der Strafvollzug aus der Not eine Tugend, während im Jugendstrafrecht sowohl die Verhängung wie die Vollstre-

---

[2] *BGHSt* 31, 189 ff. = NStZ 1983, 218 m. Anm. *Brunner* = JZ 1983, 507 m. Anm. Eisenberg.

ckung der Maßnahmen – sieht man einmal von der Schwerstkriminalität ab – vom gleichen Ziel beherrscht sein sollen.

Bei Auswahl und Vollstreckung jugendstrafrechtlicher Maßnahmen unter vorwiegend erzieherischen Überlegungen treten die Widersprüche, wie wir sie bei der Umwertung der Freiheitsstrafe im allgemeinen Strafrecht kennen und dort unter dem Stichwort „Dysfunktionalität des Strafrechts"[3] oder „Antinomie der Strafzwecke"[4] diskutieren, auf anderer Ebene auf. Denn *die Erziehung ist ein Recht des Jugendlichen.* Sie geschieht, auch wenn der Betroffene es oft nicht gleich selbst empfindet, zu seinem Wohle. *Die Strafe* hingegen, selbst wenn sie im Einzelfall dem Verurteilten zu seiner Sozialisation verhilft, *ist ein Übel*, mit dem das schuldhaft begangene Unrecht ausgeglichen oder vergolten werden soll.[5] Überspitzt formuliert bedeutet dies: der von einem 25-jährigen Täter verübte Diebstahl führt zu einem Strafübel, wobei in dem durch das Übel gesteckten zeitlichen und sachlichen Rahmen auch ein bisschen Hilfe geleistet werden darf und soll, während die gleiche Tat beim 17-jährigen eine vom Erziehungsgedanken beherrschte Maßnahme zur Folge hat, mit der dem Täter eine Wohltat erwiesen wird, deren zunächst als lästig empfundene Beschwerlichkeiten einen in zweiter Linie willkommenen Ahndungszweck erfüllen. Der *BGH* meint sogar, dass „für die Frage, ob und in welcher Höhe die reine Schuldstrafe" (das ist Jugendstrafe wegen Schwere der Schuld gem. § 17 II JGG) „verhängt werden soll, in erster Linie das Wohl des Jugendlichen maßgebend" ist.[6]

Offenbar sieht der *BGH* hier die Strafe nicht wie im allgemeinen Strafrecht als verschuldetes Unrecht ausgleichende Übelzufügung an. Vielmehr verwandelt er sie – im Sinne *Wolfgang Preisers*[7] oder *Arthur Kaufmanns*[8] – in die dem Täter eingeräumte Chance, deren Unannehmlichkeit als eine heilsame Sühneleistung auf sich zu nehmen und dadurch inneren Frieden mit sich selbst und die Versöhnung mit der Gemeinschaft zu erreichen. Dann wäre die Jugendstrafe und überhaupt jedes ahndende Moment in den jugendstrafrechtlichen Reaktionen etwas inhaltlich ganz anderes als die Strafe bei Erwachsenen, wie denn der BGH jede Entscheidung für „erzieherisch" zu halten scheint, die, ohne ihre Wirkung auf die Allgemeinheit oder die bloße Schwere des äußeren Unrechts zu bedenken, allein im Hinblick auf die Persönlichkeit des Jugendlichen oder Heranwachsenden getroffen wird.[9] Ob das stimmt, erscheint

---

[3] *Hassemer*, in: A. Kaufmann (Hrsg.), Die Strafvollzugsreform, 1971, S. 53 ff.
[4] *Lackner/Kühl*, § 46 Rn. 3.
[5] *Blei*, S. 371; *Lackner/Kühl*, § 46 Rn. 1.
[6] BGHSt 16, 261, 263. St. Rspr. des *BGH:* StrVert 1981, 130; NStZ 1982, 332; Urt. v. 21. 4. 83, RÜ 1983, 448; Beschl. v. 9. 5. 84, RÜ NStZ 1984, 445; StrVert 1993, 532.
[7] FS Mezger, S. 71 ff.
[8] In: *A. Kaufmann* (o. Fn. 3), S. 35 ff.
[9] *BGH* NStZ 1982, 332; *BGHSt* 36, 37 ff.; zu dem dieser Auffassung offenbar zugrunde liegenden „dualen" Erziehungsbegriff: *Grunewald,* S. 75 ff., 242 ff.

zweifelhaft.[10] Sicher ist indessen, dass auch im schwersten Fall – also bei der Jugendstrafe – der Erziehungsgedanke und damit das Wohl des Täters eine stärkere Rolle spielt als im allgemeinen Strafrecht. Übrigens sagt ja der *BGH*, dass in „*erster Linie*" das Wohl des Jugendlichen zu bedenken sei; dass die Jugendstrafe daneben auch andere Zwecke haben könnte, also auch den unrechtsausgleichenden, ahndenden Zweck[11] sowie den Zweck, die Allgemeinheit zu schützen, ist nicht ausgeschlossen.

Sonst wäre ja auch gar nicht einzusehen, dass derselbe *BGH* einen Polizeibeamten vom Vorwurf der Tötung bzw. der Körperverletzung mit Todesfolge freigesprochen hat, der einen Minderjährigen mit seiner Schusswaffe tödlich verletzte, weil sich dieser hartnäckig seiner Verhaftung zu entziehen verstand. Der aus der Heimerziehung entwichene 17-Jährige hatte eine Reihe von Diebstählen begangen und sich aus verschiedenen Festnahmen und Verhaftungen teils mit List und Gewandtheit, teils mittels einfacher körperlicher Gewalt befreien können. Als der angeklagte Polizeibeamte, der den Sachverhalt genau kannte, den Jugendlichen bemerkte, ihn aber weder einholen konnte – der junge Mann lief wieder schneller –, noch das Entkommen durch Drohung mit der Schusswaffe und Warnschüsse verhindern konnte, gab er einen gezielten Schuss ab, der den Jugendlichen tötete. Der *BGH* meint, das Verhalten des Jugendlichen habe befürchten lassen, dass er mit hoher Wahrscheinlichkeit weitere Straftaten von erheblichem Gewicht – auch Gewalttaten – begehen würde. (Was die Gewalttaten angeht, ist übrigens die Sachverhaltsschilderung alles andere als überzeugend, denn bisher hatte der Jugendliche nicht sehr gewalttätig gehandelt.) Die öffentliche Sicherheit, so meint der *BGH,* habe deshalb eine sofortige Wiederergreifung erfordert, der gezielte Schuss auf das Bein des flüchtenden Rechtsbrechers sei notwendig und gerechtfertigt gewesen.[12]

Wäre dieser Jugendliche vor Gericht gestellt worden, so hätte gegen ihn schlimmstenfalls Jugendstrafe unter fünf Jahren verhängt werden können, da ihm schwerste Straftaten nicht vorgeworfen wurden. Bei der Frage, ob und in welcher Höhe Jugendstrafe zu verhängen gewesen wäre, hätte nach der Rechtsprechung des *BGH* wieder in erster Linie das Wohl des Jugendlichen bedacht werden müssen. Da er sich dieser „Wohltat" zu entziehen suchte, durfte im konkreten Fall auf ihn geschossen werden, ja selbst die unglückliche und ungewollte Tötung war berechtigt. Hier zeigt sich, dass Sicherungs- und Ahndungscharakter der Strafe jedenfalls im Einzelfall den Grundsatz der erzieherischen Wohltat ganz verdrängen können. Folgerichtig gestatten §§ 178, 100 I Nr. 3 StVollzG auch den Schusswaffengebrauch gegen zu Jugendstrafe verurteilte Gefangene, die sich dem Vollzug durch Flucht entziehen wollen.

Hierzu sei übrigens angemerkt, dass ein besonders dringendes Reformanliegen ist, den Schusswaffengebrauch gegen aus Jugendstrafvollzug flüchtende Gefangene oder gegenüber Jugendlichen, die sich der Verhaftung zu entziehen suchen, auszuschließen. Der Ahndungszweck der Strafe, der Ausgleich verschuldeten Unrechts,

---

[10] *Schaffstein,* FS Heinitz, S. 461 ff.; vgl. u. § 25, 1 c.
[11] So ausdrücklich *BGH,* MDR 1982, 339. Vgl. auch *Bruns,* StrVert 1982, 592; St. Rspr.: *BGH* StrVert 1994, 589; *BGH,* Urt. v. 1. 9. 93, RÜ NStZ 1994, 529.
[12] *BGHSt* 26, 99 f., m. Anm. *Triffterer,* MDR 1976, 355 ff.

kann in den Jugendstraffällen niemals so gewichtig sein, dass er die bei Schusswaffengebrauch nie ganz auszuschließende Gefahr der Tötung oder schwere Verletzung eines Verurteilten rechtfertigt.[13]

Die Strafdrohungen des allgemeinen Strafrechts gelten nicht (§ 18 I 3 JGG). Deshalb erscheint es wenig einleuchtend, warum so große Mühe darauf verwandt wird, festzustellen, ob der Jugendliche oder Heranwachsende einen Diebstahl oder einen Diebstahl in einem besonders schweren Fall, einen Totschlag oder einen Mord, eine Betrugshandlung oder vier Betrugshandlungen begangen hat. Es müsste eigentlich die Feststellung genügen, dass irgendein Tatbestand des besonderen Teils des Strafgesetzbuches verwirklicht ist. Es ist aber nicht zu verkennen, dass die in den Strafdrohungen des allgemeinen Strafrechts zum Ausdruck kommenden Wertungen der einzelnen Straftaten doch Auswirkungen auf Auswahl und Bemessung der jugendstrafrechtlichen Maßnahmen gegen den Einzelnen haben.[14] Die Spannung zwischen den widersprüchlichen Zielen soll hier nur aufgezeigt werden, um darzustellen, welche Schwierigkeiten sich daraus ergeben, dass das Jugendgerichtsgesetz, ohne die gedanklichen Grundlagen des Strafgesetzbuches voll zu übernehmen, dessen Vorschriften weitgehend für anwendbar erklärt (§ 2 JGG).

Da das Jugendstrafrecht ein Übergangsrecht ist, das auf den Jugendlichen anwendbar ist, der eben erst dem Bereich unverantwortlicher Kindheit entwachsen ist, ebenso wie auf den Heranwachsenden, der sich gerade an der Schwelle zum vollverantwortlichen Erwachsenen befindet, werden die jugendstrafrechtlichen Reaktionen vor allem auch in den Grenzbereichen unterschiedliche Bedeutung haben.

Bei den jüngeren Jahrgängen, bei denen die Erziehungsbedürftigkeit stark und die Verantwortlichkeit gering ist, werden andere Maßstäbe angelegt werden müssen und andere Maßnahmen angebracht sein, als bei denjenigen Heranwachsenden, bei denen die Verantwortlichkeit schon fast voll entwickelt ist und das Erziehungsbedürfnis schwindet.[15]

§ 3. Erziehung und Strafe

Literatur: Beulke, Wie viel Erziehung ist im Jugendstrafrecht möglich? in: Rössner (Hrsg.), Toleranz – Erziehung – Strafe. Antworten auf Straftaten Jugendlicher. Hofgeismarer Protokolle Nr. 266, 1989, S. 65 ff.; *Blau,* Kriminalpolitische Auswirkungen des Erziehungsgedankens, in: 2. Kölner Symposium, S. 326 ff.; *Heinz,* Abschaffung oder Reformulierung des Erziehungsgedankens im Jugendstrafrecht? in: 2. Kölner Symposium, S. 369 ff.; *ders.,* Kinder- und Jugendkriminalität – ist der Strafgesetz-

---

[13] *SchlussB.* S. 14 = ZfStrVo 1978, 238, VI zu „Konfliktbewältigung". So auch § 32 EGJVollz.

[14] So der *BGH* in st. Rspr.: StrVert 1984, 254; 1993, 531; Beschl. v. 25. 2. 92, RÜ NStZ 1993, 528; Beschl. v. 3. 8. 93, RÜ NStZ 1994, 529.

[15] *Streng,* § 1 Rn. 17.

geber gefordert? ZStW 2002, 519 ff.; *Grunewald,* Der Individualisierungsauftrag des Jugendstrafrechts, NStZ 2002, 452 ff.; *Streng,* Der Erziehungsgedanke im Jugendstrafrecht, GA 1994, 60 ff.; *Walter,* Über die Fortentwicklung des Jugendstrafrechts, NStZ 1992, 470 ff.; *ders.,* Das Jugendstrafrecht in der öffentlichen Diskussion, GA 2002, 431 ff.

1. Zum Erziehungsgedanken im Jugendstrafrecht

Das JGG verwendet in den verschiedensten Vorschriften Begriffe wie: erzieherisch befähigt, aus erzieherischen Gründen, für Erziehung notwendig etc. Der hier verwendete Erziehungsbegriff ist einerseits mehrdeutig.[1] Zudem unterliegen die Vorstellungen über Erziehung einem stetigen Wandel. Bis zu dem Inkrafttreten des Jugendhilfegesetzes ist Erziehung auch als Befugnis zum Eingriff in die Lebensverhältnisse Jugendlicher verstanden worden. Vor allem die staatliche „Ersatzerziehung" – etwa die Fürsorgeerziehung in Heimen – bestand oft in starken Beschränkungen der gefährdeten unter 21 Jahre alten Menschen (die Volljährigkeit trat vor 1974 erst mit vollendetem 21. Lebensjahr ein). Viele Heime verfügten über gefängnisähnliche geschlossene Abteilungen, die Dauer des Verbleibs in diesen Einrichtungen war für die jungen Leute weniger überschaubar als bei Verurteilung zu Jugendstrafe, und die Lebensbedingungen in den Heimen waren von einer gegenüber dem Jugendstrafvollzug größeren Rechtlosigkeit geprägt.[2] Wenn etwa heute vorgetragen wird, das JGG von 1923 habe stärker als das JGG 1953 den Vorrang der Erziehung vor strafrechtlichen Eingriffen betont,[3] so muss man wissen, dass bei aller theoretischer Bedeutung dieser Position die jungen Menschen – und ihre Eltern – damals wesentlich einschneidenderen Eingriffen ausgesetzt waren als heute,[4] ja der „Vorrang der Erziehung" oft auf ein Mehr an Repression und eine geringere rechtliche Kontrolle hinauslief. Auch sonst war das Erziehungsverständnis autoritär und stärker an – aus erzieherischen Gründen für erforderlich gehaltenen – Repressionen orientiert. Bis in die Mitte des letzten Jahrhunderts gehörten körperliche Züchtigungen (mit dem Rohrstock) in den Schulen zu den Selbstverständlichkeiten, Strafarbeiten waren alltäglich, Nachsitzen im Karzer, eine Art kurzfristiger – nach Stunden bemessener – Freiheitsentzug, als Schulstrafe gebräuchlich.

---

[1] Zum „dualen Erziehungsverständnis": *Grunewald,* S. 75 ff., 242 ff. und NStZ 2002, 453.

[2] Vgl. *Eisenberg,* Kriminologie, 3. Aufl. (1990), § 34 I.

[3] Z. B. *Pfeiffer,* in: 2. Kölner Symposium, S. 60 ff., 76; *Meier/Rössner/Schöch,* § 2 Rn. 14.

[4] Wo eher die Gefahr besteht, dass die noch verbliebenen Eingriffsmöglichkeiten zu wenig genutzt werden: *Bock,* FS Hanack, S. 625 ff., 630 f.

Nach Art. 6 GG ist Erziehung ihrer Kinder Recht und Pflicht der Eltern. Die staatliche Gemeinschaft wacht darüber, dass die Eltern dieser Pflicht genügen und die Kinder zu ihrem Recht kommen. Sie erzieht nicht selbst. Fallen die Eltern als Erzieher aus, so treten andere Personen, Verwandte, Adoptiveltern oder Vormünder an deren Stelle. Einen Erziehungsauftrag nehmen die Lehrer in der Schule und die Berufsausbilder wahr, auch Erzieher in offenen Einrichtungen oder Heimen. Der zu Erziehende sucht sich seine Erzieher zwar nicht aus, beide verbindet aber eine in der Regel längerfristige persönliche Beziehung. Die Personen, die bei Verfolgung, Aufklärung und Ahndung einer Straftat mit dem Jugendlichen zu tun haben, treffen ihn vielleicht nur einmal kurz in seinem Leben. Man darf von ihnen verlangen, dass sie dem Jugendlichen mit Verständnis begegnen. Erzieher sind sie nicht. Innerhalb eines Erziehungsverhältnisses müssen den Jugendlichen auch Grenzen gesetzt werden, der Jugendliche muss die Konsequenzen von Fehlverhalten erfahren, man kann hier auch von Strafen in der Erziehung sprechen. Aber es gibt natürlich keine pädagogische Beziehung, die sich in „Grenzen setzen" oder „Konsequenzen aufzeigen" erschöpft; ja die Strafe ist in der Erziehung normalerweise die Ausnahme. Das Einstehenmüssen für eine Straftat, deren Ahndung durch Zuchtmittel oder Jugendstrafe, kann für einen Jugendlichen eine nützliche, ja eine notwendige Erfahrung sein, Erziehung ist dies nicht. Deshalb ist auch der Begriff Erziehung durch (staatliche) Strafe falsch. Jugendstrafrecht ist kein Erziehungsrecht, sondern Strafrecht.

Gleichwohl wäre es falsch, die Vokabeln „Erziehung" und „erzieherisch" aus dem JGG zu entfernen und erzieherischen Gesichtspunkten im Jugendstrafrecht keine Beachtung zu schenken.[5] Sie spielen im Sinne eines (teilweisen) Ahndungsverzichts bzw. einer solchen Ausgestaltung des Verfahrens und der ahndenden Maßnahmen,[6] die die Entwicklung des Angeklagten bzw. Verurteilten möglichst fördert, im schlimmsten Falle jedenfalls nicht nachhaltig behindert, eine wichtige Rolle. So verstanden ist der Erziehungsgedanke im Jugendstrafrecht unverzichtbar.[7] Diese Ausrichtung des JGG war Gegenstand der Erörterungen der strafrechtlichen Abteilung des 64. Deutschen Juristentages in Berlin. Sie ist dort mit einer eindrucksvollen Mehrheit bestätigt worden: „Der Erziehungsgedanke als Leitprinzip des Jugendstrafrechts hat sich bewährt. Er ist bei-

---

[5] Wie es *Albrecht,* Gutachten D 97 ff., gefordert hat; ähnlich *Laubenthal,* JZ 2002, 807 ff., 813.

[6] Etwa als „täterbezogen und zukunftsorientiert", *Kornprobst,* JR 2002, 309 ff.; *Eisenberg,* § 5 Rn. 13.

[7] *Schaffstein/Beulke,* § 5 IV 4; *Beulke,* aaO. S. 65 ff.; *Blau,* in: 2. Kölner Symposium, S. 326 ff.; *Heinz,* in: 2. Kölner Symposium, S. 396 ff., 406 und ZStW 2002, 519 ff., 575 f.; *Schlüchter,* S. 94, 95; *Walter,* NStZ 1992, 170 ff., 477 und GA 2002, 431 ff., 453 ff.; *Kreuzer,* UJ 1999, 56 ff., 65 und NJW 2002, 2345 f.; *Landau,* Gutachten, N 37 ff., 65; *Ludwig,* Gutachten, N 9, 14 ff.; *Streng,* Gutachten, N 9, 69, 71 ff. und § 1 Rn. 21–23; *Brunner/Dölling,* Einf. II Rn. 4; *Kaiser,* Symp. Brunner, S. 32, 33.

zubehalten. Er sichert flexible Sanktionsformen und ermöglicht gesellschaftliche Akzeptanz für adäquate Reaktionen."[8]

2. Bedeutung der Erziehung für die Sanktionen und die Verfahrensgestaltung

Da das Jugendstrafrecht nicht einfach „milder" als das allgemeine Strafrecht ist, sondern (obendrein) „anders", passt die neuerdings häufig geäußerte Vorstellung, auf allen Ebenen dürfte der Jugendliche nicht schlechter gestellt werden als der Erwachsene in vergleichbarer Position,[9] nicht zu dem Gesetz.[10] Sie führt in ihrer Konsequenz zur Abschaffung des Jugendstrafrechts als einer eigenständigen Regelung. Das wäre ein bedauerlicher Rückschritt, nicht zuletzt deshalb, weil damit auch eine Rechtsordnung zusammenbräche, die als „Vorreiter" für das allgemeine Strafrecht[11] eine große Bedeutung gehabt hat. Für die Jugendlichen und Heranwachsenden brächte eine solche Entwicklung gemessen an den im geltenden JGG gegebenen Möglichkeiten Nachteile.

a) Keine Strafverlängerung aus erzieherischen Gründen

Richtig ist allerdings, dass Jugendliche und Heranwachsende nicht strenger *bestraft* werden dürfen als Erwachsene, die ein vergleichbares strafbares Unrecht begehen und dabei vergleichbare Schuld auf sich geladen haben. Deswegen darf Jugendstrafe, die einzige im JGG vorgesehene echte Strafe, die der Freiheitsstrafe des allgemeinen Strafrechts ähnlich ist, nicht verhängt werden, wenn gegenüber einem gleichschuldigen Erwachsenen Freiheitsstrafe von sechs Monaten oder mehr nicht in Betracht käme. Und die Dauer der Jugendstrafe darf nicht höher bemessen werden als die Freiheitsstrafe in einem vergleichbaren Fall.[12] Deshalb erscheint die Zumessungsregel von § 18 II JGG bedenklich, wonach die Jugendstrafe so zu bemessen ist, dass eine erzieherische Einwirkung möglich ist. Diese Zumessungsregel ist, sicher im Einklang mit dem damaligen Gesetzgeber, in der Weise verstanden worden, dass die Jugendstrafe aus erzieherischen Gründen (etwa um eine Ausbildung in der Strafhaft zu beenden) auch länger bemessen werden dürfe als die Freiheitsstrafe in einem vergleichbaren Fall.[13] Die Zumessungsregel lässt sich aber

---

[8] Beschl. des 64. DJTages C II 3. Variante (54 Ja-Stimmen, 5 Nein-Stimmen, 6 Enthaltungen).

[9] *LG Itzehoe*, StrVert 1993, 538 mit Anm. *Ostendorf; Eisenberg,* § 45 Rn. 9; *Albrecht,* § 31 B III 1 a.

[10] *Schaffstein/Beulke,* § 28 II; *Beulke/Dittrich/Mann,* DVJJ-J 2/2002, 122, 123; *Bock,* FS Hanack S. 625 ff., 629 f.; *Grunewald,* NStZ 2002, 452 ff., 456; *Meier/Rössner/ Schöch,* § 6 Rn. 19; *Streng,* § 1 Rn. 13.

[11] *Schlüchter,* S. 81–83; *Meier/Rössner/Schöch,* § 16 Rn. 21.

[12] H. L., vgl. *Schlüchter,* S. 84, 95.

[13] *Dallinger/Lackner,* § 18 Rn. 8.

auch in der Weise auslegen, dass die nach Schwere der Tat und Größe
der Schuld zulässige Straflänge zusätzlich erzieherisch gerechtfertigt oder
wenigstens verantwortet werden muss, und dass deren unterste, der
Schuld gerade noch angemessene Grenze[14] – von den Fällen schwerster
Schuld vielleicht abgesehen – unter erzieherischen Überlegungen unter-
schritten werden darf.[15] Die nach § 18 I JGG für die Jugendstrafe vorgesehene Mindesthöhe von sechs Monaten bedeutet dementsprechend, dass
für Taten, bei denen, begehen sie Erwachsene, sechs Monate Freiheitsstrafe nicht in Betracht kommen, Jugendstrafe eben nicht verhängt werden darf (selbst wenn das nach der Vorstellung des Gerichts erzieherisch
sinnvoll wäre). Die bei Jugendstrafen unter einem Jahr ungünstigere Aus-
setzungsregelung (§ 88 II 1 JGG gegenüber § 57 I Nr. 1, II Nr. 1 StGB)
muss dem Jugendrichter obendrein bei der Verhängung kurzer Jugendstrafen bewusst sein.

Nun wird behauptet, die konkrete Anwendung von Jugendstrafrecht
belege den Vorwurf, aus Erziehungsgründen würden häufiger Jugendstrafen verhängt.[16] Der Erziehungsgedanke wirke sich also in unzulässiger
Weise straferhöhend aus. In der Tat ist der Prozentsatz der männlichen zu
Jugendstrafe Verurteilten gemessen an der Gesamtheit der nach Jugendstrafrecht Verurteilten deutlich höher (19,66 %) als der Prozentsatz der
männlichen zu Freiheitsstrafe von sechs Monaten und mehr Verurteilten
gemessen an der Gesamtheit der nach allgemeinem Strafrecht Verurteilten (13,85 %). Das gilt in einem etwas geringeren Maße auch für die Ju-
gend- bzw. Freiheitsstrafen von mehr als zwei Jahren, bei denen eine Aussetzung der ganzen Strafe nicht in Betracht kommt (2,19 % zu 1,75 %).
Allerdings hat sich der Abstand in den letzten Jahren verringert. Zusätzlich ist zu bedenken, dass die Kriminalität der nach Jugendstrafrecht und
der nach allgemeinem Strafrecht Verurteilten verschieden ist. Bei den
nach allgemeinem Strafrecht verurteilten Männern ist der Anteil der wegen Verkehrsvergehen und gewaltlosen Vermögensdelikten Bestraften
hoch, bei den nach Jugendstrafrecht Verurteilten niedrig.

Bei den Straftatengruppen Mord und Totschlag, Raub, Geiselnahme,
Notzucht, Bandendiebstahl, Diebstahl mit Waffen und Diebstahl in be-
sonders schweren Fällen, Verbrechen gegen das Betäubungsmittelgesetz,
Brandstiftung, Sexualdelikten sowie gefährlicher und schwerer Körper-
verletzung werden Erwachsene durchweg strenger bestraft als nach dem
Jugendstrafrecht Verurteilte. Diese Taten wurden im Jahr 2001 nur von 7 %

---

[14] In der Lehre wird überwiegend angenommen und in der Rechtsprechung ständig
vertreten, dass sich die Freiheitsstrafe des allg. StR aus spezialpräventiven Gründen
auch in ihrer unteren Grenze nicht von dem der Schuld des Täters noch Angemessenen lösen darf: *BGHSt* 20, 264, 266; *Maurach/Zipf,* § 63 I B.

[15] *Dölling,* FS Schreiber, S. 55 ff., 62; *Heinz,* ZStW 2002, 519 ff., 575.

[16] *Dünkel,* S. 124 ff., *Heinz,* in: 2. Kölner Symposium, S. 393 f.; *Pfeiffer,* in: 2. Kölner
Symposium, S. 60 ff.; DSS-*Sonnen,* § 17 Rn. 7; DVJJ-Reform, S. 15, 16 (4.4).

Tabelle A: Männliche Verurteilte 2001 (alte Bundesländer und Berlin)

I. nach Jugendstrafrecht	alle Verurteilungen	Jugendstrafe	Jugendstrafe ohne Bewährung	(davon: mehr als 2 Jahre)
1. Insgesamt	84426 (100 %) / 100 %	16600 (19,66 %) / 100 %	6221 (7,37 %) / 100 %	1849 (2,19 %) / 100 %
2. Schwere Delikte* (Straftatengruppe 1)	25054 (100 %) / 29,67 %	9927 (39,62 %) / 59,80 %	3838 (15,32 %) / 61,69 %	1423 (5,68 %) / 76,96 %
3. Leichtere Delikte** (Straftatengruppe 2)	39169 (100 %) / 46,39 %	5072 (12,95 %) / 30,55 %	1856 (4,74 %) / 29,83 %	325 (0,83 %) / 17,57 %
4. Straßenverkehrsdelikte	11956 (100 %) / 14,15 %	549 (4,59 %) / 3,30 %	184 (1,53 %) / 2,96 %	21 (0,17 %) / 1,13 %
5. Restliche Straftaten	8247 (100 %) / 9,78 %	1052 (12,75 %) / 6,33 %	343 (4,16 %) / 5,51 %	80 (0,97 %) / 4,32 %

II. nach allgemeinem Strafrecht	alle Verurteilten	Freiheitsstrafe von 6 Monaten und mehr	Freiheitsstrafe von 6 Monaten und mehr ohne Bewährung	(davon: mehr als 2 Jahre)
1. Insgesamt	512963 (100 %) / 100 %	71088 (13,85 %) / 100 %	27403 (5,34 %) / 100 %	8975 (1,75 %) / 100 %
2. Schwere Delikte* (Straftatengruppe 1)	36192 (100 %) / 7,05 %	27420 (75,76 %) / 38,57 %	13504 (37,31 %) / 49,28 %	6711 (18,54 %) / 74,77 %
3. Leichtere Delikte** (Straftatengruppe 2)	211075 (100 %) / 41,15 %	25058 (11,93 %) / 35,25 %	8924 (4,23 %) / 32,57 %	1435 (0,68 %) / 15,99 %
4. Straßenverkehrsdelikte	163418 (100 %) / 31,95 %	6220 (3,80 %) / 8,75 %	2296 (1,40 %) / 8,38 %	53 (0,03 %) / 0,59 %
5. Restliche Straftaten	102278 (100 %) / 19,95 %	12390 (12,11 %) / 17,43 %	2679 (2,61 %) / 9,78 %	776 (0,75 %) / 8,64 %

* Schwere Delikte – Straftatengruppe 1: §§ 176 a, 176 b, 177, 178, 211, 212, 224–227, 234, 234 a, 239 a, 239 b, 243–244 a, 249–252, 255, 306–306 c, 307–309, 316 a StGB; §§ 29 III, 29 a, 30 I, 30 a BtMG
** Leichtere Delikte – Straftatengruppe 2: §§ 223, 242, 246, 263–305 a StGB; §§ 29 I, 29 IV BtMG

der nach dem allgemeinen Strafrecht verurteilten Männer aber von
29,7 % der männlichen nach Jugendstrafrecht Verurteilten begangen. Von
den Tätern dieser Delikte wurden, soweit sie dem allgemeinen Strafrecht
unterfallen, über 75 % mit Freiheitsstrafen von mehr als sechs Monaten,
18,5 % sogar mit Freiheitsstrafen von mehr als zwei Jahren verurteilt, während es bei den nach Jugendstrafrecht Verurteilten nur 39,6 % bzw. 5,7 %
sind. Mehr als 61 % aller nicht zur Bewährung ausgesetzten Jugendstrafen
und 77 % aller Jugendstrafen von mehr als zwei Jahren entfallen auf die Täter dieser Delikte (bei den nach allgemeinem Strafrecht Verurteilten: fast
50 % der nicht zur Bewährung ausgesetzten Freiheitsstrafen über sechs
Monate bzw. 75 % der Freiheitsstrafen von mehr als zwei Jahren). Jedenfalls
in diesem Bereich wird der Grundsatz beherzigt, dass die Strafe gegenüber
Erwachsenen unter gleichen Bedingungen nicht höher ausfallen darf. Da
bei den erwachsenen Tätern tendenziell das Maß an Verantwortung und
Schuld höher ist als bei den nach Jugendstrafrecht Verurteilten, wird auch
folgerichtig sowohl seltener wie auch milder bestraft. Die der Strafverfolgungsstatistik von 2001 entnommenen Zahlen und Prozentsätze entsprechen im Wesentlichen auch den Zahlen der früheren Statistiken.

Bei den leichteren, häufig vorkommenden Delikten sind die schwereren Ahndungen unterdurchschnittlich häufig – und zwar bei den nach
Jugendstrafrecht Bestraften in ähnlichem Ausmaß wie bei den nach allgemeinem Strafrecht Bestraften. Ähnlich verhält es sich bei den Straßen-
verkehrsdelikten und den sonstigen Straftaten, die allerdings bei den nach
allgemeinem Strafrecht Verurteilten mehr als die Hälfte, bei den nach
Jugendstrafrecht Verurteilten weniger als ein Viertel ausmachen (wobei
innerhalb der gebildeten Straftatengruppen die einzelnen Straftaten wieder ungleich verteilt sind – so sind etwa drei mal so viele junge Männer
wegen einfachen Diebstahls und Unterschlagung verurteilt worden als
wegen Betruges und Untreue, während bei den erwachsenen Männern
die Verurteiltenzahlen etwa gleich hoch sind). Es gibt auch hier keinen
Hinweis auf ein strengeres Vorgehen gegenüber den nach Jugendstrafrecht Verurteilten.[17]

*b) Zu den Schwierigkeiten wertender Vergleiche bei Erziehungs-
maßregeln und Zuchtmitteln*

Unterhalb der Verurteilung zu Freiheits- bzw. Jugendstrafe ist die Feststellung einer Schlechterstellung der den jugendstrafrechtlichen Regelungen Unterworfenen gegenüber den nach allgemeinem Strafrecht Verurteilten deshalb problematisch, weil sich keine brauchbaren Vergleichsmaß-
stäbe finden lassen. Nach allgemeinem Strafrecht werden Geldstrafen und
Freiheitsstrafen von einem Monat bis unter sechs Monaten verhängt. Da-

---

[17] Das war vor zehn Jahren noch etwas anders (vgl. Vorauflage S. 17); ein Hinweis
darauf, dass Fehlentwicklungen ohne gesetzliche Eingriffe korrigiert werden: so
schon *Beulke,* GS Meyer, S. 677 ff., 688.

bei handelt es sich um Strafen im Rechtssinne. Nach dem Jugendstrafrecht erfolgen Verurteilungen zu Erziehungsmaßregeln und Zuchtmitteln, Rechtsfolgen, die keine Strafen sind. So kann man sich schon auf den Standpunkt stellen, dass Rechtsfolgen, die keine Strafen sind, grundsätzlich nicht strenger sind als Rechtsfolgen, die Strafen sind.

Die Erziehungsmaßregeln, Gebote und Verbote, die die Lebensführung des Jugendlichen oder Heranwachsenden günstig beeinflussen sollen (§ 10 I 1 JGG), mögen dem einzelnen Jugendlichen oder Heranwachsenden lästig sein, etwa seine Freizeit einschränken (wie die Teilnahme an einem Erziehungskurs), aber sie sind ausschließlich als Hilfen zur Lebensführung gedacht und deshalb immer günstiger als Strafen. Die Weisung, beim Onkel in einer anderen Stadt Wohnung zu nehmen, um aus einem seine Entwicklung gefährdenden Milieu, in dem er sich subjektiv wohl fühlt, herausgenommen zu werden, mag dem Jugendlichen härter erscheinen als die aus Anlass einer in Unrechts- und Schuldgehalt vergleichbaren Straftat erfolgende Verurteilung zu fünf Monaten zur Bewährung ausgesetzter Freiheitsstrafe einem Erwachsenen. Aber solche Vergleiche anzustellen, ist ersichtlich unsinnig.

Bei den Zuchtmitteln,[18] die der Ahndung der Tat dienen, freilich keine Strafen sind, wäre es eher denkbar, die faktische Rechtseinbuße mit der bei Erwachsenen durch eine Strafe eintretenden Rechtseinbuße zu vergleichen. Da könnte man sich auf den Standpunkt stellen, der im Jugendstrafrecht zulässige kurzzeitige Freiheitsentzug Jugendarrest (mindestens ein Wochenende = zwei Tage; längstens vier Wochen: § 16 JGG) sei stets härter als eine zur Bewährung ausgesetzte Freiheitsstrafe von einem Monat bis unter sechs Monaten oder eine Geldstrafe. Auf der anderen Seite ist die Geldstrafe, die bei einem Erwachsenen so bemessen wird, dass sie ihm die finanzielle Lebensgrundlage für eine bestimmte Anzahl von Tagen entzieht (§ 40 II StGB), angesichts der ganz anderen Lebensverhältnisse der Jugendlichen und Heranwachsenden, die in aller Regel (noch) nicht von ihren Einkünften leben, zu Recht nicht anwendbar. Deshalb erscheinen auch solche Berechnungen und Vergleiche willkürlich, und es bleibt dabei, dass auf dieser Ebene wegen der Andersartigkeit der Reaktionen nach allgemeinem und nach Jugendstrafrecht Wertvergleiche unterbleiben müssen.[19] Sonst könnte man auch daran denken, dass Weisungen und Auflagen nur bei Taten angeordnet werden könnten, für die, hätten sie Erwachsene begangen, eine Freiheitsstrafe (Mindest-

---

[18] Nach Abschnitt III 3 c der Anlage I, Kapitel III Sachgebiet C des Einigungsvertrages vom 23. 9. 1990 (BGBl II, 889, 957 f.) gilt in den neuen Bundesländern das JGG mit der Maßgabe, dass der Begriff „Zuchtmittel" durch die Worte „Verwarnung, Erteilung von Auflagen und Jugendarrest" ersetzt wird.

[19] Ebenso *Schlüchter*, S. 85, der auch insoweit zuzustimmen ist, dass die Anforderungen des Verhältnismäßigkeitsgrundsatzes und des Schuldprinzips zu beachten sind. Vgl. auch *Beulke*, GS Meyer, S. 687.

dauer ein Monat: § 38 II StGB) oder eine Geldstrafe von 28 Tagessätzen und mehr hätte verhängt werden müssen. Denn bei schuldhafter Nichterfüllung von Weisungen und Auflagen droht dem jungen Verurteilten ein Jugendarrest bis zur Dauer von vier Wochen (§§ 11 III, 15 III JGG). Allerdings ist auch dieser Vergleich schief. Denn der „Ungehorsamsarrest" setzt ein Verschulden des Verurteilten voraus, und seine Anordnung steht im Ermessen des Richters. Dagegen ist etwa die Ersatzfreiheitsstrafe bei Uneinbringlichkeit der Geldstrafe eine regelmäßig eintretende und verschuldensunabhängige Folge (§ 43 StGB).

c) Zur angeblichen Schlechterstellung Jugendlicher im Verfahren

Noch problematischer wird es, wenn vertreten wird, es müsse auch auf jeder Verfahrensstufe sichergestellt werden, dass die dem Jugendstrafrecht unterliegenden Jugendlichen und Heranwachsenden nicht ungünstiger gestellt seien als die Personen, die dem allgemeinen Strafrecht unterworfen sind. Dies wird für die Einstellungen des Verfahrens gegen Beschuldigte ohne Durchführung der Hauptverhandlung behauptet.[20] Beispielsweise kann der Jugendrichter nach § 45 III JGG das Verfahren gegen eine Auflage nur gegenüber dem geständigen Jugendlichen bzw. Heranwachsenden einstellen. Nach dem allgemeinen Strafrecht könnte der Staatsanwalt mit Zustimmung des Gerichts auch das Verfahren einstellen, wenn der Beschuldigte die Tat nicht gestanden hat, aber bereit ist, eine Geldbuße zu bezahlen. Scheinbar ist der nicht geständige Jugendliche hier benachteiligt. Gegen ihn wird nämlich nun das Jugendstrafverfahren durchgeführt. Stellt der Jugendrichter dieses Verfahren nicht nach § 47 JGG ein, und wird dem Jugendlichen die Tat nachgewiesen, so kommt es zu einer Verurteilung. Insoweit ist der Jugendliche (freilich nur im Falle des Tatnachweises) schlechter gestellt als der Erwachsene, der nicht verurteilt werden würde, weil das Verfahren gegen eine Auflage schon eingestellt ist. Der Jugendliche wird nun möglicherweise verwarnt oder zur Zahlung einer Geldbuße verurteilt. Damit werden gegen ihn durch Urteil im schlimmsten Fall die gleichen, wahrscheinlich aber mildere Maßnahmen verhängt als die, denen sich der Erwachsene im vergleichbaren Fall im Vorverfahren unterworfen hat. Was also die Rechtseinbuße angeht, ist der Jugendliche keineswegs schlechter gestellt als der Erwachsene. Würde das Verfahren gegen einen Erwachsenen durchgeführt, so müsste dieser, würden ihm Tat und Schuld nachgewiesen, bestraft werden, weil es im allgemeinen Strafrecht keine Rechtsfolge gibt, die nicht Strafe ist. Das Verfahren vor dem Richter hat deshalb im allgemeinen Strafrecht eine andere Bedeutung als im Jugendstrafrecht. Zudem ist es nur unter Diversionsgesichtspunkten (vgl. dazu unten § 13, 3) günstiger, wenn ein Verfahren auf einer möglichst „niedrigen" Stufe er-

---

[20] *Eisenberg,* § 45 Rn. 12.

ledigt wird. Geht man von dem größtmöglichen Schutz des Beschuldigten vor möglicherweise ungerechtfertigten Sanktionen aus, dann ist sicher deren Anordnung durch den infolge seiner Unabhängigkeit und seiner Position kompetenteren Jugendrichter „günstiger". So kann man sehr wohl auf dem Standpunkt stehen, ein leugnender Jugendlicher solle sich nicht wie ein Erwachsener „freikaufen können", sondern müsse, wenn er eben nicht geständig sei, überführt werden.[21] Auch dass bei der Einstellung des Verfahrens nach allgemeinem Strafrecht ein Erziehungsgespräch oder eine Ermahnung nicht vorgesehen sind, im Jugendstrafrecht bei Jugendlichen und Heranwachsenden aber häufig derartiges stattfindet, kann vernünftigerweise nicht als eine Schlechterstellung von Jugendlichen und Heranwachsenden gegenüber Erwachsenen begriffen werden. Solche Ermahnungen und Erziehungsgespräche erübrigen sich eben bei einem Erwachsenen, der infolge seiner Sozialisation von selber weiß, dass er Unrecht getan hat. Bei einem Jugendlichen oder Heranwachsenden wird es dagegen in aller Regel nötig sein, ihm die Bedeutung seines Fehlverhaltens zu erklären. Gespräch und Ermahnung sind die jugendgemäße Ausgestaltung der Verfahrenseinstellung.

Auch all die anderen Sonderregelungen des JGG, die Rechtsmittelbeschränkung, die andere Besetzung der Gerichte, die obligatorische Beiordnung von Bewährungshelfern bei Gewährung einer Aussetzung der Jugendstrafe zur Bewährung, sind nicht eine Benachteiligung Jugendlicher. Die Rechtsmittelbeschränkung nach § 55 I JGG betrifft nichtstrafende Rechtsfolgen, die im allgemeinen Strafrecht gar nicht vorgesehen sind. Dass jeder Verfahrensbeteiligte nach § 55 II JGG auf ein Rechtsmittel beschränkt ist, betrifft nicht nur den jugendlichen Angeklagten, sondern auch den Staatsanwalt und könnte eine Vorreiterfunktion gegenüber der Rechtsmittelhypertrophie im allgemeinen Strafrecht darstellen.[22]

d) Flexible Reaktion auf Veränderungen beim Verurteilten nach Rechtskraft der Entscheidung

Ein erzieherisches Prinzip des Jugendstrafrechts, das sich wie ein roter Faden durch das Gesetz zieht, ist die Möglichkeit des Richters, in jedem Verfahrensstand nach den erzieherischen Bedürfnissen des betroffenen Jugendlichen und Heranwachsenden pädagogisch zu reagieren. Die Strafe orientiert sich regelmäßig an der (zurückliegenden) Straftat und der Schuld, die der Täter bei Begehen dieser Straftat auf sich geladen hat. Die Schuld des Täters ist nach § 46 StGB die Grundlage für die Strafbemessung. Handlungsweisen des Täters nach der Tat können die Schuld bei der Tat nicht beeinflussen und sind auch selten ein Indiz für die bei der Tat vorliegende Schuld. Nur im Rahmen der Schuld sind bei der Strafzumessung im allgemeinen Strafrecht die Wirkungen zu bedenken, die von der Strafe auf die zukünftige Entwicklung des Täters ausgehen. Dagegen kommt es im Jugendstrafrecht weniger auf die Schuld, sondern vor-

---

[21] *Dallinger/Lackner,* § 45 Rn. 23.
[22] *BGHSt* 30, 98 ff., 105.

rangig auf die erfolgversprechende Behandlung des Täters an. Der maß-
gebende Zeitpunkt für die Feststellung, was aus diesem Grunde erforderlich ist, ist nicht die Tat, sondern der Augenblick, in dem sich der Jugendrichter mit dem Jugendlichen befasst. So besteht schon die Möglichkeit,
bei Vorliegen des Tatverdachts Anordnungen zur Erziehung zu treffen
(§ 71 I JGG). Die dem Jugendlichen in diesem Augenblick vermittelten
Angebote und Hilfen können dazu führen, dass zum Zeitpunkt des Urteils die Entwicklung des jungen Menschen so weit stabilisiert ist, dass
von Strafen oder erzieherischen Maßnahmen abgesehen werden kann.
Wird nämlich die Jugendstrafe wegen schädlicher Neigungen verhängt,
so müssen diese schädlichen Neigungen nicht nur bei der Begehung der
Tat, sondern auch im Augenblick des Urteils noch vorliegen.[23] Sind sie
durch pädagogische Maßnahmen zu diesem Zeitpunkt beseitigt oder
doch schon merklich verringert, kommt die Verurteilung zu Jugendstrafe
nicht mehr in Betracht. Aber auch nach Verurteilung und Rechtskraft des
Urteils besteht die Möglichkeit, die sich gerade im Jugendalter rasch ändernden Verhältnisse angemessen zu berücksichtigen. So können die erzieherischen Weisungen ausgetauscht, es kann aber von ihnen auch jederzeit abgesehen werden, wenn dies aus erzieherischen Gründen nötig ist
(§ 11 II JGG). Dasselbe gilt für alle Auflagen und unter einigen einschränkenden Bestimmungen auch für den Jugendarrest (§§ 15 III, 87 III JGG).
Ist Jugendstrafe verhängt und ein Ausspruch über die Strafaussetzung
zur Bewährung unterblieben oder die Strafaussetzung zur Bewährung abgelehnt worden, so kann der Richter bis zum Beginn des Vollzugs der
Strafe noch nachträglich Bewährung anordnen, von dem Vollzug der
Strafe also absehen (§ 57 I, II JGG). Lässt sich nicht ermitteln, ob die
schädlichen Neigungen, die in der Tat zum Ausdruck gekommen sind, so
groß sind, dass Jugendstrafe erforderlich ist, kann der Richter auch einen
Schuldspruch verhängen und innerhalb einer Bewährungszeit überprüfen, ob denn überhaupt eine Bestrafung erforderlich ist oder nicht
(§ 27 JGG). Wird infolge einer neuen Straftat eine weitere Verurteilung
erforderlich, so kann der Richter unter Gesamtabwägung aller bisher begangenen Taten und noch nicht verbüßten Strafen und Maßnahmen die
nun insgesamt geeignet erscheinende Reaktion treffen, wobei dann alle
früheren und noch nicht ganz erledigten Verurteilungen in Wegfall geraten (§ 31 II JGG). Und obwohl nun der neuen Verurteilung mehr Taten
zugrunde liegen als der alten, kann bei veränderten Verhältnissen die nun
zu treffende Verurteilung auch milder ausfallen.[24] Eine Weiterentwicklung des Jugendstrafrechts auf diesem Gebiet erscheint durchaus vorstellbar.

---

[23] *BGH* StrVert 1992, 431: st. Rspr.
[24] S. hierzu u. § 22, 2 b aa.

§ 4. Zu Umfang, Bedeutung und Ursachen der Jugendkriminalität

Literatur: Schüler-Springorum/Sieverts, Sozial auffällige Jugendliche, 1964; *Schaffstein,* Die Jugendkriminalität in der industriellen Wohlstandsgesellschaft, MschrKrim 1965, 53 ff.; *Hellmer,* Jugendkriminalität, 4. Aufl., 1978; *Schneider,* Jugendkriminalität im Sozialprozess, 1974; *Remschmidt,* Junge Volljährige im Kriminalrecht, MschrKrim 1978, 79 ff.; *Heinz,* Jugendkriminalität und strafrechtliche Sozialkontrolle in der Bundesrepublik Deutschland, in: *Kühne* (Hrsg.), FS Koichi Miyazawa, 1995, S. 93 ff.; *Kreuzer,* Jugendkriminalität, in: KKW; *Pfeiffer,* Kriminalität junger Menschen im vereinigten Deutschland, KFN-Forschungsberichte Nr. 47, 1995.

1. Umfang der Jugendkriminalität

Aus den verschiedensten Ländern und Zeiten finden sich Berichte, nach denen eine Zunahme abweichenden, störenden und gesetzwidrigen Verhaltens Jugendlicher registriert und als beunruhigend und bedrohlich empfunden wurde. Wahrscheinlich kränkt es die ältere Generation, deren Äußerungen gedruckt werden und überliefert sind, dass sich immer wieder junge Menschen gegen das Hergebrachte auflehnen und dabei auch die Ordnung erheblich gefährdende Handlungen vornehmen. Weder diese Tatsache noch die über sie immer wieder geführte Klage sind ungewöhnlich oder besonders besorgniserregend. Was man sich bei ruhigem Nachdenken schon selber sagen kann, beweisen Befragungen im Rahmen der Dunkelfeldforschung: nahezu jedes Kind und jeder Jugendliche begehen einmal oder mehrere Male Taten, die im Strafgesetzbuch als Vergehen ausgewiesen sind − Diebstähle, Sachbeschädigungen, Körperverletzungen, Schwarzfahren in öffentlichen Verkehrsmitteln.[1] Es ist kaum anzunehmen, dass dies in der „guten alten Zeit" sehr viel anders gewesen ist. Viele dieser Taten werden nie bekannt, ein weiterer großer Teil wird von den Eltern oder anderen Erziehern mit den Jugendlichen besprochen und mit den eventuell Geschädigten ausgeglichen, andere Vorfälle werden in der Schule oder in den Betrieben geregelt. Je sorgfältiger diese „primäre soziale Kontrolle" arbeitet, desto weniger wird Jugendkriminalität den Behörden, den Jugendämtern und der Polizei − übrigens vor allem durch die Opfer, die praktisch das wichtigste Selektionsfilter darstellen[2] − bekannt. Vielleicht lässt sich damit schon teilweise erklären, warum die

---

[1] *Kreuzer,* RdJB 1975, 229 ff., 235; *Kaiser,* § 37 Rn. 88 ff.; − auch zu den zahlreichen Mängeln und Fehlerquellen dieser Methode; *Schwind,* § 2 Rn. 33 ff.; *Walter,* Rn. 169−190.

[2] *Kaiser,* § 37 Rn. 9−13; vgl. aber auch *Ludwig,* in: Mehrfach auffällig, S. 86 ff., 101−106, der darauf hinweist, dass zwar die Taten der Polizei fast ausschließlich über die Opfer bekannt werden, aber keineswegs regelmäßig von den Opfern der Polizei auch ein Tatverdächtiger benannt wird.

registrierte Jugendkriminalität Stadt- und insbesondere Großstadtkriminalität ist[3] – in überschaubareren Bereichen funktioniert die „primäre soziale Kontrolle" besser – und warum an dieser Kriminalität Kinder und Jugendliche aus sog. „Problemfamilien" so stark beteiligt sind – hier ist die familiäre Sozialkontrolle oft schwächer und wird durch das verstärkte Eingreifen offizieller Kontrollinstitutionen überlagert.[4]

So sind denn die in den Kriminalstatistiken[5] festgehaltenen Zahlen immer nur eine Auswahl dessen, was tatsächlich geschieht. Ein Ansteigen dieser Zahlen kann ebenso gut häufigere Deliktsbegehung wie eine Veränderung der Sensibilität der Opfer oder das Nachlassen der erwähnten primären Sozialkontrolle anzeigen. Es kann auch auf eine Gewichtsverlagerung im Verhältnis aller dieser Phänomene zueinander hindeuten. So könnte die bis in die Mitte der 1990er Jahre sinkende Aufklärung (1994: 44,4 %) – vor allem bei den von jungen Tätern bevorzugt begangenen Straftaten wie Raub (Aufklärung: 43,9 %), Diebstahl unter erschwerenden Umständen (11,9 %!) und Sachbeschädigung (22,7 %) – zu einer Resignation bei durch solche Taten Geschädigten geführt haben, weil ihre Anzeige, wie sie feststellen, kaum je Erfolg hat,[6] während die seither steigende Aufklärungsquote (im Jahr 2003 insges. 53,1 %; Raub 50,0 %; Diebstahl unter erschwerenden Umständen 13,2 %; Sachbeschädigung 26,7 %) die Motivation zur Anzeige erhöht haben könnte – vorausgesetzt die Nachricht von einer „Trendwende" habe die durch eine Straftat Geschädigten, die natürlich nicht die Statistiken lesen, erreicht. Dann könnte sich bei sinkender Aufklärungsquote zwar das Hellfeld verringern, weil das Dunkelfeld sich aber stärker vergrößert, könnte insgesamt die Kriminalität angestiegen sein. Bei verbesserter Aufklärung würde umgekehrt das Hellfeld der Kriminalität zu Lasten des Dunkelfelds größer werden, und sich vielleicht insgesamt die Kriminalität verringern. Soweit freilich die Anzeige eines Diebstahls bei der Polizei Voraussetzung für die erfolgreiche Antragstellung auf Ersatz bei der Diebstahlversicherung ist, verliert die Aufklärungsquote an Bedeutung. Stattdessen kommt es darauf an, wie weit die Diebstahlversicherung verbreitet ist.[7] Das ist zu bedenken, wenn man die polizeiliche Kriminalstatistik auswertet, die – vom Bundeskriminalamt erstellt[8] – jährlich alle der Polizei bekannt gewordenen Straftaten und die nach polizeilichen Ermittlungen als festgestellt geltenden Täter in verschiedenen kriminologischen Zusammenhängen darstellt.

Nach ihr ist der Anteil der Jugendlichen und Heranwachsenden an der bekannt gewordenen Kriminalität bis 1999/2000 bei gewissen Schwankungen ständig gestiegen,[9] ja die Steigerung der Gesamtkriminalität scheint im Wesentlichen auf diesen Personenkreis zurückzuführen zu sein. Mit letzter Sicherheit ist dies indessen nicht festzustellen, weil nicht bekannt ist, ob die Altersverteilung der Täter im Dunkelfeld der im Hell-

---

[3] *Hellmer,* aaO, S. 90.

[4] *Kaiser,* § 52 Rn. 2 ff.

[5] Vgl. hierzu *Schwind,* § 2 Rn. 2–9; *Kerner,* Kriminalstatistik, in: KKW; *Pfeiffer* aaO; *Walter,* Rn. 209 ff.

[6] Bei *Schwind,* § 20 Rn. 6 und 7, ist dies der von den Opfern an zweiter Stelle und zunehmend öfter genannte Grund, warum sie eine Anzeige unterlassen.

[7] *Schwind,* § 20 Rn. 9 a.

[8] Die neuesten Zahlen sind unter www.bka. de veröffentlicht.

[9] Bei den Jugendlichen ist die Quote erstmals im Jahr 2000, bei den Heranwachsenden im Jahr 2002 gefallen. Vgl. hierzu *Heinz,* DVJJ–J 3/2002, 277 ff., 282–285.

feld einigermaßen entspricht. Es ist ja durchaus denkbar, dass sich junge, unerfahrene Täter leichter ermitteln lassen. Es könnte deshalb unter den 50 % aufgeklärten Raubtaten der Anteil der jungen Täter hoch, bei den 50 % nicht aufgeklärten niedrig sein.[10]

Ohne Verkehrs- und Staatsschutzdelikte sind im Jahre 2003 der Polizei 6,572 Millionen Straftaten bekannt geworden. 46 % dieser Taten waren Diebstähle, entweder einfache oder Diebstähle unter erschwerenden Umständen. Von den 2,228 Millionen strafmündigen Tätern, die der Polizei für diese Taten bekannt geworden sind, waren 293907 Jugendliche, 247456 Heranwachsende und 1,687440 Erwachsene.

Da sich die Alterspyramide im Lauf der Jahre dramatisch verschiebt, misst man die unterschiedliche statistische Belastung der Altersgruppen am besten mit der so genannten Tatverdächtigenbelastungsziffer (Zahl der in einem Jahr ermittelten Tatverdächtigen auf 100000 Einwohner derselben Altersgruppe). Wegen der unsicheren Erfassung der nicht-deutschen Einwohner werden amtliche Tatverdächtigenbelastungsziffern seit 1995 nur für deutsche Tatverdächtige angegeben. Danach sind 2003 die Heranwachsenden die am stärksten kriminell belastete Gruppe, gefolgt von den Jugendlichen und – schon in deutlichem Abstand – den Jungerwachsenen. Die kriminelle Belastung sinkt in den Altersgruppen über 25 Jahre dramatisch, sie ist bei den 25- bis unter 30-Jährigen nur noch gut halb so hoch wie bei den älteren Jugendlichen und den Heranwachsenden. Bei den weiblichen Tatverdächtigen sind die Jugendlichen etwas stärker belastet als die Heranwachsenden, die Unterschiede zwischen den Altersgruppen sind geringer als bei den Männern.[11]

Seit 1993 sind die Tatverdächtigenbelastungsziffern der Deutschen bei allen Gruppen insgesamt gestiegen. Die Entwicklung zeigt indessen nur bei den Jungerwachsenen eine stetige Steigerung, bei den Jugendlichen (1999, 2002 und 2003) und Heranwachsenden (1999 und 2001) sanken die Belastungsziffern leicht. Da freilich bei dieser Berechnung die nicht-deutschen Tatverdächtigen unberücksichtigt sind, die vor allem unter den jungen männlichen Tätern einen hohen Anteil ausmachen, wobei besondere Benachteiligungen bei der Belastung mit Kriminalität wie bei dem Anzeigeverhalten der Geschädigten und der Registrierung der Organe der Strafverfolgung eine Rolle spielen mögen,[12] lassen sich aus dieser Entwicklung keine eindeutigen Schlüsse ziehen.

Während 2003 23 % aller Tatverdächtigen Jugendliche und Heranwachsende waren, stellten diese Gruppen 43,3 % der Tatverdächtigen wegen Diebstahls unter erschwerenden Umständen, 48,3 % wegen Raubes und

---

[10] *Kaiser,* § 58 Rn. 20–22; *Walter,* Rn. 219.

[11] PKS 2003, 99. Die Tatverdächtigenbelastungsziffer beträgt bei allen Strafmündigen 2615, bei den Männern 4135 und bei den Frauen 1209. Den höchsten Wert erreichen die männlichen Heranwachsenden (12046) und bei den Frauen die 14 bis 16 Jahre alten Jugendlichen (4247).

[12] *Walter,* Rn. 236.

41,1% wegen Sachbeschädigung. Die Heranwachsenden sind auch bei den Straftaten nach dem BtMG weit überrepräsentiert. Dagegen machten die Jugendlichen und Heranwachsenden nur 18,1% der des Betruges Tatverdächtigen, 17,7% der der Unterschlagung Tatverdächtigen und noch geringere Prozentsätze unter den der Umweltstraftaten und − natürlich − der Straftaten im Amt oder der Verletzung der Unterhaltspflicht Verdächtigen aus.[13] Keine wesentlichen Unterschiede ergeben sich insoweit, wenn man die Tatverdächtigen in Deutsche und Nichtdeutsche unterteilt.[14]

2. Bedeutung der Jugendkriminalität

Bedenkt man, dass einerseits wohl jeder Mensch als Jugendlicher einmal oder mehrfach Delikte begeht, andererseits aber nur eine Minderheit jemals wegen einer Straftat verurteilt, von dieser nur ein geringer Prozentsatz in eine Strafanstalt eingewiesen und eine noch kleinere Minderheit über einen längeren Zeitraum ihres Lebens regelmäßig durch erhebliche Straftaten auffällt und derentwegen in Anstalten verwahrt wird, so wird offenbar, dass für die meisten Kinder und Jugendlichen Straffälligkeit nicht von größerer Bedeutung ist. Sie bestimmt ihr künftiges Leben nicht, bleibt − kürzere oder längere − *Episode*.[15] Freilich sind auch die chronischen Rückfalltäter, die immer und immer wieder erhebliche Straftaten begehen und einen großen Teil ihres Lebens in Strafanstalten verbringen, ganz überwiegend bereits als Kinder und Jugendliche straffällig geworden. Je nach der Definition, die man für den Begriff „*Rückfalltäter*" verwendet, bleiben 5% bis 15% der nach Jugendstrafrecht Verurteilten (und das ist schon eine geringe Minderheit der Täter überhaupt) längere Zeit kriminell.[16]

---

[13] Errechnet aus PKS 2003.

[14] Hier muss auf frühere, seither aufgegebene Berechnungen zurückgegriffen werden: PKS 1994, S. 98−102. Allerdings sind die nichtdeutschen heranwachsenden Tatverdächtigen beim Betrug leicht überrepräsentiert.

[15] Die Unterteilung in Episode oder Symptom stammt von *Exner*, Kriminologie, 3. Aufl. (1949), S. 27 ff.

[16] Die Karriereforschungen der letzten Zeit nehmen meist auf Kohortenuntersuchungen Bezug, vgl. *Walter*, Rn. 260 ff.; *Schwind*, § 8 Rn. 31 ff.; *Bock*, Rn. 1010. Schon früher wurden ähnliche Ergebnisse erzielt, z. B. von *Brauneck*, Die Entwicklung jugendlicher Straftäter, 1961, S. 527, die 300 jugendliche Straftäter, die 1949 wegen eines Vermögensdelikts abgeurteilt worden waren, 1955 nachuntersucht hat. Sie ermittelte bei den männlichen Tätern 16%, bei den Mädchen 5% Schwerrückfällige; *Frey*, Der frühkriminelle Rückfallverbrecher, 1951, meint aufgrund seiner Untersuchungen in der Schweiz, dass ein nicht verwahrloster jugendlicher Rechtsbrecher kaum je zu einem echten Rückfallverbrecher wird, von den verwahrlosten jungen Rechtsbrechern aber jeder fünfte (S. 65). Ähnlich *Lamnek*, Mehrfach auffällig, S. 13 ff. Ähnliches ist auch bei wegen Straftaten auffällig gewordenen Kindern ermittelt worden: *Traulsen*, KrimJ 1974, 23 f.; *Walter/Remschmidt/Höhner*, FS Stutte, S. 127 ff.

Selbst von den aus der Jugendstrafanstalt nach Strafverbüßung Entlassenen werden in einem Zeitraum von zehn Jahren nach der Entlassung, der die Altersstufen höchster krimineller Potenz erfasst, nur 35 % immer wieder so straffällig, dass gegen sie Freiheitsstrafe verhängt werden muss. 35 % halten sich im Wesentlichen straffrei, und 30 % „steigen", nach noch ein- oder zweimaligem, ernsterem Rückfall, aus der Kriminalität „aus".[17] Für diese letzten Endes kleine Gruppe der immer wieder rückfällig Werdenden war rückblickend die erste Straffälligkeit im Jugendalter eben keine Episode, sondern *Symptom* künftiger Fehlentwicklung. Freilich ist diese Deutung nicht zwingend. Es wäre denkbar, dass die über längere Zeit Rückfälligen vornehmlich durch die Reaktion auf ihre ersten Taten in die kriminelle Rolle gedrängt worden sind.[18] Dieser Ansicht widerspricht indessen wieder, dass auch in einem Stadium hoher „Kriminalisierung" noch viele junge Verurteilte in eine geordnete und straffreie Lebensführung zurückfinden. Offenbar dominieren die mit dem Älterwerden einhergehenden Entwicklungen, Rollenänderungen und Handlungskompetenzen sowohl die aus „Kriminalisierung" entstehenden Gefährdungen als auch die in der Jugendzeit beobachteten kriminellen Verfestigungen.

So lässt sich durchaus vertreten, dass die gegenwärtige Handhabung des Jugendstrafrechts im Wesentlichen ihren Zweck erfüllt, bleibt doch für die meisten nach Jugendstrafrecht Verfolgten und Verurteilten die Kriminalität „Episode". Aber schon *Franz v. Liszt* meinte, die Wahrscheinlichkeit, künftiges Straffälligwerden zu verhindern, sei größer, wenn man einen jungen Dieb ohne strafrechtliche Reaktion laufen lasse, als wenn man ihn verurteile.[19] Und der englische Kriminologe *Wilkins* äußerte 1967, darauf angesprochen, mit welchen Maßnahmen der Staat gegen Jugendkriminalität vorgehen soll: „Mit weniger".[20] Soziologisch orientierte Forschungsrichtungen betonen seit den 1960 er Jahren die stigmatisierende und entwicklungshemmende Wirkung der Maßnahmen der Kriminalitätsund Verbrechenskontrolle und verdächtigen geradezu das staatliche Reaktionssystem, die Rückfälligkeit zu produzieren.[21] Man kann beide Thesen mit Einzelfällen überzeugend belegen. Es gibt jugendliche Straftäter, die ihr Treiben ohne äußeren Einfluss einstellen, andere, die erst

---

[17] Betrifft 209 im Jahre 1966 aus der Jugendstrafanstalt Rockenberg Entlassene, deren „Legalbewährung" 1976 überprüft worden ist. *Göppinger*, S. 727–731. Das Ergebnis bestätigt frühere Erhebungen (vgl. *Böhm*, RdJB 1973, 33 ff.). Zu ähnlichen Resultaten gelangen *Kerner/Janssen*, und *Dolde/Grübl*, in: Kerner/Dolde/Mey (Hrsg.), Jugendstrafvollzug und Bewährung, 1996, S. 137 ff., 219 ff.; vgl. auch *Schaffstein/ Beulke*, § 23 V.

[18] Nach dem eindrucksvoll beschriebenen „Teufelskreismodell": *Quensel*, Kritische Justiz 1970, 375 ff.

[19] Strafrecht und Jugendkriminalität, 1900, auszugsweise abgedruckt in: Jugendkriminalität, S. 38 ff., 40 – wobei die Äußerung vor der damals üblichen Bestrafung jugendlicher Diebe zu kurzen Gefängnisstrafen, die sie gemeinsam mit erwachsenen, oft hoch kriminellen Verurteilten ohne pädagogische Begleitung verbüßen mussten, zu sehen ist.

[20] Vgl. *Schüler-Springorum*, in: Jordan (Hrsg.), Jugendhilfe, 1975, S. 176.

[21] *Quensel*, in: Offensive Sozialpädagogik, 1973, S. 45 ff.; *Schneider*, aaO S. 36 ff., 108; *Albrecht*, Stigmatisierung, in: KKW; *Heinz*, 3. Kölner Symposium, S. 99 ff.; *Walter*, Rn. 344–350.

nach Entdeckung und Bestrafung von ihrem Tun ablassen, und wieder andere, die trotz (oder wegen?) Verurteilung und Bestrafung weiter rückfällig werden. Aber auch von diesen wenden sich eine ganze Reihe trotz (oder wegen?) immer wieder erneuter Verurteilung und Bestrafung von der kriminellen Karriere ab.[22] So spricht einiges dafür, dass Verurteilungen und Maßnahmen des Jugendstrafrechts mitunter nützlich sind, manchmal aber auch schaden und sicher oft gar keine nachweisbaren Auswirkungen auf das künftige Verhalten des Verurteilten haben.[23] Mit den Mitteln der Statistik lässt sich hier schlecht Beweis führen.[24] Man kann nicht bei den gleichen Menschen beide Methoden (Straftaten verfolgen und nicht verfolgen) gleichzeitig ausprobieren.[25] Es ist auch schwer, an zwei vergleichbaren Gruppen beide Arten der Behandlung zu überprüfen, ganz abgesehen davon, dass stets unklar bleibt, ob nicht gerade der entscheidende Charakterzug, die ausschlaggebende Entwicklungschance oder das die Kriminalität begünstigende Syndrom in den Vergleichsgruppen ungleichmäßig verteilt ist.

Auch die These, dass jede Maßnahme des Jugendstrafrechts ähnliche Erfolgs- und Misserfolgsraten habe, mithin austauschbar sei,[26] unterliegt, selbst wenn sie statistisch zu tragfähigen Ergebnissen führte, diesem Einwand. Vielleicht nützt und schadet jede Maßnahme verschiedenen Personen, wäre eine Gruppe, die Jugendarrest erhalten hat, durch Jugendstrafe eher gefördert worden und eine andere Gruppe, die durch die Jugendstrafe nicht erfasst werden konnte, durch Jugendarrest besser resozialisiert worden, so dass, richtig angewendet, die Maßnahmen eben nicht austauschbar wären.[27] Immerhin ist der Ansatz der Kritik, der die einzelnen Maßnahmen der Kriminalitäts- und Verbrechenskontrolle in die Entwicklung krimineller Karrieren einbezieht, höchst beachtlich: denn wie alle diese Maßnahmen Reaktionen auf vorheriges Tun der mit ihnen Belegten sind, so wirken sie wieder auf diejenigen ein, die von den Maßnahmen betroffen sind, und führen zu Reaktionen sowohl der Betroffenen wie der Umwelt. Freilich müssen diese Wechselwirkungen nicht notwendigerweise nur zur Verfestigung kriminellen Verhaltens[28] beitragen. Überhaupt ist vor einer ausschließlichen oder überwiegenden Bewertung der „stigmatisierenden", „etikettierenden" oder „kriminalisierenden" Geschehnisse für die Entwicklung krimineller Karrieren zu warnen. Einerseits verstellt eine solche Einseitigkeit den Blick auf die Bedeutung anderer möglichen Ursachen aus der physischen und psychischen Ausstattung, der Lebens- und

---

[22] Vgl. *Kerner,* Symp. Brunner, S. 113 f.

[23] Zu dem Problem der Erfolgsmessung: *Kaiser,* Erfolg, Bewährung, Effizienz, in: KKW; *Dolde,* ZfStrVo 1980, Sonderheft Sozialtherapie und Behandlungsforschung, S. 78 ff.

[24] Das gilt auch für Forschungsverfahren, die z. B. der Aufarbeitung einer Lebensgeschichte mehr Bedeutung zumessen als der Auszählung abstrakter Merkmale, obwohl diese in der Kriminologie eher stiefmütterlich behandelten Methoden weitere Erkenntnisse vermitteln. Vgl. etwa *Bielefeld/Kreissl* und *Kersten,* in: Mehrfach auffällig, S. 126 ff., 168 ff.; zur Biografieforschung vgl. *Rössner,* FS Kaiser, S. 339 ff.

[25] *Schüler-Springorum,* MschrKrim 1969, 1 ff., 16.

[26] *Walter,* Rn. 335 ff.

[27] Vgl. zur Sanktionsforschung *Bock,* Rn. 274–295.

[28] „Organisierte Verfestigung abweichenden Verhaltens" ist der Titel einer Falluntersuchung von *Bonstedt,* 2. Aufl. (1974).

Lerngeschichte des einzelnen Täters.[29] Auf der anderen Seite wird mit der einseitigen Kritik an den Maßnahmen der Jugendkriminalrechtspflege erneut stigmatisiert. Denn der „Kriminalisierte" wird sich und die Umwelt wird ihn als durch unzweckmäßiges Verhalten der Justiz zum künftigen Straffälligwerden „programmiert" ansehen – eine gefährliche Beeinflussung von Selbst- und Fremdbild, die sich im Ergebnis kaum von früheren Vorurteilen unterscheidet, nach denen der verurteilte Straftäter, jedenfalls der ehemalige Insasse von Strafanstalten, als unverbesserlicher Verbrecher infolge angeborener oder erworbener Charaktermängel angesehen wurde. Jeder Praktiker weiß natürlich, dass beides nicht stimmt: neben stigmatisierenden und anderen entsozialisierenden Wirkungen, die vor allem freiheitsentziehende Maßnahmen der Kriminaljustiz haben und die keineswegs verharmlost werden sollen, kann manchem Verurteilten vermutlich nur auf diese Weise die erforderliche Hilfe zur Selbsthilfe geleistet werden. Und trotz schwerer Benachteiligung in der Lebensgeschichte und bedrohlich erscheinender Verfestigung krimineller Lebensbewältigungstechniken bestehen nahezu immer für den Verurteilten noch positive Entwicklungsmöglichkeiten.

Insgesamt ist es auch bei unterschiedlicher Einstellung zu den kriminologischen Interpretationen der Befunde und auch bei jenen, die – wie wir – auf strafrechtliches Verantwortlichmachen Jugendlicher und Heranwachsender nicht verzichten wollen, im Wesentlichen unstreitig, dass das jugendstrafrechtliche Repertoire sparsam und zurückhaltend angewendet werden sollte, auf günstige Entwicklungsmöglichkeiten bei jungen Straftätern in der Regel vertraut werden darf und im Zweifel die den Täter geringer belastende Maßnahme – von mehreren „an sich" in Betracht kommenden – zu wählen ist.[30]

3. Ursachen der Jugendkriminalität

Dass fast jeder junge Mensch eine Straftat oder auch mehrere Straftaten begeht und dass für die meisten dieses Verhalten Episode bleibt, wird gemeinhin mit den Problemen in Verbindung gebracht, die Jugendliche üblicherweise haben, wenn sie aus der von Verantwortung unbelasteten Kindheit in die Rolle der Erwachsenen hineinrücken. Die mit diesem Rollenwechsel verbundene Statusunsicherheit kann nicht losgelöst gesehen werden von den allgemeinen gesellschaftlichen Verhältnissen, die die naturnotwendigen Schwierigkeiten und biologischen Spannungen der Pubertät verschärfen oder mindern können.[31] Diese besondere Situation der Jugend ist – mindestens in Mitteleuropa – schon sehr lange zu beobachten. Dafür dass sich in den vergangenen Jahrzehnten die angedeutete Problemlage in der Weise verändert und verschärft haben könnte,

---

[29] Vgl. hierzu die Ergebnisse der Tübinger Jungtäteruntersuchung: *Göppinger,* Der Täter in seinen sozialen Bezügen, 1983.

[30] *Schaffstein/Beulke,* § 2 VI; *Schüler-Springorum,* Schlussreferat zum 19. JGTag, Ber. 19. JGTag, S. 558 ff., 564, 567, 568; ebenso schon – von ganz anderen kriminologischen Positionen ausgehend – *Holzschuh,* in: Weg und Aufgabe, S. 166 ff. Vgl. auch *Dölling,* RdJB 1993, 370 ff.

[31] *Brauneck,* Allgemeine Kriminologie, 1974, S. 231, 232; *Walter,* Rn. 6 ff.; *Streng,* § 1 Rn. 4 ff.; vgl. besonders auch *Remschmidt,* MschrKrim 1978, 79 ff.

bieten sich z. B. im Einzelnen umstrittene Vorstellungen über Veränderungen und Verschiebungen in der Reife an. Einer körperlichen Akzeleration soll eine psychische Retardierung, die ihren Ausdruck in Hemmungen und Unterlegenheitsgefühlen findet, gegenüberstehen.[32] Größeren Freiräumen der jungen Menschen ständen Einschränkungen gegenüber, etwa in den Jugendlichen wenig Entfaltungsmöglichkeiten gewährenden Siedlungen und den übergroßen Schulen, bedrückten Lehrstellenmangel und wachsende Jugendarbeitslosigkeit.[33] Von anderen werden mehr kultur- und zeitkritische Begründungen für die Verschärfung der Konfliktlage pubertierender junger Menschen vorgetragen, wie die mangelnde Glaubwürdigkeit der Erwachsenen-Generation, ein sich rasch änderndes Wertgefüge, die Auflösung der Familienstruktur, die einseitige Ausrichtung der Gesellschaft auf Besitz und Konsum bei gleichzeitiger Infragestellung fordernder und verpflichtender Verhaltensweisen.[34] Die Verminderung der Möglichkeiten junger Menschen, körperlichen Bewegungsdrang sozial nützlich oder mindestens neutral auszuleben, wird als weitere Ursache abweichenden, vor allem aggressiven Verhaltens erwähnt.[35] Dazu seien eine kaum mehr zu bewältigende Informationsfülle und eine technische Entwicklung getreten, die eine Vereinzelung und eine Verminderung von Kommunikation begünstigten.[36] Daneben führten das Anzeigeverhalten der Straftatopfer und auch die allgemeine Sensibilisierung gegenüber Jugendkriminalität zu einer verstärkten Wahrnehmung.[37] Alle diese Problemlagen treffen verschärft auf Gruppen heranwachsender Menschen zu, die in den vergangenen Jahren erst in diese gesellschaftlichen Verhältnisse hineinwachsen und teilweise zusätzliche wirtschaftliche, familiäre und sprachliche Belastungen oder Behinderungen zu verkraften haben: deutsche Aussiedler aus den ehemaligen GUS-Staaten,[38] Einwanderer und Kinder von Einwanderern, die teilweise noch eine fremde Staatsangehörigkeit haben[39] und − immer noch in einem gewissen Umfang − Jugendliche in den neuen Bundesländern.[40]

---

[32] S. hierzu schon *H. Kaufmann*, Kriminologie I, 1971, S. 230 ff.

[33] *Streng*, § 1 Rn. 6, 7; *Schwind*, § 11 Rn. 26−30; *Schaffstein/Beulke*, § 2 II.

[34] *Hellmer*, aaO, S. 79 ff.; *Schaffstein/Beulke*, § 2 II; *Bock*, Rn. 1014−1017.

[35] *Schaffstein/Beulke*, § 2 II und III.

[36] *Münchmeier*, DVJJ 1/1995, 10 ff.

[37] *Walter*, Rn. 206.

[38] Hierzu *Pfeiffer/Brettfeld/Delzer*, Kriminalität in Niedersachsen − 1985 bis 1996, KFN-Forschungsberichte Nr. 60, 1997, S. 33 ff. (für Niedersachsen); *Bock*, Rn. 1023−1026; *Schwind*, § 25.

[39] *Walter*, Rn. 92 a−92 w; *Schwind*, §§ 23 und 24; *Bock*, Rn. 1034−1036; *Pfeiffer/ Wetzels*, DVJJ-J 2/2000, 107 ff.

[40] Vgl. hierzu *Ewald*, in: Kaiser/Jehle (Hrsg.), Politisch-gesellschaftlicher Umbruch, Kriminalität, Strafrechtspflege, 1993, S. 35 ff., 39 ff.; *Kräupl/Ludwig/Lewandowski*, Gruppengewalt Jugendlicher. Eine Untersuchung in Thüringen, 1992, S. 40 f.; *Breymann*, NJ 1995, 515 f.; zu den statistisch belegten Besonderheiten der Jugendkriminalität in den neuen Bundesländern: *Pfeiffer* aaO, S. 45 f.

Aber auch die vielleicht noch wichtigere Frage, bei *welchem Menschen* die Jugendkriminalität nicht Episode bleibt, bei welchem sie erstes Anzeichen einer gefährlichen kriminellen Fehlentwicklung darstellt, kann nach dem heutigen Stand der Erkenntnis nicht sicher beantwortet werden. Rückblickend zeigt sich zwar oft, dass viele dieser „Frühkriminellen" aus sozialen Randgruppen (z. B. Obdachlosensiedlungen) stammen, dass häufig die Familie unvollständig war, dass der Vater vorbestraft ist, als starker Trinker gilt und − wenn überhaupt − dann wenig qualifizierte Arbeit geleistet hat. Die Mutter verstand es nicht, mit Geld umzugehen, der Täter und seine Geschwister waren ohne Aufsicht, früh dem Jugendamt bekannt, schon als Kinder in Heimerziehung oder Adressaten anderer mehr oder weniger erfolgloser Erziehungshilfen. Meist fehlen Schul- und Berufsabschluss und die „richtige" Einstellung zur Arbeit. Auf die Straftaten, überwiegend Diebstähle im sozialen Nahraum, ist langsam steigernd mit allen Maßnahmen des Jugendstrafrechts reagiert worden, dessen helfende Angebote oft nicht angenommen werden. Aber dieses Bild des früh auffällig gewordenen Rückfalltäters, das sich dem Leser entsprechender Strafakten unschwer erschließt, macht nur deutlich, welch schwere Behinderungen bei den stark Gefährdeten gehäuft sind und wie ärmlich sich diesem Befund gegenüber die bescheidenen Hilfsangebote auch des Jugendstrafrechts ausnehmen.

Aber viele, ja die meisten Menschen mit ähnlichen Behinderungen werden gar nicht oder wesentlich weniger straffällig.[41] Selten sind etwa altersmäßig nahe beieinander stehende Brüder gleichmäßig kriminell, einer ist − wie er vielleicht selber resignierend feststellt − das „schwarze Schaf" der Familie. Man findet unter den Rückfallverbrechern auch Menschen aus äußerlich geordneten Verhältnissen, deren frühe Sozialisation nicht als mißglückt erscheint.[42] Von den jungen Menschen, bei denen die geschilderten Benachteiligungen und Behinderungen gehäuft vorzufinden sind, wird freilich ein höherer Anteil erheblich straffällig als von den jungen Menschen, die günstigere Entwicklungsbedingungen hatten. Sie stellen also eine Risikogruppe dar. Da aber auch in dieser Risikogruppe nur wenige erheblich und dauerhaft als Straftäter in Erscheinung treten, müsste man wissen, welche Gründe es hat, warum in dieser Risikogruppe manche kriminell werden und viele nicht. Nach den Ergebnissen der Tübinger Jungtäteruntersuchung scheint entscheidend zu sein, welchen Lebensstil der junge Mensch entwickelt, wie er sich zu den Belastungen und Behinderungen stellt, wie er mit ihnen umgeht.[43] Wie nun diese offenbar entscheidenden Relevanzbezüge und Werthaltungen zustande kommen und wie man sie gegebenenfalls beeinflussen kann, ist ungewiss. Auch hier bietet die Tübinger Untersuchung indessen gewisse Hinweise.[44] Künftige kriminologische Forschung muss sich der Klärung dieser Fragen zuwenden. Dass schließlich die Stigmatisierung durch Maßnahmen der sozialen Kontrolle und die Selektion der Behörden und Gerichte die Rückfälligkeit erst begründet oder doch begünstigt, ist schon oben in Frage gestellt worden, zeigt sich doch, dass

---

[41] *Rössner,* FS Kaiser, S. 339 ff. mit einer Gegenüberstellung von Biografien.

[42] Vgl. besonders die Untersuchungen von *Göppinger,* Der Täter in seinen sozialen Bezügen, 1983, S. 214 ff.

[43] *Göppinger,* Der Täter in seinen sozialen Bezügen, 1983, S. 242 ff.

[44] *Göppinger,* Angewandte Kriminologie, 1985, S. 110 ff.; *Bock,* Rn. 655−677.

die meisten der früh Selektierten wieder aus der Straffälligkeit herausfinden.[45] Die Sanktionsforschung hat zwar überwiegend ergeben, dass nach schweren, vor allem freiheitsentziehenden Sanktionen Rückfälligkeit häufiger festzustellen ist als nach leichten.[46] Inwieweit aber die Rückfälligkeit ihre Ursache in der Sanktion hat oder aber eine Folge des Umstands ist, dass stärker gefährdete Personen auch häufiger mit schweren Sanktionen belegt werden, ist kaum zu ermitteln. Da offenbar die gleichen Behinderungen und Belastungen von Probanden nur die Zugehörigkeit zu einer Risikogruppe begründen, aber über die Frage, wie sich jemand zu diesen Behinderungen stellt, ob er aus Erfahrungen lernen kann, auf die es offenbar für die kriminelle Entwicklung entscheidend ankommt, nichts aussagt, dürfte oft vorschnell dem negativen Einfluss der (schweren) Sanktion angelastet werden, wofür man eine andere Erklärung (noch) nicht hat.[47] Wenn schließlich eine generelle Milderung der Sanktionen gegenüber einer früheren Zeit, wo die Sanktionen schärfer waren, nicht zu einer höheren Rückfälligkeit führt, die Rückfälligkeit vielleicht sogar insgesamt sinkt,[48] so muss diese Aussage wieder insoweit korrigiert werden, als andere im Zeitverlauf eingetretene Veränderungen (etwa eine Verschiebung der Erledigung leichterer Rückfälligkeit von den allein gezählten formalen Sanktionen zu Verfahrenseinstellungen mit oder gegen Auflagen) das Ergebnis beeinflussen können.

4. Junge Frauen

An dieser Stelle sei darauf hingewiesen, dass das Jugendstrafrecht in besonderem Maße mit Jugendlichen und Heranwachsenden männlichen Geschlechts zu tun hat. Sind überhaupt an der Kriminalität Frauen weniger beteiligt als Männer,[49] so gilt dies für Jugendliche und Heranwachsende noch stärker als für Erwachsene. Von den im Jahre 2003 gemeldeten strafmündigen Tatverdächtigen waren 23,6 % Frauen, bei den Heranwachsenden waren es 20 %, bei den 16- bis unter 18-jährigen Jugendlichen 22,2 %, bei den Jungerwachsenen 20,3 % und bei den 25- bis unter 30-jährigen Frauen 21 %. Nur bei den jüngeren (14 bis unter 16 Jahre alten) weiblichen Jugendlichen und den über 40 Jahre alten Frauen liegt der Anteil an der Gesamtheit der Tatverdächtigen mit 29,7 % und 26,2 % über dem Durchschnitt.[50] Unter den im Jahr 2001 Verurteilten sind die erwachsenen Frauen mit 17,5 %, die heranwachsenden Frauen mit 13,2 % und die weiblichen Jugendlichen mit 14 % vertreten.[51] Sind die Frauen unter den Tatverdächtigen demnach im Verhältnis 1 : 4 gegenüber den Männern unterrepräsentiert, so sind die 18 bis 21 Jahre alten jungen Frauen im Verhältnis 1 : 5 gegenüber den gleichaltrigen heranwachsenden Männern die „bravste" Gruppe. Diesen Sachverhalt erklärt die Kriminologin *Anne-Eva*

---

[45] *Brauneck,* Allgemeine Kriminologie, S. 245, 246; *Heinz,* FS Miyazawa, S. 130, 132 m.w. Hinweisen.

[46] *Heinz,* FS Miyazawa, S. 133 ff.; *Albrecht,* § 7.

[47] *Beulke,* GS Meyer, S. 677 ff., 689.

[48] *Heinz,* FS Miyazawa, S. 111, 112.

[49] S. hierzu *Keupp,* MschrKrim 1982, 219 ff.; *Schwind,* § 3 Rn. 40 ff.

[50] PKS 2003, 74.

[51] Alte Bundesländer: Strafverfolgungsstatistik 2001, vollständiger Nachweis, S. 15.

Brauneck damit, dass nach dem vorherrschenden Erziehungsideal gerade heranwachsende junge Frauen am wenigsten männliche Tugenden entwickeln sollen – also gerade nicht aggressiv sein sollten –, woraus sich dann ergäbe, dass überraschenderweise gerade in diesem Alter die geringste weibliche Beteiligung an der Kriminalität vorläge.[52] Wie dem auch sei, das Jugendstrafrecht ist im Wesentlichen ein Strafrecht für männliche Jugendliche und Heranwachsende. Soweit überhaupt gegen junge Frauen das Jugendstrafrecht angewendet wird, führt es meistens zu milderen Maßnahmen, was natürlich auch mit dem Umstand einhergeht, dass junge Frauen meist nur geringfügige Delikte begehen.[53] So waren von 9069 zu Jugendstrafen Verurteilten und in Jugendstrafanstalten oder – aus dem Jugendstrafvollzug herausgenommen – in anderen Justizvollzugsanstalten am 31. 3. 2003 einsitzenden Personen nur 330 (3,7 %) und von 2670 unter 21 Jahre alten Insassen der Untersuchungshaftanstalten 141 (5,3 %) Frauen.[54] Nach der – nur die „alten" Bundesländer erfassenden – Strafverfolgungsstatistik 2001 waren von den 21 188 wegen Raubes und Erpressung, gefährlicher und schwerer Körperverletzung, Mord- und Totschlags sowie Diebstahls in einem besonders schweren Fall, Bandendiebstahls und Diebstahls mit Waffen nach Jugendstrafrecht Verurteilten 1437 = 6,8 % Frauen. Auch bei den Verurteilungen wegen schwererer Formen der Taten nach dem Betäubungsmittelgesetz lag der Anteil der jungen Frauen nur bei 11,1 % (86 von 770). Das mag erklären und entschuldigen, warum in diesem Buch fast ausschließlich Beispiele von männlichen Jugendlichen und Heranwachsenden vorgestellt werden.

5. Kriminalprävention

Die Prävention straffälligen Verhaltens spielt im Jugendstrafrecht zunächst dort eine Rolle, wo es um die Auswahl und Begründung von Sanktionen geht.[55] In den letzten Jahren hat sich die Perspektive jedoch deutlich erweitert. Die Prävention von Jugendkriminalität ist Teil einer umfassenden Kriminalitätspräventionsbewegung geworden, die seit den 80er Jahren versucht, durch unterschiedlichste Projekte und Maßnahmen vor allem auf kommunaler Ebene dem Auftreten kriminellen Verhaltens zuvorzukommen.[56] Die Faszination präventiver Bestrebungen liegt auf der Hand: Die vorbeugende Verhinderung von Straftaten nützt nicht nur

---

[52] Allgemeine Kriminologie, S. 66 ff.; zu empirisch nachweisbaren Elementen erhöhter Konformität junger Frauen: *Schumann u. a.*, FS Kaiser, S. 1125 f.

[53] *Walter,* Rn. 220.

[54] Stat BA 2003, Bestand der Gefangenen und Sicherungsverwahrten in den Vollzugsanstalten der Landesjustizverwaltungen am 31. März 2003.

[55] Siehe oben § 3.2.

[56] Vgl. im Überblick *Schwind,* § 1 Rn. 40 und § 18.

dem Rechtsgüterschutz, sondern würde auch langwierige und kostenintensive staatliche Maßnahmen entbehrlich machen.[57] Eine auf medizinischen Grundgedanken beruhende Systematik unterscheidet zwischen Ansätzen einer primären, sekundären und tertiären Prävention.[58] Maßnahmen auf primärer Ebene sind danach allgemein auf Normkenntnis, -akzeptanz und Werteverinnerlichung gerichtet, während sekundäre Prävention Aktivitäten der Früherkennung und Behandlung von Problemlagen und Gefährdungen umfasst. Tertiäre Prävention setzt dann ein, wenn eine Wiederholung straffälligen Verhaltens vermieden werden soll. In diesem Sinne gehören auch die Maßnahmen des Jugendstrafrechts zur tertiären Prävention.[59]

Im Bereich der Jugendkriminalität sind viele Projekte auf die Verhinderung von Gewalttätigkeiten Jugendlicher gerichtet.[60] Die Spannbreite der Aktivitäten reicht hier von polizeilicher Aufklärungsarbeit über Streitschlichtungsmodelle bis hin zu Anti-Aggressivitätstrainings, die häufig konfrontativen Ansätzen folgen.[61] Die Aktivitäten im Einzelnen sind nahezu unüberschaubar geworden und hängen häufig von örtlichen Gegebenheiten bzw. dem Engagement Einzelner ab. Es fehlt eine theoretisch-konzeptionelle Aufarbeitung dieser Ansätze, aber auch eine verlässliche Informationsbasis.[62] Allgemeine Trends sind in dieser Situation, die mit Recht als „Wildwuchs" bezeichnet wird, schwer auszumachen. Dennoch kann für die letzten Jahre gelten, dass vermehrt Schulen im Mittelpunkt kriminal- oder gewaltpräventiver Interessen stehen.[63] Hierfür mag verantwortlich sein, dass spektakuläre Gewalttaten von Schülern große Publizität erfahren haben und die Schule mindestens seit der PISA-Studie vermehrt kritische Aufmerksamkeit erfährt.

Bei den beteiligten Institutionen fällt auf, dass häufig die Polizei präventive Aktionen anregt oder sogar selbst durchführt[64] und dies nicht nur in einem Bereich, der einer technischen Prävention zuzuordnen

---

[57] Zu Vorbehalten vgl. *Schwind,* § 18 Rn. 32 f.; kritisch *Walter,* Rn. 91 f.

[58] Zu dieser Systematik vgl. *Kube,* Polizeiliche Kriminalprävention, in: Jehle (Hrsg.): Kriminalprävention und Strafjustiz, Wiesbaden: KrimZ 1996, S. 136; *Walter,* Rn. 91 f.

[59] Siehe unten Teil III, § 19 ff.

[60] Vgl. *Coester,* Ist Jugend-Gewalt zu bewältigen? Chancen und Grenzen aktueller Präventionsansätze, in: Schlag, (Hrsg.), Mediation in Schule und Jugendarbeit, Münster, 2004, S. 9 ff.

[61] Vgl. etwa die Beiträge in Klees u. a. (Hrsg.): Gewaltprävention, Weinheim/München, 2003.

[62] Ob das „Deutsche Forum für Kriminalprävention" die Aufgabe einer Informationsvermittlung wird übernehmen können, bleibt abzuwarten, vgl. hierzu *Schwind,* § 18 Rn. 85.

[63] Vgl. die Beiträge in Schlag (Hrsg.): Mediation in Schule und Jugendarbeit, Münster, 2004.

[64] Vgl. *Jäger,* System Kriminalprävention: Die Rolle der Polizei, in: Trenczek/Pfeiffer (Hrsg.), Kommunale Kriminalprävention, Bonn: Forum 1996, S. 318.

ist.[65] Umgekehrt scheint sich die Jugendhilfe und die Soziale Arbeit mit kriminalpräventiven Aktivitäten eher schwer zu tun,[66] obwohl das im Kinder- und Jugendhilfegesetz (SGB VIII) vorhandene Instrumentarium durchaus im Sinne der Kriminalprävention nutzbar ist.

Ein weiteres Kennzeichen der aktuellen kriminalpräventiven Situation im Jugendbereich resultiert aus dem Fehlen übergreifender Evaluationsstudien.[67] So bleibt die Frage nach Durchführungsbedingungen und Wirkungen häufig unbeantwortet und die Wahl konkreter Konzepte vor Ort oft zufällig. Festzustehen scheint indes, dass Projekte und Maßnahmen dort die größte Aussicht auf Erfolg haben, wo eine enge Kooperation zwischen den beteiligten Institutionen (z. B. Jugendhilfe, Polizei, Schule) stattfindet,[68] die sich nicht nur auf die Definition der aktuellen Problemlage, sondern auch auf die auszuwählenden Maßnahmen, die Begleitung der Projektdurchführung und die gemeinsame Erfolgsbeurteilung bezieht.

---

[65] So z. B. bei der Codierung von Fahrrädern zur Diebstahlsverhinderung.

[66] Aus theoretischer Sicht hierzu *Lüders*, Ist Prävention gegen Jugendkriminalität möglich? Ansätze und Perspektiven der Jugendhilfe, in: Feuerhelm u. a. (Hrsg.): Ist Prävention gegen Jugendkriminalität möglich?, Mainz: Institut für Sozialpädagogische Forschung Mainz e. V. 2000, S. 26 ff.

[67] Vgl. *Holthusen/Lüders,* Evaluation von Kriminalitätsprävention – Eine thematische Einleitung, in: Arbeitsstelle Kinder- und Jugendkriminalitätsprävention (Hrsg.): Evaluierte Kriminalitätsprävention in der Kinder- und Jugendhilfe, München 2003, S. 9 ff.

[68] Zu einem Beispiel kooperativer Präventionsarbeit vgl. *Feuerhelm/Kügler*, Das „Haus des Jugendrechts" in Stuttgart Bad Cannstatt, Mainz: Institut für Sozialpädagogische Forschung Mainz e. V. 2003, S. 68 ff.

2. Teil. Die Personen

I. Der persönliche Anwendungsbereich des JGG

§ 5. Allgemeines zu den Altersgrenzen

1. Maßgebend ist das Alter zur Zeit der Tat

Nach § 1 II JGG ist Jugendlicher, wer zur Zeit der Tat 14, aber noch nicht 18, Heranwachsender, wer zur Zeit der Tat 18, aber noch nicht 21 Jahre alt ist. Es kommt daher für die Geltung der Vorschriften nicht darauf an, wie alt der Beschuldigte an dem Tag ist, an dem das Gesetz auf ihn angewendet wird. Ist jemand für einen Ladendiebstahl, den er als Siebzehnjähriger begangen hat, mit dem Zuchtmittel „Jugendarrest" belegt, so soll nach § 90 I JGG der Vollzug u. a. „das Ehrgefühl des Jugendlichen wecken". In dem Augenblick, in dem dies geschehen soll, ist der „Jugendliche" vielleicht schon 19 Jahre alt, also volljährig. Das Gesetz nennt ihn aber einen Jugendlichen, weil er zur Zeit der Tat zwischen 14 und 18 Jahre alt war. Und in § 110 II JGG ist von dem Heranwachsenden die Rede, der das 21. Lebensjahr noch nicht vollendet hat. Zunächst verwundert diese Bemerkung: kann ein Einundzwanzigjähriger denn noch Heranwachsender sein? Aber die gesetzliche Formulierung ist korrekt; denn wer als Heranwachsender eine Tat begangen hat, bleibt im ganzen Verfahren, in der Vollstreckung und im Vollzug ein „Heranwachsender". Die für diesen Personenkreis vorgesehenen Vorschriften gelten, mag er unterdessen auch schon wesentlich älter geworden sein.

Ist man deshalb der, wie später – 3. Teil § 21 – zu zeigen sein wird, unzutreffenden Meinung, gegenüber Volljährigen sei eine „erzieherisch gestaltete Untersuchungshaft" verfassungswidrig, so reicht es nicht aus, zu fordern, den § 110 II JGG abzuschaffen,[1] der die „erzieherische Gestaltung der Untersuchungshaft" auch für Heranwachsende anordnet. Nach § 93 II JGG soll nämlich auch der Vollzug der Untersuchungshaft an Jugendlichen erzieherisch gestaltet werden. Viele dieser (zur Zeit der Tat) „Jugendlichen" sind aber bei Antritt der Untersuchungshaft bereits volljährig oder erleben während der Dauer der Untersuchungshaft ihren 18. Geburtstag. Gäbe es den § 110 II JGG nicht, dann würde trotzdem immer noch dieser, nun volljährig gewordene Personenkreis einer erzieherisch gestalteten Untersuchungshaft unterzogen. Wollte man um jeden Preis verhindern, dass bei Volljährigen Untersuchungshaft erzieherisch gestaltet wird, so müsste eine neue Vorschrift geschaffen werden, die etwa lauten könnte: „An

---

[1] Wie es *Sprenger*, NJW 1976, 663, 664 meint. So auch *Giermüller/Barton*, RdJB 1982, 291.

Jugendlichen wird die Untersuchungshaft bis zu ihrem 18. Geburtstag erzieherisch gestaltet."

Dieses Beispiel zeigt die grundsätzliche Bedeutung der gesetzlichen Regelung. Das Alter zur Zeit der Tat ist für Anordnung, Auswahl, Vollstreckung und Vollzug der Maßnahmen und für die Art des Verfahrens ausschlaggebend. Das ist ein *strafrechtlicher* Grundsatz. Wäre das Jugendgerichtsgesetz ausschließlich *Erziehungsrecht,* so käme es allein auf das Alter des jungen Menschen zur Zeit der Entscheidung oder des Beginns oder Endes der Maßnahmen an. Solche Regeln gibt es vereinzelt im Jugendgerichtsgesetz – etwa den bereits erwähnten § 110 II JGG oder § 92 II JGG, der die Herausnahme des 18-Jährigen aus dem Jugendstrafvollzug erlaubt, wenn dieser sich für den Jugendstrafvollzug nicht mehr eignet. Zudem wird – wie oben (§ 3, 2 d) dargestellt – das strafrechtliche Prinzip durch die Beachtung der Entwicklung des jungen Menschen gewissermaßen erzieherisch korrigiert. Soweit im Jugendgerichtsgesetz Maßregeln des Jugendhilferechts (Erziehungsbeistandschaft und betreutes Wohnen bzw. Unterbringung in einem Heim) in Betracht kommen, müssen die im SGB VIII dort vorgesehenen, auf das Alter zur Zeit des Beginns oder des Laufs der Maßregel bezogenen Grenzen beachtet werden. Die Erkenntnis, dass der Jugendstrafvollzug bei 14 und 15 Jahre alten jungen Menschen besonders bedenklich ist,[2] hat die Jugendstrafvollzugskommission dazu veranlasst, vorzuschlagen, Jugendstrafe vor dem 16. Geburtstag des Verurteilten, wenn überhaupt, dann nur in geeigneten Heimen, nicht aber in Jugendstrafanstalten zu vollziehen.[3]

Begeht jemand am Tage seines 14., 18. oder 21. Geburtstages eine strafbare Handlung, so gilt er bereits vom Tagesanfang (0 Uhr) an als Jugendlicher, Heranwachsender oder Erwachsener.[4] Das entspricht auch der Regelung in § 187 II BGB und der allgemeinen Anschauung.

2. Die individuelle Reife entscheidet über die Anwendung der Vorschrift

Meistens setzt das Recht aus Gründen der Rechtssicherheit starre Altersgrenzen fest: die beschränkte Geschäftsfähigkeit beginnt am 7. Geburtstag, die volle Religionsmündigkeit mit 14, die Volljährigkeit mit 18 Jahren.

---

[2] Vgl. hierzu die Praxisberichte bei *Böhm,* KrimGegfr. H. 11, 1974, S0.142 ff., und bei *Albrecht/Lamott* und *Kersten/Kreissl/v. Wolffersdorff-Ehlert,* in: Albrecht/Schüler-Springorum (Hrsg.), Jugendstrafe an Vierzehn- und Fünfzehnjährigen, 1983, S. 135 ff. und 186 ff.

[3] SchlussB., S. 10; vgl. auch *Ayass,* BewHi 1980, 358 ff., 362. In den Gesetzentwürfen finden sich diese Überlegungen nicht mehr, ohne dass sie ihre Berechtigung eingebüßt hätten, vgl. *Busch,* UJ 1985, 126 ff.; *Miehe,* Symp. Brunner, S. 163; *Streng,* Gutachten, N 89, 106.

[4] *Brunner/Dölling,* § 1 Rn. 10; *Eisenberg,* § 1 Rn. 8.

Der Bundespräsident muss 40 Jahre alt sein, über 70 Jahre alte Menschen werden nicht mehr als Schöffen berufen.[5] Diesen starren Regeln haftet zwangsläufig etwas Willkürliches an, weil sie auf einer Generalisierung beruhen. Gleichwohl gelten sie auch dort, wo der Einzelfall eine Abweichung vertretbar oder gar wünschenswert erscheinen ließe. *Konrad Adenauer* etwa, der sich noch im neunten Lebensjahrzehnt den Belastungen der Kanzlerschaft gewachsen zeigte, hätte ein Schöffenamt sicher gut wahrnehmen können, und viele Volljährige, die weder geisteskrank noch geistesschwach sind, können ihre Angelegenheiten allein nicht vernünftig regeln, während sie in einigen Jahren dazu vielleicht imstande wären.

Die Festlegung solcher Grenzen ist ein politischer Akt. Ihm liegen normalerweise nicht wissenschaftlich gesicherte Erkenntnisse (etwa über die typische „Reife" von Menschen einer bestimmten Altersgruppe) zugrunde. Eher geht es um die Anknüpfung an andere, ebenfalls mehr oder weniger willkürlich verordnete gesellschaftliche Sachverhalte: die beschränkte Geschäftsfähigkeit ist etwa auf den Zeitpunkt festgesetzt, zu dem Kinder in aller Regel eingeschult sind. Wenn ein 14-Jähriger schon ein Jugendlicher nach dem Jugendgerichtsgesetz ist, dann hängt das sicher damit zusammen, dass früher in diesem Alter die achtjährige (Volks-) Schulpflicht absolviert war und normalerweise die Berufsausbildung begann, in diesen Zeitraum fiel auch die Konfirmation.

Auch im Jugendstrafrecht gibt es solche starren Grenzen. Wer bei Begehung der Tat noch nicht 14 Jahre alt, also ein Kind ist, kann (jugend-) strafrechtlich nicht zur Verantwortung gezogen werden. Das Kind ist – so wird unwiderlegbar vermutet – schuldunfähig (§ 19 StGB). Der 13-jährige Dieb oder Betrüger, mag er noch so gereift und seinem Alter voraus erscheinen, kann nicht vom Jugendgericht verurteilt werden. Und der Täter, der zur Zeit seiner Straftat 21 Jahre alt ist, wird, von einer noch zu schildernden Ausnahme abgesehen,[6] nicht nach dem Jugendgerichtsgesetz, sondern immer nur nach dem Strafgesetzbuch bestraft – auch dann, wenn es sich um einen Menschen handelt, der noch kindlich wirkt und dessen verzögerte Entwicklung noch keinesfalls abgeschlossen ist.[7]

Innerhalb dieses starren Rahmens sind die Grenzen aber fließend. Der zur Zeit der Tat 14, aber noch nicht 18 Jahre alte *Jugendliche* wird nach § 3 JGG nur zur Verantwortung gezogen, wenn er „zur Zeit der Tat nach seiner sittlichen und geistigen Entwicklung reif genug ist, das Unrecht der Tat einzusehen und nach dieser Einsicht zu handeln". In jedem Einzelfall prüft der Jugendrichter demnach bei jedem Jugendlichen den Reifegrad und die strafrechtliche Verantwortlichkeit (Näheres s.u. § 6).

---

[5] Vgl. § 106 BGB, § 5 des Gesetzes über die religiöse Kindererziehung, § 2 BGB, Art. 54 I 2 GG, § 33 Nr. 2 GVG.

[6] § 32 JGG, vgl. u. 3 b.

[7] „Reiferückstände" Erwachsener können indessen im Rahmen der Strafzumessung Bedeutung gewinnen, etwa zur Annahme eines minderschweren Falles eines Raubes führen, der kurz nach Vollendung des 21. Lebensjahres begangen wurde: *BGH* StrVert 1983, 279.

Der Altersspielraum „Jugendlicher" ermöglicht nur die Annahme der Verantwortlichkeit für eine konkrete Tat und damit die Verhängung von Maßnahmen nach dem JGG, er schafft nicht einmal eine widerlegbare Vermutung für die „Reife". Diese muss vielmehr für jeden Täter und jede Tat eigens ermittelt werden.

Der *Heranwachsende* ist zwar – wie unwiderleglich vermutet wird – reif (§ 3 JGG wird in keinem Fall auf ihn angewendet: § 105 I JGG verweist nur auf §§ 4 ff. JGG), ob er aber den Regeln des JGG oder den „allgemeinen Vorschriften" unterfällt, wird ebenfalls für jeden Fall eigens ermittelt.

3. Die im JGG nicht erfassten Altersgruppen

a) Kinder

Das Jugendgerichtsgesetz gilt nicht für *Kinder*, also Personen, die vor ihrem 14. Geburtstag Straftaten begangen haben (§ 1 JGG). Stellt sich daher im Laufe eines Verfahrens vor einem Jugendgericht heraus, dass der Beschuldigte zur Zeit der Tat noch nicht 14 Jahre alt war, so muss das Verfahren eingestellt werden. Dem widerspricht auch nicht § 19 StGB, wonach das Kind „schuldunfähig" ist. Der Gesetzgeber hat die fehlende Schuldfähigkeit des Kindes nur herausgestellt, um deutlich zu machen, dass hierdurch die Strafbarkeit von Mittätern oder Teilnehmern an der Tat des Kindes nicht berührt wird (§ 29 StGB). Das Kind kann indessen nicht nur nicht bestraft, sondern darf überhaupt nicht strafrechtlich verfolgt werden.[8] Deshalb ist jedes Verfahren, das – versehentlich – gegen ein Kind durchgeführt wird, sofort durch Einstellung zu beenden.[9] Ist im Einzelfall das Alter falsch ermittelt, stellt sich also nach der rechtskräftigen Verurteilung heraus, dass der Verurteilte zur Zeit der Tat nicht, wie angenommen, 14, sondern erst 13 Jahre alt war, so muss das Urteil im Wiederaufnahmeverfahren gem. § 359 Nr. 5 StPO (Freispruch steht Einstellung wegen Verfahrenshindernissen insoweit gleich) aufgehoben werden.[10] Ein auf einer falschen Einordnung in eine bestimmte Altersgruppe beruhendes Urteil ist nur in Ausnahmefällen unwirksam. Beruht das Urteil bei der Zuordnung des Alters auf einer falschen Sachverhaltsfeststellung, so ist es nicht nichtig; es kommt ein Wiederaufnahmeverfahren in Betracht.[11] Liegt der Urteilsfindung in einem solchen Fall dagegen ein Rechtsfehler zugrunde, dann führt dies zur Nichtigkeit, wenn gegen einen Strafunmündigen eine Maßnahme verhängt wurde, die auch ein Vormundschaftsgericht nicht hätte aussprechen dürfen.[12]

---

[8] *Lackner/Kühl*, § 19 Rn. 2; *Tröndle/Fischer*, § 19 Rn. 2.
[9] *Eisenberg*, § 1 Rn. 31; *Schaffstein/Beulke*, § 6 I 3.
[10] *Meyer-Goßner*, § 359 Rn. 22.
[11] *Brunner/Dölling*, § 1 Rn. 12; *Eisenberg*, § 1 Rn. 34.
[12] *Brunner/Dölling*, § 1 Rn. 12; *Eisenberg*, § 1 Rn. 35.

Schreibt ein 13-jähriges Mädchen einen beleidigenden Brief, den der Beleidigte erst erhält, als die Absenderin schon 14 Jahre alt geworden ist, so kommt es auf das Alter zur Zeit der Handlung an; das Jugendgerichtsgesetz findet also keine Anwendung. Freilich kann sich die Tat eines Kindes zu einem Unterlassungsdelikt eines Jugendlichen wandeln, das dann nach dem Jugendgerichtsgesetz zu verfolgen sein könnte: ein 13-Jähriger beteiligt sich durch wertvolle Tipps an der Vorbereitung eines gemeinschaftlichen Raubes, den die anderen Beteiligten erst wenige Tage nach dem 14. Geburtstag des Mitplaners begehen. Hier könnte für den 14-jährigen aus vorangegangenem Tun die Rechtspflicht bestanden haben, die Tat zu vereiteln.[13]

Dass in der Kriminologie von „Kinderkriminalität" die Rede ist[14] und in der Bundeskriminalstatistik unter sechs Jahre alte Kinder als „Tatverdächtige" aufgeführt und die Straftaten der über acht Jahre alten Personen notiert und zur Grundlage der Kriminalitätsbelastungsziffer gemacht werden,[15] erscheint bedenklich. Der Begriff „Kriminalität" sollte allein für die rechtswidrigen Taten Verwendung finden, die von im Grundsatz strafmündigen Personen begangen werden.[16]

b) Erwachsene

Grundsätzlich gilt das Jugendgerichtsgesetz nicht für Taten Erwachsener. Nur dann, wenn gleichzeitig Straftaten abgeurteilt werden, die der Angeklagte teils als Heranwachsender und teils als Erwachsener begangen hat, gilt einheitlich Jugendstrafrecht, wenn das Schwergewicht bei den Straftaten liegt, die nach Jugendstrafrecht zu beurteilen wären (§ 32 JGG). Voraussetzung ist also, dass der heranwachsende Täter bis zu seinem 21. Geburtstag gem. § 105 JGG noch einem Jugendlichen gleichstand. Hat er als Heranwachsender mehrere Taten begangen und nach dem 21. Geburtstag noch weitere, dann wird einheitlich auch für die nach dem 21. Geburtstag begangenen Taten Jugendstrafrecht angewendet, wenn der Schwerpunkt der strafbaren Handlungen bei den im Heranwachsendenalter begangenen Taten lag (Näheres s. u. § 8, 2).

Dass im übrigen Erwachsene sich vor dem Jugendgericht wegen Taten zu verantworten haben, die sie als Heranwachsende oder Jugendliche begangen haben, und dass in großem Umfang Erwachsene Maßregeln des Jugendgerichtsgesetzes unterworfen sind, ergibt sich – wie schon dargelegt – aus dem Umstand, dass bestimmend für die Anwendung der Regeln des Jugendgerichtsgesetzes immer das Alter zur Zeit der Tat ist.

---

[13] *Eisenberg,* § 1 Rn. 9; *Brunner/Dölling,* § 1 Rn. 8.
[14] Vgl. *Feest,* Kinderkriminalität, in: KKW; *Schwind,* § 3 Rn. 5, 9 ff.
[15] PKS 2003, 99.
[16] *Walter,* Rn. 243; *Eisenberg,* Kriminologie, 3. Aufl., 1990, § 48 Rn. 4; *Göppinger,* S. 498 f.

§ 6. Verantwortlichkeit des Jugendlichen

Literatur: Bresser, Jugendzurechnungsfähigkeit oder Strafmündigkeit?, ZStW 74 (1962), 579 ff.; *Lempp,* Das Problem der Strafmündigkeit aus kinder- und jugend-psychiatrischer Sicht, in: Strafmündigkeit, S. 15 ff.; *Schönfelder,* Psychobiologische Kriterien der Jugendstrafreife bei Mädchen, Strafmündigkeit, S. 29 ff.; *Keller/Kuhn/ Lempp,* Untersuchungen über die Entscheidungen gem. der §§ 3 und 105 JGG an süd-deutschen Amtsgerichten im Jahre 1969, MschrKrim 1975, 153 ff.; *Miehe,* Die Schuld-fähigkeit Jugendlicher im Strafrecht der Deutschen Demokratischen Republik, FS Schaffstein, S. 353 ff.; *Bernsmann,* Zum rechtlichen Umgang mit psychisch kranken Jugendlichen, in: 2. Kölner Symposium, S. 205 ff.; *Bohnert,* Strafmündigkeit und Normkenntnis, in: NStZ 1988, 249 ff.; *Walter/Kubnik,* § 3 JGG – § 17 StGB, gleiche Tatbestandsstruktur?, GA 1995, 51 ff.; *Frehsee,* Strafreife – Reife des Jugendlichen oder Reife der Gesellschaft?, FS Schüler-Springorum, S. 379 ff.; *Hommes/Lewand,* Zur em-pirischen Fundierung des strafrechtlichen Eintrittsalters, Zbl 2003, 7 ff.; *Streng,* Die Einsichts- und Handlungsreife als Voraussetzung strafrechtlicher Verantwortlichkeit, DVJJ – J 4/1997, 379 ff.

Wer als 14- bis 17-Jähriger eine Straftat begeht, ist nach § 3 JGG straf-rechtlich nur verantwortlich, wenn er nach seiner sittlichen und geistigen Entwicklung reif genug ist, das Unrecht der Tat einzusehen und nach dieser Einsicht zu handeln. Für jede Tat ist diese Verantwortlichkeit sorg-fältig zu prüfen. Der Gesetzgeber hat bei dieser Bestimmung der Tatsache Rechnung getragen, dass die Fähigkeit, sich an Verhaltensnormen zu orientieren, nicht angeboren ist, sondern im Erziehungs- und Sozialisa-tionsprozess – je nach den Bedingungen, die der Einzelne antrifft – schneller oder langsamer erlernt, das Normgefüge leichter oder müh-samer verinnerlicht wird.[1] Verantwortlich kann nur der gemacht werden, dessen Erziehungsprozess einen gewissen Stand erreicht hat.

1. Ermittlung der Verantwortlichkeitsreife

a) Unrechtseinsicht

Die strafrechtlichen Tatbestände, die gem. § 2 JGG ausnahmslos im Ju-gendstrafrecht gelten,[2] verbieten teilweise Handlungen, die oft schon Kindern als Unrecht geläufig sind, so etwa den Diebstahl. Daneben gibt es Vorschriften, die tiefere Einsichten in die Rechtsordnung voraussetzen. Dass man ein fremdes Fahrrad nicht stehlen darf, weiß jedes Kind. Dass aber der Verkauf dieses Rades an einen gutgläubigen Erwerber den Tat-bestand des Betruges erfüllt, wird sich mancher Jugendliche nicht vor-

---

[1] Aus entwicklungspsychologischer Sicht: *Hommes/Lewand,* aaO.

[2] Kritisch hierzu *Ostendorf,* Grdl. z. §§ 1–2, Rn. 9 und BMJ – Jugendstrafrechtsre form, S. 332 f., der einen eigenständigen jugendstrafrechtlichen Deliktskatalog fordert; *Walter,* NStZ 1992, 470 ff. Gegen diese Vorstellungen überzeugend: *Laubenthal,* JZ 2002, 807 ff., 813.

stellen können.[3] Bei mehreren gleichzeitig verwirklichten gesetzlichen Tatbeständen kann die Unrechtseinsicht deshalb in dem einen gegeben bei dem anderen aber zu verneinen sein.[4] Auf besondere Schwierigkeiten können hier junge Ausländer der „zweiten" und „dritten" Generation stoßen, „die aufgrund divergierender Kultursysteme einer Normenverunsicherung ausgesetzt sind".[5] Die Verantwortungsreife kann besonders bei Gebrauchsentwendung, bloßem Mitsichführen von Waffen ohne Gebrauchsabsicht, sexuellen Handlungen aus jugendlicher Neugier, auch bei Taten aus Verlegenheit verneint werden.[6] Die Unrechtseinsicht kann auch davon abhängen, ob die Strafnorm auf typische Fallgestaltungen angewendet wird, oder ob die fraglichen Geschehensabläufe eher im Randbereich des Schutzzwecks liegen.

So war ein 15-jähriger Junge wegen sexueller Beziehungen zu seiner 13-jährigen Freundin nach § 176 StGB zu Jugendstrafe verurteilt worden. Ob dieser Täter wirklich die „sittliche Reife" hatte, das Unrecht der Tat einzusehen, halte ich für zweifelhaft, zumal das hinter dieser Strafvorschrift stehende Tatbild eines sexuellen Missbrauchs auf diesen Fall einer „Kinderliebe" nicht passt.

Irreführend ist freilich die Bemerkung,[7] für den gerade 14-Jährigen sei es nicht verständlich, dass aus der von ihm als „normal" empfundenen kindlichen Rauferei eine strafbare Körperverletzung werde. Denn das einverständliche Kräftemessen zwischen jungen Menschen unter Einhaltung gewisser Regeln ist nicht strafbar. Und das rücksichtslose Quälen anderer, das gewaltsame Unterdrücken Schwächerer und das brutale Ausagieren von Aggressivität oder aufgestauter Wut gegenüber unbeteiligten und friedlichen Altersgenossen ist keine hinnehmbare und sozial anzuerkennende kindliche „Rauferei", wobei es nicht darauf ankommen kann, ob der Täter sein Verhalten für „normal" hält. Auch erwachsene „Schläger" beschönigen oft ihr gewalttätiges Verhalten.

Was das Verhältnis zum Verbotsirrtum nach § 17 StGB angeht, so ist zunächst zu prüfen, ob die Voraussetzungen des § 3 JGG gegeben sind. Wird die Reife bejaht, kann – wie bei dem Volljährigen, für den § 17 StGB trotz Reife gilt – gleichwohl ein unvermeidbarer oder vermeidbarer Verbotsirrtum vorliegen.[8] So löst sich auch die Frage der zumutbaren Gewissensanspannung auf. Mangelnde Reife lässt sich durch Gewissensanspannung nicht beeinflussen, die Einsicht, ob etwas Recht oder Unrecht ist, bei vorhandener Reife aber sehr wohl.[9]

---

[3] Vgl. *BGH* Urt. v. 13. 1. 1961, bei *Mrozynski*, S. 248 ff.
[4] *Eisenberg*, § 3 Rn. 4–8; *Schaffstein/Beulke*, § 7 II 1 c.
[5] *Eisenberg*, § 3 Rn. 30.
[6] *Lempp*, aaO, S. 18 ff.
[7] *Ostendorf*, § 3 Rn. 9.
[8] *Eisenberg*, § 3 Rn. 32; *Ostendorf*, § 3 Rn. 2; aA – hinsichtlich der Einsichtsfähigkeit gilt nur § 17 StGB – *Bohnert*, NStZ 1988, 250–254.
[9] Zutreffend: *Walter/Kubnik*, aaO.

b) Steuerungsfähigkeit

Aber nicht nur die mangelnde Einsichtsfähigkeit wird berücksichtigt, auch die noch nicht genug entwickelte Fähigkeit, das als richtig Erkannte durchzuhalten, ist angesprochen. Dabei ist an Fallgestaltungen zu denken, bei denen Eltern oder andere ältere Angehörige die Jugendlichen zu Straftaten mitnehmen, deren Unrecht den Jugendlichen wohl bekannt ist. Die Jugendlichen sind dann mitunter nicht fähig, ihrer besseren Einsicht zu folgen, weil sie von den Anstiftern zu abhängig sind.[10] Mitunter berichten Zeitungen von Minderjährigen, die zu südosteuropäischen Großfamilien gehören. Sie brechen tagsüber in Wohnungen ein, nachdem sie sich davon überzeugt haben, dass deren Bewohner gerade ausgegangen sind. Sie sind mit geeignetem Einbruchswerkzeug ausgerüstet. Werden sie ergriffen, so behaupten sie, keine 14 Jahre alt zu sein. Auch wenn dies oft nicht exakt bewiesen werden kann, besteht der begründete Verdacht, dass ihre Diebestouren von ihren erwachsenen Angehörigen geplant worden sind und dass die Jugendlichen ihre Beute auch zu Hause abgeben. Die Feststellung, dass diese Täter entgegen ihrer Behauptung schon strafmündig sind, dürfte daher für das weitere Verfahren nur wenig hilfreich sein. Dass sie nämlich fähig sein sollten, sich den Anforderungen ihrer erwachsenen Angehörigen zu widersetzen, wenn sie denn nicht nur das Verbot ihres Handelns, sondern auch dessen Sinngehalt für das vernünftige Zusammenleben in der Gesellschaft erkannt haben sollten, kann ernsthaft nicht angenommen werden. Selbst bei der Mitwirkung jüngerer Jugendlicher in einer Bande älterer Heranwachsender kann der Gruppendruck oder die Angst, bei Verweigerung die Anerkennung der Freunde zu verlieren, übermächtige Bedeutung erlangen.[11] Auch die im Jugendalter mitunter übermächtig durchbrechenden Triebregungen können es dem Jugendlichen unmöglich machen, das als Unrecht Erkannte zu vermeiden.[12]

c) Praktische Probleme der Reifebeurteilung

Zur Reife äußern sich meistens schon die mit der Vernehmung des Beschuldigten befassten Polizeibeamten, dann die Jugendgerichtshilfe in ihrem Ermittlungsbericht, in der Hauptverhandlung mitunter psychologische oder psychiatrische Sachverständige.[13] Schließlich hat auch der

---

[10] BGH, Urt. v. 21. 2. 1956, bei *Mrozynski*, S. 246; *Lempp*, aaO, S. 19; *Streng*, aaO, S. 382.

[11] *Eisenberg*, § 3 Rn. 24; *Bohnert*, NStZ 1988, 255; *Frehsee*, aaO, S. 393.

[12] *Dallinger/Lackner*, § 3 Rn. 11; *Eisenberg*, § 3 Rn. 25; *Schönfelder*, aaO.

[13] Eine unzureichende Heranziehung von Sachverständigen bemängelt *Hauber*, Zbl 1981, 92 ff., 96 f. Auch *Focken*, Ber. 18. JGTag, S. 481 ff., 482 hält eine breitere Heranziehung von Sachverständigen für wünschenswert. Sind aber Sachverständige herangezogen worden, so scheinen die Richter deren Gutachten gerade bei Fragen der Reifebeurteilung regelmäßig zu befolgen: *Adler/Remschmidt*, FS Stutte, S. 183 ff.; kritisch zu deren Maßstäben – „Pathologisierung der Reife" –; *Frehsee*, aaO, S. 384–386.

Richter einen eigenen persönlichen Eindruck. Zwar lassen sich – auch anhand der oben (a und b) mitgeteilten Gesichtspunkte – Sachverhalte benennen, bei denen die Verantwortungsreife fehlen könnte, generelle Aussagen dazu, ob ein Jugendlicher eine seinem Alter entsprechende Reife hat, sind indessen extrem schwierig.[14] So wird die Beurteilung vom Ergebnis, also davon abhängig gemacht, welche Voraussetzungen die für wünschenswert erachteten Maßnahmen haben.[15] Dann kann es vorkommen, dass gerade Jugendliche mit schwereren Sozialisationsdefiziten, bei denen die sittliche und geistige Entwicklung gewiss behindert war und der sonst für 14-Jährige übliche Erziehungserfolg nicht erreicht ist, vor allem wenn deren kriminelle Verhaltensweisen schon länger bekannt sind und sie sich jeder Fremderziehung – etwa in Heimen – entziehen, bereits im Alter von 14 Jahren zu Jugendstrafe verurteilt und in Jugendstrafanstalten eingewiesen werden. Mitunter haben die Behörden sogar schon sehnsüchtig auf den 14. Geburtstag des kleinen Übeltäters gewartet, um die Möglichkeiten des Jugendgerichtsgesetzes, die ihnen allein noch hilfreich erscheinen, einsetzen zu können.[16] Die frühkriminellen 14-jährigen Täter, die sich bereits als Kinder allen Erziehungsangeboten entzogen haben, scheinen nur in den Jugendstrafanstalten sinnvoll zu halten zu sein, in denen sie kaum ausweichen können. Bei anderen Jugendlichen fürchtet man, die jugendstrafrechtliche Reaktion sei unangemessen und werde ihre Entwicklung gefährden. Sonst wird die Verantwortungsreife nach § 3 JGG offenbar meistens ohne eingehende Prüfung bejaht.[17]

2. Zum Verfahren

Wird die Verantwortlichkeit nach § 3 JGG verneint, so stellt der Staatsanwalt das Verfahren nach § 170 II StPO ein. Er hat das Vorliegen des § 3 JGG in jedem Fall – auch wenn wegen Geringfügigkeit eine „folgenlose" Einstellung in Betracht kommt[18] – zu prüfen. Ist bereits Anklage erhoben, so lehnt der Richter die Eröffnung des Hauptverfahrens ab oder stellt, wenn sich die fehlende Verantwortlichkeit erst danach ergibt, das

---

[14] *Streng*, aaO., S. 281; *Lösel/Bliesener*, DVJJ-J 4/1997, 387 f., 393; *Schütze*, DVJJ-J 4/1997, 366 ff.

[15] Vgl. *Miehe*, Zbl 1982, 82 ff., 88.

[16] *Böhm*, KrimGegfr. H. 11, 1974, 142 ff., s. auch Urteilsauszüge bei *Ludwig*, in: Albrecht/Schüler-Springorum (Hrsg.), Jugendstrafe an Vierzehn- und Fünfzehnjährigen, 1983, S. 66 ff., 100 ff.; *Meffert/Hegemann*, DVJJ-J 1/2003, 40 ff., 45; vgl. auch *Eisenberg*, NJW 1997, 1136 ff.

[17] *Keller/Kuhn/Lempp*, MschrKrim 1975, 153 ff.; *Miehe*, aaO, S. 378, 379; *Frehsee*, aaO, S. 380–384 m. w. Hinweisen; *Streng*, aaO, S. 380.

[18] Anders DVJJ-Reform, S. 23 (§ 3 II 1). Da die Einstellung in jedem Fall im Erziehungsregister eingetragen wird (§ 60 I Nr. 6 und Nr. 7 BZRG), wird der Beschuldigte durch die Prüfung des § 3 JGG nicht benachteiligt.

Verfahren mit Zustimmung der Staatsanwaltschaft nach § 47 I Nr. 4 JGG ein.[19] Ergibt sich die mangelnde Verantwortlichkeit erst in der Hauptverhandlung, so ergeht Freispruch.[20]

Der Jugendrichter kann in diesem Fall zur Erziehung des Jugendlichen die dem Vormundschaftsrichter möglichen Maßnahmen anordnen; er vermeidet dabei den der Ausbildung ethischer Normen möglicherweise hinderlichen, unpädagogischen Freispruch und führt die erzieherisch erforderlichen Maßnahmen schnell herbei. Das ist umso unbedenklicher, wenn der Jugendrichter zugleich auch Vormundschaftsrichter ist. Natürlich müssen die im Bürgerlichen Gesetzbuch oder im SGB VIII formulierten Voraussetzungen für die dem Vormundschaftsrichter erlaubten Maßnahmen erfüllt sein.[21]

3. Kritik, Reformvorstellungen

Die in der Praxis beobachteten Schwierigkeiten bei der Feststellung der Verantwortungsreise haben zur Forderung geführt, § 3 abzuschaffen.

Der Jugendpsychiater *Bresser* meint, es seien keine Kriterien vorhanden, die Reife sinnvoll zu ermitteln. Auch wenn das Tatbild vom Gesetzgeber einem offenbar übersetzten Straftatbestand untergeordnet werde – *Bresser* belegt das anschaulich mit dem Fall eines 14-jährigen Jungen, der bei einem Volksfest anderen Kindern die gerade verteilten Süßigkeiten „raubt" –, so habe das mit Reife wenig zu tun, zumal auch erwachsene Täter oft Taten begehen, die von ihrem Unrechtsgehalt her weit harmloser sind, als es die Benennung der Tatbestände vermuten lässt, nach denen sie bestraft werden müssen. Erziehungsmaßregeln, Auflagen und Verwarnungen seien auch für zurückgebliebene Jugendliche geeignet. Schließlich erscheine die Exkulpierung mangels Reife nach eingeleitetem Verfahren, insbesondere aber in der Hauptverhandlung, nicht geeignet, ethische Normen bei den Jugendlichen auszubilden. Das Gefühl von Recht und Unrecht könne sich in einem solchen Fall nicht gut entwickeln, der Jugendliche könne in der Meinung bestärkt werden, er habe einen Freibrief für strafbare Handlungen.[22]

Da aber Ansatzpunkt jeden (auch des Jugend-)Strafrechts die Verantwortlichkeit des Täters ist, und heute so wenig wie früher gesagt werden kann, dass diese bei jedem Menschen und hinsichtlich jeder Fallgestal-

---

[19] *Eisenberg,* § 3 Rn. 55; § 47 Rn. 5.

[20] Zur Strafbarkeit von Mittätern oder Teilnehmern gilt das bei § 5, 3 a Gesagte; vgl. auch *Schaffstein/Beulke,* § 7 III.

[21] *Eisenberg,* § 3 Rn. 42; *Schaffstein/Beulke,* § 7 III; aA: der Jugendrichter darf nur den Jugendlichen und seine Eltern verpflichten, beim Jugendamt entsprechende Hilfen zur Erziehung nach SGB VIII zu beantragen: *Miehe,* DVJJ-J 3/1997, 260 ff., 263.

[22] *Bresser,* ZStW 74 (1962), 579 ff.; *ders.,* Grundlagen und Grenzen der Begutachtung jugendlicher Rechtsbrecher, 1965, S. 267 ff., 271, 272; *Brunner/Dölling,* § 3 Rn. 1, 2; *Miehe,* Symp. Brunner, S. 160 f.

tung mit Vollendung des 14. Lebensjahres regelmäßig vorliegt, muss § 3 JGG beibehalten werden. Auf dem 64. DJTag hat der Vorschlag der DVJJ-Reformkommission Zustimmung erfahren, die Formulierung „nach seiner sittlichen und geistigen Entwicklung reif genug" durch „nach dem Stand seiner Entwicklung in der Lage" zu ersetzen und Beispielsfälle für die fehlende Einsichts- bzw. Steuerungsfähigkeit (ähnlich wie oben 1a und b dargestellt) in den Gesetzestext aufzunehmen.[23] Knapp abgelehnt wurde eine Gesetzesfassung, wonach im Regelfall von der strafrechtlichen Verantwortlichkeit Jugendlicher ausgegangen werden sollte.[24]

Die Absenkung der Altersgrenze für die Verantwortungsreife auf 12 oder ihre Anhebung auf 16 Jahre wird überwiegend und zu Recht abgelehnt.[25] Soweit es in europäischen und außereuropäischen Staaten andere Altersgrenzen gibt,[26] ist zu bedenken, dass diese Regelungen auf anderen Rechtstraditionen und einem anderen Verständnis von „Jugendstrafrecht" beruhen. Ob es heute mehr im kriminellen Sinn „gefährliche Kinder" gibt als früher, ist fraglich. Jedenfalls können – und sollten – in diesen Fällen die jugendhilferechtlichen Maßnahmen konsequent angewendet werden, etwa auch die Unterbringung in einer intensiv betreuten, zeitweise geschlossenen Einrichtung. Das reicht zum Schutz der Gesellschaft aus und ist regelmäßig auch aus Gründen des Kindeswohls geboten.[27] Auch gegen die Heraufsetzung der Strafmündigkeitsgrenze auf 16 Jahre bestehen Bedenken, weil sie als Zurücknahme gesellschaftlicher Verantwortlichkeitserwartungen gegenüber jungen Menschen erscheinen würde,[28] was der gleichzeitigen Ausweitung der Beteiligungsrechte dieser Personengruppe widerspräche. Schließlich ist auch eine Anhebung der „Bestrafungsmündigkeit" (Verhängung der Jugendstrafe) auf 16 Jahre nicht zu befürworten. Warum sollten 14- und 15-Jährige nur für leichtere Straftaten zur Verantwortung gezogen werden können?[29] Insgesamt zeigt sich also, dass § 3 JGG trotz der – nicht zu vermeidenden – Anwendungsschwierigkeiten nicht verzichtbar, eine bessere Lösung nicht erkennbar ist.

---

[23] DVJJ-Reform, § 3 I (S. 23); Beschlüsse 64. DJTag III, 4 a.

[24] Beschlüsse 64. DJTag III, 4 b; vgl. hierzu *Streng*, aaO, S. 383; *Albrecht*, Gutachten, D 89.

[25] *Albrecht*, Gutachten, D 79–88; *Landau*, Gutachten, N 45–48, 66; *Streng*, Gutachten, N 75–77, 105; Beschlüsse 64. DJTag III, 1; *Laubenthal*, JZ 2002, 807 ff., 811 f.

[26] Übersicht bei *Albrecht*, Gutachten, D 62–64; *Dünkel*, DVJJ-J 1/2003, 19 ff., 24.

[27] *Albrecht*, Gutachten, D 87; *Landau*, Gutachten N 46, 47, 66; *Streng*, Gutachten N 78, 105; und aaO, S. 384; *Schaffstein/Beulke*, § 6 I 3; *Kreuzer*, UJ 1999, 56 ff., 61–63 und NJW 2002, 2345, 2349; *Laubenthal*, JZ 2002, 807 ff., 812.

[28] *Streng*, aaO, S. 384, 385; *Albrecht*, Gutachten, D 88, *Schaffstein/Beulke*, § 6 I 3.

[29] *Streng*, aaO, S. 385. Eine angemessene Lösung kann und sollte es bei den Modalitäten des Vollzuges geben; Beschlüsse 64. DJTag XII, 2 a; Hierzu: *Streng*, aaO, S. 385; *Schaffstein*, FS Schüler-Springorum, S. 371 ff., 377.

4. Verhältnis von § 3 JGG zu § 20 StGB

In mancher Hinsicht ähnelt § 3 JGG der Vorschrift des § 20 StGB. Beide Vorschriften regeln die mangelnde Schuldfähigkeit, beide betreffen sowohl die fehlende Unrechtseinsicht als auch die Unfähigkeit, der richtigen Erkenntnis zu folgen. Aber § 20 StGB ist negativ gefasst, er legt fest, wer „ohne Schuld handelt". § 3 JGG regelt dagegen positiv, wann ein Jugendlicher „strafrechtlich verantwortlich" ist. Dementsprechend prüft das Gericht das Vorliegen des § 20 StGB nur, wenn Anzeichen darauf hindeuten, dass seine Voraussetzungen möglicherweise gegeben sind. Die Verantwortlichkeit des Jugendlichen gem. § 3 JGG muss aber in jedem Fall positiv festgestellt werden. § 20 StGB bezieht sich nur auf „krankhafte seelische Störung", „tief greifende Bewusstseinsstörung", „Schwachsinn" oder „schwere andere seelische Abartigkeiten", also auf eine nicht normale Befindlichkeit des Angeschuldigten. Demgegenüber ist es durchaus „normal", dass ein Jugendlicher zur Zeit der Tat nach seiner geistigen und seelischen Entwicklung noch nicht reif genug ist, das Unrecht der Tat einzusehen oder entsprechend der Einsicht zu handeln.[30]

Auch ein Jugendlicher kann trotz Feststellung seiner Reife nach § 3 JGG bei Begehung der Straftat wegen einer krankhaften seelischen Störung nach § 20 StGB schuldunfähig gewesen sein, wenn er etwa im Zustand der Volltrunkenheit oder unter dem Einfluss einer psychotischen Erkrankung gehandelt hat. Dann werden bei Vorliegen ihrer Voraussetzungen die nach § 7 JGG im Jugendstrafrecht zulässigen Maßregeln der Besserung und Sicherung angeordnet (s. u. § 22.4). Ebenso kann ein nach § 3 JGG verantwortlicher Jugendlicher im Zustand erheblich verminderter Schuldfähigkeit nach § 21 StGB handeln, was ebenfalls zur Zulässigkeit der Anordnung der nach § 7 JGG im Jugendstrafrecht zulässigen Maßregeln der Besserung und Sicherung führen kann.[31]

Streitig ist aber, ob bei fehlender Verantwortungsreife Maßregeln der Besserung und Sicherung verhängt werden können[32] bzw. müssen,[33] oder ob § 3 Satz 2 JGG jegliche Anordnung strafrechtlicher Rechtsfolgen ausschließt.[34] Der BGH hält die Einweisung des Jugendlichen, hinsichtlich dessen die Verantwortungsreife nach § 3 JGG verneint werden muss, in ein psychiatrisches Krankenhaus für geboten, wenn die Voraussetzungen des § 63 StGB gegeben sind, er also eine rechtswidrige Tat im Zustand der Schuldunfähigkeit (§ 20 StGB) oder der verminderten Schuldfähigkeit (§ 21 StGB) begangen hat, die Gesamtwürdigung des Täters und sei-

---

[30] *Schaffstein/Beulke,* § 7 I; *Streng,* aaO, S. 388.

[31] *BGH* Beschl. v. 13. 6. 85, RÜ NStZ 1985, 447; *Eisenberg,* § 3 Rn. 34; *Bernsmann,* aaO, S. 213.

[32] *Schaffstein/Beulke,* § 7 IV; *DSS-Diemer,* § 3 Rn. 28; *Streng,* aaO, S. 381; sie stehen an zweiter Stelle, soweit die vormundschaftsgerichtlichen Maßnahmen nicht ausreichen: *Ostendorf,* § 3, Rn. 3, 20.

[33] *Brunner/Dölling,* § 3 Rn. 10.

[34] *OLG Karlsruhe,* NStZ 2000, 485; *Albrecht,* § 11 V 2; *Eisenberg,* § 3 Rn. 39.

ner Tat ergibt, dass von ihm infolge seines Zustands erhebliche rechtswidrige Taten zu erwarten sind, und er deshalb für die Allgemeinheit gefährlich ist.[35] Gegenüber dem krankheitsbedingten Ausschluss (bzw. der
krankheitsbedingten erheblichen Verminderung[36]) der Schuldfähigkeit
sei die Frage der Entwicklungsreife gem. § 3 JGG bedeutungslos. Sowohl
dem Sicherungsbedürfnis der Allgemeinheit wie dem Wohl des betroffenen Jugendlichen sei mit der Behandlung in einem psychiatrischen Krankenhaus am besten gedient. Richtig ist, dass in diesem Fall die nach § 3
Satz 2 JGG zulässigen Maßnahmen, etwa die Unterbringung in einem Erziehungsheim, weder die Sicherheit der Allgemeinheit gewährleistet noch
dem Wohl des Jugendlichen gedient hätten. Indessen wird der Jugendliche, der nach § 63 StGB in ein psychiatrisches Krankenhaus eingewiesen wird, besonders stark belastet. Entscheidungen dieser Art ergehen
gegen Jugendliche extrem selten (s. u. § 22, 4 b). Die Maßregelvollzugs-
einrichtungen haben deshalb keine Jugendabteilungen, die Jugendlichen
werden in Wohngruppen und Abteilungen mit erwachsenen Eingewiesenen untergebracht. Unter diesen erwachsenen Eingewiesenen befinden
sich viele, die über eine lange kriminelle Karriere und häufig auch über
Hafterfahrung in Strafanstalten verfügen, ein Personenkreis, von dem
Jugendliche im Übrigen nach den Regelungen des JGG fern gehalten
werden müssen.[37] Wenn die Notwendigkeit besteht, einen jugendlichen
psychisch Kranken, weil er in seinem Zustand für sich oder andere eine
Gefahr darstellt, in eine psychiatrische Klinik einzuweisen, so ist dies
nach den Freiheitsentziehungsgesetzen der Länder im Verfahren der frei-
willigen Gerichtsbarkeit zulässig und möglich. Die dann erfolgende Unterbringung in einer möglicherweise geschlossenen Abteilung eines normalen psychiatrischen Krankenhauses ist für den Jugendlichen weniger
belastend.[38] Die Regelungen hinsichtlich seiner Lebensführung nach den
Gesetzen über die Behandlung psychisch Kranker sind auch flexibler als
die nach den Maßregelvollzugsgesetzen. Gleichzeitig wird aber auch so
der Schutz der Allgemeinheit ausreichend gewährleistet. Der Umstand,
dass diese Entscheidung nicht im Strafverfahren nach § 3 Satz 2 JGG getroffen werden kann, sollte kein Hinderungsgrund sein. Deshalb ist an
dem „dogmatischen Vorrang von § 3 JGG",[39] nach dem bei mangelnder
Verantwortungsreife Maßregeln der Besserung und Sicherung nicht zu-

---

[35] BGHSt 26, 67 ff. mit zust. Anm. *Brunner*, JR 1976, 116; DSS-*Diemer*, § 3 Rn. 28.
[36] Insoweit äußert *Ostendorf*, § 3 Rn. 4, dogmatische Bedenken: § 21 StGB sei eine
Strafzumessungsregel, die logisch erst nach Bejahung der Verantwortungsreife gem.
§ 3 JGG geprüft werden könne. Ähnlich *Schaffstein/Beulke*, § 7 IV 3. Das überzeugt
aber nicht; denn § 21 StGB ist nicht nur ein Strafmilderungsgrund, sondern hier tat-
bestandliche Voraussetzung des § 63 StGB. Vgl. *Streng*, aaO, S. 381; DSS-*Diemer*, § 3
Rn. 28.
[37] Vgl. *Bernsmann*, aaO, S. 208; *BGHSt* 37, 373, 374.
[38] *OLG Karlsruhe*, NStZ 2000, 485.
[39] *Eisenberg*, § 3 Rn. 37, 39.

lässig sind, fest zuhalten. Er folgt nicht nur zwanglos aus der Formulierung des Gesetzes sondern vermeidet auch die mit der Anordnung von Maßregeln der Besserung und Sicherung einhergehenden stigmatisierenden Folgen und entspricht so den allgemeinen Grundsätzen des Jugendstrafrechts.

§ 7. Die Heranwachsenden im Jugendstrafrecht

Literatur: Brauneck, Die Jugendlichenreife nach § 105 JGG, ZStW 77 (1965), 209 ff.; *Bresser,* Noch immer: Die Problematik des § 105 JGG, FS Schaffstein, 1975, S. 323 ff.; *Schaffstein,* Die Behandlung der Heranwachsenden im künftigen Strafrecht, ZStW 74 (1962), 1 ff.; *ders.,* Überlegungen zu einem künftigen Jungtäterrecht, FS Peters, S. 583 ff.; *ders.,* Die strafrechtliche Verantwortlichkeit Heranwachsender nach Herabsetzung des Volljährigkeitsalters, MschrKrim 1976, 92 ff.; *Schmitz,* Die kontinuierliche Problematik des § 105 JGG, MschrKrim 1974, 65 ff.; *DVJJ* (Hrsg.), Denkschrift über die kriminalrechtliche Behandlung junger Volljähriger, 1977; *Kreuzer,* Junge Volljährige im Kriminalrecht – aus juristisch-kriminologisch-kriminalpolitischer Sicht, MschrKrim 1978, 1 ff.; *Remschmidt,* Junge Volljährige im Kriminalrecht – aus jugendpsychiatrisch-psychologischer Sicht, MschrKrim 1978, 79 ff.; *Xante,* Die Beurteilung der Heranwachsenden gem. § 105 I JGG in der gerichtlichen Praxis, 1979; *Janssen,* Heranwachsende im Jugendstrafverfahren, 1980 (Kriminologische Studien Bd. 37); *Kreuzer,* Heranwachsendenrecht, kurze Freiheitsstrafen und Beschlussverwerfungspraxis, StrVert 1982, 438 ff.; *Miehe,* Die neuere Entwicklung der Altersgruppenfrage im Strafrecht und Strafprozessrecht, Zbl 1982, 82 ff.; *Lempp,* Probleme für den jugendpsychiatrischen Sachverständigen bei der Abgrenzung von Jugendlichen und Heranwachsenden, in: Frank/Harrer (Hrsg.), Drogendelinquenz Jugendstrafrechtsreform, Forensia – Jahrbuch 2, 1991, S. 227 ff.; *Dünkel,* Heranwachsende im Jugendstrafrecht in Deutschland und im europäischen Vergleich, DVJJ-J 1/2003, 19 ff.

1. Zur Entwicklung

Während das Jugendgerichtsgesetz vom 16. 2. 1923 nur für die 14- bis 17-Jährigen galt und das Reichsjugendgerichtsgesetz vom 6. 11. 1943 sogar für die jugendlichen Schwerverbrecher die Strafen des Erwachsenenrechts (einschließlich der Todesstrafe!) vorsah,[1] hat das Jugendgerichtsgesetz vom 4. 8. 1953 die Heranwachsenden in die meisten Regelungen des Jugendgerichtsgesetzes einbezogen. Es folgte damit einer schon seit Jahrzehnten von der deutschen Jugendgerichtsbewegung erhobenen Forderung.[2] In der ehemaligen DDR ist allerdings eine Ausdehnung des Jugendstrafrechts auf Heranwachsende nicht vorgenommen worden.[3]

---

[1] *Schaffstein/Beulke,* § 5 II; *Wolff,* S. 35 ff.
[2] *Schaffstein/Beulke,* § 8.
[3] *Böhm/Zieger/Schroeder* (Hrsg.), Die strafrechtliche Entwicklung in Deutschland – Divergenz oder Konvergenz –, S. 129, 130.

2. Zum Verfahren vor dem Jugendgericht

Die Heranwachsenden werden ebenso wie die Jugendlichen von den Jugendgerichten abgeurteilt (§§ 107, 108, 112 JGG).[4] Von den für Jugendliche geltenden Verfahrensvorschriften sind nach § 109 JGG im Verfahren gegen Heranwachsende die Vorschriften nicht anwendbar, die der Tatsache Rechnung tragen, dass sich unter den Jugendlichen oft noch nicht Volljährige befinden (§§ 50 II, 53, 67, 68 Nr. 2 JGG) sowie solche, die Jugendliche vor besonderen Gefahren, die die Durchführung des Verfahrens für ihre Erziehung bedeuten kann, bewahren sollen (§§ 44, 46, 51, 69, 71, 72, 72 a und 80 JGG).[5] Die Vorschriften, die die Rechtsmittel und Rechtsbehelfe, Anrechnung von Untersuchungshaft, die einheitlichen Rechtsfolgen und die Verfahrenskosten betreffen, finden auf Heranwachsende natürlich nur Anwendung, wenn der Richter auf sie materiell Jugendstrafrecht anwendet (§ 109 II JGG).

Verfährt der Jugendrichter nach § 45 III JGG oder stellt er das Verfahren nach § 47 JGG ein, so wird er vor seiner Entscheidung – etwa aufgrund des vorliegenden Berichts der Jugendgerichtshilfe – eine summarische Prüfung der Voraussetzungen des § 105 JGG vornehmen können.

Dagegen ist er in den Fällen des § 45 I und II JGG an dem Verfahren gar nicht beteiligt. Der Staatsanwalt muss deshalb, wenn er das Verfahren einstellen will, dann nach §§ 153, 153 a StPO vorgehen, wenn er nicht den Jugendrichter zu einem Vorgehen gem. § 45 III JGG veranlassen will. Nach den (freilich nicht verbindlichen) Richtlinien zu § 109 JGG soll indessen der Jugendstaatsanwalt die Einstellungsmöglichkeiten nach §§ 45 I und II JGG auch im Verfahren gegen Heranwachsende nützen können, wenn er die Anwendung von Jugendstrafrecht selber für geboten hält oder aufgrund einer Prognose annimmt, der Jugendrichter würde sie, wäre er denn zuständig, für geboten halten. Dieser Auslegung gegen den Wortlaut folgt auch die Lehre,[6] sie erscheint freilich sehr gewagt. Auch für eine Analogie ist kein Raum, da ja eine Regelungslücke nicht vorliegt.[7] Der Staatsanwalt kann also gegenüber Heranwachsenden nicht nach § 45 I, II JGG vorgehen. Er wird bei Anwendung der §§ 153, 153 a StPO auch regelmäßig zu vertretbaren Ergebnissen kommen. Hat er sich etwa davon überzeugt, dass im sozialen Umfeld des Heranwachsenden vernünftig auf die Tat reagiert worden ist und dass der Heranwachsende sein Unrecht einsieht oder sich um einen Täter-Opfer-Ausgleich bemüht, kann er nach § 153 StPO das Verfahren einstellen. Hält er ausnahmsweise bei einem Verbrechen eines Heranwachsenden eine Verfahrenseinstellung für angemessen, kann er nach § 45 III JGG den Jugendrichter einschalten. Ist in einem solchen Fall der Heranwachsende nicht geständig, so muss Anklage erhoben werden.

---

[4] S. hierzu u. § 10, 1 b.
[5] Für den Ausschluss der Öffentlichkeit bei Heranwachsenden gilt § 109 I 4 JGG; vgl. hierzu *BGH* NJW 1997, 95 und NStZ 1998, 315.
[6] *Eisenberg,* § 109 Rn. 15; *Ostendorf,* § 109 Rn. 5; *Brunner/Dölling,* § 109 Rn. 5.
[7] *Böhm,* FS Spendel, S. 777 ff., 786, 787.

3. Zur Auslegung des § 105 I JGG

Ob der Jugendrichter im einzelnen Fall Jugendstrafrecht anwendet, richtet sich nach § 105 JGG. Die Bestimmung erscheint bei einer ersten Durchsicht als Ausnahmevorschrift.

Nur derjenige Heranwachsende wird nach Jugendstrafrecht behandelt, dessen Tat eine Jugendverfehlung ist oder der zur Zeit der Tat nach seiner geistigen und sittlichen Entwicklung noch einem Jugendlichen gleichstand. Mag diese vorsichtige Formulierung auch die Angst des Gesetzgebers vor der eigenen Courage im Jahre 1953 andeuten: seit Geltung der Vorschrift haben Rechtsprechung und Lehre die Heranwachsenden zunehmend dem Jugendstrafrecht unterstellt.[8]

a) Zur Gesamtwürdigung

Lange schon ist anerkannt, dass die gesetzliche Formulierung „nach seiner geistigen *und* sittlichen Entwicklung" fehlerhaft ist. Sie muss „nach seiner sittlichen *oder* geistigen Entwicklung" gelesen werden. Das bedeutet, dass ein verstandesmäßig gut entwickelter Heranwachsender durchaus gem. § 105 I Nr. 1 JGG einem Jugendlichen gleichgestellt und nach Jugendstrafrecht behandelt werden muss, wenn nur seine sittliche Entwicklung unfertig erscheint.[9]

Aber auch die Nr. 1 des § 105 I JGG wird nicht so ausgelegt, wie der Wortlaut es anzeigt, dass nämlich der biologisch 18- oder 19-Jährige „einem Jugendlichen gleichstehen", geistig-sittlich also ein 16- oder 17-Jähriger sein müsse. Nach dieser Vorschrift ist „Jugendlicher" vielmehr nicht der 14- bis 17-Jährige (so aber § 1 JGG), sondern muss als Begriff für einen noch in der Entwicklung befindlichen jungen Menschen angesehen werden.[10] Denn das „Jugendalter ist als Entwicklungsabschnitt nicht durch Altersgrenzen bestimmt", zwischen einem jungen Menschen, der 17 Jahre alt und einem solchen, der 19 Jahre alt ist, lässt sich kein kategorialer Unterschied erkennen.[11] Ein junger Mensch steht im Sinne des § 105 I Nr. 1 JGG einem Jugendlichen gleich, wenn er noch prägbar ist, bei ihm Entwicklungskräfte noch im größeren Umfang wirksam sind.

Mit dieser allgemeinen Beschreibung, die für die meisten Heranwachsenden kennzeichnend sein dürfte, knüpft der *BGH* an die auf einer Arbeitstagung der Deutschen Vereinigung für Jugendpsychiatrie 1954 in Marburg zur Auslegung des § 105 I Nr. 1

---

[8] *Schaffstein*, ZStW 74, 11; *ders.*, MschrKrim 1976, 96 ff.; *Dallinger/Lackner*, § 105 Rn. 9; *Eisenberg*, § 105 Rn. 3.

[9] *Schaffstein/Beulke*, § 8 II 1 a; *Brunner/Dölling*, § 105 Rn. 11 a; *Esser*, DVJJ-J 1/ 1999, 37; *Eisenberg*, § 105 Rn. 9; *Nix (Nix)*, § 105 Rn. 8. So schließen ordnungsgemäßer Schul- und Lehrabschluss und gute berufliche Eingliederung die Anwendung des § 105 I Nr. 1 JGG nicht aus: *BGH* StrVert 1982, 27.

[10] *Brauneck*, ZStW 77, 213, 214; *BGHSt* 12, 116, 118; *Grethlein*, Anm. zu *OLG Köln* NJW 1967, 838; *Eisenberg*, § 105 Rn. 8.

[11] *BGHSt* 36, 37, 39 m. w. Hinweisen.

JGG entwickelten Vorschläge, die so genannten „Marburger Richtlinien", an. Ihnen zufolge soll Jugendstrafrecht angewendet werden, wenn die Persönlichkeit des heranwachsenden Täters noch unfertig ist und in der Entwicklung steht. Anzeichen hierfür sind wenig geplante, aus der Laune des Augenblicks entspringende Taten, spielerische Einstellung zur Arbeit, Vorherrschen des Gefühls- und Trieblebens, Widerstand gegen erzieherische Einflüsse in der Phase der Lösung aus dem Elternhaus, Hang zum Abenteuer, Unsicherheit gegenüber der nicht verstandenen Ordnung der Erwachsenen sowie falsch verstandene Kameradschaft.[12]

Nur der Heranwachsende steht einem Jugendlichen nicht mehr gleich, bei dem „Reiferückstände nicht im Vordergrund stehen, der vielmehr die einen jungen Erwachsenen kennzeichnende Ausformung erfahren" hat.[13] Dies muss rückblickend für die Tatzeit im Rahmen einer sorgfältigen Gesamtwürdigung der Persönlichkeit des Täters bei Berücksichtigung auch der Umweltbedingungen festgestellt werden, wobei der Tatrichter einen weiten Ermessensspielraum hat.[14] Die Anwendung von Jugendstrafrecht auf einen Heranwachsenden ist aber nicht zulässiger Inhalt einer Urteilsabsprache. Da die Kriterien der Entscheidung gesetzlich festgelegt sind, ist es trotz des erheblichen Beurteilungsspielraums nicht ersichtlich, dass die Abgabe eines Geständnisses im Rahmen einer Urteilsabsprache auf diese Beurteilung Einfluss haben könnte.[15] Ein Regel-Ausnahme-Verhältnis in dem Sinne, dass etwa die Anwendung von Jugendstrafrecht die Regel sei, besteht nach Ansicht des *BGH* zwar nicht. Soweit Verurteilungen nach Jugendstrafrecht aber mit der Revision gerügt werden, ist dies kaum je erfolgreich, während umgekehrt Verurteilungen nach allgemeinem Strafrecht nicht selten aufgehoben werden.[16] Bei Unklarheiten über den Entwicklungsstand ist gegebenenfalls ein jugendpsychologischer Sachverständiger zu hören.[17] Dem Umstand, dass zur Tatzeit bei dem Heranwachsenden im größeren Umfang Entwicklungskräfte wirksam waren, steht nicht entgegen, dass er auch zum Zeitpunkt der Verhandlung als 23-Jähriger noch nicht die einen jungen Erwachsenen kennzeichnende Reife aufweist, wenn zu erwarten steht, dass er sie mit 25 Jahren vielleicht erreicht haben

---

[12] MschrKrim 1955, 60; *Brunner/Dölling,* § 105 Rn. 5 ff.; *Schaffstein/Beulke,* § 8 II 1 a; *Dallinger/Lackner,* § 105 Rn. 16 ff.; kritisch *Eisenberg,* § 105 Rn. 25, der diese Bezeichnungen als ungeeignet für die Ermittlung des Entwicklungsstandes der Heranwachsenden ansieht. Zum einen, weil sie vom Idealbild des reifen Erwachsenen ausgingen, zum anderen, weil es sich möglicherweise weniger um Bezeichnungen für einen jugendgemäßen Entwicklungsabschnitt als vielmehr für Auffälligkeiten bei registrierten Straftätern handle. Vgl. zur Weiterentwicklung der Richtlinien: *Esser/Fritz/ Schmidt,* MschrKrim 1991, 356 ff.; *Hässler,* DVJJ-J 1/2003, 15 ff.

[13] BGHSt 36, 40, 41.

[14] BGH Beschl. v. 22. 12. 92, RÜ NStZ 1993, 530.

[15] BGH NStZ 2001, 555 f. mit insoweit zust. Anm. *Eisenberg* und mit zust. Anm. *Noack,* StrVert 2002, 445 f.

[16] *Böhm,* NStZ 2002, 475.

[17] BGH NStZ 1985, 184.

könnte.[18] Auch die Feststellung einer Persönlichkeitsstörung schließt eine
Nachreifung nicht aus, wenn sie durch eine Alkoholproblematik beeinflusst sein kann, für die Therapieaussichten bestehen.[19] Früher Drogenkonsum spricht ebenso für eine verzögerliche Reifeentwicklung[20] wie
Schwierigkeiten in der Schule, an der Arbeitsstelle sowie gestörte Fami-
lienbeziehungen.[21] Indessen schließen ordnungsgemäßer Schul- und Lehrabschluss und gute berufliche Eingliederung keineswegs aus, dass bei
dem Heranwachsenden noch Entwicklungskräfte wirksam sind.[22] Das
gilt auch für Selbständigkeit und Zielstrebigkeit insgesamt, wenn etwa
durch Verlassen der Heimat eine Entwurzelung stattgefunden hat[23] oder
wenn sie mit einer bewusst im Gegensatz zu überkommenen Werten entwickelten Lebenseinstellung einhergehen.[24] Bedarf bei zur Tatzeit gerade
18-jährigen Tätern die Verneinung der Wirkung von Entwicklungskräften
eingehender Begründung, weil sie nicht von vornherein auszuschließen
ist,[25] genügt auch auf der anderen Seite nicht der Hinweis, der Heranwachsende sei zur Tatzeit schon fast 21 Jahre alt gewesen, wenn Anhaltspunkte dafür gegeben sind, dass eine Nachreifung möglich ist.[26] Der
Ablehnung der Anwendung von Jugendstrafrecht muss eine ins Einzelne
gehende, rechtlich nachprüfbare Würdigung des Täters und seiner Tat zugrunde liegen.[27]

Allerdings sollen Heranwachsende, deren Taten von psychischen Störungen (Schwachsinn, schwere Persönlichkeitsstörung) beeinflusst sind,
die als nicht mehr behebbar bezeichnet werden müssen, nicht nach Jugendstrafrecht verurteilt werden, weil Entwicklungskräfte nicht mehr in
größerem Umfang wirksam sind, sie voraussichtlich über den Entwicklungsstand eines Jugendlichen nie herauskommen werden.[28] Diese Rechtsprechung erscheint – ungeachtet der Schwierigkeit, eine so negative
Prognose über die Nichtbehebbarkeit des Entwicklungsrückstandes zu
stellen[29] – bedenklich, weil unverschuldete Umstände zur Anwendung
der für den Heranwachsenden nachteiligeren Strafrechtsordnung führen,
obwohl die Verurteilung nach Jugendstrafrecht sowohl dem Sicherungs-

---

[18] *BGH,* Urt. v. 15. 5. 92, RÜ NStZ 1992, 530.
[19] *BGH* Beschl. v. 18. 8. 92, RÜ NStZ 1993, 530.
[20] *BGH* StrVert 1994, 608.
[21] *BGH* Beschl. v. 12. 4. 94, RÜ NStZ 1994, 532; StrVert 1983, 378.
[22] *BGH* Beschl. v. 13. 10. 81, RÜ NStZ 1982, 416.
[23] *BGH* Beschl. v. 26. 6. 90, RÜ NStZ 1990, 531; vgl. auch *OLG Hamm* StrVert
2001, 181.
[24] *BGH* StrVert 1994, 608; Urt. v. 16. 6. 82, RÜ NStZ 1982, 416.
[25] *BGH* Beschl. v. 18. 8. 92, RÜ NStZ 1993, 530.
[26] *BGH* Beschl. v. 28. 2. 94, RÜ NStZ 1994, 532.
[27] *BGH* StrVert 1991, 424; *OLG Bremen* StrVert 1993, 536; *OLG Zweibrücken* RÜ
NStZ 1993, 530 und RÜ NStZ 1991, 524.
[28] *BGHSt* 21, 41; *BGH* NStZ 2002, 204 ff.
[29] *Brunner/Dölling,* § 105 Rn. 13; *Eisenberg,* § 105 Rn. 27.

bedürfnis der Allgemeinheit genügen als auch eine sachdienlichere Behandlung der Heranwachsenden ermöglichen würde.[30]

Bleiben schließlich auch nach gründlicher Prüfung noch Zweifel daran, ob der Täter bei seinen Taten bereits einem Erwachsenen gleichstand – liegt die Tat z. B. längere Zeit zurück, wird eine eindeutige Feststellung oft kaum zu leisten sein –, so ist das Jugendstrafrecht anzuwenden.[31]

b) Zur Jugendverfehlung

Auch wenn die Gesamtwürdigung der Persönlichkeit des Heranwachsenden ergibt, dass er zur Zeit der Tat die einen jungen Erwachsenen kennzeichnende Ausformung erfahren hat, muss Jugendstrafrecht angewendet werden, wenn „es sich nach der Art, den Umständen oder den Beweggründen der Tat um eine Jugendverfehlung handelt" (§ 105 I Nr. 2 JGG), „wenn die konkrete Tat des Heranwachsenden unabhängig von seinem generellen Reifestand auf jugendlichen Leichtsinn, Unüberlegtheit oder soziale Unreife zurückgeht".[32] Das sind nicht nur „ins Kriminelle abgerutschte" Streiche. Eindeutige Fälle sind selten.

Etwa der eines 18-jährigen Täters, der ein Zelt entwendete und dann in einer Buchhandlung einige Karl-May-Bände stahl. Unweit der elterlichen Wohnung schlug er das Zelt am Ufer eines Flusses auf, setzte sich an die Böschung und las die Karl-May-Bücher. Hier nahm das Jugendgericht, ohne eine Gesamtwürdigung der Persönlichkeit des Heranwachsenden vorgenommen zu haben, eine typische Jugendverfehlung an.

Aber selbst diese Tat könnte ein Erwachsener begehen, erst recht aber Taten wie Fahren ohne Führerschein, Einbrüche in Gartenhütten und Sachbeschädigungen in Banden, die oft aus Geltungsbedürfnis, unüberlegt oder aus einer Laune begangen werden. Schließlich können selbst schwere Taten unreife Züge tragen.[33] Die Durchsicht der höchstrichterlichen Rechtsprechung ergibt, dass kaum eine Fallgestaltung denkbar ist, die nicht wenigstens eine sorgfältige Prüfung der Frage erfordert, ob es sich bei der Tat nicht doch vielleicht um eine Jugendverfehlung handeln könnte.[34] Dass gleichartige Taten oft auch von Erwachsenen begangen

---

[30] *Walter*, NStZ 2002, 208 f.; *Schaffstein/Beulke*, § 8 I d.

[31] BGHSt 36, 37 ff., 40: st. Rspr.

[32] BGH NStZ-RR 1999, 26; *OLG Saarbrücken* NStZ-RR 1999, 254; *LG Gera* VRS 1999, Nr. 59.

[33] *Schaffstein/Beulke*, § 8 II 2 c.

[34] Anwerbung eines „Killers", der den Ehemann der Geliebten beseitigen soll aus „falsch verstandener Liebe": *BGH*, Beschl. v. 14. 7. 94, RÜ NStZ 1995, 538; Raubtaten in der Gruppe: *OLG Zweibrücken* RÜ NStZ 1995, 538; räuberische Erpressung, „um sich Kleidungsstücke" – wie sie seine Bekannten tragen – „kaufen zu können": *BGH* StrVert 1991, 424, und – ähnlich – *BGH* NStZ 1987, 366; umfangreiche Vermögensstraftaten, die aus unüberlegten beruflichen Eskapaden resultieren: *BGH* Beschl. v. 27. 6. 89, RÜ NStZ 1989, 524; Rauschmittelhandel, um eine Europareise zu finanzieren: *BGH* StrVert 1989, 311; Beteiligung an einem überlegten und zweckgerichteten Diebstahl aus „falsch verstandener Freundschaft und jugendlicher Unbekümmertheit": *LG*

werden, spricht nicht dagegen, dass eine Jugendverfehlung vorliegt.[35] Einem Großteil der Straftaten haftet eben beinahe typischerweise etwas Unreifes an, und viele Täter bleiben auch fast zwanghaft bei den „primitiven" Methoden ihrer ersten Verfehlung. Häufig liegen die Voraussetzungen des § 105 I Nr. 1 und des § 105 I Nr. 2 JGG kumulativ vor. Die Feststellung, die Tat sei eine Jugendverfehlung, ist dann in der Regel leichter zu treffen. Auch hier kommt es zwar auf die Beweggründe der Tat und damit doch auf eine Würdigung der Täterpersönlichkeit an, aber sie bleibt eben sehr tatbezogen, verlangt in aller Regel keine eingehende Erforschung des Entwicklungsstandes. Deshalb bietet es sich an, die Voraussetzungen der Jugendverfehlung vor einer Gesamtwürdigung zu prüfen.[36] Bleiben „unaufhebbare Zweifel, ob eine Jugendverfehlung vorliegt oder nicht, muss Jugendstrafrecht angewendet werden".[37]

4. Die praktische Anwendung

Während im ersten Jahr der Geltung des § 105 JGG (1954) nur 22 % der Heranwachsenden nach Jugendstrafrecht verurteilt wurden, waren es 1965 schon 38 %. Seit 20 Jahren liegt der Anteil bei leichten Schwankungen (die mit der unterschiedlichen Stärke der drei beteiligten Altersjahrgänge zueinander zu tun haben werden) bei mehr als 60 %.[38]

In den alten Bundesländern und Berlin[39] wurden in der Zeit von 1996 bis 2000 von den männlichen Heranwachsenden 61,5 % (im Jahr 2001: 63,7 %) nach Jugendstrafrecht verurteilt.[40] Soweit − gegen insgesamt 18 % der Verurteilten − auf Freiheitsentziehungen von 6 Monaten und mehr erkannt worden ist, geschah dies bei 92,4 % (2001: 92 %) der

---

Gera StrVert 1998, 346; Verletzung des wegen einer Erkältung schreienden Sohnes mit Todesfolge infolge Verärgerung und fehlender Beherrschung: *BGH* NStZ 1987, 366; bei Sittlichkeitsdelikten liegt die Annahme einer Jugendverfehlung nahe: *BGH* Beschl. v. 10. 2. 81, RÜ NStZ 1981, 252; zu weiteren Fallgestaltungen vgl. *BayObLG*, StrVert 1984, 520, und *OLG Zweibrücken* StrVert 1986, 306. Auch Straßenverkehrsdelikte können Jugendverfehlungen sein: *OLG Zweibrücken* StrVert 1989, 314; *OLG Saarbrücken* NStZ-RR 1999, 284.

[35] *BGH* NStZ 2001, 102; *OLG Zweibrücken* StrVert 1989, 314; *Schaffstein/Beulke*, § 8 II 2 a.

[36] *Ostendorf*, § 105 Rn. 23; *Nix (Nix)*, § 105 Rn. 3.

[37] *OLG Zweibrücken* RÜ NStZ 1989, 524.

[38] *Dünkel*, aaO, S. 20.

[39] Die Strafverfolgungsstatistik wird auch mehr als 10 Jahre nach Herstellung der deutschen Einheit nur für diesen Teil Deutschlands geführt. Vgl. zu einzelnen Erhebungen aus den neuen Bundesländern, die die hier dargestellten Trends im Wesentlichen bestätigen: *Heinz*, Symp. Brunner, S. 63 ff.; *Dünkel*, aaO, S. 20, 21.

[40] Diese und die folgenden Angaben sind eigene Berechnungen anhand der in den vom Statistischen Bundesamt in Wiesbaden herausgegebenen Strafvollstreckungsstatistiken, Arbeitsunterlage, 1996, 1997, 1998, 1999, 2000 und 2001 mitgeteilten Zahlen.

Verurteilten nach Jugendstrafrecht (also durch Verhängung von Jugendstrafen). Soweit diese Freiheitsentziehungen nicht von Anfang an zur
Bewährung ausgesetzt worden sind, waren es 95,4 % (2001: 95 %). Das
bedeutet, dass fast die gesamte mittelschwere und schwere Kriminalität
Heranwachsender nach dem Jugendstrafrecht behandelt wird.

Dass bei leichteren Verfehlungen und besonders im Bereich der Straßenverkehrsdelikte doch häufiger vom allgemeinen Strafrecht gegenüber
Heranwachsenden Gebrauch gemacht wird, dürfte damit zusammenhängen, dass bei Anwendung von Jugendstrafrecht eine Entscheidung durch
Strafbefehl nicht zulässig ist (§§ 79 I, 109 II 1 JGG). Der Strafbefehl ermöglicht die Bestrafung von Vergehen im „schriftlichen Verfahren" ohne
Hauptverhandlung. Eine Hauptverhandlung findet in diesem Verfahren
erst statt, wenn der Verurteilte sich mit dem Strafbefehl nicht abfindet
und Einspruch einlegt. Es können durch Strafbefehl nur Geldstrafen verhängt werden.[41] Diese Möglichkeit wird oft zur Entscheidung, die Anwendung des § 105 JGG abzulehnen, führen. Denn es ist außerordentlich
rationell, Zeit und Geld sparend, gegenüber leichterer Kriminalität durch
den Erlass von Strafbefehlen zu reagieren.[42] So sind von den insgesamt
70,3 % Verurteilungen zu nicht freiheitsentziehenden Sanktionen in den
Jahren 1996 bis 2000 gegen männliche Heranwachsende nur 48 % (2001:
52 %) nach Jugendstrafrecht ergangen (Auflagen, Weisungen, Verwarnung
– überwiegend Geldauflagen oder Auferlegung von Arbeitsleistungen),
52 % (2001: 48 %) waren Geldstrafen. Ist die dem Heranwachsenden zur
Last gelegte Verfehlung so schwer, dass eine Erledigung im Strafbefehlsverfahren nicht in Betracht kommt, dann muss Anklage erhoben und vor
den Jugendgerichten verhandelt werden. Hier wird nun mindestens die
Jugendgerichtshilfe zu einem Bericht aufgefordert, möglicherweise sogar
ein Sachverständiger gehört. In diesem Verfahren erfolgt eine sorgfältige
Gesamtwürdigung des Angeklagten. Je schwerwiegender die dem Heranwachsenden zur Last gelegten Taten sind, desto eingehender beschäftigt
sich das Gericht mit der Persönlichkeit.[43] Dann werden auch meistens die
Voraussetzungen des § 105 JGG bejaht. Deshalb ist wohl die Vermutung
begründet, dass – würde auch in allen leichten Fällen eine Gesamtwürdigung der Persönlichkeit ernsthaft vorgenommen – gegen Heranwachsende noch viel häufiger Jugendstrafrecht angewendet werden müsste.

---

[41] Daneben auch Fahrverbot und Entziehung der Fahrerlaubnis: §§ 407 ff. StPO.
Vgl. hierzu *Beulke*, Strafprozessrecht, 6. Aufl., 2002, § 26 I. Wendet der Richter in einem Verfahren gegen einen Heranwachsenden allgemeines Strafrecht an, so kann er einen Strafbefehl erlassen, freilich in diesem keine Freiheitsstrafe verhängen (§ 109 III
JGG).

[42] *Heinz*, Symp. Brunner, S. 64 ff., 79 ff.; *Miehe*, Symp. Brunner, S. 145.

[43] *Schaffstein*, ZStW 74 (1962), 9, 10; *ders.*, MschrKrim 1976, 97. So auch *Xante*,
S. 100 f., der die erst dann erfolgende Heranziehung von Sachverständigen betont. Vgl.
aber auch *BGH* NStZ 1984, 467 m. Anm. *Brunner* und Anm. *Eisenberg*, BStZ 1985, 84;
s. auch *BGH* NStZ 1985, 184.

Tabelle 1: Wegen Verbrechen und Vergehen 1996 bis 2000 in den alten Bundesländern und Berlin verurteilte Heranwachsende

A. Männer

	Gesamtzahl	Nach allgemeinem Strafrecht insgesamt	Geldstrafe	Freiheitsstrafe bis 6 Monate* insgesamt	bis 6 Monate mit Bewährung	bis 6 Monate ohne Bewährung	6 Monate und mehr insgesamt	6 Monate und mehr mit Bewährung	6 Monate und mehr ohne Bewährung	mehr als 2 Jahre	Nach Jugendstrafrecht insgesamt	Jugendstrafe insgesamt	Jugendstrafe mit Bewährung	Jugendstrafe ohne Bewährung	mehr als 2 Jahre	Jugendarrest	Auflagen/ Weisungen/ Verwarnung
	310.864	119.825	112.100	3.469	2.865	613	4.256	3.313	943	288	191.035	51.558	31.874	19.684	6.751	31.790	107.661
	100%	38,5%	36%	1,1%	0,9%	0,2%	1,4%	1,1%	0,3%	0,1%	61,5%	16,6%	10,3%	6,3%	2,1%	10,2%	34,6%
		100%	93,5%	3%	2,5%	0,5%	3,5%	2,7%	0,8%	0,2%	100%	27%	16,6%	10,4%	3,5%	16,6%	56,4%

Baden-Württemberg/Rheinland-Pfalz

	Gesamtzahl	Nach allg. Strafrecht insgesamt	Geldstrafe	bis 6 Monate insgesamt	mit Bewährung	ohne Bewährung	6 Monate und mehr insgesamt	mit Bewährung	ohne Bewährung	mehr als 2 Jahre	Nach Jugendstrafrecht insgesamt	Jugendstrafe insgesamt	mit Bewährung	ohne Bewährung	mehr als 2 Jahre	Jugendarrest	Verwarnung
	72.357	38.741	36.825	909	785	124	1.007	737	270	80	33.616	11.627	7.064	4.651	1.509	2.858	19.130
	100%	53,5%	50,9%	1,2%	1%	0,2%	1,4%	1%	0,4%	0,1%	46,5%	16,0%	9,7%	6,3%	2%	4%	26,5%
		100%	95,0%	2,3%	2%	0,3%	2,7%	1,9%	0,8%	0,2%	100%	34,6%	21%	13,6%	4,1%	8,5%	56,9%

Saarland/Hamburg/Schleswig-Holstein

	Gesamtzahl	Nach allg. Strafrecht insgesamt	Geldstrafe	bis 6 Monate insgesamt	mit Bewährung	ohne Bewährung	6 Monate und mehr insgesamt	mit Bewährung	ohne Bewährung	mehr als 2 Jahre	Nach Jugendstrafrecht insgesamt	Jugendstrafe insgesamt	mit Bewährung	ohne Bewährung	mehr als 2 Jahre	Jugendarrest	Verwarnung
	15.194	1.386	1.249	56	36	20	81	54	27	12	13.808	3.134	1.777	1.357	400	1.775	8.859
	100%	9%	8%	0,4%	0,3%	0,1%	0,6%	0,4%	0,2%	0,1%	91%	20,6%	11,9%	8,7%	2,6%	11,9%	58,5%
		100%	90%	4%	3%	1%	6%	4%	2%	1%	100%	22,7%	13%	9,3%	3%	13%	64,3%

B. Frauen

	Gesamtzahl	Nach allg. Strafrecht insgesamt	Geldstrafe	bis 6 Monate insgesamt	mit Bewährung	ohne Bewährung	6 Monate und mehr insgesamt	mit Bewährung	ohne Bewährung	mehr als 2 Jahre	Nach Jugendstrafrecht insgesamt	Jugendstrafe insgesamt	mit Bewährung	ohne Bewährung	mehr als 2 Jahre	Jugendarrest	Verwarnung
	43.449	21.390	20.802	315	266	49	273	244	29	5	22.059	3.057	2.221	836	159	2.364	16.638
	100%	49,2%	47,9%	0,7%	0,6%	0,1%	0,6%	0,6%			50,8%	7%	5,1%	1,9%	0,4%	5,4%	38,4%
		100%	97,2%	1,5%	1,3%	0,2%	1,3%	1,2%	0,1%		100%	13,8%	10%	3,8%	0,7%	10,7%	75,5%

*einschließlich Strafarrest

Tabelle 2: Wegen Verbrechen und Vergehen 2001 in den alten Bundesländern und Berlin verurteilte Heranwachsende

A. Männer

Gesamtzahl		Nach allgemeinem Strafrecht									Nach Jugendstrafrecht						
		insgesamt	Freiheitsstrafe bis 6 Monate* insgesamt	bis 6 Monate* mit Bewährung	bis 6 Monate* ohne Bewährung	6 Monate und mehr insgesamt	6 Monate und mehr mit Bewährung	6 Monate und mehr ohne Bewährung	6 Monate und mehr mehr als 2 Jahre	Geldstrafe	insgesamt	Jugendstrafe insgesamt	Jugendstrafe mit Bewährung	Jugendstrafe ohne Bewährung	Jugendstrafe mehr als 2 Jahre	Jugendarrest	Auflagen/Weisungen/Verwarnung
65.093	100%	23.641 / 36,3% / 100%	610 / 1% / 2,6%	512 / 0,8% / 2,2%	98 / 0,2% / 0,4%	947 / 1,5% / 4%	736 / 1,1% / 3,1%	211 / 0,4% / 0,9%	59 / 0,1% / 0,3%	22.084 / 33,9% / 93,4%	41.452 / 63,7% / 100%	10.917 / 16,7% / 26,3%	6.713 / 10,3% / 16%	4.204 / 6,4% / 10%	1.349 / 2% / 3,7%	6.735 / 10,4% / 16,2%	23.800 / 36,4% / 57,6%

Baden-Württemberg/Rheinland-Pfalz

14.960 / 100%	7.441 / 49,7% / 100%	148 / 1% / 2%	134 / 0,9% / 1,8%	14 / 0,1% / 0,2%	231 / 1,5% / 3%	179 / 1,2% / 2,4%	52 / 0,3% / 0,6%	17 / 0,1% / 0,2%	7.062 / 47,2% / 95%	7.519 / 50,3% / 100%	2.611 / 17,5% / 34,7%	1.525 / 10,2% / 20,3%	1.086 / 7,3% / 14,4%	315 / 2,1% / 4%	663 / 4,5% / 8,8%	4.245 / 28,3% / 56,5%

Saarland/Hamburg/Schleswig-Holstein

3.703 / 100%	437 / 11,8% / 100%	9 / 0,2% / 2%	8 / 0,2% / 1,8%	1 / / 0,2%	26 / 0,8% / 6%	18 / 0,6% / 4,2%	8 / 0,2% / 1,8%	1 / /	402 / 10,8% / 92%	3.266 / 88,2% / 100%	724 / 19,5% / 22,4%	364 / 9,8% / 11,2%	360 / 9,7% / 11,2%	70 / 1,9% / 2,1%	384 / 10,4% / 12,1%	2.158 / 58,3% / 65,5%

B. Frauen

9.902 / 100%	4.661 / 47% / 100%	65 / 0,6% / 1,4%	47 / 0,4% / 1%	18 / 0,2% / 0,4%	58 / 0,6% / 1,3%	49 / 0,5% / 1,1%	9 / 0,1% / 0,2%	0 / /	4.538 / 45,8% / 97,3%	5.241 / 53% / 100%	729 / 7,4% / 14%	492 / 5% / 9,5%	237 / 2,4% / 4,5%	36 / 0,4% / 0,7%	583 / 5,9% / 11%	3.929 / 39,7% / 75%

*einschließlich Strafarrest

Von den insgesamt 11,7 % in den Jahren 1996 bis 2000 in dem „Zwischen-
bereich" gegen männliche Heranwachsende ergangenen Verurteilungen
sind 90 % (2001: 91,5 %) solche zu Jugendarrest nach Jugendstrafrecht,
10 % (2001: 8,5 %) Strafarrest bzw. Freiheitsstrafe zwischen einem und
unter sechs Monaten (zu 85 % von Anfang an zur Bewährung ausgesetzt)
nach allgemeinem Strafrecht. Auch die Beobachtung, dass oft bei
schwereren Taten Heranwachsender eine Verurteilung nach Jugendrecht
erfolgt, obwohl für frühere Taten desselben Heranwachsenden, die weniger schwerwiegend erscheinen, in Strafbefehlen Strafen nach allgemeinem Strafrecht verhängt worden waren, passt zu diesen Annahmen.

§ 105 II JGG trägt dieser Tatsache dadurch Rechnung, dass dem Jugendrichter, der
einen Heranwachsenden nach Jugendstrafrecht verurteilt, die Möglichkeit gegeben
ist, frühere rechtskräftige Verurteilungen, die gegen diesen Heranwachsenden nach
dem allgemeinen Strafrecht ergangen sind, in seine Verurteilung „einzubeziehen", mit
der Folge, dass die alte Bestrafung fortfällt und der Jugendrichter für die alten und die
neuen Taten die einheitliche angemessene Maßnahme bestimmt. Hat z. B. ein Heranwachsender durch Strafbefehl wegen eines Diebstahls rechtskräftig eine Geldstrafe
von 90 Tagessätzen erhalten und steht er nun wegen weiterer Diebstähle, die er als
Heranwachsender begangen hat, vor Gericht, so wird der Jugendrichter, wenn er nach
Gesamtwürdigung der Persönlichkeit Jugendrecht anwendet, unter Berücksichtigung
auch des rechtskräftig abgeurteilten Diebstahls eine einheitliche Maßnahme, z. B. vier
Wochen Jugendarrest, verhängen, wodurch der Strafbefehl und die in ihm ausgespro-
chene Geldstrafe fortfallen.[44]

5. Zu den Folgen der Entscheidung

a) Bei Anwendung des Jugendstrafrechts

Wendet das Gericht Jugendstrafrecht an, so gelten alle Vorschriften
über die Rechtsfolgen, die Vollstreckung, den Vollzug sowie die Beseitigung des Strafmakels entsprechend (§§ 105 I, II, 110, 111 JGG). Nur die
Maßnahmen, die nach dem Jugendhilferecht allein gegenüber Minderjährigen angewendet werden dürfen, sind ausgeschlossen (§§ 9 II, 12 JGG).
Die Verantwortungsreife wird bei den Heranwachsenden unwiderlegbar
vermutet. § 3 JGG findet keine Anwendung. Das Höchstmaß der Jugendstrafe für Heranwachsende ist, auch wenn es sich nicht um einen Fall des
§ 18 I 2 JGG handelt, zehn Jahre (§ 105 III JGG).

b) Bei Anwendung des allgemeinen Strafrechts

Gelangt der Jugendrichter zur Überzeugung, dass allgemeines Strafrecht angewendet werden muss, so ist § 106 JGG zu beachten. Danach
bestehen besondere einschränkende Voraussetzungen, wenn gegen Heranwachsende Sicherungsverwahrung angeordnet werden soll. Dort wo
der Amtsverlust nach § 45 I StGB zwingend vorgesehen ist, darf der Richter bei Verurteilung Heranwachsender nach allgemeinem Strafrecht von

---

[44] Vgl. hierzu unten § 8, 2.

der Verhängung absehen. Ist lebenslängliche Freiheitsstrafe (wie bei Mord: § 211 StGB) zwingend vorgeschrieben, darf der Jugendrichter Freiheitsstrafen zwischen zehn und fünfzehn Jahren verhängen. Dabei kommt es weniger auf das Gewicht der Tat oder darauf an, ob der Täter zum Zeitpunkt der Verurteilung als negativ ausgereifte, in hochkriminelle Aktivitäten verstrickte Persönlichkeit erscheint, als vielmehr auf die Prognose, ob unter dem Eindruck des Strafvollzugs eine Wiedereingliederung zu erwarten ist.[45] Da es kaum je prognostizierbar sein wird, dass sich auch nach langem Strafvollzug nichts ändert,[46] kann gegen Heranwachsende eine lebenslängliche Freiheitsstrafe eigentlich nicht verhängt werden. Es verwundert deshalb nicht, dass dies seit fünfzehn Jahren auch nur zwei Mal (im Jahr 2001) geschehen ist. In den dieser Zeit vorangegangenen zehn Jahren weisen die Statistiken acht solcher Fälle auf. Seit fünfzehn Jahren sind durchschnittlich ein bis zwei Heranwachsende pro Jahr zu Freiheitsstrafen zwischen zehn und fünfzehn Jahren verurteilt worden.

Der Rechtsgedanke des § 106 JGG ist auch bei der Verhängung von langen zeitigen Freiheitsstrafen gegen Heranwachsende zu berücksichtigen.[47]

6. Kritik des § 105 JGG

Die Vorschrift wird von Lehre und Rechtsprechung in einer Weise ausgelegt, die sich kaum noch an ihrem Wortlaut orientiert. Wirklich verlässliche Kriterien, um die „Reife" und auch die Chancen künftiger Entwicklung zu beurteilen, fehlen.[48] Die angelegten Maßstäbe sind oft subjektiv. Von Richter zu Richter, Sachverständigem zu Sachverständigem werden beunruhigende Unterschiede festgestellt, die auf eine sehr ungleichmäßige Rechtsanwendung hinweisen. Ob hier noch das Grundrecht auf Gleichbehandlung beachtet ist, scheint fraglich.[49]

---

[45] *BGHSt* 31, 189 ff.; *BGH* StrVert 1989, 306.

[46] Bei Auswertung der für die Basisjahre 1980–1984 vorliegenden Rückfallstatistik des Generalbundesanwalts ergibt sich für die Freiheitsstrafen zwischen zehn und 15 Jahren Dauer eine geringere Rückfälligkeit (22 neue Verurteilungen zu Freiheitsstrafe binnen fünf bis acht Jahren nach Haftentlassung bei 126 Probanden = 17,5 %) als bei den zu einer zur Bewährung ausgesetzten Freiheitsstrafe Verurteilten, bei denen kein Widerruf der Bewährung erfolgen musste (neue Verurteilung zu Freiheitsstrafe in 19,1 % der Fälle). Vgl. auch *Jehle/Heinz/Sutterer,* Legalbewährung nach strafrechtlichen Sanktionen, 2003, S. 58.

[47] *BGH* StrVert 1994, 609; *Eisenberg,* § 106 Rn. 6; *Dünkel,* aaO, 23 – anders, die Besonderheiten des Einzelfalls werden nach den im StGB generell geltenden Strafzumessungsvorschriften berücksichtigt: *BGH* DVJJ-J 1/2003, 80 f.

[48] *Schmitz,* MschrKrim 1974, 65 ff.; *Bresser,* aaO; *Remschmidt,* MschrKrim 1978, 79 ff., 81; *Eisenberg,* § 105 Rn. 25 ff.; soweit die Erkenntnismöglichkeiten positiv eingeschätzt werden, wird die Beurteilung durch einen erfahrenen Psychiater als „äußerst schwierig aber nicht unmöglich" angesehen: *Hässler,* DVJJ-J 1/2003, 15 ff., 18.

[49] *Keller/Kuhn/Lempp,* MschrKrim 1975, 155 ff.; *Schaffstein/Beulke,* § 8 III; *Kreuzer,* StrVert 1982, 438 ff.; *Ostendorf,* StrVert 2002, 438.

So sind von 1996 bis 2000 in Baden-Württemberg (BW) und in Rheinland-Pfalz (RP) – das sind die beiden Bundesländer, in denen überdurchschnittlich oft Heranwachsende nach allgemeinem Strafrecht verurteilt werden – von den männlichen Heranwachsenden nur 46,5 % nach Jugendstrafrecht verurteilt worden, in Hamburg (HH), dem Saarland und Schleswig-Holstein (SH), – das sind die Bundesländer, in denen gegenüber Heranwachsenden sehr selten allgemeines Strafrecht angewendet wird – aber 91 %. Die Unterschiede sind gering, was die Verurteilungen zu Freiheitsentziehungen von 6 Monaten und mehr angeht. In BW und RP ergehen 92 % dieser Entscheidungen nach Jugendstrafrecht, in HH, SH und im Saarland 97,5 %. Soweit diese Strafen nicht von Anfang an zur Bewährung ausgesetzt worden sind, waren es in BW und RP 94,5 % und in HH, SH und im Saarland 98 %. Deutlich ist der Unterschied aber bei den nicht freiheitsentziehenden Sanktionen. In BW und RP ergingen von diesen Verurteilungen 34,1 % nach Jugendstrafrecht (dagegen 65,9 % als Geldstrafen nach dem allgemeinen Strafrecht), in HH, SH und im Saarland aber 87,6 % nach Jugendstrafrecht (nur 12,4 % Geldstrafen nach allgemeinem Strafrecht). Diese ungleiche Rechtsanwendung wird offenbar von den betroffenen heranwachsenden Männern (und ihren Verteidigern) hingenommen. Die Gerichte, die allgemeines Strafrecht angewendet haben, werden (insbesondere im Strafbefehlsverfahren) die Entscheidung für diese Rechtsordnung nicht so gut begründet haben, dass sie etwa einer Revision standhielte. Das wissen die an den Verfahren beteiligen Staatsanwälte und Verteidiger. Den Verurteilten wird es aber in aller Regel gleichgültig sein, ob sie zu einer Geldstrafe oder nach Jugendstrafrecht zu Weisungen oder Auflagen verurteilt sind. Gerade da, wo wegen seiner Reaktionsvielfalt das Jugendstrafrecht als das „bessere Recht" gilt, wird es von den Prozessbeteiligten offenbar gering geachtet. Zwar sind Auflagen und Weisungen keine Strafen, aber Geldstrafen von nicht mehr als 90 Tagessätzen (und Freiheitsstrafen von nicht mehr als 3 Monaten) werden bei erstmaliger Verurteilung nicht in ein Führungszeugnis aufgenommen (§ 32 II Nr. 5 BZRG), was für viele vermutlich allein von praktischer Bedeutung sein wird.

7. Reformüberlegungen

a) Feste Altersgrenze

Eine individuelle Zuweisung von 18 bis 20-jährigen Menschen nach Reife, Entwicklung oder Tatgeschehen ins Jugendstrafrecht oder ins allgemeine Strafrecht lässt sich, das haben die vergangenen 50 Jahre gezeigt, in befriedigender Weise nicht vornehmen.[50] Die Kriterien sind nicht –

---

[50] *Kreuzer,* aaO, S. 1 8; *Remschmidt,* aaO S. 81; *Eisenberg,* § 105 Rn. 25 ff.; *Kaiser,* Symp Brunner, S. 1 ff., 9; *Schöch,* Symp Brunner, S. 132; *Miehe,* Symp Brunner, S. 143, 160; *Ostendorf,* StrVert 2002, 436, 438; *Albrecht,* Gutachten, D 90 ff.; *Streng,* Gutachten, N 79.

mindestens nicht mit vertretbarem Aufwand – operationalisierbar, obendrein nicht überzeugend zu begründen. Die Grenze zwischen der Anwendung von allgemeinem und Jugendstrafrecht muss deshalb, wenn sie einigermaßen gerecht und gleichmäßig ausfallen soll, altersmäßig genau bestimmt werden. Eine Umformulierung der Reifeformel, etwa derart, dass regelmäßig allgemeines und nur ausnahmsweise Jugendstrafrecht angewendet werden soll,[51] oder gar eine fakultative Einbeziehung weiterer Altersgruppen („wenn die Rechtsfolgen des Jugendstrafrechts die angemesseneren Reaktionsmöglichkeiten darstellen"),[52] schaffen keine Rechtssicherheit und würden obendrein, ohne den mindesten Nutzen erkennen zu lassen, durch Umorganisation – im einen Fall weniger Jugend- und mehr allgemeiner Strafvollzug,[53] im anderen Fall Umverteilung vieler Verfahren von den allgemeinen Strafrichtern auf die Jugendgerichte[54] – Kosten verursachen. Feste Altersgrenzen führen dagegen zu einer Rechtsvereinfachung.

b) Allgemeines Strafrecht für alle Heranwachsenden

Die weit verbreitete Stimmung, Heranwachsende härter zu bestrafen und sie dem allgemeinen Strafrecht zu unterstellen, führt zu entsprechenden Forderungen der CDU/CSU und von CDU-geführten Bundesländern.[55] Hierfür könnte auch sprechen, dass das Jugendstrafrecht in den meisten europäischen Nachbarländern auf die unter 18-Jährigen beschränkt ist.[56] Allerdings wird auf internationaler Ebene[57] und auch vielerorts in Europa eine Ausdehnung des Jugendstrafrechts auf die Heranwachsenden angestrebt.[58] Die Regelung, wonach die Volljährigkeit mit

---

[51] *Kornprobst,* JR 2002, 309 ff., 313; CDU/CSU-Bundestagsfraktion, BT-Dr 14/3189; hierzu *Abrecht,* Gutachten, D 91, 92.

[52] DVJJ-Reform § 1 a (S. 10, 11); abl. *Albrecht,* Gutachten, D 96; krit. auch *Ostendorf,* StrVert 2002, 440 („ein Akt der rechtspolitischen Vorwärtsverteidigung"), auch Grdl. z. §§ 105–106, Rn. 13; der Gedanke fand auf dem 64. DJTag keine Mehrheit: Beschlüsse C III, 3 a.

[53] Der Hinweis darauf, dass nach § 114 JGG schon gegenwärtig Freiheitsstrafen gegen 18- bis 24-Jährige in Jugendstrafanstalten vollzogen werden (*Schaffstein/Beulke,* § 8 III), führt nicht weit, da die Vorschrift praktisch nicht angewendet wird: u. § 25.4 g.

[54] Die dann noch stärker als schon jetzt allgemeine Strafgerichte werden: *Miehe,* Symp Brunner, S 141, 142 mit Hinweis auf *Peters,* Werdendes Jugendstrafrecht, 1948, S. 13 ff.

[55] Regierungsprogramm 2003–2008 für das Land Hessen V, 3: „Wir werden uns dafür einsetzen, dass auf volljährige Straftäter von 18–21 Jahren die Grundsätze des Erwachsenenstrafrechts zur Anwendung kommen." Im einzelnen *Landau,* Gutachten. N 48–52 und Altersgrenzen im Jugendstrafrecht, in: Kube/Schneider/Stock (Hrsg.), Kriminologische Spuren in Hessen, 2003, S. 207 ff.

[56] *Albrecht,* Gutachten, D 62–64; Übersicht bei *Ostendorf,* Grdl. z. §§ 1–2, Rn. 8.

[57] Nr. 3.3 der Mindestgrundsätze der Vereinten Nationen für die Jugendgerichtsbarkeit (Beijing Rules 1985), vgl. *Schüler-Springorum,* ZStW 99 (1987), 809 ff.

[58] *Dünkel,* aaO, S. 21 f.

dem 18. Geburtstag eintritt, spricht nicht für die Ausgliederung der Heranwachsenden aus dem Jugendstrafrecht.[59] Ungeachtet der Herabsetzung der Volljährigkeitsgrenze und des Wahlalters haben sich die Schwierigkeiten junger Menschen, in die Erwachsenenrolle zu finden, durch Verlängerung der Ausbildungsphase und Unübersichtlichkeit der Lebensverhältnisse in den letzten Jahrzehnten eher vergrößert.[60] Bis 1953 hat sich kaum jemand daran gekehrt, dass die volle strafrechtliche Verantwortlichkeit drei Jahre vor der Volljährigkeit und Wahlmündigkeit eintrat, vielmehr hat das Strafrecht 80 Jahre lang die Heranwachsenden früher in volle Verantwortung gestellt als das Zivil- und das Staatsrecht. So besteht auch jetzt kein Grund, beide Termine zu verschmelzen, insbesondere zum Nachteil der Heranwachsenden schnell zu verfahren, nachdem man die für sie vorteilhafte Regelung so lange verzögert hat. Es darf auch nicht übersehen werden, dass die Herabsetzung des Volljährigkeitsalters nicht auf wissenschaftlichen Erkenntnissen über den Zustand der Jugend, insbesondere der kriminell gefährdeten Jugend fußt.[61] An der wahren Reife Heranwachsender hat sich durch die Änderung des Volljährigkeitsalters nichts geändert.

So hat etwa im „Radikalen-Urteil" des *BVerfG* zu Recht der Gedanke eine Rolle gespielt, man dürfe politische Unbedachtsamkeit junger Menschen bei späterer Übernahme in den Staatsdienst nicht berücksichtigen.[62] Schließlich ist das Argument, der Volljährige müsse dem allgemeinen Strafrecht unterstellt werden, auch aus einem anderen Grunde nicht zwingend: Volljährigkeit und Wahlmündigkeit eröffnen den jungen Menschen Chancen, am privaten und öffentlichen Leben teilzuhaben und sich zu verwirklichen. Aber die Einbeziehung in das allgemeine Strafrecht bietet keine Chance, sie ist eher die Verweigerung von Chancen und Hilfsmöglichkeiten, die das Jugendstrafrecht bietet. Es ist das kleinere Unglück, Menschen zu früh Chancen einzuräumen, als ihnen zu früh Chancen zu nehmen. Auch so lässt sich die unterschiedliche Regelung rechtfertigen.

---

[59] So meint *Kreuzer,* MschKrim 1978, 1 ff., 8 sogar ausdrücklich, die Einbeziehung aller Heranwachsenden in das Jugendstrafrecht folge aus dem Gebot, die mit der vorverlegten Volljährigkeit für diesen Personenkreis verbundenen Risiken sozial- und kriminalpolitisch aufzufangen.

[60] *Kreuzer,* UJ 1999, 56 ff., 64 f.; *Heinz,* Symp Brunner, S. 63 ff., 78; *Ludwig,* Gutachten, N 10 ff.

[61] *Stutte/Remschmidt,* MschrKrim 1973, 383 ff.; *Schaffstein,* FS Peters, S. 588, 589; *ders.,* MschrKrim 1976, 100; *Lempp* aaO, S. 234.

[62] *BVerfGE* 39, 334 ff. Das Gericht wendet sich gegen die Berücksichtigung von Ermittlungen der Staatsschutzbehörden; denn sie könnten nur „Verhaltensweisen, die in die Ausbildungs- und Studienzeit fallen, häufig Emotionen in Verbindung mit engagiertem Protest entspringen und Teil von Milieu- und Gruppenreaktionen sind, also sich wenig eignen als ein Element (von vielen), aus dem man einen Schluss auf die Persönlichkeit des zu Beurteilenden ziehen könnte, zutage fördern" (S. 356) – eine Art Nutzanwendung der Marburger Richtlinien im Verfassungsrecht nach Senkung des Volljährigkeitsalters (Urt. v. 22. 5. 1975).

c) Einbeziehung aller Heranwachsenden in das Jugendstrafrecht

Hierfür spricht die Erfahrung der letzten 50 Jahre. Seit langem werden gegen diesen Personenkreis fast durchweg die stationären Rechtsfolgen des Jugendstrafrechts angewendet, ohne dass sich daraus Schwierigkeiten ergeben hätten. Solche stünden bei der ausnahmslosen Geltung dieser Rechtsfolgen auch nicht zu erwarten. An der Zuständigkeit der Jugendgerichte würde sich nichts ändern. Die Regelung wäre auch unter Kostengesichtspunkten die beste. Sie wird überwiegend bevorzugt.[63] Es sollte dann freilich gegenüber den Heranwachsenden auch die Verhängung der Geldstrafe und eine Art Strafbefehlsverfahren zugelassen werden.[64] Schließlich könnte für Heranwachsende eine Jugendstrafe in der Höhe zwischen 10 und 15 Jahren zugelassen werden, in den Fällen, in denen nach allgemeinem Strafrecht lebenslange Freiheitsstrafe angedroht ist.[65]

d) Chancen einer Reform

Unterdessen mehren sich die Stimmen, die es bei der gegenwärtigen Regelung belassen wollen.[66] Angesichts der kriminalpolitischen Situation – zwei politisch ähnlich starke Gruppen vertreten kontroverse Standpunkte – ist im Übrigen auch nicht damit zu rechnen, dass sich für eine Änderung des § 105 JGG eine politische Mehrheit finden wird. Die Sorge wegen der ungleichen Rechtsanwendung relativiert sich insofern, als bei den freiheitsentziehenden Rechtsfolgen die Rechtsanwendung einheitlich erfolgt, die großen Diskrepanzen im „ambulanten" Rechtsfolgenbereich aber einerseits von den Betroffenen hingenommen werden und andererseits auch kriminologisch weniger bedeutsam sind: auf die Rückfälligkeit haben die Unterschiede wohl keine Auswirkungen.[67]

---

[63] *Brauneck*, ZStW 77 (1965), 218, 219; *Schaffstein*, ZStW 74 (1962), 9, 10; *ders.*, MschrKrim 1976, 104 ff., *DVJJ* Denkschrift, S. 8; *Kreuzer*, MschrKrim 1978, 1 ff., 7, schon aus verfassungsrechtlichen Gründen (Gleichbehandlung); *Janssen*, aaO, S. 311; *Miehe*, Zbl 1982, 86 f.; *Albrecht*, Gutachten, D 96; *Schöch*, Symp Brunner, S. 132; *Kaiser*, Symp Brunner, S. 1 ff.; *Streng*, Gutachten, N 78–80, 105, 106; DVJJ-Reform, S. 9, 10; Beschlüsse des 64. DJTages C III 2 a, aa.

[64] DVJJ-Reform, S. 60 f.; *Brunner/Dölling*, Einf. II Rn. 41; *Albrecht*, Gutachten, D 133, 147; *Streng*, Gutachten, N 80.

[65] *Kreuzer*, UJ 1999, 56 ff., 65; *Streng*, Gutachten, N 80, 106; Beschlüsse des 64. DJTages C VI 13. A. A. die Höchstgrenze von 10 Jahren reicht aus: *Albrecht*, Gutachten, D 152; *Ostendorf*, Grdl. z. §§ 105–106 Rn. 11.

[66] *Schaffstein/Beulke*, § 8 III; *Laubenthal*, JZ 2002, 807 ff., 812; *Häßler*, DVJJ-J 1/2003, 15 ff., 18.

[67] *Dölling*, RdJB 1993, 370 ff.; vgl. auch *Jehle/Heinz/Sutterer*, Legalbewährung nach strafrechtlichen Sanktionen, 2003, S. 51–57: Die Geldstrafe führt zu noch weniger Folgeverurteilungen als jugendrechtliche Weisungen, Auflagen oder Entscheidungen nach §§ 45, 47 JGG.

8. Eigenständiges Jungtäterstrafrecht?

Es ist auch diskutiert worden, ob es sich empfiehlt, ein gesondertes Jungtäterstrafrecht einzuführen, für die 18- bis 24-Jährigen, wenn man die Heranwachsenden aus dem Jugendstrafrecht herausnimmt,[68] oder für die 21- bis 27-Jährigen. Anknüpfungspunkt sind die besonderen Bedürfnisse junger Erwachsener, die oft noch in der Ausbildung stehen und familiär noch nicht eingebunden sind. Dass sie oft noch prägbar erscheinen und in der Entwicklung befindlich sind, lässt sich beobachten[69] und wird oft vorgetragen. Allerdings sind die Altersgrenzen noch willkürlicher als die 18- oder 21-Jahres-Grenze. § 7 I Nr. 3 SGB VIII bezeichnet als „junge Volljährige" Personen, die 18 aber noch nicht 27 Jahre alt sind. Sie gehören zum Kreis der „jungen Menschen". Diese Altersgrenze taucht auch im StGB (§ 56 d II) auf, während der 24. Geburtstag im JGG eine Rolle spielt (§§ 85 VI, 92 II 3, 114 JGG), auch die Eintragungen im Erziehungsregister werden in der Regel zu diesem Zeitpunkt gelöscht (§ 63 I BZRG). Ein eigenständiges Jungtäterrecht wäre gesetzgeberisch und organisatorisch eine große Aufgabe,[70] und die Notwendigkeit einer solchen tief greifenden Änderung des Strafrechtssystems ist auch nicht so recht ersichtlich, ja es besteht der Eindruck, ihre Verfechter hechelten einer Entwicklung hinterher, die sich unterdessen (Ruf nach kürzerer Schul- und Studienzeit, früherem Beginn beruflicher Tätigkeit) bereits wieder umkehrt.[71] Soweit für junge Erwachsene besondere Regelungen notwendig erscheinen, könnten sie im allgemeinen Strafrecht (Aufnahme eines zwingenden oder fakultativen Strafmilderungsgrundes nach § 49 I StGB bei Straftaten eines noch nicht 27 oder 24 Jahre alten „jungen Menschen") eingefügt werden.[72]

§ 8. Zweifel über das Alter, Taten in verschiedenen Altersstufen

1. Zweifel über das Alter

a) Grundfälle

Lässt sich nicht aufklären, ob eine Straftat begangen worden ist, als der Täter noch ein Kind oder schon ein Jugendlicher war, dann muss nach

---

[68] *Schneider,* RdJB 1963, 1 ff.; *ders.,* Kriminologie, JugendstrafR, Strafvollzug, 3. Aufl. 1992, S. 27; *Schaffstein,* FS Peters aaO; *Thiesmeyer,* Strafmündigkeit, S. 52 ff.

[69] Vgl. *BGHSt* 22, 41, 43; *Landau,* Gutachten, N 51, 52.

[70] Hierzu *Schüler-Springorum,* FS Schaffstein, S. 395 ff.

[71] Krit. auch *Ostendorf,* Grdl. z. §§ 105–106 Rn. 12.

[72] *Landau,* Gutachten, N 50–52, 66; vgl. auch *Graf von Schwerin,* Die adäquate strafrechtliche Sanktion bei Delinquenz nicht nach Jugendstrafrecht verurteilter Heranwachsender und Jungerwachsener ab 21 Jahre, Diss. Mainz 1997. Weitergehend: Größere Reaktionsbeweglichkeit bei den Rechtsfolgen im allgemeinen Strafrecht: *Ostendorf,* Grdl. z. §§ 105–106 Rn. 12.

dem Grundsatz „in dubio pro reo" die für den Täter günstigere Fallgestaltung angenommen werden. Da ein Kind gar nicht jugendstrafrechtlich belangt werden kann, was jedenfalls die günstigste Möglichkeit ist, muss hier angenommen werden, dass der Täter zur Zeit der Tat noch ein Kind war. Und wenn zweifelhaft ist, ob der Täter zur Tatzeit schon erwachsen oder heranwachsend war, so wird man zu seinen Gunsten von letzterem ausgehen.[1] Es ist also zu prüfen, ob die Voraussetzungen des § 105 JGG vorliegen. Wenn der Täter danach noch einem Jugendlichen gleichstand oder seine Tat eine typische Jugendverfehlung war, kommt Jugendstrafrecht zur Anwendung. Ist das nicht der Fall, wird also eine Aburteilung nach allgemeinem Strafrecht vorgenommen, kann von den Strafmilderungsmöglichkeiten des § 106 JGG Gebrauch gemacht werden. Ist schließlich nicht zu ermitteln, ob der Täter zur Tatzeit 17 oder 18 Jahre alt war, so gilt er als Jugendlicher, § 105 JGG braucht nicht geprüft zu werden. Bleiben unaufklärbare Zweifel, ob zur Tatzeit bei einem Heranwachsenden die Voraussetzungen des § 105 JGG oder bei einem Jugendlichen die Verantwortungsreife nach § 3 JGG vorgelegen haben, so wird zugunsten des Heranwachsenden gem. § 105 JGG Jugendstrafrecht angewendet und zugunsten des Jugendlichen fehlende Verantwortung angenommen.[2]

b) Problematik

Diese scheinbar so einleuchtende Regelung ist nicht ganz unproblematisch. Steht etwa nicht fest, ob der Täter zur Tatzeit Jugendlicher oder Heranwachsender war, so ist es jedenfalls für ihn günstiger, für die Entscheidung über die Frage der Anwendbarkeit von Jugendstrafrecht den § 3 JGG maßgeblich sein zu lassen. Hier besteht nicht nur die – freilich fern liegende – Möglichkeit, die Verantwortungsreife zu verneinen, was bedeuten würde, dass seine Taten strafrechtlich folgenlos blieben; aber auch wenn die Verantwortungsreife bejaht und Jugendstrafrecht anzuwenden ist, wird die zu treffende Maßnahme milder ausfallen, als wenn der Täter dem Jugendstrafrecht als Heranwachsender nach § 105 JGG unterstellt worden wäre. Deutlich wird das bei der Höchstdauer der Jugendstrafe (bei Jugendlichen – von seltenen Ausnahmen wie schwerster Kriminalität abgesehen – fünf Jahre, bei Heranwachsenden zehn Jahre). Würde man dagegen bei Anwendung des § 105 JGG zu dem Ergebnis kommen, dass der Täter wie ein Erwachsener nach allgemeinem Strafrecht zu verurteilen sei, dann wäre es denkbar, dass er der ganz anderen Zumessungsregeln wegen mit Maßnahmen belegt würde, die er vielleicht als weniger belastend empfindet.

Nehmen wir an, Tat und Schuld wären nicht besonders schwer, die Erziehungsbedürftigkeit aber groß, dann wäre denkbar, dass bei Anwendung von Jugend-

---

[1] BGHSt 5, 366 ff.
[2] BGHSt 12, 116; *Dallinger/Lackner*, § 105 Rn. 37; *Eisenberg*, § 1 Rn. 11 ff., § 105 Rn. 36. Zu den Auswirkungen auf das Urteil bei falscher Alterszuordnung: § 5, 3 a.

strafrecht zwei Wochen Jugendarrest verhängt und zusätzlich eine Weisung (die künftige Lebensführung betreffend) erteilt würde, etwa ein Jahr bestimmte Gaststätten
und schlechte Bekannte zu meiden oder den Verbrauch des Arbeitsverdienstes regelmäßig mit einem Sozialarbeiter zu erörtern und darüber Buch zu führen. Nach allgemeinem Strafrecht käme für die gleiche Tat eine Geldstrafe von 100 Tagessätzen in
Betracht.

Was ist milder? Der nach Jugendstrafrecht Verurteilte ist im Rechtssinne nicht bestraft. Die Verurteilung gilt nicht als Vorstrafe, sie wird
nicht im Bundeszentralregister eingetragen, der Verurteilte darf sich als
unbestraft bezeichnen. Der nach allgemeinem Strafrecht Verurteilte ist
vorbestraft, die Geldstrafe wird im Bundeszentralregister eingetragen,
und sie wird sogar ins Führungszeugnis aufgenommen. Der nach Jugendstrafrecht Verurteilte muss für zwei Wochen den Freiheitsentzug im
Jugendarrest erdulden und ist für ein Jahr Weisungen ausgesetzt, die er
vielleicht als erhebliche Einschränkung seiner Entscheidungsfreiheit
empfindet und deren schuldhafte Verletzung wieder mit Jugendarrest bis
zu vier Wochen geahndet werden kann. Der nach allgemeinem Strafrecht
Verurteilte kommt mit einer Geldzahlung, für die ihm noch Ratenzah-
lung gewährt werden kann, davon. Ist die Geldstrafe freilich uneinbring-
lich, so wird er 100 Tage (Ersatz-)Freiheitsstrafe verbüßen müssen, sofern
er nicht in entsprechendem Umfang gemeinnützige Arbeit leisten kann
oder will. Die im schlimmsten Fall erlittenen 100 Tage Ersatzfreiheitsstrafe sind eine erheblich schwerere Rechtseinbuße als sechs Wochen
Jugendarrest. Aber im günstigsten Fall müsste der nach dem allgemeinen
Strafrecht Verurteilte nur (freilich viel!) Geld zahlen, der nach Jugendstrafrecht Verurteilte einen (freilich kurzen) Freiheitsentzug erleiden[3]
und ein Jahr lang Weisungen befolgen. Die Weisungen sind nach erzieherischen, also dem Wohl des Verurteilten dienenden Gesichtspunkten ausgewählt, während die Geldstrafe nach Schwere der Tat und Höhe der Schuld
zugemessen wird, und als Zufügung eines Strafübels gedacht ist. Der Jugendarrest (und die Auflagen) dienen als Zuchtmittel der Ahndung des
Täters, hier besteht eine gewisse Ähnlichkeit mit der Strafe. Deshalb erscheint die Ansicht des *BGH,* im Zweifel sei das Jugendstrafrecht anzuwenden, richtig.[4] Auch wenn das Jugendstrafrecht den Täter (subjektiv!)
stärker belastet, ist es von seiner Zielsetzung her jedenfalls eher „täter-
freundlich" als das allgemeine Strafrecht. Es kann nicht darauf ankommen, was der Verurteilte als belastender empfindet, zumal das von Person
zu Person sehr unterschiedlich sein kann. Es geht nur darum, was objektiv der schwerere Rechtseingriff ist. Bei einer Weisung ist dies nie ihr
Inhalt (er dient dem Wohl des Verurteilten) sondern der Umstand, dass

---

[3] Das *LG Kassel* (RÜ NStZ 1992, 529) nimmt für solche Fälle, wie wir meinen,
zu Recht, an, dass die Verurteilung zu Jugendarrest nicht strenger ist als die Verurteilung zu einer Geldstrafe. AA *Eisenberg,* § 55 Rn. 91; *Brunner/Dölling,* § 55 Rn. 43.
[4] *BGHSt* 12, 116, 118; ähnlich schon *BGHSt* 5, 366 ff.

der Verurteilte bei Nichtbefolgen der Weisung Zwangsmitteln ausgesetzt werden, bei schuldhafter Verweigerung mit Beugearrest bis zu vier Wochen belegt werden kann. Demnach ist eine Weisung immer zulässig, wenn in einem vergleichbaren Fall nach allgemeinem Strafrecht eine Geldstrafe von mindestens 28 Tagessätzen verhängt werden müsste, weil der Verurteilte bei Nichtbeitreibbarkeit der Geldstrafe und Verweigerung gemeinnütziger Arbeit dann mindestens vier Wochen Ersatzfreiheitsstrafe verbüßen muss. Bei den Auflagen (Geldbuße oder Auferlegung von Arbeitsleistungen) wird einerseits ein Vergleich mit der Anzahl der Tagessätze der Geldstrafe erforderlich sein (3 Stunden Arbeitsleistung = 1 Tagessatz), andererseits (und zusätzlich) ist zu berücksichtigen, dass im Verweigerungsfall auch hier ein Beugearrest von bis zu 4 Wochen verhängt werden kann. Ein Freizeitarrest entspricht der niedrigsten Geldstrafe (§ 40 I StGB: 5 Tagessätze), 4 Wochen Dauerarrest 28 Tagessätzen Geldstrafe. Dass den nach Jugendstrafrecht Verurteilten der Arrest mehr belasten mag als den nach allgemeinem Strafrecht Verurteilten die Bezahlung der Geldstrafe (was im Übrigen keineswegs der Fall sein muss), ist unerheblich.[5] Auch Jugendstrafe und Freiheitsstrafe können nicht gleichgesetzt werden. Die Jugendstrafe darf aus erzieherischen Gründen nicht länger bemessen werden als die Freiheitsstrafe, weil in beiden Fällen Tatschwere und Gewicht der Schuld den spezialpräventiven bzw. erzieherischen Zielen Grenzen setzen. Die Jugendstrafe wird registerrechtlich günstiger als die Freiheitsstrafe behandelt, bei längerer Dauer ist ihre Aussetzung zur Bewährung wesentlich großzügiger geregelt,[6] ihr Vollzug ist für den Verurteilten hilfreicher als die Behandlung während des Freiheitsstrafvollzugs. Allerdings ist, was bei der Verhängung von Jugendstrafe in diesem Höhenbereich beachtet werden muss, die Aussetzung der Reststrafe zur Bewährung bei Jugendstrafen zwischen sechs und neun Monaten nach § 88 II JGG weniger günstig geregelt als die Reststrafaussetzung von Freiheitsstrafen nach § 57 I Nr. 1 StGB.

Es wird die Ansicht vertreten, es müsse im Zweifel die Rechtsordnung Anwendung finden, die im konkreten Fall die mildere Reaktion vorsehe.[7] Deshalb müsse ausnahmsweise das allgemeine Strafrecht zur Anwendung kommen, wenn die nach ihm zu verhängende Maßnahme den Verurteilten weniger belastet als die nach dem Jugendstrafrecht in Betracht kommende. Diese Auffassung kann nicht überzeugen. Es ist vielmehr ausnahmslos Jugendstrafrecht anzuwenden.[8] Freilich darf die im Einzelfall

---

[5] Vgl. aber die andere Bewertung der Eingriffsschwere bei *Eisenberg*, § 55 Rn. 73–95 und bei *Streng*, § 13 Rn. 13 und 14 (die „niedrige" Einstufung der Geldstrafe ist kaum nachvollziehbar!).

[6] *BGHSt* 29, 269 m. Anm. *Molketin*, Zbl 1982, 248.

[7] *Grethlein*, NJW 1959, 542; *Schaffstein/Beulke*, § 6 V, § 8 II 1c; *Eisenberg*, § 105 Rn. 36.

[8] *BGHSt* 12, 116, 118.

zu treffende jugendstrafrechtliche Maßnahme nicht schwerer sein als die, welche bei der Anwendung des allgemeinen Strafrechts erlassen worden wäre.[9] So wird die Verhängung von Jugendstrafe nur in Betracht kommen, wenn nach allgemeinem Strafrecht eine Freiheitsstrafe von mehr als sechs Monaten angemessen wäre, weil sechs Monate Jugendstrafe (die Mindeststrafe: § 18 I JGG) wegen der ungünstigeren Teilaussetzungsmöglichkeiten eine schwerere Rechtseinbuße ist als eine gleich lange Freiheitsstrafe.

2. Taten in verschiedenen Altersstufen

a) teilweise als Jugendlicher, teilweise als Heranwachsender

Stehen in einem Strafverfahren Straftaten eines jungen Menschen zur Aburteilung, die er zum Teil als Jugendlicher, zum Teil als Heranwachsender begangen hat, so ist für die früheren Taten Jugendstrafrecht anzuwenden, für die später begangenen kommt es darauf an, ob die Voraussetzungen des § 105 JGG gegeben sind. Nehmen wir an, man müsste § 105 JGG verneinen. Dann wäre die frühere Tat nach Jugendstrafrecht, die spätere Tat nach allgemeinem Strafrecht zu ahnden. Hier schreibt § 32 JGG vor, dass einheitlich Jugendstrafrecht anzuwenden ist, wenn das *Schwergewicht* bei den Straftaten liegt, die nach Jugendstrafrecht zu beurteilen sind.[10] Dabei bedeutet Schwergewicht nicht einfach „schwerere Tat" oder „Mehrzahl der Taten". Vielmehr geht es darum, den Hintergrund festzustellen, auf dem die Taten zu sehen sind.[11] Hat der Täter etwa aufgrund eines bestimmten Ereignisses (in seiner Familie oder in seiner Ausbildung) als Jugendlicher mit Straftaten begonnen, die er später als Heranwachsender fortgesetzt hat, dann wird das Schwergewicht meist bei den ersten Taten, den „Tatwurzeln" liegen.[12] Anders wird es sein, wenn die späteren Taten längere Zeit nach der ersten Tat begangen worden sind,[13] mit den früheren nicht vergleichbar sind oder auf ersichtlich anderen Umständen beruhen.[14] Dann können Häufigkeit sowie Schwere der Taten Hinweise darauf geben, wo das Schwergewicht der Taten liegt. Liegt das Schwergewicht nicht bei den Taten, die nach Jugendstrafrecht zu beurtei-

---

[9] *Schnitzerling*, NJW 1956, 1384 f.; *Metten*, NJW 1970, 552; *Brunner/Dölling*, § 105 Rn. 17.

[10] Eine Verurteilung teils nach Jugendstrafrecht, teils nach allgemeinem Strafrecht ist nicht zulässig: *BGH* NStZ 2000, 483.

[11] *Brunner/Dölling*, § 32 Rn. 3.

[12] So bei vier Mordtaten, die der Angeklagte als Jugendlicher, als Heranwachsender und im Alter von 22 Jahren begangen hatte *BGH* NStZ 1986, 219 – hierzu krit. „Verstoß gegen Prinzipien relativer Gerechtigkeit" – *Streng*, § 8 Rn. 39; vgl. auch *BGH*, Urt. v. 27. 6. 89, RÜ NStZ 1989, 523 Betrugstaten betreffend; bei einer einheitlichen Serie von Btm-Delikten: *BGH* Urt. v. 31. 8. 99, RÜ NStZ-RR 2000, 323.

[13] *BGH* Urt. v. 5. 5. 99, RÜ NStZ-RR 1999, 290.

[14] *BGH* JR 1954, 271; *BGH*, Urt. v. 22. 6. 88, RÜ NStZ 1988, 492.

len sind oder lässt sich das nicht zweifelsfrei klären, so gilt im Hinblick auf den Wortlaut des § 32 Satz 2 JGG allgemeines Strafrecht.[15]

So wurden im ersten Prozess gegen einen Mann, der vier Jungen unter grausamen Begleitumständen ermordet hatte, wobei er im Zeitpunkt der ersten Tat 14 Jahre, bei den anderen Taten 18 bis 20 Jahre alt war, weil die Jugendkammer für die letzten Taten die Voraussetzungen des § 105 JGG abgelehnt hatte, alle vier Morde nach allgemeinem Strafrecht abgeurteilt und lebenslängliche Freiheitsstrafe verhängt. Das Urteil ist später aus anderen Gründen aufgehoben worden.[16] Im zweiten Prozess wurde Jugendstrafrecht für alle Taten angewendet.

Die Schwerpunktentscheidung muss entsprechend dem Wortlaut des § 32 JGG ebenso bei *fortgesetzten Handlungen* getroffen werden.[17] Die der Beurteilung des Tatrichters obliegende Entscheidung kann vom Revisionsgericht nur auf Ermessensfehler hin überprüft werden.[18] So führt es zur Aufhebung der Entscheidung, wenn der Tatrichter im Urteil die Anwendung von Jugend- und Erwachsenenrecht gar nicht erörtert[19] oder gar verkannt hat, dass eine solche Entscheidung getroffen werden musste.[20]

b) teilweise als Jugendlicher oder Heranwachsender, teilweise als Erwachsener

§ 32 JGG gilt auch für den Fall, dass gleichzeitig Straftaten zur Aburteilung gelangen, die ein Angeklagter als Jugendlicher bzw. Heranwachsender und als Erwachsener begangen hat. Da aber für die Taten Jugendlicher und Heranwachsender die Jugendgerichte, für die Taten Erwachsener die allgemeinen Strafgerichte zuständig sind, muss zuvor der Staatsanwalt die beiden Verfahren gem. § 2 StPO verbunden und bei dem nun allein zuständigen Jugendgericht angeklagt haben.[21] Dies Vorgehen ist immer geboten, wenn so verhindert werden kann, dass Rechtsfolgen nicht einheitlich nach Jugendstrafrecht oder nach allgemeinem Strafrecht verhängt werden.[22] Es kann nicht der Staatsanwaltschaft überlassen werden, eine solche Entscheidung dadurch zu verhindern, dass sie die Verfahren nicht verbindet.[23]

---

[15] *BGHSt* 12, 129; BGH Beschl. v. 7. 10. 97, RÜ NStZ-RR 1998, 291; Beschl. v. 7. 12. 1999, RÜ NStZ-RR 2000, 323; *Schaffstein/Beulke*, § 9 I; *Brunner/Dölling*, § 32 Rn. 2; aA *Eisenberg*, § 32 Rn. 17 unter Hinweis auf die Spezialität des Jugendstrafrechts.

[16] *BGHSt* 23, 176 ff., 181, 191.

[17] *BGHSt* 6, 6 ff.; *BGH*, StrVert 1994, 608. Die Rechtsfigur hat infolge der neueren Rechtsprechung (vgl. *BGHSt* 40, 138 ff.) erheblich an Bedeutung verloren. Bei Dauerstraftaten kommt dem Entschluss zur Straftat wesentliche Bedeutung zu: *LG Berlin* StrVert 1984, 520.

[18] *OLG Düsseldorf* StrVert 1983, 378; *BGH*, Urt. v. 15. 5. 92, RÜ NStZ 1992, 529.

[19] *OLG Düsseldorf* JR 1983, 479 f., m. zustimmender Anm. *Brunner*.

[20] *BGH* NStZ-RR 1996, 250.

[21] Seit *BGHSt* 7, 26 ff.; *BGH* StrVert 1998, 345 st. Rspr.; *Brunner/Dölling* § 103 Rn. 1; *Eisenberg*, § 103 Rn. 28.

[22] *BGHSt* 37, 294 ff. verneint einen Zwang zur Verbindung, auch wenn sie im Einzelfall wünschenswert und zweckmäßig ist.

[23] *Ostendorf,* § 32 Rn. 17; ähnlich *Eisenberg*, § 32 Rn. 19 f.; *Brunner/Dölling*, § 32 Rn. 13; einschränkend DSS-*Schoreit,* § 32 Rn. 25.

*c) Entsprechende Anwendung des § 32 JGG in den Fällen
des § 105 II JGG*

Wird die Straftat eines zur Tatzeit Heranwachsenden abgeurteilt, so bezieht das Jugendgericht gem. § 105 II JGG eine vorherige Verurteilung ein, in der nach allgemeinem Strafrecht entschieden worden ist. Das betrifft nicht nur den Fall – an den der Gesetzgeber wohl in erster Linie gedacht haben mag –, dass ein zur Tatzeit heranwachsender Angeklagter vom Jugendrichter nach allgemeinem Strafrecht verurteilt worden ist, der jetzt wegen einer später von ihm immer noch im Alter von unter 21 Jahren begangenen Tat vor dem Jugendgericht steht, das nun zu dem Ergebnis kommt, dass Jugendstrafrecht angewendet werden sollte.[24] Der Wortlaut des § 105 II JGG erfasst vielmehr auch den Fall, dass der jetzt als Heranwachsender vor dem Jugendgericht stehende Angeklagte zuvor vom allgemeinen Strafgericht wegen einer Tat, die er als Erwachsener begangen hat, rechtskräftig verurteilt worden ist.[25] Das Jugendgericht hat nun die Möglichkeit, Rechtsfolgen nach dem Jugendstrafrecht festzusetzen, wenn das Schwergewicht bei den Taten liegt, die das Gericht jetzt zu beurteilen hat, wenn das nicht der Fall ist, unter analoger Anwendung des § 32 JGG insgesamt alle Taten unter Bildung einer Gesamtstrafe nach § 55 StGB nach allgemeinem Strafrecht aburteilen,[26] oder – ausnahmsweise – auf die jetzt abzuurteilende Tat Jugendstrafrecht anwenden und aus erzieherischen Gründen von einer Einbeziehung der bereits nach allgemeinem Strafrecht verhängten Strafe absehen (§ 31 III JGG).

d) Entsprechende Anwendung des § 32 JGG in weiterem Umfang?

§ 105 II JGG ist freilich nur anwendbar, wenn die Tat, die der Angeklagte als Heranwachsender begangen hat, zuletzt abgeurteilt wird. Ist diese Tat schon rechtskräftig abgeurteilt, und wird der Verurteilte nun wegen einer Tat verfolgt, die er vor dieser letzten Verurteilung, damals bereits als Erwachsener, begangen hat, ist weder eine Schwergewichtsprüfung noch eine Einbeziehung gesetzlich vorgesehen. Ebenso verhält es sich, wenn der Angeklagte als Jugendlicher eine Tat begangen hat, die erst abgeurteilt wird, nachdem er schon vom allgemeinen Strafgericht wegen einer Tat, die er als Erwachsener begangen hat, verurteilt worden ist. In diesen Fällen kommt auch eine nachträgliche Gesamtstrafenbildung nach § 55 StGB nicht in Betracht.[27] Der *BGH* hält sie für unzulässig, weil beide Strafarten wegen ihrer Verschiedenartigkeit nicht verbunden werden könnten. Es sei nur zulässig und in der Regel geboten, von der zweiten

---

[24] S.o. § 7.4 am Ende.
[25] *BGHSt* 37, 34 ff.
[26] *BGH* NStZ 1994, 132 = *BGHSt* 40, 1ff.; *BGH,* Beschl.v. 23. 1. 97, RÜ NStZ 1997, 483.
[27] *BGHSt* 36, 270, 274. AA – § 55 StGB ist (analog) anwendbar – *Ostendorf,* § 32 Rn. 8; *Schoreit,* ZRP 1990, 175 f.

Strafe einen nach dem Schuldprinzip sonst nicht gerechtfertigten Abschlag vorzunehmen, weil der Täter nicht in den Genuss des Zusammenzuges gelange.[28] § 32 JGG ist, weil es an der gleichzeitigen Aburteilung fehlt, unmittelbar nicht anwendbar.

Dass der Rechtsgedanke des § 32 JGG nur in dem Fall gleichzeitiger Aburteilung oder bei der dem § 105 II JGG zugrunde liegenden Konstellation Berücksichtigung findet, kann aber nicht befriedigen. Es hängt oft nur vom Zufall ab, ob erst das allgemeine Gericht entscheidet, womit bei der späteren Entscheidung des Jugendgerichts eine Einbeziehung nach § 105 II JGG möglich ist, oder die umgekehrte Reihenfolge eintritt. Das Zufallsergebnis spricht gegen einen der Regelung zugrunde liegenden gesetzgeberischen Plan. Deswegen sollte die Schwergewichtsentscheidung auch bei nacheinander erfolgender Aburteilung in entsprechender Anwendung des § 32 JGG vom letztentscheidenden Gericht bzw. durch nachträglichen Beschluss nach § 66 JGG möglich sein, wenn die Taten „gesamtstrafenfähig" gem. § 55 StGB sind, d. h. die spätere vor der rechtskräftigen Aburteilung der früheren begangen worden ist.[29]

§ 9. Stellung des Jugendlichen und Heranwachsenden im Verfahren

Literatur: Eilsberger, Die Hauptverhandlung aus der Sicht jugendlicher und heranwachsender Angeklagter, MschrKrim 1969, 304 ff.; *Brunner,* Die Zulassung von Zuhörern, insbesondere von Schulklassen und Pressevertretern zu nicht öffentlichen Gerichtsverhandlungen, Zbl 1973, 337 ff.; *Schönfelder,* Die erzieherische Wirksamkeit der Hauptverhandlung im Jugendgerichtsverfahren, Zeitschrift für Kinder- und Jugendpsychiatrie 1974, 128 ff.; *Brehmer/Hahnfeld/Kahlert,* Die Hauptverhandlung als Entscheidungsvorbereitung, in: Ber. 18. JGTag, S. 88 ff.; *Schreiber/Schöch/Bönitz,* Die Jugendgerichtsverhandlung am „Runden Tisch", 1981.

---

[28] *BGHSt* 14, 287 ff., 289; 10, 100 ff.; *BGH* bei *Holtz,* MDR 1979, 106 und 281; *BGH* NJW 1990, 523; *BGH* NStZ 1990, 196; *BGH,* Beschl. v. 11. 5. 95, RÜ NStZ 1995, 537 und Beschl. v. 5. 7. 02, RÜ NStZ 2002, 473. Dies Nebeneinander bereitet auch in der folgenden Strafvollstreckung Schwierigkeiten, weil über die Aussetzung der Reststrafe verschiedene Richter entscheiden, selbst wenn die beiden Strafen in derselben Vollzugsanstalt vollzogen werden: die Freiheitsstrafe betreffend entscheidet die Strafvollstreckungskammer (§ 462 a StPO), die Jugendstrafe betreffend der Jugendrichter als Vollstreckungsleiter: *BGHSt* 27, 25 ff.; 329 ff.; 28, 351; *BGH* NStZ 1981, 115; *BGH* NStZ 1985, 92. Vgl. auch u. § 10, 3; § 22, 2 b, cc; § 25, 5 g.

[29] *Brunner/Dölling,* § 32 Rn. 11; *Dingeldey,* Zbl 1981, 150 ff.; *LG Osnabrück* MDR 1980, 957; *Schaffstein/Beulke,* § 9 II; *Eisenberg,* § 32 Rn. 9; *Böhm/Büch-Schmitz,* NStZ 1991, 131; *Walter/Pieplow,* StrVert 1991, 5; *Knüllig-Dingeldey,* NStZ 1987, 226; *Streng,* § 8 Rn. 43–45, wenn die jetzt abzuurteilende Tat des Erwachsenen vor der Verurteilung begangen ist, die gegen ihn als Heranwachsenden ergangen ist. Bei Vorverurteilung als Jugendlicher soll aber nur dann eine einheitliche Rechtsfolge bestimmt werden können, wenn Jugendstrafrecht angewendet wird (§ 8 Rn. 42).

Nahe liegend ist es, dass man Menschen, die man zu voller Verantwortlichkeit und Entwicklung ihrer Fähigkeiten erziehen will, anders betrachtet und anspricht als Menschen, die man für eine Straftat verantwortlich machen muss. Im Jugendstrafverfahren geschieht beides gleichzeitig. Das führt zu Unsicherheiten.

1. Behandlung des Jugendlichen in der Hauptverhandlung

Manche Jugendliche empfinden, dass sie in der Hauptverhandlung nicht als mündige Personen behandelt werden. In der „zwangsläufig vorgegebenen Hierarchie", in der der jugendliche Angeklagte an der untersten Stelle steht, hat er „selten das Erlebnis, dass er mitspielt, sondern dass ihm mitgespielt wird".[1] Oft ist der Angeklagte ungenügend über den Ablauf des Prozesses informiert, den Antrag des Staatsanwalts hält er schon für das Urteil; worauf es beim Ablauf des Geschehens eigentlich ankommt, weiß er nicht. Junge Strafgefangene berichten, sie seien im Prozess nicht angehört worden, nicht zu Wort gekommen.[2] Nun ist kaum anzunehmen, dass die Richter dem Jugendlichen nicht Gelegenheit zur Stellungnahme geben. Aber er darf selten Zwischenfragen stellen und spontan – etwa beim Bericht der Jugendgerichtshilfe über sein Vorleben – protestieren. Der Jugendliche soll nur „reden, wenn er gefragt ist";[3] wenn er dann gefragt wird, hat er möglicherweise seine Einwände schon wieder vergessen. Der Jugendliche gibt es auch kaum zu, wenn er nicht mehr richtig versteht, worum es geht – er schweigt oder äußert sich unklar. Das „kopflastige Vokabular aus dem eigenen Sprachgebrauch der Prozessbeteiligten" ist dem Jugendlichen oft fremd.[4] Hat er es durch leidvollen Umgang mit Jugendämtern und Heimen schon erlernt, so gebraucht er es selten zu seinem Vorteil. Bewertungen verinnerlicht der Angeklagte gern: „Was wollen Sie denn, ich bin doch ein gefühlsarmer Psychopath!" Viele Begriffe werden missverstanden. Wegen Diebstahls verurteilte Jugendliche, die sich auf eine Ladung zum Strafantritt melden, schreiben mitunter im Lebenslauf „Ich bin Selbst-Stehler" (statt SelbstSteller). *Kurt* schreibt in einem Brief an seine Eltern, er sei „recht kräftig" (statt rechtskräftig) verurteilt worden. *Karl* erwähnt seine unehrliche (statt uneheliche) Geburt. Schließlich klagen Jugendliche darüber, dass sie im Gerichtssaal ausgeschimpft worden sind; „er" – der Richter – „hat

---

[1] *Schönfelder,* aaO, S. 130; *Hauser,* Der Jugendrichter – Idee und Wirklichkeit, 1980, S. 263 f.

[2] *Eilsberger,* MschrKrim 1969, 308. Aus vielen Gesprächen mit jungen Gefangenen kann dieser Eindruck nur bestätigt werden. Vgl. auch *Neuland,* in: Wassermann (Hrsg.), Menschen vor Gericht, 1979, S. 145; *Pfeiffer,* S. 248.

[3] *Hauser* (Fn. 1), S. 63.

[4] *Schönfelder,* aaO, S. 131; *Hauser* (Fn. 1), S. 64 f.; *Neuland* (Fn. 2); vgl. auch *Schröer,* KrimJ 1987, 98 ff., 100.

mich wie einen kleinen Rotzbuben behandelt".[5] Unsicherheit (der Jugendliche steht nicht gleich auf, wenn der Richter den Saal betritt) wird als Frechheit, verlegenes Lachen als leichtfertige Einstellung zur Bedeutung des Verfahrens ausgelegt.

In einem Urteil war bei der Strafzumessung als negatives Moment erwähnt, der Jugendliche sei in einer dem Anlass der Hauptverhandlung ganz unangemessenen Kleidung erschienen. Ganz abgesehen davon, dass ein Jugendlicher vielleicht wirklich nicht weiß, welche Kleidung sich bei solchem Anlass gehört, ergab die Befragung, dass er in der Nacht vor dem Termin bei einem Autodiebstahl festgenommen und anderentags aus der Polizeihaft in die Hauptverhandlung vorgeführt worden war. Für seine Diebestour hatte er sich natürlich nicht festlich gekleidet.

Mitunter wird der Jugendliche auch gefragt, was er sich bei der Tat gedacht habe. Da ihm das oft selbst nicht klar ist oder er seine diffusen Empfindungen nicht auszudrücken versteht, übernimmt er dankbar die Deutungsversuche der anderen Prozessbeteiligten.[6] Während die Jugendlichen übrigens zugeben müssen, dass die Richter bei der Ermittlung der einzelnen Straftaten sorgfältig und fair verfahren, wird oft gerügt, dass im Lebenslauf nur Schlechtes, mitunter sogar Unrichtiges festgehalten ist und die Beweggründe des Jugendlichen nur ungünstig gesehen worden sind.[7] Selten sagt ein Jugendlicher, er habe die im Urteil festgestellten Taten nicht begangen, oft aber heißt es: das ist mir als Betrug, jenes als Raub „ausgelegt worden". Das deutet darauf hin, dass die Sichtweise des Angeklagten nicht ernsthaft mit ihm diskutiert worden ist.

Ganz anders als viele Jugendliche halten manche Jugendrichter die Hauptverhandlung für einen wichtigen Einschnitt im Leben des Jugendlichen, der – pädagogisch wirkungsvoll ausgestaltet – zu einer Wende für den Jugendlichen werden könnte.[8] Dazu eignet sich indessen das doch recht kurze Geschehen in der mündlichen Verhandlung nicht. Zu stark sorgt sich der Jugendliche um den Ausgang des Prozesses. Hoffnung und Angst beherrschen ihn zu sehr, um sich in ein erzieherisches Gespräch mit dem Richter einlassen zu können oder um dessen Ermahnungen und Aufmunterungen bei der Urteilsbegründung ungehindert aufzunehmen.[9]

Die – auch vom erzieherischen Standpunkt aus gesehen – beste Hauptverhandlung ist demnach diejenige, in der der Jugendliche ernst genommen und über Ablauf der Verhandlung und Stellung der anderen Prozessbeteiligten unterrichtet wird, in der er oft zu Wort kommt, zu Fragen und Stellungnahmen ermuntert wird und in der sich

---

[5] *Eilsberger,* MschrKrim 1969, 308.

[6] Hierzu *Neuland* (Fn. 2), S. 147 ff.

[7] *Hauser* (Fn. 1), S. 69; *Pfeiffer,* S. 249.

[8] *Härringer,* in: Würtenberger (Hrsg.), Kriminologie und Vollzug der Freiheitsstrafe, 1961, S. 176. Zurückhaltender die Jugendrichter bei *Pfeiffer,* S. 261 ff.; vgl. auch *Brunner,* FS Böhm, S. 791 ff., 800 f.

[9] *Schönfelder,* aaO, S. 131, 135, 136; *Brunner,* FS Nüchterlein, S. 43 ff., 50; *Schüler-Springorum,* FS Dünnebier, S. 649 ff., 651.

alle Beteiligten einer Ausdrucksweise befleißigen, die der Jugendliche verstehen kann und die sich abstempelnder Werturteile über den Angeklagten möglichst enthält.[10] Dabei sollten sich die erwachsenen Prozessbeteiligten zwar klar und verständlich äußern, aber nicht versuchen, das nachzuahmen, was sie für die Unterschichtsprache halten. Jugendliche finden es meistens verächtlich, wenn man sich in ihre Sprachgewohnheiten eindrängt, sie erwarten zu Recht vom Erwachsenen die ihm gemäße Ausdrucksweise. Die Idee, dass man sich mit Kindern und Jugendlichen aus der Unterschicht nicht in normalem Deutsch unterhalten könne, ist abwegig.

Derartige Überlegungen führten auch zu den – nicht unbestrittenen[11] – Reformvorschlägen über die Neustrukturierung der Jugendgerichtsverhandlung am „Runden Tisch".[12] Ziel dieses Modells ist die Abkehr von überlieferten Formen der Hauptverhandlung (z. B. Raumgestaltung, Sitzordnung, Anrede, Sprachgebrauch) und Hinwendung zu einer „natürlichen Atmosphäre", d. h. Verhandlung in größerer räumlicher Nähe auf gleicher Ebene und ohne überflüssige Förmlichkeiten.

2. Entfernung aus dem Saal und Ausschluss der Öffentlichkeit

a) Anwesenheit des Angeklagten in der Hauptverhandlung

Gem. § 231 StPO herrscht der Grundsatz, dass der Angeklagte in der Hauptverhandlung ständig zugegen sein muss. Neben den Ausschlussmöglichkeiten nach dem allgemeinen Strafverfahrensrecht (§ 247 StPO) bringt im Jugendstrafverfahren § 51 I JGG hiervon eine weitere wichtige Ausnahme: der Gerichtsvorsitzende soll den Jugendlichen für die Dauer solcher Erörterungen von der Verhandlung ausschließen, aus denen Nachteile für die Erziehung entstehen können. Das Gesetz fordert den Richter geradezu auf, so zu verfahren. Meistens werden Nachteile für die Erziehung befürchtet, wenn sich der Sachverständige, der Vertreter der Jugendgerichtshilfe oder ein Erziehungsberechtigter über Anlage und Krankheiten des Jugendlichen, Erziehungsunfähigkeit und Lebensführung der Eltern äußern.[13] Aber gerade diese Darlegungen bestimmen nicht selten Art und Umfang der im Urteil festgesetzten Maßnahmen. Obwohl der Jugendliche nach Rückkehr in den Gerichtssaal über den In-

---

[10] *Schönfelder,* aaO, S. 136 ff.; *Neuland* (Fn. 2), S. 149 ff.; *Albrecht,* § 46 A II 6; *Ostendorf,* Grdl. z. §§ 48–51 Rn. 3, 4; *Brunner/Dölling,* Einf. I Rn. 53; *Schüler-Springorum* hat in seinem Generalreferat auf dem 14. Jugendgerichtstag „Die Jugendkriminalrechtspflege im Lichte der kriminologischen Forschung", MschrKrim 1969, 1 ff., 13 insoweit die das Dilemma gut treffende Frage formuliert: „Welches ist eigentlich der optimale Zugang zum kleinen Staatsbürger und verlorenen Sohn in Personalunion?".

[11] *Brunner/Dölling,* Einf. I Rn. 54; *Brunner,* FS Böhm, S. 809 f.; s. auch die Erfahrungen von *Schreiber,* FS Stutte, S. 271 ff., in Diskussionen mit Richtern; *Albrecht,* § 44 C I.

[12] Vgl. *Schreiber/Schöch/Bönitz,* aaO; *Schöch,* FS Stutte, S. 279 ff.; *Stutte,* MschrKrim 1961, 121 ff.

[13] Etwa über „unbekannte Fakten aus der Zeit vor der Adoption": BGH NStZ 2002, 216; *Schaffstein/Beulke,* § 37 II 2 b.

halt der Erörterungen unterrichtet werden muss,[14] soweit das für seine Verteidigung erforderlich ist, erscheint diese Geheimnistuerei bedenklich.[15] Sachverständige und Jugendgerichtshelfer sollten imstande sein, ihre Erkenntnisse vollständig und wahrheitsgemäß, zugleich aber in einer Form vorzutragen, die den Jugendlichen nicht unnötig verletzt und eine Gefährdung seiner Erziehung ausschließt. Im Verfahren gegen Heranwachsende gilt diese Vorschrift nicht (§ 109 JGG), wohl aber natürlich im Verfahren gegen (zur Tatzeit) Jugendliche, die zum Zeitpunkt der Hauptverhandlung volljährig sind. Unzulässig ist es, den Jugendlichen zu bitten, freiwillig die Hauptverhandlung zu verlassen, damit sich der Richter den Beschluss nach § 51 I JGG ersparen kann. Wegen der Bedeutung des Grundsatzes der ständigen Anwesenheit des Angeklagten ist nur ein zeitweiser Ausschluss durch Beschluss gesetzmäßig.[16]

b) Öffentlichkeit der Verhandlung

Nach §§ 169, 173 GVG gilt die Öffentlichkeit der Hauptverhandlung als einer der entscheidendsten Prozessgrundsätze. Sie kann nur ausnahmsweise – und für die Urteilsverkündung nie – ausgeschlossen werden. Ein Fehler führt als absoluter Revisionsgrund (§ 338 Nr. 6 StPO) zur Aufhebung des Urteils. Die historischen Gründe, die hinter der Bedeutung der Öffentlichkeit der Verhandlung stehen (keine Geheimjustiz, Kontrolle der Staatsmacht), sind nicht mehr sehr aktuell, im Gegenteil, die „Schauprozesse" in totalitären Staaten haben den guten Gedanken pervertiert, übertriebene Öffentlichkeit mit Blitzlicht, Mikrofon und Fernsehkamera – freilich nur vor dem Gerichtssaal oder in einer Verhandlungspause zulässig – kann den Verhandlungsablauf empfindlich stören.[17] Das hat es dem Gesetzgeber leicht gemacht, in § 48 JGG festzulegen, dass im Verfahren gegen Jugendliche die Verhandlung einschließlich der Verkündung der Entscheidung nicht öffentlich ist. Das folgt aus dem Erziehungsgedanken: der Jugendliche soll keine Gelegenheit haben, vor einem Publikum oder in den Medien als „Held" dazustehen.[18]

Besucher der Hauptverhandlung, so wird weiter befürchtet, könnten den Jugendlichen ablenken, ihn hindern, sich in der Verhandlung freimütig zu äußern. Schließlich soll der Jugendliche nicht in der Öffentlichkeit als Täter gebrandmarkt sein. Deshalb sollen auch Zeitungen und Rundfunk, wenn sie über solche Prozesse berichten, nicht Namen und Bild des Angeklagten veröffentlichen.[19] Freilich wird gegen diesen Grundsatz oft

---

[14] Hierzu und zur Dauer des Ausschlusses: *BGH* NStZ 2002, 216.

[15] Ebenso *Albrecht*, § 46 B II 4.

[16] *Brunner/Dölling*, § 51 Rn. 1 gegen *Dallinger/Lackner*, § 51 Rn. 25.

[17] *Roxin*, § 45 A; *Albrecht*, § 46 B I 2 – „Sensationsberichterstattung". Das Jugendstrafrecht könnte für die Einschränkung einer die Prozessbeteiligten bloßstellenden Öffentlichkeit eine Vorreiterrolle übernehmen: DSS-*Schoreit*, § 48 Rn. 1.

[18] Vgl. *Brunner*, FS Böhm, S. 807.

[19] *Schaffstein/Beulke*, § 37 II 1.

verstoßen, vor allem bei schweren Verbrechen Jugendlicher (etwa einem Mord). Gelegentlich wird noch Jahre nach der Tat, angeblich zum Zwecke der Aufklärung der Öffentlichkeit, schwere Kriminalität Jugendlicher wieder und wieder diskutiert, was gerade die Eingliederung Jugendlicher nach der Entlassung erschwert. Nach dem Lebachurteil des *BVerfG* ist jedenfalls diese Art von „Öffentlichkeitsarbeit" unzulässig.[20]

Bei Jugendstrafverfahren, für die ein Medieninteresse besteht (etwa ausländerfeindlicher Hintergrund), versuchen gelegentlich Reporter die jungen Angeklagten im Gerichtsflur zu fotografieren. Hier gebietet es der Schutz jugendlicher Angeklagter vor Bloßstellung und diskriminierender Behelligung sowie ihr grundgesetzlicher Anspruch auf Resozialisierung, dass der Inhaber des Hausrechts (in der Regel der Präsident des Gerichts) auf Anregung des Jugendrichters oder von sich aus solches Treiben unterbindet. Auch sonst ist der Rechtsgedanke des § 48 JGG bei gerichtlichen Maßnahmen außerhalb der Hauptverhandlung zu beachten, etwa bei der „öffentlichen Zustellung" nach § 40 StPO.[21]

Neben den Verfahrensbeteiligten ist dem durch die Tat Verletzten, der Kriminalpolizei und dem Erziehungsbeistand die Anwesenheit gestattet. Anderen Personen kann die Anwesenheit, vor allem zu Ausbildungszwecken, aber auch zur Presseberichterstattung, widerruflich und unter Auflagen gestattet werden (§ 48 II JGG). So werden Referendare und angehende Sozialarbeiter meist zugelassen, während Schulklassen solchen Verhandlungen fernbleiben sollten.[22]

Sind Jugendliche und Heranwachsende (oder Erwachsene) gemeinsam angeklagt, so ist das Verfahren in der Regel öffentlich. Der Ausschluss der Öffentlichkeit ist aber auch hier zulässig, wenn dies im Interesse des jugendlichen Angeklagten geboten ist (§ 48 III JGG).[23] Das Verfahren gegen zur Tatzeit Heranwachsende ist ebenfalls öffentlich, doch kann nach § 109 I 4 JGG die Öffentlichkeit ausgeschlossen werden, wenn dies im Interesse des Heranwachsenden geboten ist. Schließt der Jugendrichter die Öffentlichkeit nicht aus, obwohl er das nach § 48 I, III JGG oder nach § 109 I 4 JGG hätte tun müssen, so liegt kein „absoluter Revisionsgrund" vor. In § 338 Nr. 6 StPO sind nur die Regeln über die Öffentlichkeit gemeint, die diesen elementaren Grundsatz gewährleisten, nicht die, die ihn einschränken.[24] Es handelt sich also bei einer Verletzung des § 48 JGG nur um einen „relativen" Revisionsgrund im Sinne von § 337 StPO. Hiernach wird das Urteil nur aufgehoben, wenn es auf dem Fehler beruht. Dies ist etwa der Fall, wenn der Angeklagte durch die fehlerhaft zugelassene Öffentlichkeit befangen und unsicher und daher in seinen

---

[20] *BVerfGE* 35, 202 ff., 240 ff.; *Brunner*, Zbl 1973, 337 ff., 341.
[21] Unzulässig: *OLG Stuttgart* StrVert 1987, 309; aA *LG Zweibrücken* MDR 1991, 985.
[22] *Brunner*, Zbl 1973, 340.
[23] *OLG Hamm* StraFo 2000, 145.
[24] *BGHSt* 23, 176, 178 ff. Anders: *Roxin*, FS Peters, S. 402 ff.

Möglichkeiten, an der Verhandlung mitzuwirken, behindert war.[25] Nur ein relativer Revisionsgrund ist es auch, wenn gegen einen Heranwachsenden in nicht öffentlicher Verhandlung prozessiert wird, ohne dass ein Beschluss gem. § 109 I 4 JGG gefasst worden ist. Wird gegen einen Angeklagten verhandelt, der seine Taten teilweise als Jugendlicher und teilweise als Heranwachsender begangen hat, so gilt § 48 JGG.[26] Die Verhandlung ist nicht öffentlich. Hat der Angeklagte seine Taten teilweise als Heranwachsender und teilweise als Erwachsener begangen, so ist nach § 109 I 4 JGG zu verfahren.[27]

II. Der Jugendrichter

§ 10. Die zentrale Figur des Gesetzes

Literatur: DVJJ (Hrsg.), Deutsche Jugendrichter, Sieben Lebensbilder, 1960; *Hauser,* Der Jugendrichter − Idee und Wirklichkeit, 1980; *ders.,* Der Jugendrichter − Idee und Wirklichkeit, MschrKrim 1980, 1 ff.; *Vaupel,* Zum Selbstverständnis jugendrichterlicher Tätigkeit, UJ 1980, 391 ff.; *Schaffstein,* Zur Situation des Jugendrichters, NStZ 1981, 286 ff.; *Pommerening,* Das Selbstbild der deutschen Jugendrichter, MschrKrim 1982, 193 ff.; *Kreuzer,* Aus- und Fortbildung von Jugendrichtern und Jugendstaatsanwälten, ZRP 1987, 235 ff.; *Müller,* Das erste Jugendgericht in Deutschland, in: *Henrichs/Stephan* (Hrsg.), Ein Jahrhundert Frankfurter Justiz; Gerichtsgebäude A: 1889−1989, 1989, S. 92 ff.; *Brunner,* Weder Memoiren noch JGG-Kommentierung, FS Böhm, S. 791 ff.

1. Allgemeine Überlegungen

a) Richterpersönlichkeiten

Die Entwicklung eines Jugendstrafrechts in Deutschland hat belebende Anstöße von Vormundschaftsrichtern erhalten, die − dem Gesetzgeber vorauseilend − versuchten, straffällige Jugendliche erzieherisch zu beeinflussen. Die auf den Überlegungen *Franz v. Liszt's* fußende Deutsche Vereinigung für Jugendgerichte und Jugendgerichtshilfen war stets stark von Richterpersönlichkeiten geprägt.[1] Den im März 1909 in Berlin tagenden ersten Deutschen Jugendgerichtstag leitete der Richter *Dr. Paul Köhne.* Und nach 50 Jahren, auf dem elften Deutschen Jugendgerichtstag, der wieder in Berlin abgehalten wurde, erschien als Jubiläumsgabe ein Heft mit Lebensbildern von sieben besonders bekannt gewordenen Jugendrichtern.[2] Die Herausgeber rechtfertigten in einem Vorwort, weshalb

---

[25] *BGHSt* 23, 176, 180 ff.
[26] *BGHSt* 22, 21 ff., 24 ff.; 23, 176 ff., 178.
[27] *Ostendorf,* § 48 Rn. 3.
[1] *Sieverts* Jugendkriminalität, S. 122 ff.
[2] Deutsche Jugendrichter, aaO.

nur von Richtern die Rede sein sollte: „Der Jugendrichter", heißt es, „ist unbestreitbar die zentrale Figur in der Jugendkriminalrechtspflege und bestimmt ihren Stil. In seiner Persönlichkeit kulminiert täglich die Spannung zwischen Recht und Erziehung, in der der junge Angeklagte und damit das ganze System steht."[3]

Alle sieben Richter, deren Leben und Wirken geschildert wird, waren auch Erzieher und organisierten Wohlfahrts- und Hilfsvereine. Sie beschäftigten sich auch außerhalb der Gerichtssäle mit ihren Zöglingen. *Paul Köhne* schuf, von seinem mit Ernst wahrgenommenen Amt als Vormundschaftsrichter ausgehend, 1908 das Berliner Jugendgericht und die Berliner Jugendgerichtshilfe, *Karl Allmenröder* übernahm im selben Jahr als „begabter Erzieher" das Jugendgericht in Frankfurt a. Main,[4] *Paul Blumenthal* stöberte auf seinen weiten Fußwegen durch seinen Gerichtssprengel die Jugendlichen auf, die vor Gericht gestanden hatten, und überzeugte sich von ihrem Wohlergehen. Er galt als „Menschenfischer", dem es gelang, ehrenamtliche Helfer für die gefährdeten Jugendlichen zu gewinnen. Diese ersten Jugendrichter hatten und haben Nachfolger, manche, deren Wirken weiteren Kreisen bekannt wird, wie der „Schokoladenrichter" *Karl Holzschuh* aus Darmstadt[5] oder *Karl Härringer* in Freiburg[6] und viele, deren Arbeit nur in engeren Fachkreisen oder im näheren örtlichen Bereich Beachtung findet. Für alle gilt, was auf jenem elften Deutschen Jugendgerichtstag 1959 in Berlin unter dem Thema „Die Jugendkriminalrechtspflege als Personenfrage" mit der Formel umschrieben wurde, man erkenne zwar die im Jugendstrafrecht gegebenen Widersprüchlichkeiten, aber eben auch „die praktische Synthese durch Leben und Wirken, die dem Jugendrichter dann zu gelingen scheint, wenn sein sachkundiges Tun von einem sehr liebevollen Verantwortungsgefühl für bedrohte junge Menschen beseelt ist".[7]

b) Der Richter im JGG

Dieses vorgefundene Richterbild hat die Jugendgerichtsgesetze stark beeinflusst. Das JGG spricht selten vom Gericht, aber sehr häufig vom „Richter" und vom „Jugendrichter". Dass der Begriff des Jugendstrafrichters nicht auftaucht, was als eine Art verschleiernde Verniedlichung beanstandet wird,[8] erscheint sachgerecht. Zwar geht es um Feststellung und Aburteilung von Straftaten. Im Gegensatz zum Strafrichter im Verfahren gegen Erwachsene verhängt der Jugendrichter aber nur ausnahmsweise Strafen im Rechtssinn, sondern reagiert in der großen Mehrzahl der Fälle mit Verwarnungen, Weisungen und Auflagen,[9] während dem Strafrichter nach dem allgemeinen Strafrecht im Falle einer Verurteilung keine andere

---

[3] Deutsche Jugendrichter, aaO, S. 3.

[4] Dazu anschaulich: *Müller,* aaO.

[5] *Holzschuh,* … aber ihr klagt uns an, Ein Jugendrichter erzählt, 1957; *Wagner,* Jugendwohl 1985, 245.

[6] *Müller-Dietz,* ZfStrVo 1995, 32 ff.

[7] Deutsche Jugendrichter, aaO, S. 4; zurückhaltende Kritik am „Jugendrichter als Ersatzvater" übt *Kaiser,* in: Gesellschaft, Jugend und Recht, 1977, S. 138 ff. Sehr kritisch zum „erzieherischen Wirken des Jugendrichters": *Albrecht,* § 38 C.

[8] *Albrecht,* § 38 A.

[9] Nach der Strafverfolgungsstatistik 2001 (alte Bundesländer und Berlin) bei 70 % der verurteilten Jugendlichen und bei 37 % aller (einschl. der nach allgemeinem Strafrecht) verurteilten Heranwachsenden (60 % der nach Jugendstrafrecht Verurteilten).

Wahl bleibt, als Strafe zu verhängen. Frauen sind in Deutschland erst spät zum Richteramt zugelassen worden, ihr Anteil in der Richterschaft wächst aber ständig. Sie werden als Jugendrichterinnen das in der Geschichte recht patriarchalisch geprägte Bild des Jugendrichters zunehmend verändern.[10] Viele Jugendrichter widmen den jungen Angeklagten besondere Aufmerksamkeit, zeigen ein starkes Engagement für ihre berufliche Arbeit, entfalten gesellschaftliche Aktivitäten auf dem Gebiet der Jugendpflege und sind in besonderem Maße bereit, mit Personen anderer Fachrichtungen zusammenzuwirken. Deshalb und wegen der ihnen vom Gesetz eingeräumten Befugnisse und Möglichkeiten sind sie in aller Regel von größerer Bedeutung für das Verfahren und für den jungen Angeklagten als die Strafrichter im allgemeinen Verfahren einerseits und die anderen am Jugendstrafverfahren Beteiligten andererseits.

Die Jugendgerichtsverfassung sieht Gerichte mit mehreren Berufsrichtern in erster Instanz kaum vor. Es gibt kein erweitertes Jugendschöffengericht (mit zwei Berufsrichtern) wie im Verfahren gegen Erwachsene (§ 29 II GVG), und die (mit drei Berufsrichtern besetzte) Jugendkammer wird erstinstanzlich nur in den Fällen tätig, die im allgemeinen Strafverfahren vor der Schwurgerichtskammer verhandelt werden – also bei Mord, Totschlag und anderen Verbrechen mit Todesfolge (§ 41 I Nr. 1 JGG, § 74 II GVG); ferner – ausnahmsweise – bei Strafsachen besonderen Umfangs, die sie nach Vorlage durch das Jugendschöffengericht übernimmt (§ 41 I Nr. 2 JGG).[11] Folgerichtig kann das Jugendschöffengericht auch alle nach dem Jugendgerichtsgesetz zulässigen Erziehungsmaßregeln, Zuchtmittel, Jugendstrafen und Maßregeln der Besserung und Sicherung verhängen,[12] während das Schöffengericht des allgemeinen Strafprozessrechts weder die Einweisung in ein psychiatrisches Krankenhaus anordnen noch Freiheitsstrafe von mehr als vier Jahren verhängen kann. Wendet das Jugendschöffengericht freilich allgemeines Strafrecht an, so darf es eine Freiheitsstrafe von mehr als vier Jahren nicht aussprechen (§ 108 III JGG).[13] Steht also ein Heranwachsender vor Gericht, der

---

[10] Das Bild verschiebt sich – der Richterberuf ist in Deutschland für Frauen spät eröffnet worden (*Böhm*, DRiZ 1986, 365 ff.) – zunehmend. Vgl. auch *Drewniak*, KrimJ 1991, 112 ff.; *Herz*, KrimJ 1994, 296 ff.; im Jahr 2001 betrug der Frauenanteil an den Jugendrichtern der Länder Rheinland-Pfalz und Saarland etwa 25 %: *Simon*, Der Jugendrichter im Zentrum der Jugendgerichtsbarkeit, Diss. Mainz 2003, S. 56, 64 f.

[11] In den letztgenannten Fällen kann bis zum 31. Dezember 2004 gem. § 33 b II JGG auch in der Besetzung von 2 Richtern und 2 Schöffen verhandelt werden.

[12] Die Unterbringung in einem Psychiatrischen Krankenhaus betreffend: *OLG Saarbrücken* NStZ 1985, 93; *BVerfG (VorPrA)* NJW 1986, 771; *Ostendorf*, § 40 Rn. 5. Auch im „Sicherungsverfahren" nach § 413 StPO: *OLG Stuttgart* Die Justiz 1988, 33; krit. *Eisenberg*, § 40 Rn. 7.

[13] Dagegen kann das Jugendschöffengericht auch bei Anwendung des allgemeinen Strafrechts die Einweisung in ein psychiatrisches Krankenhaus anordnen: *OLG Stuttgart* NStZ 1988, 225, weil § 108 III JGG seinen „Strafbann" nur hinsichtlich der Freiheitsstrafe begrenzt. Krit. hierzu *Eisenberg*, NJW 1986, 2408 und § 108 Rn. 12.

wahrscheinlich nach allgemeinem Strafrecht abzuurteilen sein wird, und
kommt für ihn eine vier Jahre übersteigende Freiheitsstrafe in Betracht,
so findet das Verfahren vor der Jugendkammer statt (§ 108 III JGG);
ebenso dann, wenn Jugendliche oder Heranwachsende und Erwachsene
im selben Verfahren abgeurteilt werden und hinsichtlich der Erwachsenen eine vier Jahre übersteigende Strafe in Betracht kommt (§§ 103, 41 I
Nr. 3 JGG). Der Jugendrichter als Einzelrichter ist für Verfehlungen Jugendlicher und Heranwachsender dann zuständig, wenn Erziehungsmaßregeln und Zuchtmittel, Fahrverbot und Entziehung der Fahrerlaubnis in
Betracht kommen. Jugendstrafe von mehr als einem Jahr darf er nicht verhängen (§ 39 II JGG). Darüber hinaus ist der Jugendrichter dann nicht
zuständig, wenn Sachen gegen Jugendliche oder Heranwachsende und Erwachsene verbunden worden sind und für die Erwachsenen bzw. bei zu
erwartender Anwendbarkeit des allgemeinen Strafrechts auf die Heranwachsenden für diese die Zuständigkeit des Einzelrichters beim Amtsgericht nicht gegeben wäre (§§ 39 I 2, 108 II JGG).

Dass damit der einzelne Berufsrichter als Jugendrichter oder Vorsitzender des Jugendschöffengerichts im Gegensatz zum Richter im allgemeinen Strafverfahren regelmäßig und auch in schweren Fällen zum Herren des Verfahrens wird, hat erzieherische Gründe. So meint der *BGH*
gewiss zu Recht, „dass ein Jugendlicher sich vor einem kleinen Richter-
kollegium besser aussprechen kann als vor einem großen".[14]

Dem Jugendrichter obliegen nach § 34 I JGG zudem alle Aufgaben, die ein Richter
beim Amtsgericht in Strafsachen hat, also die richterlichen Handlungen im Ermittlungsverfahren, etwa die Anordnung von Untersuchungshaft, und die Rechtshilfe in
Jugendsachen. Die Haftsachen für einen Bezirk etwa einem besonderen „Jugendhaft-
richter" zuzuweisen, ist unzulässig.[15]

Dieses „Konzentrationsprinzip" verbietet es etwa auch, Richtern Stra-
ßenverkehrssachen, sonstige Einzelrichtersachen oder Schöffengerichts-
sachen zuzuweisen und sie jeweils für diesen Bereich zu Jugendrichtern
zu erklären.[16]

c) Vorrang der Jugendgerichte

Strafverfahren gegen Jugendliche und Heranwachsende finden stets
vor Jugendgerichten statt; denn die Frage, ob auf Heranwachsende Jugendstrafrecht oder allgemeines Strafrecht angewendet werden soll, muss stets
von dem für Jugendstrafsachen zuständigen Fachgericht entschieden werden (§ 107 JGG).[17] Die Jugendgerichte sind auch zuständig, wenn in dem
Strafverfahren neben Jugendlichen oder Heranwachsenden auch Erwach-

[14] *BGHSt* 9, 399, 403.
[15] *VG Schleswig* DRiZ 1991, 99; *Eisenberg*, § 34 Rn. 5–7; zur hiervon abweichenden
Praxis in Berlin: *Matzke*, BewHi 1995, 409 ff., 417, 421.
[16] *LG Göttingen* NdsRpfl 1977, 218; *OLG Köln* Zbl 1981, 34.
[17] *Eisenberg*, § 107 Rn. 3.

sene angeklagt sind (§ 103 II 1 JGG).[18] Eine Verbindung der Verfahren gegen Jugendliche oder Heranwachsende mit solchem gegen Erwachsene ist zwar in der Regel nicht zweckmäßig, kann aber vor allem aus Gründen der Erforschung der Wahrheit im Einzelfall notwendig sein.[19] Von diesem Vorrang der Jugendgerichte gibt es nur folgende Ausnahme: die Wirtschaftsstrafkammer nach § 74 c GVG oder die Staatsschutzkammer nach § 74 a GVG sind zuständig, wenn Jugendliche oder Heranwachsende gemeinsam mit Erwachsenen wegen in deren ausschließliche Zuständigkeit fallender Delikte angeklagt sind und eine Abtrennung des Verfahrens gegen den Jugendlichen oder Heranwachsenden von dem Verfahren gegen den Erwachsenen ausnahmsweise nicht möglich ist (§ 103 II 2 JGG; Richtlinien zu § 103). Der so gewährleistete nahezu lückenlose Vorrang der Jugendgerichte führt freilich dazu, dass Jugendgerichte häufiger mit ihnen an sich fremden Verfahren gegen Erwachsene belastet werden.[20]

Keine besonderen Spruchkörper für Jugendstrafsachen gibt es bei den Oberlandesgerichten. In den seltenen Fällen,[21] in denen der Generalbundesanwalt nach § 120 II GVG wegen der besonderen Bedeutung des Falles die Verfolgung übernimmt, sowie bei den in § 120 I GVG genannten Straftaten finden die Verfahren erster Instanz vor einem Strafsenat des Oberlandesgerichts statt, wobei die Regelung des § 104 JGG zu beachten ist.

Über die Berufung gegen ein Urteil des Jugendrichters entscheidet die „kleine Jugendkammer" am Landgericht in der Besetzung von einem Berufsrichter und zwei Jugendschöffen, gegen ein Urteil des Jugendschöffengerichts die „große Jugendkammer" in der Besetzung von drei

---

[18] Das Jugendgericht ist selbst dann zuständig, wenn ein Angeklagter, der die ihm zur Last gelegten Taten teils als Heranwachsender, teils als Erwachsener begangen hat, gemeinsam mit Erwachsenen abzuurteilen ist: *BGH* Beschl. v. 11. 11. 82, RÜ NStZ 1983, 450; selbst wenn auch das Schwergewicht nicht bei den Taten liegt, die nach Jugendstrafrecht zu beurteilen wären: *BGH,* bei *Kusch,* NStZ 1994, 230 Nr. 29. Bezieht sich ein Verfahren, das vor den Jugendgerichten gem. § 47 a JGG gegen Heranwachsende und Erwachsene durchgeführt war, nach Zurückweisung der Revision des Heranwachsenden und Aufhebung der gegen den Erwachsenen ergangenen Verurteilung nur noch auf den Erwachsenen, so kann das Revisionsgericht die Sache sowohl an ein allgemeines wie − etwa bei Berücksichtigung jugendspezifischer Umstände der Tat − an das Jugendgericht zurückverweisen: *BGH* StrVert 1994, 415.

[19] *OLG Köln* NStZ-RR 2000, 313.

[20] *OLG Koblenz* RÜ NStZ 1982, 416; vgl. die ähnliche Lage bei der gleichzeitigen Aburteilung von Taten eines Angeklagten, die er teilweise als Jugendlicher oder Heranwachsender und als Erwachsener begangen hat: *OLG Hamburg* StrVert 1985, 158; s. auch oben § 8, 2. Dazu tritt die Belastung der Jugendgerichte mit der Zuständigkeit für die Jugendschutzsachen (Straftaten Erwachsener, durch die ein Kind oder ein Jugendlicher verletzt oder unmittelbar gefährdet wird) gem. §§ 26, 74 b GVG.

[21] Z. B. Brandanschlag in Solingen: *OLG Düsseldorf* NStZ 1994, 299. Hier ist dann im Rahmen der Prüfung, ob der Fall „besondere Bedeutung" hat (§ 120 II 1 letzter Halbsatz, II 2 GVG), jeweils auch zu bedenken, ob nicht „die Intentionen des JGG eher für die Zuständigkeit einer Jugendkammer sprechen": *BGHSt* 46, 238 ff., 256; *BGH* NJ 2002, 323 (fremdenfeindliche Gewaltverbrechen).

Richtern und zwei Jugendschöffen (§ 33 b JGG). Die Revision gegen die
zweitinstanzlichen Urteile der Jugendkammern und die Sprungrevision
(§ 335 StPO) werden vom Strafsenat des Oberlandesgerichts, die Revision gegen die erstinstanzlichen Urteile der (großen) Jugendkammer und
des Oberlandesgerichts in den Fällen des § 120 GVG von einem Strafsenat des *BGH* entschieden (§§ 121, 135 GVG).

d) Die Ausbildung der Richter

Es entspricht den Aufgaben des Jugendrichters, dass von ihm in § 37
JGG erzieherische Befähigung und Erfahrung verlangt wird. In den Richtlinien zu dieser Vorschrift heißt es, dass Kenntnisse auf dem Gebiet der
Pädagogik, der Jugendpsychologie, der Jugendpsychiatrie, der Kriminologie und der Soziologie von besonderem Nutzen sind, dass Richter bei den
Jugendgerichten und Jugendstaatsanwälte möglichst längere Zeit ihr Amt
wahrnehmen und nicht häufig ausgewechselt werden sollen und dass bei
ihrer Auswahl im besonderen Maße auf Eignung und Neigung Rücksicht
zu nehmen ist. Leider ist diese wichtige Vorschrift nur als Sollvorschrift
formuliert und vom *BGH* als reine Ordnungsvorschrift gewertet worden,
deren Verletzung eine Revision nicht begründet.[22] So ist es möglich, dass
junge Richter ohne pädagogische Kenntnisse Jugendrichter werden.[23]

Eine besondere Laufbahn für Jugendrichter gibt es nicht. Alljährlich
verteilt vielmehr das Gerichtspräsidium gem. §§ 21a, 21e GVG die von
den Richtern des Gerichts zu bewältigenden Aufgaben. Dabei sind die
Grundsätze des § 37 JGG sowie die Eignung und Neigung der Richter
für die Frage, wer Jugendrichter und Vorsitzender des Jugendschöffengerichts, Vorsitzender und Mitglied der Jugendkammer wird, nur einer
– und wohl nicht der gewichtigste – unter vielen Gesichtspunkten.
Deshalb kann auch niemand mit Sicherheit wissen, ob er – einmal zum
Richter ernannt – auch Jugendrichter werden wird. Besondere Kenntnisse in Soziologie und Pädagogik oder ein erfolgreiches Wahlfachstu-
dium (Kriminologie, Jugendstrafrecht und Strafvollzug) werden wohl
berücksichtigt, bieten aber keine Garantie. Dieser Umstand ist eine Folge
des Grundsatzes der „Einheit der Rechtspflege", wonach eine Sonderlauf-
bahn für Jugendrichter nicht zulässig ist.[24] Gleichwohl müsste § 37 JGG

---

[22] NJW 1958, 639; vgl. *Brunner/Dölling*, § 37 Rn. 5. Für eine verpflichtende Fassung der Vorschrift: DVJJ-Reform, S. 28; Beschl. 64. DJTag C VII, 1.
[23] Kritisch bezeichnet *Peters*, S. 564, den Gesetzeswortlaut als unverbindlich und
nichts sagend; vgl. auch *Schaffstein*, NStZ 1981, 286 ff., und die die Diskrepanz zwischen dem Anspruch auf erzieherische Befähigung des Jugendrichters und der bisherigen Praxis aufzeigenden empirischen Untersuchungen von *Hauser* und *Pommerening*
aaO; *Adam/Albrecht/Pfeiffer*, Jugendrichter und Jugendstaatsanwälte in der Bundesrepublik Deutschland, 1986 und *Simon*, Fn. 10.
[24] Eine besondere Jugendrichterausbildung und -prüfung, wie sie *Hauber*, Zbl
1977, 372 ff., 377 ff., fordert, ist deshalb abzulehnen: *Brunner/Dölling*, § 37 Rn. 10; *Eisenberg*, § 37 Rn. 8; *Schaffstein/Beulke*, § 28 III 3.

ernster beachtet werden. Auch in der ordentlichen Gerichtsbarkeit kann eine gewisse Spezialisierung nicht vermieden werden.[25]

Jedenfalls sollte sichergestellt werden, dass Jugendrichter für längere Zeit (mindestens 4 bis 5 Jahre) in diesem Amt belassen werden. Sie sollten dann vorwiegend mit jugendrichterlichen Aufgaben befasst sein, was zur Zeit noch nicht die Regel ist.[26] Auf Eignung und Neigung sowie entsprechende Vorbildung wäre stärker Rücksicht zu nehmen. Besonders müsste aber geeignete Fortbildung sichergestellt und verpflichtend sein.[27]

Die Fortbildungsmaßnahmen für Jugendrichter und Jugendstaatsanwälte beschränken sich auf gelegentliche Kurse an der Deutschen Richterakademie in Trier und Wustrau oder kurze Tagungen auf regionaler Ebene. Nur einige Jugendrichter werden auf die regelmäßig von der Deutschen Vereinigung für Jugendgerichte und Jugendgerichtshilfen veranstalteten Fortbildungswochen abgeordnet.[28] Die Gerichtsbüchereien enthalten nur selten die zur Weiterbildung aus eigenem Antrieb erforderlichen Bücher und Zeitschriften. Die dem § 33 III JGG den Landesregierungen erteilte Ermächtigung, für den Bezirk mehrerer Amtsgerichte einen Bezirksjugendrichter oder ein gemeinsames Jugendschöffengericht zu bestellen, soll auch dazu dienen, diese Richter, die dann von anderen richterlichen Tätigkeiten ganz freigestellt sind, eher zu Aus- und Fortbildungsmaßnahmen anhalten oder auch abordnen zu können. Indessen ist durch die Auflösung vieler kleiner Amtsgerichte der Anwendungsbereich dieser Vorschrift ohnehin geschrumpft.

2. Familien- und vormundschaftsrichterliche Erziehungsaufgaben

Gem. § 34 II 1 JGG sollen dem Jugendrichter die vormundschaftsrichterlichen Erziehungsaufgaben für die Minderjährigen über 14 Jahre übertragen werden.[29]

Diese *vormundschafts- und familienrichterlichen Erziehungsaufgaben* sind nach § 34 III JGG einmal die *Unterstützung der Eltern*, des Vormunds und des Pflegers durch geeignete Maßnahmen. Hier wird der Richter nur auf Antrag des Erziehungsberechtigten tätig (§ 1631 III BGB). Er kann

---

[25] Ebenso *Ostendorf*, § 37 Rn. 6. Kritisch hierzu LR-*Schäfer*, § 21e GVG Rn. 108 ff., der sich für die Flexibilität des Richters einsetzt. Unverzichtbar sei die Bereitschaft der Richter, neue Aufgaben zu übernehmen. Spezialisierung führe dazu, dass Richter den Blick für wesentliche Zusammenhänge verlören (Rn. 109, vgl. auch Rn. 112a, 113).

[26] Bei den empirischen Untersuchungen geben 25 % (*Simon*, Fn. 10, S. 69), 50 % (*Adam/Albrecht/Pfeiffer*, Fn. 23, S. 44 ff.), 59 % (*Pommerening*, aaO) der Jugendrichter an, überwiegend (also mit mehr als 60 % ihrer Arbeitsbelastung) mit Jugendstrafsachen befasst zu sein.

[27] DVJJ-Reform, 27, 38; Beschl. 46. DJTag C VII 1.

[28] Empfehlungen zu Fortbildungsmaßnahmen bei *Brunner/Dölling*, § 37 Rn. 4, 12; *Grotenbeck*, Zbl 1977, 252 f.; *Schaffstein*, NStZ 1981, 291 ff.; *Neuland*, in: Wassermann (Hrsg.), Menschen vor Gericht, 1979, S. 141 f., 152 f.; *Kreuzer*, ZRP 1987, 236 ff.

[29] Nur aus besonderen Gründen kann davon abgesehen werden (§ 34 II 2 JGG). Ein Verstoß gegen die Vorschrift ist aber kein Rechtsfehler, der die Revision begründet: *Brunner/Dölling*, § 34 Rn. 3; OLG Koblenz Zbl 1981, 34 f. mit Anm. *Molketin*, Zbl 1981, 220 f.

den Minderjährigen ermahnen und ihm einen Verweis erteilen, elterliche Maßnahmen plausibel machen, den Aufenthalt eines weggelaufenen Kindes ermitteln und dessen Rückführung zu den Eltern veranlassen. Weitere vormundschafts- und familienrichterliche Erziehungsaufgaben sind die *Maßnahmen zur Abwendung einer Gefährdung des Minderjährigen*. Wichtigster Fall ist der – meist nur teilweise – Entzug des Sorgerechts der Eltern nach §§ 1666, 1666 a BGB bei Missbrauch ihrer Erziehungsrechte oder sonstiger Gefährdung des Kindes. Ein Verschulden der Eltern an der Kindeswohlgefährdung ist nicht erforderlich.

Die dem mit den vormundschafts- und familienrichterlichen Erziehungsaufgaben betrauten Jugendrichter eingeräumten, vielseitigen Möglichkeiten, helfend, korrigierend und mahnend entsprechend der jeweiligen Gefährdung des Jugendlichen einzugreifen, beschränken sich auf die Ebene des Amtsgerichts. Die *jugendstrafrechtlichen* Entscheidungen des Jugendrichters werden nach Einlegung von Rechtsmitteln *in der zweiten Instanz* stets von einem Strafgericht, der beim Landgericht gebildeten Jugendkammer (§ 41 II JGG), überprüft. Indessen werden Beschwerden über die *vormundschafts- und familienrichterlichen* Maßnahmen des Jugendrichters von der als Zivilgericht beim Landgericht gebildeten Beschwerdekammer entschieden (§§ 19 II, 30 FGG).

Die Regelung ist nur noch ein matter Abglanz von dem, was einmal, dem Vorbild der ersten Jugendgerichte vor 100 Jahren folgend, mit der bis 1998 gesetzlich empfohlenen, allerdings in der Praxis nur unvollkommen verwirklichten[30] Zusammenfassung der Ämter des Jugend- und des Vormundschaftsrichters vorgesehen war: die richterliche Kompetenz gefährdete und schwierige Jugendliche betreffend sollte bei den Amtsgerichten in einer Hand liegen, unabhängig davon, ob Maßnahmen aus dem Gebiet des Jugendstrafrechts oder des Vormundschaftswesens angezeigt sind.[31]

3. Der Jugendrichter als Vollstreckungsleiter

Gemäß § 82 JGG ist der Jugendrichter Vollstreckungsleiter. Im allgemeinen Strafrecht ist die Staatsanwaltschaft Vollstreckungsbehörde (§ 451 StPO). Sie besorgt die Ladung zum Strafantritt, gewährt Aufschub der Strafvollstreckung, erlässt den Vollstreckungshaftbefehl, entscheidet bei Auslieferung eines Ausländers, dass von der Strafvollstreckung abgesehen wird und trifft die Entscheidungen über Unterbrechungen der Strafe. Im Jugendstrafrecht hingegen hat die Staatsanwaltschaft keinerlei Vollstreckungsaufgaben. Alle ihr im allgemeinen Strafrecht insoweit obliegenden Aufgaben werden vom Jugendrichter wahrgenommen, der das Urteil erster Instanz entweder als Einzelrichter oder als Vorsitzender des

---

[30] *Pommerening*, aaO, 193, 194 (70 % der befragten Jugendrichter waren nicht zugleich Vormundschaftsrichter); *Simon*, Fn. 10 S. 67 (nur 11,4 % der befragten Jugendrichter waren zugleich Vormundschaftsrichter); vgl. auch *Albrecht*, § 38 C III, der die einschlägigen Untersuchungen referiert und kritisch bewertet.
[31] Vgl. hierzu *Schaffstein/Beulke*, § 28 IV 2; s. auch u. § 10.5.

Jugendschöffengerichts zu verantworten hat (§ 84 I JGG). Hat ein anderes Gericht (Jugendkammer in erster Instanz oder Erwachsenengericht in den — seltenen — Fällen des § 103 II 2 JGG) entschieden, so ist Vollstreckungsleiter derjenige Jugendrichter, dem die vormundschaftsrichterlichen Erziehungsaufgaben obliegen oder obliegen würden, wenn der unterdessen volljährig gewordene Verurteilte noch nicht volljährig wäre (§ 84 II JGG).[32]

Hat in zweiter Instanz die Jugendkammer in L die Berufung des Angeklagten gegen das Urteil des Jugendschöffengerichts in W verworfen und wird dieses Urteil durch Rechtsmittelverzicht des Staatsanwalts sofort rechtskräftig, so kann weder der Vorsitzende der Jugendkammer noch der Staatsanwalt den Verurteilten verhaften lassen, wenn er den Eindruck gewinnt, er werde sich, enttäuscht über den Ausgang des Verfahrens, durch Flucht der Vollstreckung der Jugendstrafe entziehen. Den Vollstreckungshaftbefehl darf allein der Vorsitzende des Jugendschöffengerichts in W erlassen.[33]

Im Vollstreckungsbereich findet also eine *Konzentration der Entscheidungen beim Jugendrichter* statt. Hat er dem Jugendlichen oder Heranwachsenden Weisungen nach § 10 JGG auferlegt, so sendet er das Urteil der Jugendgerichtshilfe oder, wenn der Jugendliche unter Bewährungshilfe steht, dem Bewährungshelfer, mit dem Auftrag, die Befolgung der Weisungen zu überwachen und erhebliche Zuwiderhandlungen mitzuteilen. Alle späteren Entscheidungen (etwaige Änderungen, Verfahren bei Nichtbefolgung der Weisung durch den Verurteilten) behält sich der Jugendrichter vor. Der Jugendrichter muss übrigens nicht die Jugendgerichtshilfe einschalten, er kann auch selbst die Befolgung der Weisungen kontrollieren, etwa den Besinnungsaufsatz, den er dem Jugendlichen zu schreiben aufgegeben hat, selbst entgegennehmen und mit dem Jugendlichen erörtern. Die Verwarnung spricht der Jugendrichter nach Rechtskraft dem Verurteilten gegenüber selbst aus, und zwar möglichst in Gegenwart der Erziehungsberechtigten. Hat der Jugendrichter dem Verurteilten besondere Pflichten nach § 15 JGG auferlegt, so verfährt er wie bei der Weisung. Ist der Verurteilte mit Jugendarrest belegt worden, so gibt der Jugendrichter die Vollstreckung an den für den Vollzug des Zuchtmittels zuständigen Jugendrichter ab. Ist die Jugendarrestanstalt zufällig in seinem Bezirk gelegen und ist er selbst Vollzugsleiter,[34] so bestellt er den Jugendlichen zum Antritt des Jugendarrestes. Als richterliche Vollstreckungsmaßnahmen darf der Jugendrichter Freizeitarrest in Kurzarrest umwandeln oder auch das völlige oder teilweise Absehen von der Vollstreckung des Jugendarrestes anordnen.

---

[32] *BGHSt* 20, 157 ff.; *OLG* Düsseldorf StrVert 2001, 183; *Brunner/Dölling*, § 84 Rn. 4; *Eisenberg*, § 84 Rn. 6.; vgl. für einen besonders gelagerten Fall auch *OLG Zweibrücken* RÜ NStZ 1991, 524.

[33] Denn nur er ist Vollstreckungsleiter. Unveröffentlichte Entscheidung des *OLG Frankfurt*, v. 19. 3. 1976—3 Ws 486/75.

[34] Das ist vor allem oft der Fall, wenn Freizeitarrest verhängt wird (s. u. § 24, 4 e).

Die Vollstreckung der Jugendstrafe sowie einer vom Jugendgericht angeordneten Maßregel der Besserung und Sicherung (§ 85 IV JGG) bleibt bis zu ihrem Abschluss in den Händen des Jugendrichters.[35] Der Jugendrichter lädt den zu Jugendstrafe verurteilten Jugendlichen oder Heranwachsenden zum Strafantritt in die zuständige Jugendstrafanstalt, der ein Aufnahmeersuchen zugesandt und deren Strafzeitberechnung kontrolliert wird. Stellt sich der Verurteilte nicht, so erlässt der Jugendrichter den Vollstreckungshaftbefehl. Befindet sich der Verurteilte in Untersuchungshaft, so ordnet der Jugendrichter die Überführung in die Jugendstrafanstalt an.

Mit der Aufnahme in der Jugendstrafanstalt – oder der Aufnahme in einer Entziehungsanstalt nach § 64 StGB oder in einem psychiatrischen Krankenhaus nach § 63 StGB[36] – wird der von der Landesjustizverwaltung durch Rechtsverordnung bestimmte Jugendrichter eines in der Nähe gelegenen Amtsgerichts der *„besondere Vollstreckungsleiter"* nach § 85 II, IV JGG. Dieser unterrichtet sich über den in der Anstalt Aufgenommenen, hält mit Anstaltsleitung und Anstaltsbediensteten Kontakt und wird über wichtige Beobachtungen, den Erziehungsplan, Vollzugslockerungen und Ausbildungsmaßnahmen auf dem Laufenden gehalten.[37] Er erlässt den Vollstreckungshaftbefehl, wenn ein Gefangener aus der Anstalt entwichen ist oder aus einem ihm gewährten Urlaub nicht in die Anstalt zurückkehrt (§ 457 StPO). Sind diese vollstreckungsrechtlichen Maßnahmen solche der Justizverwaltung und mit der Beschwerde bei dem Generalstaatsanwalt anfechtbar, trifft der Vollstreckungsleiter z. B. mit der Entlassung zur Bewährung (§ 88 JGG) und der Herausnahme aus dem Jugendstrafvollzug[38] sowie der Aussetzung einer Unterbringung zur Bewährung (§ 67 d II StGB i. V. mit § 463 I StPO) jugend-

---

[35] *BGHSt* 27, 329 ff.; 28, 351 ff., *BGH* NStZ 1994, 204.

[36] *OLG Hamm* NStZ-RR 2002, 21.

[37] *Müller,* Die miterzieherische Funktion des Vollstreckungsleiters im Jugendstrafvollzug, 20 Jahre Fliedner-Verein Rockenberg e. V., 1970, S. 25 ff.

[38] Vgl. § 92 II JGG. Kommt der Verurteilte dann in eine für den Vollzug der Freiheitsstrafe eingerichtete Justizvollzugsanstalt, so behält der Vollstreckungsleiter, der die Ausnahmeentscheidung getroffen hat, die Leitung der Vollstreckung (*BGHSt* 24, 332 ff.; 27, 329 ff.; 28, 351 ff.; *BGH* NStZ 1985, 92; *OLG Hamm* MDR 1984, 166), kann sie aber, um den Gesichtspunkt der Vollzugsnähe zu wahren, gem. § 85 III JGG an den Jugendrichter abgeben, in dessen Bezirk die Erwachsenenanstalt liegt, in die der Jugendliche an dem Ausgenommenen nach § 92 II, III JGG vollzogen wird (*BGHSt* 30, 9). Hat der Verurteilte das 24. Lebensjahr vollendet oder liegt ein Fall des § 89 a JGG vor, so kann der Jugendrichter die Vollstreckung an die nach den allgemeinen Vorschriften zuständige Vollstreckungsbehörde, also die Staatsanwaltschaft, abgeben. In diesen Fällen wird dann auch die Strafvollstreckungskammer für die Entscheidungen über die Entlassung zur Bewährung aus der Jugendstrafe zuständig, wobei § 88 JGG – nicht § 57 StGB – anzuwenden ist (s. u. § 25, 4 g). Zu den Rechten und Pflichten des Jugendrichters, an den die Vollstreckung gem. § 85 III JGG abgegeben wurde: *BGH* NStZ 1983, 139.

richterliche Entscheidungen (§ 83 I JGG; vgl. auch § 112 c III JGG). Diese sind mit der sofortigen Beschwerde bei der Jugendkammer anfechtbar (§ 83 III JGG). Auch soweit Einwendungen gegen Entscheidungen der Vollstreckungsbehörde, die im Jugendstrafverfahren stets von dem Vollstreckungsleiter getroffen werden (etwa: Unterbrechung der Strafvollstreckung wegen Vollzugsuntauglichkeit, § 455 IV StPO), gerichtliche Entscheidungen erforderlich machen (§ 458 StPO), ist die Jugendkammer zuständig (§ 83 II Nr. 2 JGG).[39] Wenn allerdings in erster Instanz ausnahmsweise das OLG entschieden hat, sind Einwendungen und Beschwerden gegen die Entscheidungen des Jugendrichters als Vollstreckungsleiter nicht an die Jugendkammer sondern an das OLG zu richten.[40] Mitunter behält sich der besondere Vollstreckungsleiter bei der Entlassung zur Bewährung auch die in der Bewährungszeit erforderlich werdenden Entscheidungen vor, die er freilich auch an den Jugendrichter des Entlassungsortes abgeben kann (§ 85 III JGG).[41]

Im Gegensatz zu der im allgemeinen Strafverfahren zuständigen Vollstreckungskammer (§ 462 a StPO), deren Entscheidungsbereich und Arbeitsweise unter weitgehender Verwertung der mit dem besonderen Vollstreckungsleiter nach Jugendstrafrecht gemachten Erfahrungen geregelt worden ist, entscheidet der besondere Vollstreckungsleiter nicht über die Beschwerden des jungen Strafgefangenen gegen die Maßnahmen der Vollzugsbehörde, da das Strafvollzugsgesetz nicht für den Vollzug der Jugendstrafe gilt. Es wäre sinnvoll gewesen, das Jugendgerichtsgesetz entsprechend zu ergänzen, denn dass für die Rechtskontrolle der Vollzugsmaßnahmen im Jugendstrafvollzug und im unter Anwendung des Jugendstrafrechts angeordneten Maßregelvollzug[42] nach § 23 EGGVG der Strafsenat beim Oberlandesgericht zuständig geblieben ist, erscheint in hohem Maße unzweckmäßig. Das sonst kaum mit jugendstrafrechtlichen Fragen befasste Gericht neigt in den sehr seltenen Fällen, in denen ein junger Strafgefangener diesen Rechtsbehelf in Anspruch nimmt, dazu, die Entscheidung in zu starker Anlehnung an den Strafvollzug von Erwachsenen zu treffen.[43] Spätestens mit einer gesetzlichen Regelung des Jugendstrafvollzugs müssen die Aufgaben des besonderen Vollstreckungsleiters insoweit erweitert werden.[44]

[39] Unrichtig OLG Karlsruhe NStZ 1993, 104; vgl. hierzu Böhm, NStZ 1993, 529.
[40] OLG Düsseldorf StrVert 2001, 183.
[41] BGH Beschl. v. 4. 12. 81, RÜ NStZ 1982, 415; auch hinsichtlich der Führungsaufsicht. Anders bei einer Entlassung zur Bewährung im Gnadenweg: BGHSt 32, 330.
[42] OLG Karlsruhe NStZ 1997, 511 hält hier die Strafvollstreckungskammer unter analoger Anwendung des § 138 II StVollzG für zuständig. Insoweit zu Recht abl. Eisenberg, NStZ 1998, 104.
[43] Z. B. OLG Frankfurt NStZ 1984, 382 ff., m. Anm. Böhm.
[44] Die JStrVK schlägt – Interessenkollisionen des besonderen Vollstreckungsleiters befürchtend – vor, die dem Vollstreckungsleiter jeweils übergeordnete Jugendkammer am Landgericht mit den Entscheidungen zu betrauen: SchlussB., S. 41; so jetzt auch § 35 III EGJVollz.

Es kann auch nicht befriedigen, dass nach den Gnadenordnungen einiger Bundesländer die Staatsanwaltschaft Gnadenbehörde in Jugendsachen ist, beispielsweise eine
gnadenweise Unterbrechung der Jugendstrafe gewähren kann.[45] Denn im Jugendstrafverfahren ist die Staatsanwaltschaft nicht – wie im allgemeinen Strafverfahren – Vollstreckungsbehörde. Sie hat keinerlei Unterlagen über den Verurteilten außer vielleicht
den Handakten des seinerzeit mit der Anklage betrauten Staatsanwalts und tut sich
mit Entscheidungen erfahrungsgemäß schwer. Auch hier wäre der besondere Vollstreckungsleiter die geeignete Dienststelle.[46]

4. Der Jugendrichter als Vollzugsleiter

Gem. § 90 II 2 JGG ist der Jugendrichter am Ort der Jugendarrestanstalt Vollzugsleiter.[47] Er ist für die Durchführung des Jugendarrestes zuständig, erteilt den Vollzugsbeamten Weisungen und leitet den Betrieb
auch verwaltungsmäßig. Insoweit ist er Verwaltungsbeamter, untersteht
der Dienstaufsicht der Vollzugsämter oder der Justizministerien. Gegen
seine Verwaltungsentscheidungen kann der Arrestant Antrag auf gerichtliche Entscheidung nach § 23 EGGVG bei dem Strafsenat des Oberlandesgerichts stellen.[48] Wie der Jugendrichter im Bezirk der Jugendstrafanstalt ist der Jugendrichter am Ort der Jugendarrestanstalt auch
Vollstreckungsleiter.[49] Soweit er als Vollstreckungsleiter Verwaltungsentscheidungen trifft, beispielsweise den ohne genügende Entschuldigung
der Ladung zum Arrestantritt nicht Folge leistenden Jugendlichen durch
die Polizei zwangsweise vorführen lässt, kann gegen seine Entscheidung
Beschwerde beim Generalstaatsanwalt als höherer Vollstreckungsbehörde
erhoben werden.

5. Bewertung

In den letzten Jahrzehnten hat die Stellung des Richters in der Jugendkriminalrechtspflege teils wegen rechtlicher Änderungen teils wegen
Wandlungen in der Praxis an Bedeutung verloren.

Zunächst wich die früher eher bevormundende Einstellung der Ju-
gendbehören gegenüber den Erziehungsberechtigten von Kindern und
Jugendlichen, deren Entwicklung gefährdet erscheint, einer Haltung,
die sich stärker um das Verständnis für und die Zustimmung der Eltern
zu pädagogischen Maßnahmen bemühte. Erziehungsbeistandschaft und
Heimerziehung fanden zunehmend im Einverständnis mit den Erziehungsberechtigten statt, so dass der Vormundschaftsrichter nicht einge-

---

[45] So in Rheinland-Pfalz: Nrn. 5, 18 GnO oder in Hessen: §§ 3, 17 GnO; s. auch
Schätzler, Handbuch des Gnadenrechts 2. Aufl. 1992, S. 42, 359, 365, 463, 442 f.
[46] *Dallinger/Lackner,* § 82 Rn. 23, 24; ebenso *Eisenberg,* § 82 Rn. 22.
[47] Anders bei der Jugendstrafe: vgl. § 25, 4 d, aa.
[48] BGHSt 29, 33 ff., 35.
[49] Er ist „Herr des gesamten Verfahrens, das der Verwirklichung des Jugendarrestes
dient", *Eisenberg,* § 90 Rn. 14.

schaltet werden musste. Mit der Herabsetzung des Volljährigkeitsalters auf 18 Jahre im Jahre 1974 fielen die Heranwachsenden völlig aus der Zuständigkeit des Vormundschaftsrichters hinaus. Die Ablösung des stark eingriffsorientierten Jugendwohlfahrtsgesetzes durch das KJHG (SGB VIII) im Jahr 1990, demzufolge die Leistungen der Jugendhilfe Angebote an die Kinder, Jugendliche und deren Erziehungsberechtigte sind, entzogen diese Leistungen dem direkten Zugriff des Vormundschaftsrichters, der nur noch im Rahmen seiner Entscheidungen über die Personensorge gewissermaßen indirekt Einfluss nehmen kann.[50]

Diese Entscheidungen sind nunmehr weitgehend den Familiengerichten zugewiesen. Wegen deren weiter sonstiger Zuständigkeit (§ 23 b GVG) ist es nicht sinnvoll, dass der Familienrichter auch Jugendrichter ist. Deshalb wurde durch das Gesetz zur Reform des Kindschaftsrechts vom 16. 12. 1997 die Vorschrift (§ 34 II 1 JGG alte Fassung) gestrichen, wonach der Jugendrichter nach Möglichkeit zugleich Vormundschaftsrichter sein soll.

Die zunehmende Bedeutung, die die (Staatsanwalts-)Diversion erlangt hat (s. u. § 12.2), entzieht dem Jugendrichter nicht nur die Jugendlichen, deren weniger schwere Kriminalität Episode bleibt (das wäre von geringer Bedeutung) sondern auch die Einwirkung auf die stark gefährdeten Jugendlichen bei deren Erstkriminalität. Diese Jugendlichen, deren Lebensverhältnisse und Schwierigkeiten er vielleicht im Rahmen der ihm zugewiesenen familienrechtlichen Erziehungsaufgaben kennt, begegnen ihm als Straftäter erst, nachdem in der Regel schon mehrere Entscheidungen im Rahmen der Diversion erfolgt sind, an denen er nicht beteiligt war.

Zu dieser Aushöhlung der Sonderstellung des Jugendrichters[51] passen Anregungen, die darauf abzielen, die Staatsanwaltschaft als Vollstreckungsbehörde einzusetzen und damit die Aufgaben des Jugendrichters als Vollstreckungsleiter zu beschränken.[52] Scheint also die Entwicklung dahin zu tendieren, den Jugendrichter dem allgemeinen Strafrichter anzugleichen, so wird doch übersehen, dass zahlreiche gewichtige Unterschiede bestehen bleiben und, wie es scheint, (noch?) nicht in Frage gestellt werden. Es verhält sich ähnlich mit der Einschätzung, dass die Entwicklung auf eine Abschaffung des Jugendstrafrechts hinauslaufe; auch das ist keineswegs zwingend.

Die klassische Vorstellung, wonach es „der Idealfall ist, wenn derselbe Richter den Jugendlichen von der Kindheit bis zur Reife in allen seinen

---

[50] Stellt sich die hartnäckige Weigerung der Eltern, ein Angebot des Jugendamtes anzunehmen, als Gefährdung des Kindeswohls dar, so kann der Richter auf Antrag das Recht auf Personensorge insoweit auf eine einsichtigere Person übertragen, die die erforderlichen Hilfsmaßnahmen beantragt.

[51] *Miehe,* Symp Brunner, S. 148–150 spricht von „Demontage".

[52] *Albrecht,* Gutachten, D 158, 172.

Erscheinungen als Gefährdeten, Verwahrlosten und Straffälligen behandelt",[53] ist jedenfalls weitgehend Geschichte. Sie war teilweise auch kritisiert worden: der Richter könnte ja auch wegen seiner schlechten Erfahrungen mit einem häufig auffälligen jungen Menschen bei einem späteren Verfahren voreingenommen sein[54] – freilich ist das nicht zwingend, man könnte sogar sagen, eine solche Einstellung spreche gegen eine „erzieherische Befähigung" (§ 37 JGG), ja sie ist ganz allgemein bei einem (Straf-)Richter bedenklich und war gerade bei den Richterpersönlichkeiten, deren Wirken und Arbeit den Verfassern des JGG vorschwebten (s. o. § 10.1) nicht anzutreffen.

§ 11. Besondere Freiheiten des Jugendrichters

In der oben erwähnten Schilderung der Lebensbilder bekannt gewordener Jugendrichter (§ 10, 1 a) heißt es im Nachruf auf den Richter *Clostermann:* „Er war – wie kaum einer – sich der Spannungen bewusst, die ausgehen von der verführerischen Freiheit, die dem Jugendrichter das Gesetz an die Hand gibt, und von der Bürde der Verantwortung, die dieser wie jeder Freiheit von Anbeginn mit auf den Weg gegeben ist."[1] Diese besonderen Freiheiten verstärken die durch die breite Zuständigkeit so ungewöhnliche Position des Jugendrichters noch erheblich.

1. Freiheiten in der Verfahrensgestaltung

a) Das jugendrichterliche Erziehungsverfahren

Im Verfahren gegen Jugendliche sind §§ 153, 153 a StPO durch die Sonderregelung des § 45 JGG verdrängt. Der Jugendstaatsanwalt darf selbst keine erzieherischen oder gar ahnenden Maßnahmen anregen oder anordnen.[2] Stattdessen kann er gem. § 45 III JGG beim Jugendrichter anregen, dass dem geständigen Jugendlichen bzw. dem geständigen Heranwachsenden (§ 109 II JGG) eine Ermahnung ausgesprochen wird, Weisungen, gemeinnützige Arbeiten zu erbringen, sich um einen Täter-Opfer-Ausgleich zu bemühen oder an einem Verkehrsunterricht teilzunehmen, erteilt oder Auflagen, wie sie in § 15 I JGG aufgelistet sind, gemacht werden, wenn eine Einstellung nach § 45 I oder II JGG nicht in Betracht kommt, er aber die Erhebung der Anklage nicht für erforderlich sondern eine richterliche Maßnahme für ausreichend hält. Der Staatsanwalt, der in diesen Fällen den Jugendlichen in der Regel nicht gesehen hat, entscheidet nach Aktenlage, entnimmt also der polizeilichen Vernehmung sowohl das für diesen Verfahrensgang erforderliche Geständnis wie die Einschätzung, dass eine Entscheidung nach § 45 I oder II JGG

---

[53] *Dallinger/Lackner,* § 34 Rn. 6.
[54] *Eisenberg,* § 34 Rn. 8; krit. hierzu *Schaffstein/Beulke,* § 28 III 2.
[1] *Vins,* in: DVJJ (Hrsg.), Deutsche Jugendrichter. Sieben Lebensbilder, 1960, S. 30.
[2] *Herlinger,* DVJJ-J 2/1999, 149 f.; s. u. § 13.2.

nicht in Frage kommt, die Erhebung der Anklage aber auch nicht erforderlich ist. Er wird es deshalb dem Jugendrichter überlassen, welche der nach § 45 III JGG zulässigen Weisungen oder Auflagen angeordnet werden sollen, kann aber natürlich auch eine bestimmte Maßnahme vorschlagen. Der Jugendrichter ist an diesen Vorschlag nicht gebunden,[3] schließlich muss er sich ja auch ein eigenes Bild von dem Jugendlichen und dessen erzieherischen Bedürfnissen machen, übrigens auch prüfen, ob der Jugendliche den gegen ihn erhobenen strafrechtlichen Vorwurf wirklich glaubhaft zugibt. Das geschieht bei einer formlosen Anhörung des Jugendlichen durch den Jugendrichter, der hierbei gegebenenfalls auch die Erziehungsberechtigten und den Vertreter der JGH einlädt.[4] Kommt der Jugendrichter zu dem Ergebnis, dass der Beschuldigte seine Verfehlung glaubhaft eingestanden hat, so ermahnt er ihn oder ordnet eine der zulässigen Maßnahmen an.

Der Jugendstaatsanwalts sieht dann von der weiteren Verfolgung ab, wenn die dem Jugendlichen oder Heranwachsenden erteilten Weisungen oder Auflagen erfüllt sind. Die Erfüllung der Weisungen oder Auflagen kann er freilich nicht erzwingen. In der Regel läuft der Beschuldigte, der die Weisungen oder Auflagen nicht erfüllt, indessen Gefahr, dass der Jugendstaatsanwalt nun Anklage erheben wird.

Nach Einreichung der Anklage kann der Jugendrichter nach § 47 I JGG das Verfahren einstellen, wenn er eine Ahndung für entbehrlich hält und gegen den geständigen Angeklagten eine der in § 45 III JGG bezeichneten Maßnahmen anordnet. Der Jugendrichter stellt das Verfahren weiter ein, wenn eine – von anderer Seite, etwa den Eltern, der Schule, dem Jugendamt – erfolgte erzieherische Maßnahme eine Ahndung durch ihn entbehrlich macht, die Voraussetzungen des § 153 StPO (Bagatellsache) vorliegen, oder der Angeklagte mangels Reife strafrechtlich nicht verantwortlich ist.

Sind in diesem Falle dem Jugendlichen oder Heranwachsenden Weisungen oder Auflagen erteilt worden oder soll im Hinblick auf von anderer Seite eingeleitete erzieherische Maßnahmen das Verfahren eingestellt werden, so kann der Jugendrichter dem Beschuldigten zur Erfüllung eine Frist von bis zu sechs Monaten setzen und das Verfahren mit Zustimmung des Jugendstaatsanwaltes vorläufig einstellen (§ 47 I 2 JGG). Werden die Weisungen oder Auflagen erfüllt, so stellt der Jugendrichter das Verfahren endgültig ein.[5]

---

[3] *Eisenberg,* § 45 Rn. 29; *Brunner/Dölling,* § 45 Rn. 33.
[4] S. etwa das Verfahren im „Rüsselsheimer Versuch": *Löhr-Müller,* Diversion durch die Jugendrichter, Diss. Mainz 2000, 26 ff.
[5] Auch hier kann die Erfüllung der Weisungen oder Auflagen nicht erzwungen werden (*OLG Düsseldorf* MDR 1994, 505). Der Jugendrichter wird aber das Verfahren, wenn die Weisungen oder Auflagen nicht erfüllt werden, nicht einstellen, sondern durchführen.

Nach Einstellung des Verfahrens durch den Jugendrichter (bzw. durch den Jugendstaatsanwalt im Verfahren nach § 45 III JGG) kann wegen der dem Verfahren zugrunde liegenden Tat von neuem nur Anklage erhoben werden, wenn neue Tatsachen oder Beweismittel bekannt geworden sind (§§ 47 III, 45 III 3 JGG). Diese Tatsachen oder Beweismittel dürfen sich nicht auf das Verhalten des Jugendlichen oder Heranwachsenden nach der Tat beziehen, sind also unabhängig von seiner Führung und der Art und Weise, wie er den Weisungen oder Auflagen des Jugendrichters nachgekommen ist. Sie müssen geeignet sein, die der Einstellung zugrunde liegende Tat in einem wesentlich schwerwiegenderen Licht erscheinen zu lassen.[6]

Betrachtet man die unter Mitwirkung des Jugendrichters beendeten Verfahren (Verurteilungen, Einstellungen nach § 47 JGG, Einstellungen nach § 45 III JGG, Einstellungen aus anderen Gründen, Schuldspruch nach § 27 JGG und Freispruch), so verteilen sich in den Jahren 1996 bis 2000 (2001) die Entscheidungen auf 59 % (61,8 %) Verurteilungen, 27,2 % (25,4 %) Einstellungen nach § 47 JGG, 6,1 % (5,3 %) Einstellungen nach § 45 III JGG, 4,3 % (3,7 %) Einstellungen aus anderen Gründen, 1 % (1,2 %) Schuldsprüche und etwa 2,3 % (2,3 %) Freisprüche.[7]

Leicht angestiegen ist in den letzten 10 Jahren der Anteil der Verurteilungen, geringfügig gesunken die Einstellungen nach § 45 III JGG. Diese unter Mitwirkung des Jugendrichters beendeten Verfahren machen – mit abnehmender Tendenz – allerdings nur etwa die Hälfte aller jugendstrafrechtlichen Verfahren aus. Die andere Hälfte wird gem. § 45 I oder II JGG in der ausschließlichen Zuständigkeit des Jugendstaatsanwaltes abgeschlossen.[8]

b) Vereinfachtes Jugendverfahren (§§ 76–78 JGG)

Das förmliche Strafverfahren wird sich bei Jugendlichen häufig nicht empfehlen. Wenn das formlose Verfahren nach §§ 45 III, 47 JGG nicht in Betracht kommt, – vor allem weil der Sachverhalt durch eine Beweisaufnahme geklärt werden muss – bietet sich die besondere „vereinfachte" Verfahrensart an, die dem „regulären" Verfahren gleichwertig ist, „jedoch weitgehend von dessen Formvorschriften befreit ist".[9]

Ein nicht unerheblicher Teil der gegen Jugendliche durchgeführten Verfahren werden im vereinfachten Verfahren erledigt.[10] Der Staatsanwalt

---

[6] *Schaffstein/Beulke*, § 36 III c; *Eisenberg*, § 47 Rn. 24.

[7] Errechnet aus den Strafverfolgungsstatistiken 1996 bis 2001 (alte Bundesländer und Berlin).

[8] *Schaffstein/Beulke*, § 36 I Schaubilder 10 und 11. Dabei bleiben die Verfahren unberücksichtigt, die mangels Tatverdacht nach § 170 StPO vom Jugendstaatsanwalt eingestellt werden. Sie betreffen die Jugendkriminalität ebenso wenig wie die Freisprüche.

[9] *BGHSt* 12, 180, 182. Zu den Vorteilen einer so erreichten beschleunigten Erledigung: *Stahlmann-Liebelt*, DVJJ-J 2/2000, 176 f.

[10] Zur unterschiedlichen Anwendungshäufigkeit: *Schaffstein*, MschrKrim 1978, 313 ff., 320; *Eisenberg*, §§ 76–78 Rn. 3, teilt einen starken Rückgang (Halbierung) der

stellt den Antrag auf Durchführung des vereinfachten Verfahrens, wenn
die Sache vor dem Jugendrichter als Einzelrichter angeklagt werden soll,
also Erziehungsmaßregeln oder Zuchtmittel zu erwarten sind. Der Staatsanwalt kann diesen Antrag auch fernmündlich stellen. Hält der Jugendrichter den Fall für geeignet, im vereinfachten Verfahren verhandelt zu
werden, so kann er sofort Termin anberaumen, etwa den auf frischer Tat
festgenommenen Jugendlichen auf der Stelle aburteilen, ohne Ladungs-
fristen einhalten zu müssen. Die Jugendgerichtshilfe und die Erziehungsberechtigten sind vom Termin – notfalls telefonisch – zu benachrich-
tigen. Wünscht der Jugendliche einen Verteidiger, so muss diesem Gelegenheit gegeben werden, sich vorzubereiten. Dem Jugendlichen wird
rechtliches Gehör gewährt, die Beweise müssen ordnungsgemäß erhoben
und die Rechte der Erziehungsberechtigten gewahrt werden. Die Öffentlichkeit ist nicht zugelassen, die Teilnahme des Staatsanwalts ist entbehrlich. Der Richter kann sich mit den Beteiligten an einen Tisch setzen,
eine „Hauptverhandlung" im üblichen Sinne findet nicht statt.[11] Am
Ende der Besprechung ergeht aber ein Urteil im Rechtssinn. Auf Jugendstrafe, Hilfe zur Erziehung i. S. von § 12 Nr. 2 JGG und Einweisung in
eine Entziehungsanstalt darf der Richter nicht erkennen (§ 78 I JGG).
Das vereinfachte Jugendverfahren bietet einen gewissen Ersatz dafür,
dass es gegen Jugendliche kein Strafbefehlsverfahren und kein beschleu-
nigtes Verfahren nach §§ 212 ff. StPO gibt (§ 79 JGG).

Das vereinfachte Jugendverfahren findet gegen Heranwachsende nicht
statt, es ist zur Prüfung einer so schwierigen Frage, ob gem. § 105 JGG
Jugendstrafrecht angewendet werden soll, nicht geeignet.[12] Dagegen kann
gegen Heranwachsende im beschleunigten Verfahren (§§ 417–420 StPO)
verhandelt werden. Ergeht in diesem Verfahren unter Anwendung von
§ 105 JGG eine Entscheidung nach Jugendstrafrecht, so gelten insoweit
die Rechtsmitteleinschränkungen des § 55 I und II JGG (s. unten 3) nicht
(§ 109 II 3 JGG).

---

jährlichen absoluten Zahlen (von 22675 auf 12981) in den alten Bundesländern und
Berlin von 1987 bis 1994 mit. Die seit 1995 für das gesamte Bundesgebiet erhobenen
Zahlen steigen indessen wieder an (17831 im Jahre 1995, 22600 im Jahre 1998). Aller-
dings besagen die absoluten Zahlen wenig. Man müsste wissen, wie hoch der Prozent-
satz der vereinfachten Verfahren an der Gesamtheit der vor dem Jugendrichter gegen
Jugendliche durchgeführten Verfahren ist.

[11] Das Gesetz spricht von einer „mündlichen Verhandlung", *Brunner/Dölling,*
§§ 76–78 Rn. 17; *Eisenberg,* §§ 76–78 Rn. 21. Deshalb kann auch keine Vorführung
nach § 230 II StPO angeordnet werden, wenn der Angeklagte zur mündlichen Verhandlung nicht erscheint: *Eisenberg,* §§ 76–78 Rn. 21. In einem solchen Fall muss
dann die Entscheidung im vereinfachten Verfahren nach § 77 JGG abgelehnt und das
„normale" Verfahren betrieben werden. AA *Ostendorf,* §§ 76–78 Rn. 17. Für eine Erweiterung des § 78 JGG um die Vorführungsmöglichkeit des § 230 II StPO: Beschl.
des 64. DJTages C IX 3. Vgl. auch E 2.JGGÄndG Art. 1 Nr. 8.

[12] Aus diesem Grund lehnt *Ostendorf,* § 109 Rn. 10, auch das Strafbefehls- und
das beschleunigte Verfahren gegen Heranwachsende ab.

2. Freiheiten bei Auswahl und späterer Änderung der Maßnahmen

Die im allgemeinen Strafrecht vorgesehenen möglichst begrenzten Strafrahmen, die zusätzlich durch zahlreiche weitere strafrahmenmindernde und strafrahmenerhöhende Vorschriften modifiziert werden, gelten im Jugendstrafrecht nicht (§ 18 I 3 JGG). Da der Jugendrichter schon an sie nicht gebunden ist, sind für ihn erst recht nicht die Grundsätze der Strafzumessung (§ 46 StGB) maßgebend. Es bleibt ihm überlassen, ob und welche Schlüsse er aus dem Vorliegen besonderer gesetzlicher Milderungsgründe (§ 49 StGB) und der Feststellung minder schwerer oder besonders schwerer Fälle zieht. Er muss allerdings feststellen, ob solche Umstände vorliegen, weil sie das Gewicht einer Straftat bestimmen, und der Richter sich dessen auch bei seiner Entscheidung im Jugendstrafverfahren bewusst sein muss.[13] An die Stelle der Strafrahmen oder der geänderten Strafrahmen treten generalklauselartige Richtlinien, die dem Jugendrichter einen weiten Spielraum lassen (§ 5 JGG). Die Weisungen, die der Jugendrichter nach § 10 JGG erteilen kann, sind nicht abschließend aufgeführt. Er kann sie durch weitere, ihm angemessen erscheinende Weisungen, die die Erziehung des Jugendlichen oder Heranwachsenden zu fördern geeignet sind, ergänzen. Ambulante Rechtsfolgen können miteinander sowie mit stationären Rechtsfolgen verbunden werden (§ 8 JGG). Neben der Unterbringung in einem psychiatrischen Krankenhaus oder in einer Entziehungsanstalt kann auf Zuchtmittel oder Jugendstrafe verzichtet werden (§ 5 III JGG). Der Jugendrichter kann auch nach Rechtskraft des Urteils auf neue Umstände oder auf Entwicklungen des Verurteilten durch Abänderung der getroffenen Maßnahmen reagieren. So kann er Weisungen und Auflagen nachträglich ändern, von ihnen befreien oder ihre Laufzeit verlängern (§ 11 II JGG). Auch kann er nachträglich Freizeitarrest in Kurzarrest umwandeln (§ 86 JGG) und auch von der Vollstreckung des Jugendarrestes ganz oder nach Teilverbüßung absehen (§ 87 III JGG), wenn seit Erlass des Urteils Umstände hervorgetreten sind, die eine solche Entscheidung aus Gründen der Erziehung rechtfertigen. Der Jugendrichter kann noch nach Rechtskraft seines auf Jugendstrafe lautenden Urteils durch Beschluss die Strafaussetzung zur Bewährung anordnen (§ 57 I, II JGG), selbst dann, wenn im Urteil die Aussetzung ausdrücklich abgelehnt worden war. Ist zum Zeitpunkt einer neuen Verurteilung eine frühere Verurteilung noch nicht erledigt, so kann der Jugendrichter für alle Taten eine nunmehr angemessen erscheinende einheitliche Rechtsfolge festsetzen, wobei er an die Höhe der alten Verurteilung nicht gebunden ist (§ 31 JGG). Er kann davon absehen, einem nach Jugendstrafrecht Verurteilten die Kosten des Verfahrens aufzuerlegen, wenn dies aus erzieherischen Gründen, vor allem wegen der wirt-

---

[13] *BGH* StrVert 1999, 5 (st. Rspr.).

schaftlichen Verhältnisse des Jugendlichen oder Heranwachsenden angezeigt ist (§ 74 JGG).[14] Unter bestimmten Voraussetzungen kann er den
Strafmakel beseitigen (§ 97 JGG). Die Aussetzung einer Restjugendstrafe
zur Bewährung ist – gemessen an den Regeln des StGB – wesentlich
freizügiger gestattet (§ 88 II JGG). Diese, im dritten Teil dieser Einführung näher erörterten Möglichkeiten des Jugendrichters zeigen schon
auf den ersten Blick, dass ihm – auch was die Rechtsfolgenseite angeht –
eine dem nach allgemeinem Strafrecht urteilenden Richter verschlossene
Gestaltungsfreiheit zu Gebote steht.

3. Beschränkung der Rechtsmittel

Schließlich unterliegt der Jugendrichter auch nicht im selben Maße
wie der Richter nach allgemeinem Strafrecht der Kontrolle seiner Maßnahmen durch eine höhere Instanz. Weder soll zwischen Tat und Urteil
viel Zeit verstreichen, noch soll unnötig lange Unklarheit über das Urteil
und seinen Bestand herrschen.[15] Die Rechtsmittel sind in zwei Richtun-
gen hin beschränkt:

a) Inhaltliche Beschränkungen

Es gibt kein Rechtsmittel gegen Art und Umfang der Erziehungsmaßregeln und Zuchtmittel. Werden Weisungen, Erziehungsbeistandschaft,
Verwarnung, Auflagen und Jugendarrest allein oder in Verbindung miteinander angeordnet oder wird die Auswahl der Erziehungsmaßregeln
dem Vormundschaftsrichter übertragen, so kann eine solche Entscheidung weder vom Staatsanwalt noch vom Verurteilten mit dem Ziele an-
gefochten werden, dass andere Erziehungsmaßregeln oder Zuchtmittel
oder die verhängten Maßnahmen anders (zwei Tage Jugendarrest statt
vier Wochen) angeordnet werden (§ 55 I JGG). Gegen derartige Entschei-

---

[14] Vgl. *OLG Düsseldorf* NStZ 1996, 24; *OLG Jena* NStZ-RR 1998, 153; *BGH,* NStZ
2001, 265. Zu den Verfahrenskosten gehören auch die Kosten der notwendigen Verteidigung. Dagegen verbleiben die Aufwendungen für den Wahlverteidiger und seine
Eigenlasten (Fahrtkosten, Verdienstausfall) bei dem Verurteilten, weil § 74 JGG die
Übernahme solcher Auslagen durch die Staatskasse nicht erfasst: *BGHSt* 36, 27 und
Beschl. v. 25. 7. 2000, RÜ NStZ-RR 2001, 326; *Schäfer,* NStZ 1998, 333. AA: *Ostendorf,*
§ 74 Rn. 10; *Schaffstein/Beulke,* § 37 III 4; *Brunner/Dölling,* § 74 Rn. 7: *Eisenberg,* § 74
Rn. 15.
[15] *Roestel,* Zbl 1973, 77 ff. So auch *Brunner/Dölling,* § 55 Rn. 1; *Schaffstein/Beulke,*
§ 38 I; DSS-*Schoreit,* § 55 Rn. 3, 4; kritisch *Eisenberg,* § 55 Rn. 35; *Nothacker,* GA
1982, 451 ff., die darauf hinweisen, dass einerseits in der Praxis ohnehin ein größerer
Zeitraum zwischen Tatbegehung und rechtskräftiger Verurteilung liege und darüber
hinaus die weit verbreitete Annahme eines reduzierten Erinnerungsvermögens bei Jugendlichen nach Ablauf einer längeren Zeit zu bezweifeln sei. Ungleiche Rechtsmittel-
möglichkeiten (gegenüber Erwachsenen) beanstanden *Ostendorf,* Grdl. z. §§ 55–56
Rn. 6 und *Albrecht,* § 48 A II 3. Nach *BVerfG* – Kammer –, NStZ 1988, 34, beruht indessen die Rechtsmittelbeschränkung des § 55 II JGG auf sachlich einleuchtenden
Gründen und begegnet keinen verfassungsrechtlichen Bedenken.

dungen der Jugendgerichte kann im Rechtsmittelverfahren nur mit der Behauptung, der Täter habe keine Jugendverfehlung begangen, sei also unschuldig, die rechtliche Würdigung der Tat sei falsch – sie sei etwa kein Raub, sondern ein Diebstahl – die Weisung (z. B. ein bestimmtes Mädchen, die Mutter des unehelichen Kindes zu heiraten) sei rechtswidrig oder das Zuchtmittel sei im Gesetz nicht vorgesehen (Jugendarrest von sechs Wochen oder ein zur Bewährung ausgesetzter Jugendarrest: § 87 I JGG) vorgegangen werden.[16] Demnach ist freilich theoretisch die Möglichkeit gegeben, jede Verurteilung in der Berufung überprüfen zu lassen – man darf nur nicht zu erkennen geben, dass sie sich gegen Art oder Schwere der Maßnahme richtet.[17] Auch wenn dann das Berufungsgericht zu dem Ergebnis kommt, Jugendverfehlung und Verantwortlichkeit seien vom Jugendrichter fehlerfrei festgestellt, ist es nicht an die vom Gericht erster Instanz festgelegte Maßnahme gebunden. Es kann diese Maßnahme auch mildern,[18] etwa zwei statt vier Wochen Jugendarrest verhängen, obgleich damit die Regelung des § 55 JGG unterlaufen wäre.

Die Rechtsmittelbeschränkung nach § 55 I JGG gilt auch für Entscheidungen im Vollstreckungsverfahren, wenn etwa der Jugendrichter eine Weisung aus erzieherischen Gründen durch eine andere ersetzt, den Freizeitarrest zum Kurzarrest umwandelt oder von der Vollstreckung des Arrestes absieht. Hier sind die Rechtsbehelfe der Beschwerde bzw. der sofortigen Beschwerde nur insoweit gegeben (§§ 65 II, 83 III JGG), als es um die Voraussetzungen für die Entscheidung geht, gesetzwidrige Maßnahmen getroffen werden oder das Verschlechterungsverbot betroffen ist.[19] Die sofortige Beschwerde gegen die Verhängung des Beugearrestes ist aber nicht zulässig, wenn nur beanstandet wird, dass der Jugendrichter 8 Tage statt 4 Tage verhängt hat.[20]

Bei Verurteilungen zur Verpflichtung, Hilfe zur Erziehung über Tag und Nacht oder in einer sonstigen betreuten Wohnform anzunehmen, zu Jugendstrafe, zum Fahrverbot neben Erziehungsmaßregeln oder Zucht-

---

[16] *Schaffstein/Beulke*, § 38 I 2. Auch ein Verstoß gegen zwingende Verfahrensvorschriften begründet kein Rechtsmittel, wenn es sich nur auf Art und Umfang der Erziehungsmaßregeln und Zuchtmittel ausgewirkt haben kann: *OLG Celle* NStZ-RR 2001, 171 (Nichtgewährung des letzten Wortes an den Erziehungsberechtigten).

[17] S. hierzu BGH Beschl. v. 6. 10. 1998, RÜ NStZ-RR 1999, 291.

[18] Während *OLG Frankfurt* NJW 1956, 32 ff., die Auffassung vertrat, bei Aufrechterhaltung des Schuldspruchs sei das Rechtsmittelgericht an die Rechtsfolgenentscheidung des ersten Richters gebunden, hat der *BGH* (*BGHSt* 10, 198 ff.) entschieden, eine solche Einengung habe der Gesetzgeber nicht gewollt. Sie wäre im deutschen Recht neu. Man werde allerdings aus erzieherischen Gründen nicht ohne Not von der Rechtsfolgenentscheidung des ersten Richters abweichen. Vgl. hierzu *Schaffstein/Beulke*, § 38 I 2; *Brunner/Dölling*, § 55 Rn. 12; *Eisenberg*, § 55 Rn. 53.

[19] Etwa bei der nachträglichen Verschärfung einer Auflage (§ 15 III 1 JGG); aA *OLG Düsseldorf*, NStZ 1994, 198, 199.

[20] *Brunner/Dölling*, § 55 Rn. 8; *DSS-Schoreit*, § 55 Rn. 5; *Ostendorf*, § 55 Rn. 26; krit. *Eisenberg*, § 55 Rn. 40.

mitteln, zu Maßregeln der Besserung und Sicherung oder zum Schuldspruch nach § 27 JGG ist es stets zulässig, Rechtsmittel einzulegen.[21]
   Bedenken gegen diese Rechtsmittelbeschränkung, etwa weil der nach
Jugendstrafrecht Verurteilte gegenüber dem nach allgemeinem Strafrecht
Verurteilten schlechter gestellt sei, sind nicht berechtigt. Es handelt sich
bei den Erziehungsmaßregeln und Zuchtmitteln nicht um Strafen im
Rechtssinn. Derartige Rechtsfolgen von Straftaten können nach allgemeinem Strafrecht nicht verhängt werden. Im allgemeinen Strafrecht gibt es
im Übrigen sogar Rechtsmittelbeschränkungen bei Verurteilungen zu
geringfügigen Strafen (§ 313 StPO). Die Rechtsmittelbeschränkung trifft
auch nicht nur den Verurteilten, sondern gilt auch für den Staatsanwalt.
Es leuchtet auch ein, dass Art und Umfang der Weisungen und Auflagen
von dem Jugendrichter erster Instanz bzw. dem Jugendrichter als Vollstreckungsleiter, der sich mit dem Verurteilten eingehend befasst hat, unter erzieherischen Gesichtspunkten besser bestimmt werden können als
durch das Berufungsgericht, und deshalb insoweit eine Kontrolle seines
tatrichterlichen Ermessens unangemessen ist. Deshalb überzeugt es auch
nicht, dass bei der Verurteilung eines Heranwachsenden zu einer Weisung
oder einem Zuchtmittel im beschleunigten Verfahren die Rechtsmittelbeschränkung des § 55 I JGG keine Anwendung findet (§ 109 II 3 JGG).

b) Angeklagter und Staatsanwalt haben nur ein Rechtsmittel

Haben der Jugendliche, sein Verteidiger oder seine Erziehungsberechtigten eine zulässige Berufung eingelegt, so steht keinem von ihnen, wohl
aber dem Staatsanwalt, gegen das Berufungsurteil die Revision an das
Oberlandesgericht zu, § 55 II JGG. Die Revision ist einem nach Jugendstrafrecht abgeurteilten Heranwachsenden auch dann verwehrt, wenn
seine Berufung nach § 329 I StPO verworfen wurde, obwohl er, wäre er in
dem versäumten Termin nach allgemeinem Strafrecht verurteilt worden,
dagegen hätte Revision einlegen dürfen.[22] Wird er erst in der zweiten Instanz auf seine Berufung hin unter Anwendung von Jugendstrafrecht verurteilt, steht ihm hiergegen auch keine Revision zu.[23] Hat umgekehrt nur
der Staatsanwalt Berufung eingelegt, so darf nur der Verurteilte, nicht aber
der Staatsanwalt gegen das Berufungsurteil Revision einlegen. Haben sowohl der Verurteilte wie der Staatsanwalt Berufung eingelegt, so hat keiner
von ihnen gegen das Berufungsurteil ein weiteres Rechtsmittel, so dass

---

[21] Weitere Fälle, bei denen die Rechtsmittelbeschränkung ebenso wenig eingreift:
BGH Beschl. v. 26. 7. 83, RÜ NStZ 1984, 447; *OLG Zweibrücken* MDR 1983, 1046; vgl.
auch *LG Mainz* NStZ 1984, 121 mit krit. Anm. *Eisenberg; OLG Oldenburg* VRS 1995
Nr. 106.
[22] *BGHSt* 30, 98 ff.; *OLG Düsseldorf* MDR 1988, 343 und StrVert 1991, 425; *OLG
Zweibrücken* RÜ NStZ 1992, 529; *OLG Hamm* StrVert 1999, 657. Bei unverschuldeter
Säumnis besteht aber die Möglichkeit der Wiedereinsetzung gem. § 44 StPO: *OLG
Düsseldorf* NStZ 1987, 523.
[23] *OLG Karlsruhe* StrVert 2001, 173 mit krit. Anm. *Kutschera.*

z. B. dem Verurteilten, auch wenn das Urteil in der Berufungsinstanz für ihn ungünstiger ausfällt, dagegen keine Revision mehr zusteht.[24] Auch die sofortige Beschwerde nach § 59 I JGG ist dem Prozessbeteiligten versagt, der schon Berufung eingelegt hatte. Denn in einem solchen Fall tritt die sofortige Beschwerde an die Stelle einer (auf die Aussetzungsfrage beschränkten) Revision.[25] Es ist nicht einleuchtend, warum bei wesentlich schwerwiegenderen Rechtsfolgenentscheidungen ein zweites Rechtsmittel ausgeschlossen ist, in dem Fall der bewilligten oder abgelehnten Aussetzung der Jugendstrafe zur Bewährung aber gewährt werden soll. Dagegen erfasst § 55 II JGG nicht die Entscheidungen nach § 59 II JGG, da die hier geregelten, die Modalitäten der Durchführung der Bewährung betreffenden Maßnahmen die Vollstreckung des Urteils nicht verhindern und auch keine wesentlichen Verzögerungen zu erwarten sind.[26]

Die Rechtsmittelbeschränkung nach § 55 II JGG stellt – im Gegensatz zu den nach § 55 I JGG – den Verurteilten und den Jugendstaatsanwalt insoweit schlechter, als die Prozessbeteiligten im allgemeinen Strafverfahren stünden, weil sie ihnen die Möglichkeit nimmt, ein Urteil zunächst mit der Berufung und dann noch mit der Revision anzugreifen. Sie können freilich entscheiden, ob sie Berufung oder Revision einlegen wollen, und der Umstand, dass die Rechtsmittelbeschränkung auch den Jugendstaatsanwalt trifft, wirkt sich uU für den Verurteilten günstig aus, so dass er insoweit besser steht als ein nach allgemeinem Strafrecht Verurteilter. Die Rechtsmittelbeschränkung nach § 55 II JGG hat ihren Grund nicht darin, dass der Jugendrichter den besseren erzieherischen Überblick hat. Vielmehr geht es hier darum, dass das Verfahren rasch beendet sein (jedenfalls sich möglichst nicht über Jahre hinschleppen) soll. Dieser Gesichtspunkt ist nun nicht nur erzieherisch,[27] sondern überhaupt einleuchtend. Es wäre deshalb wünschenswert, dass sich das Jugendstrafrecht hier als Vorreiter für eine allgemeine Reform erweist.

Auch im Jugendstrafrecht gilt das Verschlechterungsverbot (§ 358 II StPO). Hat also z. B. allein der Jugendliche ein Rechtsmittel eingelegt, so dürfen Art und Höhe der Rechtsfolgen nicht zu seinen Ungunsten geändert werden. So ist selbstverständlich die Verurteilung zu einer höheren Jugendstrafe unzulässig, selbst wenn nun im Gegensatz zu der Entscheidung in der ersten Instanz Strafaussetzung zur Bewährung bewilligt

---

[24] *OLG Düsseldorf* Beschl. v. 11. 12. 89, RÜ NStZ 1990, 530; *OLG Zweibrücken* RÜ NStZ 1991, 523; vgl. aber für eine besondere Fallgestaltung: *OLG Hamm* NStZ 1990, 140 mit Anm. *Neuhaus; BayObLG* NStZ-RR 2001, 49.

[25] *OLG Düsseldorf* MDR 1990, 178; *OLG Saarbrücken* StraFo 2003, 431; *Brunner,* § 55 Rn. 14; aA *Eisenberg,* § 55 Rn. 71; *Ostendorf,* § 55 Rn. 33; *DSS-Schoreit,* § 55 Rn. 50.

[26] *OLG Celle* NStZ 1993, 400 mit zust. Anm. *Nix; OLG Düsseldorf* NStZ 1994, 198; *OLG Frankfurt* NStZ-RR 2003, 27.

[27] *BVerfG* – Kammer –, NStZ 1988, 34; *DSS-Schoreit,* § 55 Rn. 3; *Schaffstein/ Beulke,* § 38 I 1. Der Antrag, die Rechtsmittelbeschränkungen des § 55 JGG aufzuheben, hat beim 64. DJTag keine Mehrheit gefunden: Beschl. 64. DJTag C IX.

wird. Ebenso ist der Fortfall einer Strafaussetzung zur Bewährung in der zweiten Instanz nicht gestattet, auch wenn die Höhe der in der ersten Instanz verhängten zur Bewährung ausgesetzten Jugendstrafe herabgesetzt wird. Schuldspruch statt zur Bewährung ausgesetzte Jugendstrafe ist jedenfalls nur dann keine schärfere Sanktion, wenn die im Nachverfahren höchstens zu verhängende Jugendstrafe nicht über der Dauer der im ersten Urteil zur Bewährung ausgesetzten Jugendstrafe liegt.[28] Zuchtmittel und Weisungen sind stets milder als Jugendstrafe, vier Wochen Jugendarrest auch milder als Schuldspruch oder eine zur Bewährung ausgesetzte Jugendstrafe. Jugendarrest ist nachteiliger als alle ambulanten Zuchtmittel oder Erziehungsmaßregeln, Verwarnung günstiger als alle Weisungen und Auflagen. Vom Einzelfall hängt es ab, welche Auflage oder Weisung „nachteiliger" ist. Schwierig ist dies vor allem bei Weisungen, weil diese nicht nach strafrechtlichen Überlegungen ausgewählt sind. Gegen die Urteile der Jugendkammer in erster Instanz ist ohnehin nur ein Rechtsmittel, nämlich die Revision an den *BGH,* zulässig.

Rechtsmittel in Jugendsachen sind selten. Vergleicht man die 1992 in erster und in zweiter Instanz erledigten Verfahren, so kommen auf die vor dem Strafrichter erledigten Verfahren 8 %, auf die vor dem Jugendrichter erledigten Verfahren 1,5 % Berufungen. Beim Schöffengericht (einschließlich des erweiterten Schöffengerichts) gibt es 15 %, beim Jugendschöffengericht 7 % Berufungen.[29]

4. Verführerische Freiheit

Die „verführerische" Freiheit des Jugendrichters löst ihn mitunter von der Formenstrenge des normalen Strafprozesses, erweitert seine Reaktionsmöglichkeiten auf die vor ihm zur Aburteilung kommenden Jugendverfehlungen und vermindert seine Kontrolle durch Rechtsmittel. Die meisten Jugendrichter kommen mit diesen Freiheiten gut zurecht. Aber sie müssen sie üben. Richter, die nur kurze Zeit Jugendrichter sind, scheuen sich oft, die Möglichkeiten, die ihnen gegeben sind, auszunützen und üben ihr Amt phantasielos und zu stark am Dezernat des normalen Strafrichters ausgerichtet aus. Aber es gibt auch das andere Extrem, dass Jugendrichter ihre Freiheit zu großzügig nützen und ihre pädagogischen Maßstäbe verabsolutieren. Die richtige Mitte zu halten ist schwierig.[30]

---

[28] Keine Schlechterstellung liegt vor, wenn im Rechtsmittelverfahren die Jugendstrafe durch Einbeziehung einer noch nicht erledigten Jugendstrafe, die im ursprünglichen Verfahren unterblieben war, gem. § 31 II JGG gebildet wird und deshalb höher ausfällt: *BGH* StrVert 1993, 583, oder wenn zusätzlich zur Strafe die Unterbringung in einer Entziehungsanstalt angeordnet wird (vgl. § 358 II 2 StPO): *BGH,* Beschl. v. 6. 8. 91, *RÜ* NStZ 1993, 527.

[29] *Statistisches Bundesamt Wiesbaden* (Hrsg.), Strafgerichte, Arbeitsunterlage, 1992, S. 8, 38 – die Prozentangaben sind gerundet; vgl. auch *Albrecht,* Gutachten, D 159.

[30] *V. Schlotheim,* Zur Erziehungsaufgabe des Jugendrichters, in: *Busch/Edel* (Hrsg.), Erziehung zur Freiheit durch Freiheitsentzug, 1969, S. 413 ff.

III. Die anderen Beteiligten

§ 12. Die Jugendschöffen

Literatur: Wagner, Die Rechtsstellung der Jugendschöffen, Zbl 1982, 325 ff.; *ders.,* Jugendschöffen und ihr gesetzlicher Auftrag, Jugendwohl 1994, 438 ff.; *DVJJ* (Hrsg.), Leitfaden für Jugendschöffen.

1. Aufgaben und Einfluss

In der Hauptverhandlung des Jugendschöffengerichts und der Jugendkammer wirken neben dem bzw. den Berufsrichtern je zwei Jugendschöffen mit (§§ 33 a I, 33 b I JGG). Die Jugendschöffen dürfen in der Verhandlung Fragen stellen und entscheiden sowohl über die Schuldfrage als auch die Rechtsfolgen der Tat mit (§§ 30, 77 GVG). Sie haben das gleiche Stimmrecht wie die Berufsrichter. Im Jugendschöffengericht und in der kleinen Jugendkammer können deshalb die beiden Schöffen den Jugendrichter überstimmen, in der großen Jugendkammer können sie eine ihnen nicht genehme Entscheidung der drei Berufsrichter verhindern; denn nach § 263 StPO ist zu jeder dem Angeklagten nachteiligen Entscheidung über die Schuldfrage und die Rechtsfolgen der Tat eine Mehrheit von zwei Dritteln der Stimmen erforderlich. In sonstigen Fällen fordert § 196 GVG eine absolute Stimmenmehrheit.

Während das Grundgesetz nicht verlangt, dass Laienrichter mitwirken, finden sich in Landesverfassungen entsprechende Hinweise.[1] Ursprünglich war das Laienelement als Schutz der Unabhängigkeit der Gerichte gedacht; die Laien waren (und sind) von der Exekutive unbeeinflusst. Unterdessen ist freilich die Unabhängigkeit der Richter so gesichert, dass eher die Schöffen beeinflussbar erscheinen: etwa durch die Massenmedien. Heute findet die Heranziehung von Schöffen ihre Begründung vorwiegend darin, dass die Öffentlichkeit durch Laienrichter selbst unmittelbar in die Strafrechtspflege einbezogen und hierdurch ebenfalls für sie mitverantwortlich wird. Daneben soll durch das Zusammenwirken von Berufs- und Laienrichtern das Vertrauen der Öffentlichkeit in die Strafjustiz gestärkt und eine „welt- und lebensfremde" Entscheidung vermieden werden. Trotz vieler Bedenken ist es daher richtig, Bürger, die sonst nichts mit der Justiz zu tun haben, an der Strafrechtspflege entscheidend zu beteiligen.[2]

---

[1] *BVerfGE* 27, 312, 319; z. B. Art. 123 LVerfRhPf; Art. 6 III Thüringer Verfassung: „An der Rechtsprechung wirken Frauen und Männer aus dem Volke mit."
[2] *Wolf,* Gerichtsverfassungsrecht, 6. Aufl., 1987, § 23 I; *Schilken,* Gerichtsverfassungsrecht, 3. Aufl. 2003, Rn. 512 ff.; sehr anschaulich zur Praxis: *Wagner,* Jugendwohl 1994, 438 ff.

2. Auswahl der Jugendschöffen

Im allgemeinen Strafverfahren werden die Schöffen von den politischen Vertretungskörperschaften der Gemeinden, Städte und Landkreise mit qualifizierten Mehrheiten nach einem genau vorgeschriebenen Verfahren gewählt. An die zu wählenden Personen werden keine besonderen beruflichen oder fachlichen Anforderungen gestellt. Sie müssen ein gewisses Mindestalter erreicht haben, einige Zeit im Gemeindegebiet wohnen, einen guten Leumund besitzen und dürfen nicht Justiz- oder Polizeibeamte sein.[3] Erfahrungsgemäß werden Bürger bevorzugt, die stärkeres Interesse für die Belange der Allgemeinheit zeigen oder gezeigt haben.[4] In den anderen Gerichtsverfahren, in denen Laien als Richter mitwirken (Handelsrichter bei den Zivilkammern für Handelssachen, Beamtenbeisitzer im Disziplinarverfahren, ehrenamtliche Richter bei den Arbeitsgerichten), werden in den jeweiligen Gebieten besonders fachkundige Persönlichkeiten unter Beteiligung der Fachverbände als ehrenamtliche Laienrichter berufen.[5] Bei der Auswahl der Jugendschöffen hat der Gesetzgeber eine Mischung aus beiden Möglichkeiten vorgenommen. Jugendschöffen sollen – wie die Handels- und Arbeitsrichter – besonders sachverständige, nämlich erzieherisch befähigte und in der Jugenderziehung erfahrene Personen sein (§ 35 II 2 JGG). Damit diese Persönlichkeiten auch in Vorschlag gebracht werden, muss die Vorschlagsliste von dem Jugendhilfeausschuss mit Zweidrittelmehrheit aufgestellt werden. Der Jugendhilfeausschuss ist Teil des Jugendamtes (§ 70 I SGB VIII), also der für die Jugendhilfe zuständigen Behörde in Landkreisen und kreisfreien Städten (§ 69 I, III SGB VIII). Der Ausschuss ist ein spezialisiertes und unabhängiges Gremium, das gemäß § 71 SGB VIII zu drei Fünfteln aus in der Jugendhilfe erfahrenen Mitgliedern besteht, die der Vertretungskörperschaft (Stadtverordnetenversammlung oder Kreistag) angehören oder von dieser gewählt sind. Zwei Fünftel der Ausschussmitglieder sind Frauen und Männer, die auf Vorschlag der im Bereich des Landkreises oder der Stadt wirkenden Träger der freien Jugendhilfe, Jugendverbände oder Wohlfahrtsverbände von der Vertretungskörperschaft gewählt werden. Das Landesrecht bestimmt, wer zudem als beratendes Mitglied dem Jugendhilfeausschuss angehört (§ 71 I, V SGB VIII). Der Jugendhilfeausschuss soll als Jugendschöffen ebenso viele Frauen wie Männer und mindestens doppelt so viele Personen vorschlagen, wie als Jugendschöffen benötigt werden. Die mit Zustimmung von mindestens zwei Dritteln der

---

[3] §§ 32–34 GVG.

[4] Wenig befriedigt die mitunter geübte Methode parteipolitischen Proporzes, *BGHSt* 12, 197 ff., die durch die Einschaltung des Jugendhilfeausschusses im Jugendstrafverfahren jedoch keine Chance haben dürfte; zweifelnd *Eisenberg*, § 35 Rn. 9.

[5] Handelsrichter: §§ 105, 108, 109 GVG, ehrenamtliche Richter bei den Arbeitsgerichten: §§ 16, 20–23 ArbGG, Beamtenbeisitzer: §§ 49, 50 BDO.

stimmberechtigten Mitglieder des Ausschusses vorgeschlagenen Schöffen werden in einer Liste zusammengefasst, die das Jugendamt eine Woche lang zu jedermanns Einsicht auslegt.[6] Der weitere Wahlvorgang entspricht dem für die Schöffen auch sonst vorgeschriebenen mit der Abweichung, dass der Jugendrichter Vorsitzender des Schöffenwahlausschusses ist (§ 35 IV JGG) und besondere für Männer und Frauen getrennte Listen aufgestellt werden (§ 35 V JGG). Die nach Geschlechtern getrennten Listen sollen es ermöglichen, zu jeder Sitzung sowohl einen männlichen als auch einen weiblichen Jugendschöffen zu entsenden (§ 33 a I 2 JGG). Das männliche und weibliche Element, das die vollständige Familie auszeichnet, soll ausgewogen in der Gerichtssitzung vertreten sein.

In der kritischen Diskussion wird gelegentlich gefordert, die Jugendschöffen durch „echte" Sachverständige zu ersetzen.[7] Das erscheint nicht wünschenswert. Die Sachverständigen sind im Prozessgeschehen besser als mit der Entscheidung nicht belastete Gutachter eingeordnet.[8] Die besondere Regelung der Auswahl der Jugendschöffen hat sich bewährt. Sie sind meist stark engagiert und nehmen mitunter auch noch an den späteren Bemühungen, den Angeklagten zu unterstützen, ihm etwa eine Arbeitsstelle zu verschaffen, teil. Das Interesse an sachlicher Information über die Jugendstrafrechtspflege und ihre Beteiligungsmöglichkeiten ist bemerkenswert.[9]

§ 13. Der Jugendstaatsanwalt

1. Stellung des Jugendstaatsanwalts

Nach § 36 JGG sollen erzieherisch besonders befähigte Jugendstaatsanwälte bei der Staatsanwaltschaft bestellt werden. Diese Sollvorschrift, gegen die folgenlos verstoßen werden kann,[1] wird oft nicht sorgfältig be-

---

[6] *BGHSt* 26, 393 ff., mit zust. Anm. *Grieß*, JR 1977, 300 ff., lässt den absoluten Revisionsgrund des § 338 Nr. 1 StPO durchgreifen, wenn die Jugendschöffen nicht aufgrund einer besonderen Vorschlagsliste des Jugendhilfeausschusses gewählt werden. Nur so sei sichergestellt, dass die Jugendschöffen erzieherisch befähigt seien und Erfahrungen in der Jugenderziehung besäßen. Obendrein liege ein Verstoß gegen das Gebot des gesetzlichen Richters vor, dem Verfassungsrang zukomme.
[7] *Delitzsch*, MschrKrim 1979, 26 ff.; vgl. auch die Forderung *Haubers*, Zbl 1978, 329 ff., nach einem spezialisierten Laienrichtertum; *Eisenberg*, § 35 Rn. 2, meint, es sei erwägenswert, die Jugendschöffen aus der Altersgruppe der Jugendlichen, Heranwachsenden und Jungerwachsenen zu rekrutieren; krit. hierzu *Brunner*, FS Böhm, S. 976.
[8] *Albrecht*, § 39 III 2.
[9] *Wagner*, Zbl 1982, 325 ff.; *ders.*, Jugendwohl 1994, 438 f.
[1] *OLG Karlsruhe* NStZ 1988, 241; krit. *Eisenberg*, NStZ 1994, 67 ff. und § 36 Rn. 13, vgl. auch die Ergebnisse einer Befragung der in Jugendsachen tätigen Staatsanwälte bei *Albrecht, Diversion durch den Jugendstaatsanwalt*, Ber. 19. JGTag, S. 151 ff.,

achtet. Dabei ist seine Arbeit praktisch von großer Bedeutung,[2] ja die Sorgen um eine Stigmatisierung des Beschuldigten im förmlichen Verfahren und die damit zusammenhängenden Zweifel am Richterbild des Jugendgerichtsgesetzes (vgl. o. § 10, 1, 2 und 5) haben in letzter Zeit zu einer stärkeren Besinnung auf Stellung und Möglichkeiten des Jugendstaatsanwalts geführt.

2. Absehen von Verfolgung

Der Jugendstaatsanwalt stellt – ebenso wie der Staatsanwalt im allgemeinen Strafverfahren – das Verfahren ein, wenn die Ermittlungen keinen hinreichenden Tatverdacht begründen (§ 170 StPO). Von den anderen Einstellungsmöglichkeiten (§§ 153 ff. StPO) hat insbesondere § 154 StPO praktische Bedeutung, der das Absehen von der Verfolgung einer Straftat erlaubt, die neben einer bereits anhängigen oder abgeurteilten Tat nicht ins Gewicht fällt.[3] Schließlich kann der Jugendstaatsanwalt – freilich nur mit Zustimmung des Jugendrichters – von der Verfolgung eines Jugendlichen oder Heranwachsenden absehen, der im Verdacht steht, eine Straftat aufgrund einer Betäubungsmittelabhängigkeit begangen zu haben, wenn keine höhere Strafe als Jugendstrafe bis zu zwei Jahren zu erwarten ist und der Beschuldigte sich in einer seiner Rehabilitation dienenden Behandlung befindet (§§ 38 II, 37 BtMG).[4]

Die entscheidende Vorschrift, die dem Jugendstaatsanwalt aber die Möglichkeit gibt, nach dem Subsidiaritätsprinzip zu verfahren und die Anklageerhebung zu vermeiden, ist § 45 I und II JGG. Wegen Geringfügigkeit kann er von der Verfolgung eines Vergehens[5] absehen, ohne dass es hierzu, wie – jedenfalls in einer Reihe von Fallgestaltungen – im allgemeinen Strafverfahren, der Zustimmung des Gerichts bedarf.[6] Und er muss in allen weiteren Fällen von der Verfolgung absehen, wenn bereits eine „erzieherische Maßnahme" angeordnet ist, die eine Ahndung durch den Richter entbehrlich macht. Dabei handelt es sich vor allem um Maßnahmen der Eltern, des Jugendamtes, der Schule oder des Lehrherrn.

155; zur Lage in Berlin: *Matzke*, BewHi 1995, 409 ff., 413. Zur Sitzungsvertretung durch Referendare: *Eisenberg*, DRiZ 1998, 161 ff.

[2] *Peters*, S. 596.

[3] Vgl. zu den Einstellungsvorschriften der §§ 153 b–154 e StPO: *Eisenberg*, § 45 Rn. 13–15; *Ostendorf*, § 45 Rn. 7; *Brunner/Dölling*, § 45 Rn. 3.

[4] Hierzu – und zu der Einstellungsmöglichkeit nach § 31 a BtmG – *Ostendorf*, § 45 Rn. 8.

[5] Vgl. § 4 JGG. Auf diese Einteilung der Straftaten kommt es hier wegen der Inbezugnahme von § 153 StPO ausnahmsweise an.

[6] Nach § 153 I 2 StPO ist die Zustimmung des Gerichts zur Einstellung im allgemeinen Verfahren erforderlich, wenn das Vergehen mit einer im Mindestmaß erhöhten Strafe bedroht ist oder die durch die Tat verursachten Folgen nicht gering sind.

Die Voraussetzungen des § 45 I JGG sind in § 153 StPO genannt. Die Schuld des Täters muss, unterstellt man die Prognose des Staatsanwalts, dass im Verfahren das dem Beschuldigten zur Last gelegte Vergehen erwiesen werden könnte, gering sein. Ferner darf das öffentliche Interesse einer Einstellung nicht entgegenstehen. Hierbei sind spezial- und generalpräventive Überlegungen anzustellen. Spezialpräventiv ist zu bedenken, ob der Täter die Tat wiederholen wird, weil er vielleicht die Sache nicht ernst nimmt oder ohne Hilfe in dem gefährdeten Zustand verbleibt. Bestehen solche präventiven Befürchtungen, so können sie durch nach der Tat eingetretene Umstände entkräftet werden, beispielsweise dadurch, dass der Täter sich mit seinen Eltern aussöhnt, eine Arbeitsstelle antritt, eine Ausbildung aufnimmt, sich um die Wiedergutmachung des Schadens bemüht, einen Ausgleich mit dem Opfer herbeizuführen sucht, sich in seinen Schwierigkeiten beraten lässt, eine Therapie aufnimmt oder einer Selbsthilfegruppe beitritt. Würde, wäre der Täter ein Erwachsener, der Staatsanwalt solche Umstände feststellen, so könnte er nunmehr zu dem Ergebnis kommen, dass das öffentliche Interesse der Einstellung wegen Geringfügigkeit nicht entgegensteht. Er würde nach § 153 StPO einstellen. Ebenso muss[7] der Jugendstaatsanwalt bei einem Jugendlichen, dessen Schuld gering ist und an dessen weiterer Strafverfolgung wegen unterdessen stattgefundener oder eingeleiteter erzieherischer Maßnahmen, zu denen auch das Bemühen um einen Täter-Opfer-Ausgleich gehört, kein öffentliches Interesse mehr besteht, das Verfahren nach § 45 I JGG einstellen. Auch wenn sich der Jugendstaatsanwalt in einem Gespräch mit dem Jugendlichen und gegebenenfalls dessen Eltern von diesem Umstand überzeugt und bei der Gelegenheit dem Jugendlichen das Unrecht seiner Tat noch einmal verdeutlicht, liegt eine Einstellung nach § 45 I JGG vor. Nur so lässt sich das Verfahren nach § 45 II JGG von dem nach § 45 I JGG abgrenzen.

Nach § 45 II JGG verfährt der Jugendstaatsanwalt, wenn die Schuld des Beschuldigten an der ihm zur Last gelegten Tat, wenn sie denn bewiesen würde, nicht gering im Sinne von § 153 StPO ist oder wenn diese Tat ein Verbrechen ist; das heißt, wenn die Voraussetzungen des § 153 I StPO nicht gegeben sind. In diesem Fall müssen die von dem Staatsanwalt festgestellten erzieherischen Maßnahmen – die Eltern haben auf den Handtaschenraub des 14-jährigen Täters pädagogisch angemessen reagiert – oder die Bereitschaft des Täters, sich um einen Täter-Opfer-Ausgleich zu bemühen, sowohl eine Anregung nach § 45 III JGG wie eine Anklage entbehrlich machen. Der Jugendstaatsanwalt muss die entsprechenden

---

[7] *Eisenberg,* § 45 Rn. 6; *Brunner/Dölling,* § 45 Rn. 16, der freilich entgegen dem Wortlaut – zu Recht – davon ausgeht, dass nach § 45 I JGG von der Verfolgung abgesehen werden muss, wenn die Voraussetzungen von § 153 StPO vorliegen; ebenso DSS-*Diemer,* § 45 Rn. 8; *Nix (Rzepka),* § 45 Rn. 15.

Feststellungen treffen, wozu er sicher mitunter sowohl mit dem Jugendlichen wie mit dessen Angehörigen sprechen muss.

Hält der Jugendstaatsanwalt die in § 45 III JGG aufgezählten Maßnahmen für erforderlich, so muss er ihre Anordnung dem Jugendrichter überlassen, er darf sie nicht gegenüber dem Jugendlichen und dessen Bezugspersonen „anregen". Denn das würde angesichts des Machtgefälles bedeuten, dass er sie anordnet. Und dazu ist er nach dem Jugendstrafrecht eben gerade nicht befugt.[8] Abweichend von der hier vertretenen Position wird heute überwiegend angenommen, der Jugendstaatsanwalt dürfe die in § 45 III JGG erwähnten Weisungen und Auflagen (oder deren leichtere Formen – wo soll die Grenze liegen?) anregen.[9] Dann bleibt freilich für ein Verfahren nach § 45 III JGG kein Raum mehr. Denn es dürfte schwer fallen, in der Praxis einen Verfahrensbeteiligten (vor allem einen Jugendlichen!) zu finden, den die – in beiden Fällen nicht erzwingbare! – Auferlegung von zehn Stunden gemeinnütziger Arbeit durch den Jugendrichter gem. § 45 III JGG mehr (oder weniger) beeindruckt, als wenn sie durch den Jugendstaatsanwalt nach § 45 II JGG erfolgt.

Hält der Jugendstaatsanwalt ein Vorgehen nach § 45 II JGG nicht für erfolgversprechend, andererseits aber auch eine Anklage nicht für geboten, so regt er beim Jugendrichter Maßnahmen nach § 45 III JGG an. Das wird etwa der Fall sein, wenn die Schuld des Jugendlichen doch so erheblich erscheint, dass hierauf fühlbar reagiert werden muss, oder aber, dass erzieherische Maßnahmen von anderer Seite nach Auffassung des Jugendstaatsanwalts nicht Erfolg versprechend erscheinen. Im Falle des § 45 III JGG muss der Jugendliche hinsichtlich der Tat, die ihm zur Last gelegt ist, geständig sein.[10]

Streitig ist, ob der Jugendstaatsanwalt neben der Möglichkeit, nach § 45 JGG vorzugehen, auch noch auf §§ 153, 153 a StPO zurückgreifen kann. Das ist abzulehnen. § 45 JGG ist eine vollständige, in sich geschlossene jugendrechtliche Regelung.[11] Für § 153 StPO ergibt sich dies bereits ausdrücklich aus § 45 I JGG.

Würde man § 153 StPO neben § 45 I JGG für anwendbar halten, so wäre § 45 I JGG auf den Fall beschränkt, dass nach § 153 StPO die Zustimmung des Jugendrichters zur Einstellung erforderlich ist, aber nicht herbeigeführt werden kann.[12] Der Jugendstaatsanwalt müsste also bei Vorliegen der Voraussetzungen des § 153 I Satz 1 und

---

[8] Damit wird der Jugendliche in seiner Rechtsposition geschützt, vgl. oben § 3, 2 c. S. auch *Eisenberg*, § 45 Rn. 21; *Ostendorf*, § 45 Rn. 13; DSS-*Diemer*, § 45 Rn. 14; *Meier/Rössner/Schöch*, § 7 Rn. 15–18; *Dirnaichner*, Zbl 1991, 12 ff.; *Miehe*, ZStW 104 (1992), 137; *van den Woldenberg*, Diversion im Spannungsfeld zwischen „Betreuungsjustiz" und Rechtsstaatlichkeit, 1993, S. 147 ff.; *Böhm*, FS Spendel, S. 777 ff., 790; krit. auch Nix *(Rzepka)*, § 45 Rn. 26.

[9] *Brunner/Dölling*, § 45 Rn. 21 ff.; *Heinz*, ZStW 104 (1992), 591 ff., 630; *Schaffstein/Beulke*, § 36 II 2; *Streng*, § 7 Rn. 41.

[10] Hierzu o. § 3, 2 c. Gibt man, was nicht überzeugend ist, dem Jugendstaatsanwalt im Rahmen des § 45 II JGG eine „Anregungskompetenz" (was im „Klartext" eben eine Anordnungsbefugnis bedeutet!), dann ist es allerdings konsequent, auch hier ein Geständnis zu fordern: *Brunner/Dölling*, § 45 Rn. 24; *Streng*, § 7 Rn. 35, 42.

[11] *Brunner/Dölling*, § 45 Rn. 3; DSS-*Diemer*, § 45 Rn. 9; *Schaffstein/Beulke*, § 35 III 2.

[12] So *Eisenberg*, § 45 Rn. 10.

2 StPO stets nach dieser Vorschrift einstellen. Bei dem Verdacht eines Vergehens, dessen Mindeststrafe erhöht ist (gefährliche Körperverletzung, besonders schwerer Fall des Diebstahls), müsste er sich zunächst davon überzeugen, dass die Folgen der Tat gering sind und bejahendenfalls den Jugendrichter um Zustimmung zur beabsichtigten Einstellung bitten. Würde nun der Jugendrichter zustimmen, so müsste der Jugendstaatsanwalt nach § 153 StPO einstellen. Stimmte der Jugendrichter nicht zu, so könnte (und müsste) – erst jetzt – der Jugendstaatsanwalt auf § 45 I JGG zurückgreifen. Der Vorrang des § 153 StPO soll sich deswegen ergeben, weil die Entscheidung nach § 45 JGG im Erziehungsregister gem. § 60 I Nr. 7 BZRG (vgl. u. § 27,1) eingetragen werden muss.[13] Das ist nicht einleuchtend. Der Gesetzgeber ist offenbar davon ausgegangen, dass die lückenlose Dokumentation der im Verfahren gegen Jugendliche getroffenen Maßnahmen erforderlich sei, um in deren Interesse bei künftigen Vorfällen die beste Entscheidung zu treffen.[14] Sollte diese Vorstellung falsch sein, dann wären die Vorschriften über das Erziehungsregister zu ändern, ihre Umgehung durch willkürlichen Einsatz von im Jugendstrafrecht nicht vorgesehenen Vorschriften ist jedenfalls unangemessen. Das zeigt ein Blick auf die erzielten Ergebnisse. Denn nach der herrschenden Meinung würde ja § 45 JGG immer noch in all den Fällen, in denen Einstellungen nach §§ 153 und 153 a StPO nicht erreicht werden können, anwendbar bleiben. Dies wären nun keineswegs Fälle, die generell gewichtiger wären. So sind die für § 45 I JGG verbleibenden Einstellungsfälle (nach Einschätzung des Staatsanwalts ist die Schuld gering und ein öffentliches Interesse an der Verfolgung nicht gegeben, aus irgendwelchen Gründen ist aber die Zustimmung des Gerichts zur Einstellung nicht zu erreichen) weniger gravierend als solche Fälle, die nach § 153 a StPO vom Staatsanwalt eingestellt werden könnten.

§ 153 a StPO ist ausgeschlossen, weil der Gesetzgeber für die Fälle, in denen dem Jugendlichen Auflagen gemacht werden müssen, die Zuständigkeit des Jugendrichters nach § 45 III JGG vorsieht. Die Vorstellung, der Jugendliche werde durch die Nichtanwendung des § 153 a StPO benachteiligt, weil die Erteilung einer Auflage durch den Jugendstaatsanwalt verfahrensmäßig günstiger sei und Voraussetzung für die jugendrichterliche Entscheidung ein Geständnis des Jugendlichen ist, während nach § 153 a StPO sein Einverständnis mit der Maßnahme genügt, überzeugt nicht. Die Gegenansicht, die in ihrer Konsequenz zu zahlreichen Ungereimtheiten führt, beruft sich auf den unzutreffenden Grundsatz, der Jugendliche müsse in allen Verfahrenslagen gleich günstig oder günstiger gestellt sein als der Erwachsene. Dabei wird übersehen, dass das Jugendstrafrecht für den Jugendlichen sowohl günstiger wie eben aber auch ganz anders strukturiert ist.[15] Hielte man § 153 a StPO für anwendbar, dann blieben für § 45 III JGG nur noch Verbrechen übrig, bzw. Fälle, in denen der Jugendrichter seine Zustimmung zu dem Vorgehen des Jugendstaatsanwalts (soweit sie erforderlich ist: § 153 a I letzter Satz StPO) verweigert und zudem ein Geständnis des Beschuldigten vorliegt.

---

[13] *LG Itzehoe* StrVert 1993, 537 mit zust. Anm. *Ostendorf; Bohnert,* NJW 1980, 1927 ff., 1931; *Bottke,* ZStW 95 (1983), 69 ff., 93; *Eisenberg,* § 45 Rn. 12; *Kaiser,* NStZ 1982, 100 ff., 104; *Ostendorf,* § 45 Rn. 5; *Nix (Rzepka),* § 45 Rn. 56, 59.
[14] *Schaffstein/Beulke,* § 45 IV.
[15] Vgl. o. § 3, 2 c. Hinsichtlich der „Umgehung" der Geständnisvoraussetzung bei § 45 III JGG ebenso *Ostendorf,* § 45 Rn. 6.

Sind im Falle des § 45 II JGG die erzieherischen Maßnahmen erst ein-
geleitet, so wird der Jugendstaatsanwalt seine Entscheidung über das Absehen von der Verfolgung zunächst aussetzen und den Erfolg der Maßnahmen abwarten.[16] Obendrein tritt durch das Absehen von der Verfolgung
seitens der Staatsanwaltschaft nach § 45 I und II JGG kein Verbrauch der
Strafklage ein; der Staatsanwalt kann die Verfolgung jederzeit – allerdings wegen des Vertrauensschutzes nur bei Vorliegen neuer Erkenntnisse (etwa über das Gewicht der Tat oder das Fehlschlagen der eingeleite-
ten Maßnahmen) – wieder aufnehmen.[17]

Gegenüber Heranwachsenden können § 45 I und II JGG nicht angewendet werden.[18] Hier wird der Jugendstaatsanwalt nach den §§ 153,
153 a StPO verfahren. Zusätzlich steht ihm aber die Möglichkeit zu Gebote, auch bei Verbrechen und nicht geringfügigen Straftaten, bei denen
er eine Anklage für nicht erforderlich hält, nach § 45 III JGG eine Entscheidung des Jugendrichters anzuregen, da 109 JGG auch gegenüber
Heranwachsenden ein Vorgehen nach § 45 JGG erlaubt, „wenn der
Jugendrichter Jugendstrafrecht anwendet". In diesen Fällen wird der Jugendrichter dann prüfen, ob der Heranwachsende zur Zeit der ihm zur
Last gelegten Tat im Sinn des § 105 I JGG einem Jugendlichen gleichstand oder ob die Tat eine typische Jugendverfehlung ist. Der Jugendstaatsanwalt wird sich bei seinem Antrag zuvor überlegt haben, ob eine
solche Wertung des Jugendrichters überhaupt in Betracht kommt.

Die hier vertretene Auffassung – im Verfahren gegen Jugendliche ist
die Anwendung der §§ 153, 153 a StPO ausgeschlossen, der Jugendstaatsanwalt hat, wenn er nach § 45 II JGG das Verfahren einstellen will, keine
Kompetenz, die in § 45 III JGG aufgezählten Maßnahmen „anzuregen",[19]
im Verfahren gegen Heranwachsende sind § 45 I JGG und § 45 II JGG
nicht anwendbar – orientiert sich am Wortlaut der Vorschriften, führt zu
klaren Zuständigkeiten und stärkt im Verfahren gegen Jugendliche die
Stellung des Jugendrichters.

Ob im Übrigen das Verfahren wegen Diebstahls nach einem Ermahnungsgespräch
vom Jugendstaatsanwalt nach § 45 I JGG oder nach § 45 III JGG nach einem Gespräch beim Jugendrichter oder von Letzterem im Verfahren nach § 47 JGG eingestellt wird, ist für den Jugendlichen und sein Umfeld einerlei. Die rechtlichen Unterschiede werden ihn nicht interessieren und sind ihm auch kaum begreiflich zu ma-

---

[16] *Eisenberg,* § 45 Rn. 30, 31.
[17] *Brunner/Dölling,* § 45 Rn. 20; *Ostendorf,* § 45 Rn. 20.
[18] Vgl. hierzu oben: § 7, 2. Dagegen die h. L.: DSS-*Sonnen,* § 109 Rn. 12, 13; *Eisenberg,* § 109 Rn. 15; *Ostendorf,* § 45 Rn. 1 – alle aber mit weitgehenden, freilich praktisch schlecht handhabbaren Einschränkungen –; *Brunner/Dölling,* § 109 Rn. 5; Diversionsrichtlinien des Landes Rheinland-Pfalz 1.1, Jbl. Rheinland-Pfalz 1987, 188;
sehr zurückhaltend dagegen Diversionsrichtlinien des Landes Brandenburg, DVJJ-J
2/2001,184.
[19] Diese Kompetenz soll er nach den Beschlüssen des 64. DJTages C VIII 1 aber erhalten.

chen. Die Dienstzimmer von Richter und Staatsanwalt unterscheiden sich nicht grundsätzlich. Dagegen mag die Art des Gespräches und die Überzeugungskraft des Gesprächspartners – unabhängig davon, ob er Richter oder Staatsanwalt ist, – Jugendliche unterschiedlich beeinflussen. Ebenso gleichgültig ist es, ob die dem Jugendlichen auferlegte Geldbuße von 50,00 € ans Rote Kreuz vom Jugendstaatsanwalt nach § 45 II JGG „angeregt", von diesem nach § 153 a StPO angeordnet oder vom Jugendrichter nach § 45 III JGG oder nach § 47 JGG bestimmt worden ist. In keinem Fall kann die Zahlung unmittelbar erzwungen werden. Sie wird in jedem Fall deshalb geleistet, weil anderenfalls der Fortgang des Verfahrens droht.

3. „Diversion"

Der Jugendstaatsanwalt ist – ungeachtet der unterschiedlichen Ansichten über die Auslegung des § 45 JGG – die rechtsstaatliche Schaltstelle für die „vor–" oder „außergerichtliche" Erledigung von Jugendstrafverfahren. Diese Form der Verfahrensbeendigung hat zunehmend an Bedeutung gewonnen. Dabei spielt einmal die erheblich zunehmende Belastung der Jugendkriminalrechtspflege durch das Ansteigen der Strafverfahren eine Rolle. Dazu kommen aber auch Zweifel, ob es angemessen ist, massenhaft vorkommende Gesetzesverstöße geringer Schwere, die nur selten überhaupt aufgeklärt werden, also ein großes Dunkelfeld haben, im förmlichen Jugendgerichtsverfahren abzuurteilen.[20]

Die insoweit häufig verwendete Vokabel „Diversion", einer in ihrem Ursprungsland, den USA, offenbar schon wieder aufgegebenen Behandlung von Straftaten Jugendlicher,[21] ist für das hier geübte Verfahren irreführend. Der Vorgang wird weder an der Justiz vorbei „umgeleitet", noch wird die Konfliktregelung in das soziale Umfeld des Täters verlegt, gewissermaßen privatisiert. Freilich sind solche außerjustizielle Konfliktregelungen nicht verboten, vielmehr in vielen Fällen durchaus erwünscht. Sie finden schon heute dort statt, wo der Jugendliche oder Heranwachsende sich – mit und ohne Einschaltung Dritter, etwa der Eltern – bei dem durch die Straftat Geschädigten entschuldigt oder Schadensersatz leistet, ehe Strafanzeige erstattet oder die Tat sonst Polizei oder Staatsanwaltschaft bekannt geworden ist. Bei Taten, deren Verfolgung von einem Strafantrag des Geschädigten abhängig ist, kann bei außerjustizieller Konfliktregelung durch Unterlassen oder Rücknahme eines Strafantrags die jugendstrafrechtliche Verfolgung auch nach Bekanntwerden der Tat verhindert werden. Es ist zu vermuten, dass früher häufiger Lehrer, Pfarrer oder Nachbarn solche Konfliktregelungen in Gang gesetzt haben. Soweit sich diese „normalen" Strukturen sozialer Kontrolle nicht wieder aktivieren lassen, besteht ihre durchaus ein Betätigungsfeld für nichtstaatliche soziale oder pädagogische Einrichtungen und Vereine. Das ist dann Diversion „im engeren Sinne".[22] Für sie besteht vor allem deshalb ein Bedarf, weil ohne solche Vermittler überwiegend Jugendliche und Heranwachsende aus der wirtschaftlich besser gestellten Mittelschicht, deren Angehörige Ausgleichsleistungen in angemessener Weise anzubieten verstehen und auch anbieten können, bevorzugt würden.[23]

---

[20] *Schaffstein/Beulke*, § 36 I; *Kaiser*, NStZ 1982, 102 f.
[21] *Blau*, in: Kury (Hrsg.), Kriminologische Forschung in der Diskussion: Berichte, Standpunkte, Analysen, 1985, S. 311 ff.
[22] „Mediation"; vgl. *Ostendorf*, ZRP 1983, 302 ff., 306 f.
[23] *Herz*, BewHi 1984, 240 ff., Mediations- und Restitutionsverfahren in den USA betreffend.

Soweit indessen Straftaten, deren Verfolgung nicht von einem Strafantrag abhängig ist, der Polizei oder Staatsanwaltschaft bekannt geworden sind, kommt eine Erledigung außerhalb der Jugendstrafrechtspflege nicht mehr in Betracht. „Umleitung" kann hier nur noch bedeuten, von der formellen justiziellen Erledigung zu Formen informeller, schneller und flexibler Reaktion zu gelangen.[24] Das ist aber nur die zeitgemäße Umschreibung des im JGG ohnehin seit jeher vorgesehenen Programms. Aus rechtsstaatlichen Erwägungen bestehen Bedenken, unterhalb der Ebene des Staatsanwalts (also etwa bei der Polizei)[25] Befugnisse zur Erledigung des Verfahrens anzusiedeln.

Mit der Diversionsbewegung sind auch die Einstellungen nach §§ 45 I und II JGG deutlich – von 1980 17 % auf 2000 51 % aller nach JGG formell oder nicht formell Sanktionierten – gestiegen.[26] Die Feststellung, dass hier erhebliche Unterschiede zwischen einzelnen Gerichtsbezirken und Bundesländern bestehen, haben zu dem Versuch geführt, jedenfalls länderbezogen, einheitliche Richtlinien zu erstellen.[27] Dagegen ist vorgetragen worden, dass ein solches Vorgehen den Intentionen des JGG nicht entspräche, vielmehr jedes Mal eine sorgfältige Persönlichkeitserforschung vorangehen müsse.[28] Dieser Auffassung wird man nicht folgen können.

Es lässt sich zwar nicht bestreiten, dass bereits eine geringfügige Auffälligkeit bei sorgfältiger Abklärung der persönlichen Verhältnisse des Jugendlichen auf erhebliche Erziehungsdefizite hinweisen kann, die, je eher, desto besser, angegangen werden sollten, ja – unbehandelt – sich erheblich verfestigen können. Indessen sprechen jedenfalls bei Bagatellfällen die besseren Gründe für ein summarisches Verfahren: nur die geringfügige Kriminalität ist so allgemein verbreitet, dass fast jeder Jugendliche mit ihr belastet ist. Nur in diesem Bereich ist es völlig zufällig (und obendrein sehr selten), dass die Tat aufgeklärt wird. Deshalb ist es auch sachgerecht, dann, wenn der Vorfall zufällig herauskommt, mit einer Maßnahme zu reagieren, die nur der Normverdeutlichung dient und möglicherweise einen Warneffekt hat. Diese zufällig unter Hunderten entdeckten Täter zum Objekt der Persönlichkeitserforschung zu machen, ist bei diesem Ansatz gerade falsch. Die Gleichmäßigkeit der Reaktion entspricht dem bei Ordnungsverstößen Üblichen (z. B. erhöhtes Beförderungsgeld bei Schwarzfahrten). Abgesehen davon, dass eine sorgfältige Untersuchung der Hintergründe dieser häufig vorkommenden Bagatelltaten gar nicht leistbar ist, mag es sein und erscheint es in Grenzen plausibel, dass eine sich letzten Endes als unnötig erweisende eingehende Befunderhebung durch die Jugendgerichtshilfe negative Wirkungen auf das Selbstbild des Jugendlichen hat.

---

[24] Justizministerium Schleswig-Holstein, Bericht über die Erfahrungen im praktischen Umgang mit den neuen Richtlinien zur Förderung der Diversion, DVJJ-J 1/2000, 78.

[25] Schöch und Nesselrodt, Ber. 18. JGTag, S. 543, 544 (Schlussdiskussion); Ostendorf, § 45 Rn. 16; Schaffstein/Beulke, § 36 I; DVJJ-Reform, S. 54 (123).

[26] Schaffstein/Beulke, § 36 I Schaubild 10; Heinz, in: Trenczek, S. 50 ff., 82; Streng, § 7 Rn. 56.

[27] Zusammenstellung der Regelungen bei Ostendorf, Grdl. z. §§ 45 u. 47 Rn. 8, und bei DSS-Diemer, § 45 Rn. 5. Sie gelten vornehmlich für Ersttäter, „typische Jugenddelikte" wie Missbrauch von Notrufen und Fahren ohne Führerschein, Ladendiebstähle und Sachbeschädigungen. Wegen der unterschiedlichen Handhabung fordert Heinz, MschrKrim 1993, 364, eine gesetzliche Regelung („Regelbeispiele").

[28] Kaiser, NStZ 1982, 103, 104; Weinschenk, MschrKrim 1984, 15 ff., 18; jedenfalls bei allen nicht ganz geringfügigen Taten: Schaffstein/Beulke, § 36 II.

Richtig ist indessen, dass allgemeine Empfehlungen immer nur Anhaltspunkte dafür sein können, in aller Regel einzustellen, es aber jeweils
Fälle geben wird, deren Besonderheiten gegen eine Einstellung sprechen.
So mag der Diebstahl geringwertiger Gegenstände aus einem Kaufhaus,
wo die Versuchungssituation besonders groß ist und der Jugendliche einen direkt Geschädigten auch nicht erkennen kann, anders zu bewerten
sein als der Diebstahl eines ähnlich geringwertigen Gegenstandes aus der
Aktentasche eines Mitschülers oder aus einer Badeanstalt.

Diese Überlegungen sprechen auch entschieden dagegen, an die Stelle
der Einstellung nach § 45 JGG eine Entkriminalisierung des Bagatell-
bereichs zu setzen.[29]

„Geringfügigkeit" ist keine brauchbare Abgrenzung und kann auch
als moralischer oder erzieherischer Grundsatz nicht vermittelt werden.
Zu einer besonderen Verunsicherung des Rechtsempfindens Jugendlicher
würde es führen, wenn Taten, die von Erwachsenen begangen strafbar
sind, ihnen gegenüber für straflos erklärt werden. Strafverzicht ist nur
dann vernünftig und geboten, wenn dem Jugendlichen auf andere Weise
die Achtung der Rechte anderer verdeutlicht und einsichtig gemacht werden kann. Genau dies leistet die geltende gesetzliche Regelung.

Bei Bekanntwerden von Bagatellkriminalität ist demnach, wenn die
Verantwortung des Beschuldigten für die Tat feststeht, eine Ermahnung
die geeignete Maßnahme, die die Bedeutung der verletzten Strafrechts-
norm für das geordnete Zusammenleben verständlich macht und vor
allem auch die Sichtweise des durch die Tat Geschädigten oder Gefährdeten zur Geltung bringt. Der Jugendstaatsanwalt wird in solchen Fällen
ein Verfahren schon einstellen, wenn der Jugendliche eine solche Belehrung im Rahmen seiner Vernehmung durch den Polizeibeamten erhalten
hat. Sonst führt der Jugendstaatsanwalt selbst ein erzieherisches Gespräch mit dem Jugendlichen und ermahnt ihn.[30] Erzieherische Maßnahmen i. S. von § 45 II JGG sind neben den Maßnahmen der Eltern oder
der Schule vor allem vielfältige Angebote der Jugendgerichtshilfe[31] oder

---

[29] „Materiellrechtliche Entkriminalisierung" statt „Flucht in das Prozessrecht":
Trenczek, DVJJ 1/1991, 8 ff., 11; *Albrecht,* § 14 C II 1 c; *Ostendorf,* in: 2. Kölner Sympo-
sium, S. 144 ff.; DVJJ-Reform, S. 25: „Eine Handlung ist nicht strafbar, wenn sie keine
oder nur geringfügige Schädigungen oder Gefährdungen verursacht hat und die
Schuld des Täters gering ist" (§ 3 a) mit Recht ablehnend *Schlüchter,* S. 97 ff.; *Beulke/
Dittrich/Mann,* DVJJ-J 2/2002, 122 f.; *Vieten-Groß,* DVJJ-J 2/2002, 126 f.: *Kornprobst,*
JR 2002, 309 ff., 317; jedenfalls nicht als Sonderrecht Jugendlicher und Heranwachsender: *Albrecht,* Gutachten, D 108, 109.

[30] *Pohl-Laukamp,* Ber. 19. JGTag, S. 179 ff.; hierzu: *Ostendorf,* § 45 Rn. 13. Einen be-
merkenswerten Mißbrauch staatsanwaltschaftlicher „Erziehung" hatte der *BGH*
(*BGHSt* 32, 357 ff.; vgl. hierzu *Spendel,* JR 1985, 485 ff.) zu entscheiden.

[31] Genauer: sie vermittelt Angebote der Jugendhilfe: *Weyl,* DVJJ-J 1/2000, 42; so
führen 26 von 33 hessischen Jugendämtern bei Bedarf einen Täter-Opfer-Ausgleich
durch.

freier Träger.[32] Sie engagieren sich auch dabei, das Bemühen des Jugendlichen, einen Ausgleich mit dem Verletzten zu erreichen, zu unterstützen.

Hier handelt es sich um eine besonders interessante Entwicklung: es vermischen sich abolitionistische Vorstellungen (Ersetzung der strafrechtlichen Lösung durch eine Rückgabe der Konflikte und ihrer Schlichtung in die Autonomie der unmittelbar Beteiligten), Gedanken der Opferhilfe (Vorrang des Schadensausgleichs vor Strafe, Milderung der psychischen Folgen der Tat durch Aussprache mit dem Täter, der sich mit seinen Nöten und Ängsten dann meistens als weniger bedrohlich erweist), resozialisierende Vorstellungen (der Täter, konfrontiert mit dem Opfer, erfährt hautnah dessen Leid und Ängste und kann deshalb auch in Zukunft sich nicht mehr so leicht über solche Tatfolgen hinwegsetzen – Theorie der Neutralisationstechniken[33]) und Vorstellungen über die Generalprävention (der Ausgleich zwischen Täter und Opfer verringert das Bedürfnis der Allgemeinheit nach Bestrafung). Ausgleich und Milderung der Straftatfolgen passen zudem zu den strafrechtlichen Begriffen der tätigen Reue oder des (positiven) Nachtatverhaltens. In der Praxis spielen neben datenschutzrechtlichen Fragen (Inwieweit dürfen Staatsanwalt oder Richter freien Trägern etwa die Anschriften von Geschädigten oder gar Angaben zu Tat und Schaden übermitteln?) Überlegungen eine Rolle, wie man das Opfer anspricht, ohne es in unzulässiger Weise zu bedrängen, welches Maß von Verständigungsbereitschaft beim Täter erwartet werden muss, welche Ausbildung und welche Stellung (die Jugendgerichtshilfe ist vielleicht zu stark Partei auf der Seite des Täters) der Vermittler haben sollte, ob Täter und Opfer Personen ihres Vertrauens, vielleicht auch Rechtsanwälte, zum Gespräch mitbringen dürfen und inwieweit etwa vereinbarte Ausgleichsleistungen vorfinanziert werden können (aus einem Opferfonds, für den der Täter dann gemeinnützige Arbeitsleistungen erbringt).[34]

Diese „intervenierende" Diversion und ihre Ergebnisse sind auch auf Kritik gestoßen. Der angestrebte Umleitungseffekt fände nicht statt, vielmehr würden Jugendliche, die vorher nicht formal erfasst worden seien, belastet. Im Ergebnis sei daher eine Kontrollausweitung zu verzeichnen, da die Anzahl der freiheitsentziehenden Sanktionen durch die Projekte nicht entscheidend vermindert werden konnte.[35] Man wird die Entwicklung zu beobachten haben. Bisher sind die geäußerten Befürchtungen nicht nachweisbar,[36] auch nicht die Sorge, es würden die besser eingegliederten und intelligenteren Jugendlichen begünstigt, weil sich die Maßnahmen für die benachteiligten und etwa auch die ausländischen Jugendlichen nicht eigneten.[37]

---

[32] Vgl. die Übersichten in der Schriftenreihe der DVJJ, Heft 14, Ambulante sozialpädagogische Maßnahmen für junge Straffällige, August 1983, und bei *van den Woldenberg,* Fn. 8, S. 45–59. Inzwischen werden an vielen Orten vor allem von der JGH Möglichkeiten der „intervenierenden" Diversion bereitgehalten, obwohl die „Umstellung von einzelnen Modellen auf ein flächendeckendes Programm finanzwirksam ist" (*Jung,* JuS 1992, 186, 187) und deshalb nur langsam verwirklicht wird.

[33] *Schneider,* Kriminologie, 1987, S. 516 ff.; aber auch schon *Hellmer,* JZ 1979, 41 ff.

[34] Überblick über die wichtigsten Einrichtungen bei *Müller-Dietz,* BewHi 1992, 153 ff.; vgl. auch *Dölling u. a.,* Täter-Opfer-Ausgleich, Bonn 1998; s. u. § 23.2 g dd.

[35] *Voss,* Ber. 19. JGTag, S. 341 ff.; *Walter,* ZStW 95 (1983), 32 ff.; *Albrecht,* § 5 II 2.

[36] *Heinz,* ZRP 1990, 7, 8; *van den Woldenberg,* Fn. 8, S. 76 f.; *Streng,* § 7 Rn. 57.

[37] *van den Woldenberg,* aaO, S. 82 f. Es werden aber fehlende rechtliche Sicherungen des Diversionsverfahrens angemahnt: *Schlüchter,* S. 136, 137; vgl. auch *Heinz,* Mschr-Krim 1993, 355 ff., 371 f.

Da die Angebote nicht nur zur Vermeidung einer Einschaltung des Jugendrichters (§ 45 II JGG), sondern auch als zu ergreifende Maßnahme im formlosen Erziehungsverfahren (§§ 45 III, 47 I JGG; s. oben § 11, 1 a) sowie zur Ergänzung der im Jugendstrafverfahren anzuordnenden ambulanten Behandlungsformen im Bereich der Weisungen und Auflagen in Betracht kommen, tragen sie im Sinne des Subsidiaritätsprinzips dazu bei, jede Stufe des Eingriffs zu verbreitern und damit die Verhängung schwererer Rechtseinbußen, vor allem stationäre Maßnahmen, hinauszuschieben.[38]

Das wichtigste Ergebnis zahlreicher Untersuchungen zu der Wirksamkeit der Einstellungen im Vergleich mit Verurteilungen ist, dass, jedenfalls statistisch, die Einstellung von Verfahren ohne weitere Maßnahmen gegenüber der Einstellung unter Auflagen, den Verurteilungen zu Weisungen und Auflagen und erst recht gegenüber Verurteilungen zu Jugendarrest bessere bzw. – selbst bei kritischer Betrachtung – jedenfalls nicht schlechtere Rückfallergebnisse gezeigt hat.[39] Wenn die Ergebnisse auch nicht so interpretiert werden müssen, dass es am besten ist, wenn man nichts tut und sich auf die so genannten Selbstheilungskräfte verlässt, so ist doch andererseits die Auffassung, es sei in aller Regel schädlich, einen erwischten Jugendlichen ohne fühlbare Maßnahme laufen zu lassen, widerlegt. Keinerlei Aufschlüsse ergeben die Untersuchungen natürlich bezüglich der Frage, ob hier individuell – also bei jeweils sorgfältiger Prüfung des Einzelfalles – mit unterschiedlichen Maßnahmen bessere Erfolge erzielt werden könnten, dies ist wahrscheinlich.[40] Wenn in einer Untersuchung festgestellt worden ist, dass die Einstellungen nach einem Ermahnungsgespräch beim Jugendstaatsanwalt die höchsten Erfolgsquoten gehabt haben, auch höhere als eine Einstellung ohne Gespräch im schriftlichen Verfahren,[41] so könnte das ein Indiz dafür sein, dass sich eine etwas nähere Beschäftigung mit dem Einzelfall lohnt. Nicht uninteressant ist auch, dass es für die Frage der Rückfälligkeit nicht darauf ankommt, wie wertvoll der bei der Ersttat gestohlene Gegenstand war.[42] Ins-

---

[38] *Kaiser,* Entkriminalisierende Möglichkeiten des jugendstrafrechtlichen Sanktionsrechts und ihre Ausschöpfung in der Praxis, in: NStZ 1982, 102 ff., 104. *Schüler-Springorum,* Ber. 19. JGTag, S. 558 ff., 560 (Schlussreferat) spricht von der „Präferenz der früheren Stufe": Diversion im „weiteren Sinne", *Heinz,* ZRP 1990, 7.

[39] *Schaffstein/Beulke,* § 36 I; *Heinz/Hügel,* Erzieherische Maßnahmen im deutschen Jugendstrafrecht, 1986, S. 62 ff.; *Heinz/Storz,* Diversion im Jugendstrafverfahren der Bundesrepublik Deutschland, 1992, S. 52 ff.; *Kalpers-Schwaderlapp,* Diversion to nothing, Diss. jur. Mainz, 1989, S. 216 (gleich gute Ergebnisse). Vgl. auch *Heinz,* ZJJ 1/2004, 35 ff., 43 f., der die Rückfallstatistik für das Entscheidungsjahr 1994 darstellt.

[40] Nach *Bock,* Rn. 276–281, verfehlt die Sanktionsforschung, deren Ergebnisse die günstigen Resultate der „Diversion" belegen, sogar „ihr eigenes Thema mit einer gewissen inneren Folgerichtigkeit". Hiergegen – wenig überzeugend – *Heinz,* 3. Kölner Symposium, S. 99 ff., 125 f.

[41] *Matheis,* Intervenierende Diversion, Diss. jur. Mainz, 1991, S. 119 f.

[42] *Kalpers-Schwaderlapp,* Fn. 39, S. 134, 135.

gesamt hat sich jedenfalls eine erweiterte Einstellungspraxis im Jugendstrafrecht bewährt.

4. Mitwirkung in der Hauptverhandlung

In der Hauptverhandlung – im vereinfachten Verfahren ist sein Erscheinen ohnehin entbehrlich (§ 78 II JGG) – ist die Stellung des Staatsanwalts wenig eindrucksvoll. Nur selten erinnert sich ein Jugendlicher nach der Verhandlung an seine Beiträge. Zu sehr steht die Verhandlung im Bann des Jugendrichters und vielleicht noch des Jugendgerichtshelfers. In den vielen Fällen, in denen entgegen den Richtlinien zu § 36 JGG statt des ermittelnden Staatsanwalts ein so genannter Sitzungsvertreter mit einer dünnen Handakte am Termin teilnimmt,[43] ist dieser gegenüber dem Jugendrichter, der Akten und Angeklagten bereits gut kennt, vielleicht schon als Vormundschaftsrichter mit den Familienverhältnissen vertraut gemacht worden ist, in einer ganz hoffnungslosen Position.

§ 14. Die Jugendpolizei

Literatur: Kreuzer/Plate (Hrsg.), Polizei und Sozialarbeit, 1981; *Meffert/Hegemann,* Polizeiliche Sachbearbeitung im Kontext des JGG, DVVJ-J 1/2003, 40 ff.

Im Jugendgerichtsgesetz finden sich keine Regelungen, die sich auf die Arbeit der Polizei in Jugendsachen beziehen. Obwohl insoweit die allgemeinen Vorschriften anzuwenden sind, besteht Einigkeit darüber, dass die Sachbearbeitung bei Jugendlichen und Heranwachsenden eine ganze Reihe von Besonderheiten aufweist, vielleicht sogar eine entscheidende Zäsur für die weitere Entwicklung der straffällig gewordenen jungen Menschen darstellt. „Der erste Rechtsbruch" – oder besser „Das erste Erwischtwerden", das besagen kriminologische Untersuchungen, ist für die weitere Einstellung des Jugendlichen von prägender Bedeutung; übrigens weniger die Tat an sich als die auf sie erfolgende erstmalig offizielle Reaktion, der erste Kontakt des Jugendlichen mit der personifizierten Obrigkeit.[1]

Bezogen auf ihre Ziele steht die polizeiliche Arbeit in Jugendsachen vor einem Dilemma. Einerseits dominiert die Polizei – und nicht die Staatsanwaltschaft – faktisch das Ermittlungsverfahren[2] und ist insoweit

---

[43] S. hierzu: *Eisenberg,* § 36 Rn. 10. Zur streitigen Frage, ob auch Amtsanwälte tätig werden dürfen: *OLG Karlsruhe,* NStZ 1988, 341; *Ostendorf,* § 36 Rn. 7; DSS-*Diemer,* § 36 Rn. 6.

[1] *Mergen,* Tat und Täter. Das Verbrechen in der Gesellschaft, 1971, S. 68 ff.; *Heinz,* Diversion im Jugendstrafverfahren in der Bundesrepublik Deutschland, in 2. Kölner Symposium, S. 62; *Göppinger,* S. 633.

[2] *Albrecht,* § 45 I 3; Zum „Haus des Jugendrechts", einem Kooperationsmodell, in dem eine bemerkenswerte Rollenänderung der Staatsanwaltschaft praktiziert wird:

strafprozessualen Vorgaben verpflichtet (§§ 163, 160 StPO), andererseits
hat auch sie das Erziehungsziel des JGG zu beachten. Wenn in der Praxis
zur Zeit die Polizeiarbeit vor allem strafprozessuale Ermittlungsarbeit ist,
so mag dies daran liegen, dass es sich dabei um ein Gebiet handelt, das
klar rechtlich strukturiert und aus anderen Feldern der Polizeiarbeit bekannt ist. Auch wenn die Polizeidienstvorschrift 382[3] in ihrem Vorwort
den Erziehungsgedanken ausdrücklich hervorhebt,[4] so fehlt es doch an
akzeptierten Standards,[5] mindestens jedoch an einer wenn auch nur in
Grundlinien einheitlichen Praxis.

Innerhalb der Polizeiorganisation hat zwar seit 1970 eine Spezialisierung stattgefunden, jedoch scheint auch heute noch keine flächen-
deckende Zuständigkeit von Jugendsachbearbeitern zu existieren,[6] obwohl dies schon lange gefordert wird.[7] Auch kann durch spezialisierte
Beamte die angedeutete Problematik allenfalls zum Teil gelöst werden,
schließlich haben oft Polizisten im Streifendienst und nicht die Jugend-
sachbearbeiter den ersten Kontakt zum auffälligen jungen Menschen
(etwa nach einem Ladendiebstahl).

Die jugendgemäße Ermittlungsarbeit beginnt schon bei der Belehrung
der jungen Menschen über ihre Rechte. Der Hinweis auf die §§ 163 a IV,
136 StPO reicht allein nicht aus, schließlich hat der Polizeibeamte die Verpflichtung, den Jugendlichen in altersangemessener Weise zu informieren.[8] Mindestens unklar erscheint, ob die Praxis diesen Vorgaben immer
gerecht wird.[9] Bei der Vernehmung selbst ist die große Geständnisfreu-
digkeit jugendlicher Beschuldigter zu berücksichtigen.[10]

Schon zu Beginn ihrer Ermittlungen hat die Jugendpolizei zu prüfen,
ob sie das Jugendamt unterrichtet (§ 70 Satz 1 JGG). Auch die PDV 382
sieht eine solche Information vor, „wenn schon während der polizeilichen

---

Feuerhelm/Kügler, „Das Haus des Jugendrechts" in Stuttgart Bad Cannstatt. Ergebnisse einer Evaluation, Mainz: Institut für Sozialpädagogische Forschung Mainz
2003, S. 179.

   [3] Polizeidienstvorschrift (PDV) 382: Bearbeitung von Jugendsachen, Ausgabe
1995, veröffentlicht in: DVJJ-J 1/1997, 5 ff.

   [4] „Der Erziehungsgedanke will … zu einer der Entwicklung angemessenen Behandlung straffällig gewordener junger Menschen beitragen … Erziehung in diesem
Sinne verlangt somit Beschränkung der Strafzwecke und -ziele, Zurückhaltung bei
strafrechtlichen Zwangsmaßnahmen und Vermeidung schädlicher Eingriffe strafrechtlicher Sozialkontrolle in den Prozess des Erwachsenwerdens. Es geht um Befähigung
statt Strafe" (PDV 382, 5).

   [5] Zu einem ersten Versuch der Formulierung von Mindeststandards *Hübner/
Kerner/Kunath/Planas,* DVJJ-J 1/1997, 26 ff.; hierzu auch *Meffert/Hegemann,* DVJJ-J
1/2003, 40 ff.

   [6] *Eisenberg,* Einf. Rn. 13 a; *Albrecht,* § 45 I 3, jeweils m. w. Nachw.

   [7] *Ostendorf,* § 43, Rn. 8.

   [8] PDV 382, 3.4.2.

   [9] Zweifel äußert *Nix,* MSchrKrim 1993, 183 ff.

  [10] *Albrecht,* § 45 II 1.

Ermittlungen erkennbar wird, dass Leistungen der Jugendhilfe infrage kommen".[11] In der Praxis scheint diese Unterrichtung eher die Ausnahme zu sein.[12] Ob mit zeitnaher Information des Jugendamtes die „Gefahr unnötiger Bloßstellung"[13] des Jugendlichen verbunden ist, erscheint eher fraglich, schließlich wird das Jugendamt das Bestehen eines erzieherischen Bedarfs nicht von der Einschätzung der Polizei abhängig machen, sondern eine eigene fachliche begründete Position beziehen. Für die Jugendsachbearbeitung der Polizei macht die Frage der Einschaltung des Jugendamtes erneut deutlich, wie wichtig hier Fort- und Weiterbildung sind.

Neuere Entwicklungen zeigen, dass die Polizei ihre Arbeit zunehmend an der Diversion orientiert. Grundgedanke ist, dass sich der Ermittlungsaufwand an den zu erwartenden Rechtsfolgen orientieren solle (PDV 382, 3.1.2), wobei insbesondere in Bagatellfällen die Polizeiarbeit auf das unumgänglich notwendige Maß beschränkt werden kann.[14] Soweit die Diversion-Richtlinien einiger Länder vorsehen, dass die Polizei nicht nur der Staatsanwaltschaft die Diversions-Geeignetheit eines Falles mitteilt, sondern im Rahmen von § 45 II JGG dem Jugendlichen eine erzieherische Maßnahme vorschlägt, wird der Rahmen des Jugendstrafrechts klar überschritten. Alles, was über ein normverdeutlichendes Gespräch mit dem Jugendlichen hinausgeht, kann nicht mehr Sache der Ermittlungsbehörden sein.[15]

Fester Bestandteil der Polizeiarbeit in Jugendsachen ist mittlerweile die Prävention geworden. Dies erscheint sinnvoll, soweit die Polizei hierbei die Kooperation mit anderen Institutionen sucht und Angebote der Jugendhilfe ergänzt (s. o. § 4, 5).

§ 15. Der Verletzte

1. Formelle Stellung

Es erscheint zunächst einleuchtend, dass auf ein Verfahren, in dem Entwicklung und Erziehung des Jugendlichen eine besondere Rolle spielen, der Verletzte keinen Einfluss nehmen soll. Denn dessen Interesse ist es eher, dass dem Täter deutlich sein Unrecht vor Augen geführt und dass er bestraft wird. Im allgemeinen Strafrecht gibt es daher das Privatklagever-

---

[11] PDV 382, 3.2.7.
[12] *Eisenberg,* § 38 Rn. 36: Es dominiert die Einschaltung der JGH durch die Staatsanwaltschaft: s. hierzu u. § 18.
[13] So *Eisenberg,* § 43 Rn. 16 a.
[14] *Hübner/Kerner/Kunath/Planas,* DVJJ-J 1/1997, 31.
[15] So auch *Schaffstein/Beulke,* § 36 I m. w. Hinw.; zuletzt auch *Meffert/Hegemann,* DVJJ-J 1/2003, 41.

fahren (§§ 374 ff. StPO) bei Straftaten, die wegen ihrer Geringfügigkeit von der Staatsanwaltschaft nicht verfolgt werden. An anderen Strafverfahren kann sich der Verletzte als Nebenkläger (§§ 395 ff. StPO) beteiligen, Anträge stellen und Rechtsmittel einlegen. Stellt die Staatsanwaltschaft das Verfahren ein, kann der Geschädigte im Klageerzwingungsverfahren notfalls durch Anrufung des Oberlandesgerichts die öffentliche Anklage ertrotzen (§ 172 StPO). Im Adhäsionsverfahren kann dem Verletzten von dem Strafgericht Schadensersatz zugesprochen werden (§§ 403 ff. StPO). Der Verletzte als Opferzeuge darf, auch um nicht durch das Verfahren noch zusätzlich psychisch geschädigt zu werden (sekundäre Viktimisierung[1]), bestimmte Verfahrensrechte wahrnehmen und sich zu ihrer Durchsetzung anwaltlicher Hilfe bedienen, dem durch schwere Straftaten Geschädigten kann ein Rechtsanwalt (Opferanwalt) beigeordnet werden (§§ 406 d ff. StPO).

Gegen Jugendliche gibt es weder Privatklage (§ 80 I JGG) noch Nebenklage (§ 80 III JGG).[2] Das Adhäsionsverfahren ist ausgeschlossen (§ 81 JGG). Das Klageerzwingungsverfahren kann nur gegen die Einstellung mangels Tatverdachts (Fall des § 170 StPO) durchgeführt werden. Hat der Geschädigte damit Erfolg, darf das Oberlandesgericht dann aber nicht anordnen, dass Anklage erhoben wird, sondern muss dem Staatsanwalt die Einstellung des Verfahrens nach § 45 JGG offen halten; denn das Genugtuungs- und Bestrafungsinteresse des Verletzten findet seine Grenzen an der Rechtsordnung, die für die Jugendverfehlung besondere, meist nicht strafende Reaktionen vorsieht und deren Anwendung nach in erster Linie erzieherischen Gesichtspunkten erfolgt.[3] Gegen eine Einstellung des Verfahrens nach § 45 JGG steht dem durch die Tat Verletzten kein Rechtsmittel zu.[4] Der Jugendstaatsanwalt prüft bei Privatklagedelikten wie Beleidigung, Körperverletzung oder Sachbeschädigung, ob eine Verfolgung aus Gründen der Erziehung angebracht ist oder ob ein berechtigtes Interesse des Verletzten, das dem Erziehungszweck nicht entgegensteht, ein jugendstrafrechtliches Eingreifen erfordert (§ 80 I 2 JGG). Bejaht er das, so kann er die Tat – bei Antragsdelikten nur dann, wenn der Verletzte Strafantrag gestellt hat – im normalen Verfahren verfolgen. Weil die Schutzrechte des Opferzeugen an die Nebenklageberechtigung anknüpfen, versagt die h. L. dem Verletzten auch deren Wahrnehmung im

---

[1] *Kaiser,* § 55 Rn. 4.

[2] Das gilt auch dann – und zwar für alle Taten –, wenn der Angeklagte in einem Verfahren für Taten zur Verantwortung gezogen wird, die er teilweise als Jugendlicher, als Heranwachsender und als Erwachsener begangen hat: *OLG Schleswig* SchlHA 2002, 175; OLG *Koblenz* StrVert 2003, 455.

[3] *Ostendorf,* § 80 Rn. 11; *Eisenberg,* § 80 Rn. 8; DSS-*Diemer,* § 45 Rn. 2; *OLG Stuttgart* NStZ 1989, 136.

[4] Nur die – in der Regel erfolglose – Dienstaufsichtsbeschwerde: *Brunner/Dölling,* § 45 Rn. 40.

Jugendstrafverfahren.[5] Das erscheint indessen nicht richtig und viel zu formal begründet. Das minderjährige Opfer einer Gruppennotzucht Jugendlicher ist beispielsweise im Jugendstrafverfahren trotz Ausschlusses der Öffentlichkeit in einer psychisch schwer belasteten Situation. Warum ihm nun seine Schutzrechte geschmälert werden sollen, ist nicht einzusehen.[6]

Angesichts des Wandels der Sicht des Straftatopfers im Strafrecht und der Veränderung der Nebenklage, die weniger auf konkrete Bestrafungsbedürfnisse als auf Schutz des Opfers vor weiterer Schädigung und Geltendmachung seiner Sicht des Vorfalls ausgerichtet ist, sollte die Nebenklage künftig auch im Jugendstrafverfahren zugelassen werden.[7] Es ist erzieherisch nicht falsch, den Angeklagten auch mit dem Zorn des Opfers über das ihm geschehene Unrecht zu konfrontieren. Dies wird den Angeklagten mehr anrühren als der Vorhalt der abstrakten Rechtsverletzung.

In Verfahren gegen Heranwachsende sind Privatklage und Nebenklage zulässig (§ 109 II JGG), während der Adhäsionsprozess ausgeschlossen ist, wenn Jugendstrafrecht Anwendung findet.[8] Streitig ist, ob die Nebenklage gegen einen Heranwachsenden zulässig ist, wenn er gemeinsam mit einem Jugendlichen vor Gericht steht. Sieht man im Auftreten des Nebenklägers als Verfahrensbeteiligten schon abstrakt einen dem erzieherischen Gehalt des Verfahrens abträglichen Umstand, dann ist es logisch, die Nebenklage auch in diesem Verfahren allgemein – gewissermaßen als verfahrensvergiftend – auszuschließen.[9] Die Überlegung, sie betreffe ja den mitangeklagten Jugendlichen nicht, ist zu formal und überzeugt nicht. Dagegen leuchtet ein, dass durch die gemeinsame Aburteilung Jugendlicher und Heranwachsender in einem Verfahren dem Nebenklageberechtigten nicht ein Recht entzogen werden darf.[10] Folgt man freilich

---

[5] Schaal/Eisenberg, NStZ 1988, 49 ff., 50; Eisenberg, § 80 Rn. 13 ff.; Ostendorf, § 80 Rn. 1; Schaffstein/Beulke, § 40 I 3; OLG Stuttgart NJW 2001, 1588 und NStZ-RR 2003, 27; OLG Zweibrücken NStZ 2002, 496 mit krit. Anm. Sack; BGH StraFo 2003, 58. Die diesen Entscheidungen zugrunde liegende Auslegung des Jugendstrafrechts ist jedenfalls vertretbar und verstößt nicht gegen spezifisches Verfassungsrecht: BVerfG, NJW 2002, 1487.

[6] Zutreffend: Stock, MschrKrim 1987, 352; OLG Koblenz NJW 2000, 2436; OLG München, NJW 2003, 1543. Für die Gewährung dieser Rechte de lege ferenda: Beschl. 64. DJTag, C IX 5 a; DVJJ-Reform 13.1 (S. 57) und E2.JGGÄndG Art. 1 Nr. 9.

[7] Beschl. 64. DJTag C IX 4; Gesetzentwurf des Landes Brandenburg, BR-Dr 634/02, Art. I Nr. 14: „Im Verfahren gegen Jugendliche ist Nebenklage zulässig, wenn Gründe der Erziehung nicht entgegenstehen". Ablehnend Ostendorf, StrVert 2002, 436 ff., 441; Schaffstein/Beulke, § 40 I 2; DVJJ-Reform 13.2–4 (S. 58 f.).

[8] Für Zulassung de lege ferenda: Gesetzentwurf des Landes Brandenburg (Fn. 7).

[9] LG Aachen MDR 1993, 679; OLG Köln NStZ 1994, 298 mit zust. Anm. Eisenberg; Eisenberg, § 80 Rn. 13; Ostendorf, § 80 Rn. 1 a – allerdings nur, wenn der heranwachsende bzw. erwachsene Angeklagte Mittäter des Jugendlichen ist (Einzelfallentscheidung wie bei § 48 III 2 JGG).

[10] LG Duisburg StrVert 1994, 606; OLG Düsseldorf NStZ 1994, 299 und NStZ 1995, 143; Brunner/Dölling, § 109 Rn. 6; bei gemeinsam mit Jugendlichen vor Gericht

dieser letzteren, wie mir scheint richtigen Ansicht, dürfte auch die Zulassung der Nebenklage gegen Jugendliche de lege ferenda leicht fallen.

2. Berücksichtigung materieller Interessen

Hat der Verletzte auch – von seinem Strafantragsrecht abgesehen – keinen Einfluss auf den Gang des Jugendstrafverfahrens, so gilt es doch in aller Regel als der Erziehung der Jugendlichen und Heranwachsenden förderlich, eine *Entschuldigung* beim Verletzten zu veranlassen oder die *Wiedergutmachung des Schadens* im Urteil anzuordnen, oder auch als Auflage im formlosen Jugendverfahren nach §§ 45, 47 JGG aufzugeben. Sowohl hierdurch wie durch den Täter-Opfer-Ausgleich (s. u. § 23, 2 g dd) wird den materiellen und teilweise auch den ideellen Bedürfnissen des Verletzten eher häufiger Rechnung getragen als im allgemeinen Strafrecht, jedenfalls sind die Möglichkeiten hierzu eingeräumt. Dabei ist allerdings Ausgangspunkt der Überlegungen stets das Interesse des Jugendlichen, dem der Ausgleich mit dem Geschädigten sowohl als sozialer Lernprozess als auch aus zivilrechtlichen Gründen – Erledigung von Schulden – regelmäßig entspricht. Da Entschuldigung und Schadenswiedergutmachung Einvernehmen mit dem Geschädigten voraussetzen, ist dessen Teilnahme an der Hauptverhandlung nützlich und rechtlich zulässig, § 48 II 1 JGG.

§ 16. Verteidiger und Beistand

Literatur: Kahlert, Verteidigung in Jugendstrafsachen, 4. Aufl. 2002; *Walter,* Stellung und Bedeutung des Strafverteidigers im jugendkriminalrechtlichen Verfahren, NStZ 1987, 481; *ders.,* „Kölner Richtlinien" zur notwendigen Verteidigung im Jugendstrafverfahren mit einer Einführung, NJW 1989, 1022 ff.; *ders.* (Hrsg.), Strafverteidigung für junge Beschuldigte, 1997; *Beulke,* Die notwendige Verteidigung im Jugendstrafverfahren – Land in Sicht? FS Böhm, S. 647 ff.

1. Wahlverteidiger

Jugendliche und Heranwachsende können sich in jeder Lage des Verfahrens einen Verteidiger wählen (§ 137 I StPO). Oft bestellen die Eltern oder der gesetzliche Vertreter den Verteidiger für den minderjährigen Beschuldigten (§§ 137 II StPO, 67 III JGG).

Der Verteidiger hat im Jugendstrafverfahren dieselben Rechte wie im allgemeinen Strafverfahren, insbesondere Akteneinsicht und in der Regel

---

stehenden Erwachsenen: *BGHSt* 41, 288; bei dem Fragerecht muss der Nebenkläger bei gemeinsamer Tatbegehung von Jugendlichen und Heranwachsenden den vorrangigen Schutz des Jugendlichen beachten: *BGH* StrVert 2003, 74.

unkontrollierten Verkehr mit dem Angeklagten. Er muss alle für seinen Mandanten günstigen Umstände vortragen. Auch vertraulich zu behandelnde Aktennotizen (etwa die der Jugendgerichtshilfe) darf er, wenn dies zur Verteidigung unumgänglich ist, mit dem Jugendlichen oder Heranwachsenden erörtern. Der Verteidiger nimmt, auch wenn er von den Eltern bestellt ist, die Interessen des jugendlichen Beschuldigen wahr (etwa bei Ermittlung und Wertung der Erziehungsverhältnisse)[1] und wird auch bei der Erziehung dienenden Weisungen an die Belastung denken, die sie für seinen Mandanten bedeuten können.

Der alte Streit um die Rolle des Verteidigers in einem Verfahren, in dem scheinbar alle Beteiligten das Beste für den Angeklagten wollen, das er durch die Forderung nach einem „ungerechtfertigten" Freispruch oder nach der mildesten Maßnahme, die vielleicht nicht die erzieherisch richtige ist, stört, gehört der Vergangenheit an.[2]

2. Notwendige Verteidigung

Vom Gericht wird gem. § 68 JGG ein Verteidiger zum einen dann bestellt, wenn das im allgemeinen Verfahren nach § 140 StPO notwendig wäre (das Verfahren etwa in erster Instanz vor der Jugendkammer stattfindet oder ein Verbrechen abgeurteilt wird).[3] Über diesen „Grundsockel"[4] hinaus ist notwendige Verteidigung vorgesehen, wenn der Erziehungsberechtigte oder der gesetzliche Vertreter wegen Verdachts der Beteiligung an der Straftat gem. § 67 IV JGG von der Teilnahme am Verfahren ausgeschlossen sind, wenn im Vorverfahren zur Vorbereitung eines Gutachtens über seinen Entwicklungszustand die Unterbringung des Beschuldigten in einer Anstalt in Frage kommt oder wenn gegen ihn, solange er das achtzehnte Lebensjahr noch nicht vollendet hat, Untersuchungshaft oder einstweilige Unterbringung vollstreckt wird.

Insbesondere muss solchen Jugendlichen oder Heranwachsenden ein Verteidiger bestellt werden, die gehemmt oder hilflos sind,[5] der Hauptverhandlung nicht recht folgen können oder mit anderen Beteiligten angeklagt sind, die ihrerseits alle anwaltlich vertreten werden[6] oder wenn der Nebenkläger bzw. der Geschädigte anwaltlich

---

[1] Genießt der von den Eltern bestellte Verteidiger nicht das Vertrauen des Jugendlichen, so kann ihm zusätzlich ein Verteidiger seines Vertrauens beigeordnet werden: *Schaffstein/Beulke*, § 33, 3 b cc.

[2] Hierzu *Albrecht*, § 43 III 2; freilich besteht auch für den Verteidiger die im Gesetz angelegte „Spannung zwischen Erziehungs- und Sühnegedanken": *Schaffstein/Beulke*, § 33, 2.

[3] In der Regel ist auch im Verfahren vor dem Jugendschöffengericht die Verteidigung eine notwendige: *Walter*, NJW 1989, 1025.

[4] *Beulke*, aaO S. 648.

[5] Auch wenn es nicht um erhebliche Rechtsfolgen geht: *OLG Schleswig* SchlHA 1997, 153.

[6] *Brunner/Dölling*, § 68 Rn. 9; *OLG Köln*, Zbl 1981, 34, 35 mit Anm. *Molketin*, Zbl 1981, 220, 221; *AG Saalfeld* NStZ-RR 2002, 119; *OLG Brandenburg* NStZ-RR 2002, 184.

vertreten ist.[7] Dies gilt auch, wenn sich infolge eines schwierigen und umfangreichen Jugendverfahrens der jugendliche oder heranwachsende Angeklagte selbst nicht ausreichend verteidigen kann.[8] Bei Angeklagten, die die deutsche Sprache nicht oder nicht ausreichend beherrschen, ist besonders zu prüfen, ob bereits die Hilfe eines Dolmetschers – auf die sie ohne Kostenbelastung nach Art. 6 III Buchstabe e EMRK einen Anspruch haben – ausreicht, damit sie die ihnen zustehenden Rechte nutzen können.[9] Oft wird zusätzlich anwaltliche Hilfe notwendig sein.[10] Für eine notwendige anwaltliche Verteidigung wegen „Schwere der Tat" i. S. des § 140 II StPO ist hauptsächlich – unter Berücksichtigung der Verteidigungsfähigkeit des Angeklagten – die zu erwartende Strafe entscheidend.[11] Sie ist regelmäßig angezeigt, wenn die Verurteilung zu Jugendstrafe (auch wenn sie zur Bewährung ausgesetzt werden soll) in Betracht kommt.[12] Da auch im Vollstreckungsverfahren für den Verurteilten viel auf dem Spiel stehen kann (Widerruf einer gewährten Strafaussetzung, Fortdauer einer Unterbringung), ist auch hier mitunter ein Fall notwendiger Verteidigung gegeben.[13]

Bei der Auswahl ist vor allem auf die Wünsche des Beschuldigten Rücksicht zu nehmen (§ 142 I Satz 2 und 3 StPO). Die früher geltenden Richtlinien zu § 68 JGG, wonach bei der Bestellung eines Pflichtverteidigers ein erzieherisch befähigter Anwalt gewählt werden sollte,[14] ist in diesem Punkt aufgehoben. Es ist deshalb wohl nicht mehr zulässig, dass bei der Auswahl erzieherische Eignung und Erfahrung des Verteidigers berücksichtigt werden dürfen.[15] Freilich muss sich der Verteidiger – aber das ist ja ohnehin selbstverständlich – auf die rechtlichen und tatsächlichen Besonderheiten des Jugendstrafverfahrens einstellen. Obwohl im Jugendstrafverfahren notwendige Verteidigung häufiger angezeigt ist als im allgemeinen Strafverfahren, sind nach – allerdings älteren – Untersuchungen sowohl im Verfahren vor dem Jugendrichter wie im Verfahren vor dem Jugendschöffengericht die Angeklagten seltener anwaltlich vertreten gewesen als erwachsene Angeklagte in den Verfahren vor dem Strafrichter und vor dem Schöffengericht.[16] Früher schilderten junge Angeklagte oft

---

[7] OLG *Hamm* ZJJ 2/2004, 197; DVJJ-Reform 13.1 (S. 58); Beschl. 64. DJTag CIX 5 a, X a.

[8] *LG Frankfurt* StrVert 1983, 69; *OLG Köln* StrVert 1991, 151.

[9] Bei Bagatelldelikten, klarer Beweislage und geringer Sanktionserwartung: *BGHSt* 46, 178 ff.

[10] *OLG Köln* NStZ-RR 1997, 366, weil etwa die Beweislage schwierig ist oder die Rechtsfragen das Verständnis des Jugendlichen überfordern.

[11] *OLG Hamm* StrVert 1982, 475; *OLG Celle* StrVert 1991, 151; *OLG Frankfurt* StrVert 1993, 537, wenn mit einer Verurteilung zu Jugendstrafe zu rechnen ist. Ein Rechtsmittelverzicht eines unverteidigten Angeklagten ist bei Verurteilung zu Jugendstrafe unwirksam.

[12] Auch wenn dies die Folge der Einbeziehung einer früheren Verurteilung nach § 31 JGG ist: *LG Gera* VRS 1999, Nr. 13; Beschl. 64. DJTag C X b. So auch E2JGGÄndG Art. 1 Nr. 6 a

[13] *Beulke,* aaO S. 652; Beschl. 64. DJTag C X c.

[14] *Albrecht,* § 43 IV.

[15] So aber *Schaffstein/Beulke,* § 33, 3 b; vgl. auch *Brunner,* FS Böhm, S. 815 f.

[16] *Eisenberg,* § 68 Rn. 8.

enttäuscht, dass sie ihren Verteidiger das erste (und letzte) Mal im Gerichtssaal gesehen haben, wo er eine Verhandlungspause nutzte, sich mit dem Jugendlichen zu besprechen.[17] Die Angeklagten wünschen sich einen Verteidiger, der engagiert auf ihrer Seite steht, sich aber auch Zeit nimmt, mit ihnen über ihre Sorgen und über den Prozessablauf zu sprechen, ihnen die ergangene Entscheidung erklärt und sie nach dem Ende des Verfahrens berät.[18]

3. Der Beistand

Nach § 69 JGG kann dem Jugendlichen – nicht dem Heranwachsenden (§ 109 I 1 JGG) – vom Richter ein Beistand bestellt werden, wenn kein Fall der notwendigen Verteidigung vorliegt. Dieser Beistand hat in der Regel Akteneinsicht und in der Hauptverhandlung die Rechte eines Verteidigers (§ 69 III JGG). Er soll den Jugendlichen aber nicht nur im Jugendstrafverfahren vertreten, sondern auch während und nach dem Verfahren helfend und beratend erzieherisch tätig werden. In Betracht kommen als Beistände Lehrer und Lehrherrn, ältere (ordentliche) Freunde, der Fußballtrainer sowie Mitarbeiter des Jugendamts.[19]

§ 17. Erziehungsberechtigte und gesetzliche Vertreter

Literatur: Schulz-Knappe, Zur Stellung der Erziehungsberechtigten im Deutschen Jugendstrafverfahren, RdJB 1967, 5 ff., 37 ff.; *Roestel,* Änderungen im Jugendstrafverfahren, Zbl 1975, 326 ff.; *Brunner,* Die Eltern des volljährigen Heranwachsenden im Jugendgerichtsverfahren, insbesondere der Persönlichkeitsforschung durch den Jugendgerichtshelfer im Bereich der Verletzung von Privatgeheimnissen (§ 203 StGB), Zbl 1977, 366 ff.; *Kremer,* Der Einfluss des Elternrechts aus Art. 6 II, III GG auf die Rechtmäßigkeit der Maßnahmen des JGG, Diss. jur. Mainz, 1984.

1. Allgemeines

Es sind verschiedene Gründe, die diesem Personenkreis, meistens handelt es sich um die Eltern des Jugendlichen, besondere Bedeutung im Jugendstrafverfahren zukommen lassen. Einmal können nach unserer Rechtsordnung die Eltern oder gesetzlichen Vertreter neben dem Minder-

---

[17] *Eilsberger,* MschrKrim 1969, 304 ff.; *Gersch,* Jugendstrafverteidigung – aus der Sicht von Rechtsanwälten, Jugendgerichtshelfern und jugendlichen Straftätern, jur. Diss. Mainz 1988, S. 172 ff.; vgl. auch *Brunner,* FS Böhm, S. 814 f.; das gilt vor allem für die Pflichtverteidiger: *Fuchs* (Fn. 18), S. 138–140. Inzwischen seien die Verhältnisse deutlich besser: *Beulke,* aaO, S. 647.

[18] *Fuchs,* Der Verteidiger im Jugendstrafverfahren, Diss. jur. Mainz 1992, S. 142 ff.

[19] Die praktische Bedeutung ist – zumal bei der erforderlichen Ausweitung der notwendigen Verteidigung – gering: *Schaffstein/Beulke,* § 33, 4; *Albrecht,* § 43 D.

jährigen und auch ohne dessen Zustimmung, ja gegen seinen Willen, alle
Rechte geltend machen, die diesem zustehen. Zum anderen treten im
Jugendstrafverfahren der Jugendrichter und andere Beteiligte im Bereiche der Erziehung in Konkurrenz zu den Eltern, denen das Erziehungsrecht „zuvörderst" obliegt (Art. 6 GG).[1] Insofern berührt das Jugendstrafverfahren und nahezu jede dort ergehende Entscheidung unmittelbar
auch Rechte der Eltern. Da man davon ausgehen darf, dass auch die Eltern das Beste für ihr Kind wollen und ein Gegeneinander im Erzie-
hungswesen meistens schadet, ist eine Abstimmung der Maßnahme des
Gerichts mit den Eltern nötig. Eltern sind an der Fehlentwicklung eines
Minderjährigen kaum je unbeteiligt. Oft stehen sie vor dem Gericht
jedenfalls moralisch als Hauptschuldige; Vernachlässigung und Verwöh-
nung, Erziehungsfehler und Lieblosigkeit kommen zur Sprache. Schließlich ist auch eine erfolgreiche Erziehung Minderjähriger nicht möglich,
wenn nicht in die zu treffenden Maßnahmen die nähere Umwelt, mindestens also die Eltern einbezogen werden.[2] Aber auch der jugendliche
Beschuldigte hat Anspruch auf den Beistand durch seine Eltern. Er kann
verlangen, vor einer (polizeilichen) Vernehmung Kontakt mit seinen
Eltern aufzunehmen und ist über dieses Recht zu belehren.[3] Wird ihm
dies Recht ausdrücklich verwehrt, kommt hinsichtlich seiner Aussage ein
Verwertungsverbot in Betracht.[4]

2. Gesetzliche Regelung

Nach § 67 JGG haben Erziehungsberechtigte und gesetzliche Vertreter
Anwesenheits-, Frage- und Antragsrecht in demselben Umfang wie der
Beschuldigte. Wird der Beschuldigte von einer Maßnahme oder einem Termin benachrichtigt, so sollen auch die Erziehungsberechtigten und gesetzlichen Vertreter benachrichtigt werden. Sie dürfen den Verteidiger für den
minderjährigen Beschuldigten auswählen[5] und Rechtsbehelfe sowie
Rechtsmittel einlegen. Zur Hauptverhandlung sollen sie besonders geladen werden (§ 50 II JGG). Sie sind dann nicht nur berechtigt, sondern
auch verpflichtet, an der Hauptverhandlung teilzunehmen. Ungeachtet
ihrer Beteiligungsrechte können sie auch vom Richter (etwa zu Fragen der
Entwicklung des Angeklagten oder zu ihrer Ansicht über die zu verhängenden Sanktionen) befragt werden. Sie äußern sich dann nicht als Zeugen, sondern als Prozessbeteiligte.[6] Soweit sie allerdings zum Tatgeschehen befragt werden, sind sie Zeugen und über ihr Zeugnisverweigerungs-

---

[1] *Albrecht*, § 44 I 2.
[2] *Schaffstein/Beulke*, § 32 II 1.
[3] PDV 382, DVJJ-J 1/1997, 12.
[4] *Ostendorf*, § 67 Rn. 19.
[5] Hier können Interessenkonflikte auftreten: *Albrecht*, § 43 B I 2.
[6] *Schaffstein/Beulke*, § 32 II 2.

recht zu belehren.[7] Sind mehrere Erziehungsberechtigte vorhanden, so
genügt es, wenn Mitteilungen und Ladungen an einen der Erziehungsberechtigten ergehen. § 67 V JGG: der Abwesende gilt als durch den
Anwesenden vertreten. Mit diesen Regelungen wird sowohl das Recht des
gesetzlichen Vertreters gewahrt, die Anträge für den Vertretenen zu stellen,
als auch das Recht der Eltern, Verletzungen ihres Erziehungsrechts als
eines eigenen Rechts entgegenzutreten. Nach § 67 IV JGG kann der Richter dem Erziehungsberechtigten oder gesetzlichen Vertreter die Rechte,
die er im Jugendstrafverfahren hat, entziehen, wenn er verdächtig ist, sich
an der Verfehlung des Beschuldigten beteiligt zu haben. Hat in diesem
Falle der minderjährige Beschuldigte keinen gesetzlichen Vertreter zur
Seite, so bestellt der Vormundschaftsrichter einen Pfleger zur Wahrnehmung der Interessen des Beschuldigten im anhängigen Strafverfahren.

Die Vorschrift des § 51 II JGG, die dem Richter die Möglichkeit
einräumt, die Erziehungsberechtigten und gesetzlichen Vertreter des
Angeklagten von der Verhandlung auszuschließen, soweit gegen ihre
Anwesenheit Bedenken bestehen, ist vom Bundesverfassungsgericht als
verfassungswidrig aufgehoben worden. Sie verstößt in ihrer weiten und
unbestimmten Fassung gegen Art. 6 GG.[8]

Wie ernst die Gerichte diese Mitwirkungsrechte der Eltern oder Erzieher sehen, ergibt sich aus zahlreichen Entscheidungen. So hebt der *BGH* regelmäßig Urteile auf,
wenn der Vorsitzende die in der Hauptverhandlung anwesenden Eltern oder den Vor-
mund des Angeklagten nicht ausdrücklich auf ihr Recht hingewiesen hat, nach Abschluss der Beweisaufnahme und nach Stellung der Anträge durch Staatsanwalt und
Verteidiger ein „letztes Wort" zu sprechen. Dieser Verfahrensfehler begründet eine Revision zwar nur dann, wenn auf ihm die ergangene Entscheidung beruhen kann
(§ 337 StPO). Hinsichtlich der Schuldfrage lässt sich das mitunter verneinen,[9] dass
aber das „letzte Wort" Auswirkungen auf den Rechtsfolgenausspruch haben kann,
wird in der Regel nicht ausgeschlossen werden können.[10] Die mögliche Wirkung eines
„letzten Wortes" der Eltern wird dabei vom *BGH* hoch veranschlagt.[11]

3. Ausblick

„Wo der Strafrichter erzieherisch eingreift, soll er an den kraft Fami-
lienbindung und Gesetz erziehungsberechtigten Personen nicht vorbei-
gehen."[12] Dieser Grundsatz gilt auch für alle anderen Beteiligten: den
Jugendgerichtshelfer und den Bewährungshelfer, den Jugendstaatsanwalt
(dort wo er entscheidet: § 45 JGG) und den Bediensteten der Jugend-

---

[7] *Eisenberg,* § 67 Rn. 4.
[8] *BVerfG* DVJJ-J 1/2003, 68 ff. mit zust. Anm. *Ostendorf,* 76 und *Eisenberg,* 77. Zu
einer den Vorgaben des *BVerfG* entsprechenden neuen Fassung der Vorschrift:
E2.JGGÄndG Art. 1 Nr. 1.
[9] Vgl. hierzu *BayObLG* StrVert 2001, 153.
[10] *BGH* NStZ-RR 2002, 346.
[11] *BGHSt* 21, 288 ff.; 22, 278 ff.; *BGH,* bei: *Holtz,* MDR 1977, 639; *BGH* NStZ
1985, 230.
[12] *BGHSt* 18, 21, 25.

strafanstalt. Oft kann man beobachten, dass hier nicht genug geschieht. Anstatt die Eltern für die notwendigen erzieherischen Maßnahmen zu gewinnen, werden sie wegen ihrer angeblich ungenügenden Erziehung vorwurfsvoll behandelt und einer Information nicht für wert erachtet. Mitunter spielt die Überlegung mit, in amtliche Maßnahmen habe niemand hineinzureden. Dabei ist es erfolgversprechend und für die zu treffenden Entscheidungen oft nützlich, die Eltern einzubeziehen. Wie bei Schulen könnte man bei Jugendstrafanstalten an die Einsetzung von Elternbeiräten denken. Es wäre die Möglichkeit von Elternseminaren zu diskutieren, und es müssten Rechte der Eltern und Erziehungsberechtigten im Brief- und Besuchsverkehr, bei Ausgang und Urlaub der zu Jugendstrafe Verurteilten gegenüber den anderen Interessenten deutlich hervorgehoben werden, ebenso wie die Beteiligung an der Ausarbeitung von Vollzugsplänen und Mitteilung wesentlicher Ergebnisse vorgesehen werden sollten.[13]

Der mit 18 Jahren Volljährige hat keine Erziehungsberechtigten und gesetzlichen Vertreter mehr. Wird gegen ihn eine Hauptverhandlung geführt, so findet infolgedessen § 67 JGG keine Anwendung. Aber auch der Volljährige hat Eltern, und ohne dass nun noch eine rechtliche Verpflichtung bestünde, tun Jugendrichter und Behördenbedienstete gut daran, auch an ihnen nicht vorbeizugehen, wenn sie erzieherisch eingreifen.[14]

§ 18. Die Jugendgerichtshilfe

Literatur: Walter, Die berichtenden, ermittelnden und beratenden Aufgaben der Jugendgerichtshilfe, Zbl 1973, 485 ff.; *Müller-Dietz,* Jugendgerichtsbarkeit und Sozialarbeit, MschrKrim 1975, 1 ff.; *Ullrich,* Jugendgerichtshilfe – Bilanz einer Institution, in: FS Stutte, S. 293 ff.; *Hauber,* Der Jugendgerichtshelfer als „Sozialanwalt" des jugendlichen Straftäters?, Zbl 1980, 509 ff.; *Momberg,* Die Ermittlungstätigkeit der Jugendgerichtshilfe und ihr Einfluss auf die Entscheidung des Jugendrichters, Diss. jur. Göttingen, 1982; *ders.,* Der Einfluss der Jugendgerichtshilfe auf die Entscheidungen des Jugendrichters, MschrKrim 1982, 65 ff.; *Schaffstein,* Aufgabe und verfahrensrechtliche Stellung der Jugendgerichtshilfe, in: FS Dünnebier, S. 661 ff.; *Matenaer,* Die Beteiligung der Jugendgerichtshilfe bei der Unterbringung von Jugendlichen und Heranwachsenden in Untersuchungshaft, Zbl 1983, *21 ff.;* Heinz, Jugendgerichtshilfe in den 90 er Jahren, BewHi 1988, 261 ff.; *Laubenthal,* Jugendgerichtshilfe 1993; Dölling, Datenschutz und JGH-Bericht, BewHi 1993, 128 ff.; *Trenczek,* Fachinstitut Jugendgerichtshilfe als Lobby junger Menschen? DVJJ-J 3/2000, 217 ff.; *Vieten-Groß,* Die Anforderungen der Justiz an die Jugendgerichtshilfe: Kritische Betrachtungen zum Ist-Zustand und Versuch der Einordnung in die aktuelle Debatte, DVJJ-J 3/1997, 246 ff.

---

[13] Der EGJVollz sieht dies hinsichtlich minderjähriger Gefangener ausdrücklich vor: §§ 7 III, 8 IV, 10 V, 11 III, 21 II Nr. 2. Vgl. auch Nr. 20 Ziffer 3 VVJug.

[14] Zur Einbeziehung der Eltern Heranwachsender in die Ermittlungstätigkeit der Jugendgerichtshilfe: *Schaffstein/Beulke,* § 42, 1; *Brunner,* aaO, S. 367; *Roestel,* aaO, S. 326.

1. Bedeutung

Wird bekannt, dass ein Jugendlicher oder Heranwachsender eine Verfehlung begangen hat, so kann das ein Anzeichen dafür sein, dass der junge Mensch einer erzieherischen Hilfe bedarf. Daneben ist es aber – wenn es sich nicht um Bagatelldelikte handelt – notwendig, Feststellungen über seine Entwicklung und seine Lebensumstände zu treffen, weil die im Jugendstrafverfahren erforderlichen Entscheidungen – Reife nach § 3 JGG, Anwendung des Jugendrechts auf den Heranwachsenden nach § 105 JGG sowie Auswahl und Bemessung von Weisungen, Auflagen, Jugendarrest oder Jugendstrafe – von den zur Täterpersönlichkeit gewonnenen Erkenntnissen abhängen. Die Jugendgerichtshilfe soll beide Aufgaben erfüllen, wobei ihr als einem Prozessorgan eigener Art[1] insbesondere aufgegeben ist, Lebensumstände und Entwicklung des Beschuldigten für das Gericht zu ermitteln.[2]

Schon in den Anfängen eines eigenständigen Jugendstrafverfahrens war die Notwendigkeit der Einbeziehung justizunabhängiger erzieherischer Fachkräfte gesehen und verwirklicht worden.[3] Die Zusammenarbeit von Richtern und der Jugendhilfe verpflichteten Sozialarbeitern ist gewissermaßen ein Markenzeichen des deutschen Jugendstrafrechts. Es wäre ebenso merkwürdig wie bedenklich, wenn das Zusammenwirken spannungsfrei verliefe. Denn Jugendgerichtshilfe ist von der Arbeitsweise und der Ausbildung ihrer Repräsentanten her Sozialarbeit. Die auftretenden Konflikte und Spannungen stellen aber auch eine wesentliche Bereicherung der Arbeit dar und regen zu neuen Lösungen an.[4]

Während vielerorts die Zusammenarbeit in der täglichen Praxis gut gelingt, in gemeinsamen Besprechungen und Fortbildungsveranstaltungen die unterschiedlichen Sichtweisen besprochen, verstanden und geachtet werden, wachsen institutionelle Schwierigkeiten. Im Jugendhilferecht ist die Jugendgerichtshilfe insofern ein Fremdkörper, als sie nicht nur als Angebot für die jungen Menschen und deren Eltern vorgesehen ist, sondern gegebenenfalls auch gegen deren Willen geleistet wird. Diese „Pflichtaufgabe" des Jugendamtes (§ 52 I SGB VIII) liegt den kommunalen Trägern der Jugendhilfe sowohl aus diesem Grunde, vor allem aber deshalb fern, weil die Berichterstattung für das Gericht und die Teilnahme an Hauptverhandlungen der regionalen Jugendarbeit nicht so unmittelbar zugute kommen wie Beratung der Eltern, Schulsozialarbeit und

---

[1] *Schaffstein/Beulke*, § 34 II 2.
[2] Unterdessen vollzieht sich in der Praxis ein Wechsel der Prioritäten: Die Hilfsangebote für den Jugendlichen treten in den Vordergrund: *Ostendorf*, § 38 Rn. 6 und 21; *Zinke*, DVJJ 1/1995, 20 ff.
[3] *Müller*, in: Henrichs/Stephan, Ein Jahrhundert Frankfurter Justiz; Gerichtsgebäude A: 1889–1989, 1989, S. 92 ff., 98; vgl. auch zur Geschichte der JGH: *Heinz*, BewHi 1988, 261–266.
[4] Vgl. Arbeitsgruppe JGH in der DVJJ, in: BMJ-Jugendgerichtshilfe, S. 85 ff.

jugendpflegerische Aktivitäten. Angesichts der finanziellen Zwänge, denen die Kommunen unterliegen, wird deshalb die Befürchtung geäußert, dass die Jugendgerichtshilfe überdurchschnittliche Einbußen hinnehmen muss.[5] Während vor 20 Jahren noch beanstandet wurde, dass der Gesetzgeber den Vertreter der JGH nicht als „Jugendgerichtshelfer" bezeichnet (wie den Bewährungshelfer)[6] und für ihn die Erarbeitung eines besonderen Berufsbildes gefordert wurde,[7] wird heute verlangt, den Begriff „Jugendgerichtshilfe" durch „Jugendhilfe im gerichtlichen Verfahren" zu ersetzen.[8] So soll auch deutlich werden, dass die Sozialarbeiter des Jugendamtes nicht dem Gericht zuarbeiten sondern unabhängige Jugendhilfe leisten.[9] Dazu passt – ist freilich nicht die notwendige Konsequenz dieser Entwicklung – der Zug zu einer „Entspezialisierung": die Jugendhilfe im gerichtlichen Verfahren soll nicht von für diese Aufgabe spezialisierten und vorwiegend für deren Erledigung eingeteilten Sozialarbeitern geleistet werden, sondern soll als eine von vielen Aufgaben den im allgemeinen Sozialdienst für den Wohnbezirk des jungen Menschen zuständigen Bediensteten zugewiesen werden.[10]

Organisatorische Gründe sprechen wohl eher für eine spezialisierte Jugendgerichtshilfe,[11] so dürften aber auch die Interessen des jungen Beschuldigten besser vertreten werden.[12] Schließlich kann so auch eher gewährleistet werden, dass die beim allgemeinen Sozialdienst im Rahmen der dort geleisteten Jugendhilfe angefallenen Daten nicht ohne den Willen des jungen Beschuldigten für den Bericht vor Gericht genützt werden.[13]

Während in der Jugendkriminalrechtspflege[14] und bei dem wichtigsten Berufsverband, der DVJJ[15] ungeachtet unterschiedlicher Auffassungen in

---

[5] *Landau,* Gutachten N 58 f.

[6] *Ullrich,* aaO S. 299 f.

[7] *V. Kullwitz,* ZfJ 1975, 421 ff.

[8] DVJJ-Reform 9 (S. 31 f.).

[9] *Wiesner* u. a., SGB VIII, § 52 Rn. 20, 21.

[10] Die Spezialisierung war vor allem in den Städten weitgehend verwirklicht (zu 70 %, auf dem Lande zu 43 %): *Sonnen,* DVJJ-J 1/1995, 18; *Trenczek,* aaO S. 217 ff. Zu den Vorzügen der Einordnung der JGH in die Aufgaben des Sozialarbeiters eines Bezirks: *Jost,* BMJ-Jugendgerichtshilfe, S. 67 ff.; *Emig,* DVJJ-J 1/2001, 51 f.; *Laubenthal,* S. 51 f.: „Entspezialisierung und Ganzheitlichkeit": *Wiesner* u. a., SGB VIII, § 52 Rn. 60.

[11] *Vieten-Groß,* aaO S. 248 f.

[12] *Ostendorf,* DVJJ-J 3/1997, 242 und § 38 Rn. 4 a; auch die Ergebnisse der JGH-Umfrage 1998/1999 erlauben diese Deutung: *Trenczek,* aaO S. 219.

[13] *Vieten-Groß,* aaO S. 250; *Bex,* DVJJ-J 4/2000, 409 ff.; vgl. auch *Streng,* § 6 Rn. 28.

[14] Und in der jugendstrafrechtlichen Literatur: *Brunner/Dölling,* § 38 Rn. 1 b; *Schaffstein/Beulke,* § 34 IV; *Ostendorf,* § 38 Rn. 4 a; *Ludwig,* Gutachten N 14; Beschl. 64. DJTag C VII 2 b.

[15] DVJJ-Reform 9 (S. 31 ff.).

Einzelfragen, die vom Jugendamt[16] zu leisten Jugendgerichtshilfe (bzw. Jugendhilfe im gerichtlichen Verfahren) als unverzichtbar angesehen, ihre fachliche Verbesserung, stärkere Einbindung in das Verfahren[17] und intensivere Zusammenarbeit mit der Justiz als notwendig und bereichernd angesehen wird, fehlt es nicht an Stimmen, wonach die für die justiziellen Aufgaben erforderlichen Feststellungen über die Entwicklung und die Lebensumstände des jungen Beschuldigten durch die Polizei getroffen werden könnten. Der Staatsanwalt könne gegebenenfalls Eltern, Nachbarn, Lehrer und Freunde des Jugendlichen vernehmen, für Reifeentscheidungen und bei schwierigen Fragen zu (einschneidenden) Sanktionen seien die Gerichte ohnehin auf die Zuziehung von Sachverständigen angewiesen.[18] Schließlich könne die Gerichtshilfe als sozialer Dienst im Rahmen der Justiz herangezogen werden.[19]

Die Verlagerung der Aufgaben der Jugendgerichtshilfe auf Polizei, Justiz und Sachverständige ist abzulehnen. Sie würde zu einer Angleichung an das allgemeine Strafverfahren und zur Abschaffung eines eigenständigen Jugendstrafrechts führen. Die wahrheitsgemäße Erforschung „der Persönlichkeit und der Umwelt des Beschuldigten" wird zwar häufig dem Gericht Fehlentwicklungen und Gefährdungen aufzeigen, die die Gefahr vergrößern, dass der Beschuldigte mit ihn belastenden Maßnahmen belegt wird. Andererseits wird der Vertreter der JGH auch Chancen und positive Ansatzpunkte aufzeigen und bei Wahl und Ausmaß der Sanktionen deren Berücksichtigung einfordern. Dass die Ermittlung dieser Umstände durch die Polizei oder andere Personen oder Institutionen für den Beschuldigten (und das Gericht!) vorteilhafter sein könnte, ist nicht ersichtlich.

2. Gesetzliche Aufgaben und Stellung

Nach Einleitung des Verfahrens sollen nach § 43 I JGG die Lebens- und Familienverhältnisse, der Werdegang, das bisherige Verhalten des Beschuldigten und alle übrigen Umstände ermittelt werden, die zur Beurteilung seiner seelischen, geistigen und charakterlichen Eigenart dienen können. Eltern, Lehrer, Arbeitgeber sollen gehört werden. Satz 4 der Vorschrift macht deutlich, dass dies zuvörderst Aufgabe des JGH ist.[20] Sie ist im gesamten Verfahren, und zwar so früh wie möglich heranzuziehen

---

[16] Bzw. von ihm beauftragten anerkannten Träger der freien Jugendhilfe: *Laubenthal,* S. 44; *Wiesner* u. a., SGB VIII, § 52 Rn. 63.

[17] Stärkung der Beteiligungsrechte: DVJJ-Reform 9.4 (S. 39, 40); Fragerecht in der Hauptverhandlung: Beschl. 64. DJTag C VII 2 b.

[18] Vgl. *Albrecht,* § 40 D 4.

[19] *Albrecht,* Gutachten D 123, 168; *Landau,* Gutachten N 59.

[20] Auch im Verfahren gegen Heranwachsende, *BGHSt* 27, 250 ff., und gegen Ausländer, *BGH* bei: *Holtz,* MDR 1980, 456, selbst wenn diese nur vorübergehend als Touristen in Deutschland sind: *BGH* StRVert 1982, 337.

(§ 38 III JGG), um die erzieherischen, sozialen und fürsorgerischen Gesichtspunkte zur Geltung zu bringen. Die Jugendgerichtshilfe betreut den Jugendlichen im Vorverfahren, bietet seinen Eltern oder ihm Hilfen zur Erziehung an, wenn eine Überprüfung ergibt, dass solche notwendig sind, unterrichtet den Staatsanwalt oder den Richter über die bestehenden Möglichkeiten oder das Veranlasste, um eine Einstellung des Verfahrens oder die Vermeidung oder Abkürzung der U-Haft zu erreichen (§ 52 II SGB VIII, § 72 a JGG). Die Jugendgerichtshilfe liefert dem Staatsanwalt und dem Gericht schriftliche Stellungnahmen, ist in der Hauptverhandlung zugegen und nimmt dort zu den geplanten Maßnahmen Stellung.

Sie wacht über die Erfüllung von Weisungen und Auflagen, die dem Jugendlichen auferlegt werden, arbeitet in der Bewährungszeit mit dem Bewährungshelfer, während des Vollzugs mit der Anstalt zusammen, hält Kontakt mit dem Verurteilten und unterstützt ihn bei der Wiedereingliederung in die Gesellschaft. Vor der Erteilung einer Weisung ist sie jedes Mal zu hören.

Der in einer unterlassenen Beteiligung der Jugendgerichtshilfe liegende Verfahrensverstoß kann mit der Revision geltend gemacht werden.[21] Die Rechtsprechung legt insoweit zu Recht strenge Maßstäbe an; es genügt nicht, dass irgendein Vertreter der JGH in der Hauptverhandlung zugegen ist, es muss der für den Beschuldigten zuständige Bedienstete sein.[22] Auch wenn der Angeklagte bei Begehung der Tat schon fast 21 Jahre alt, verheiratet und beruflich selbständig war, ist nicht die Heranziehung der allgemeinen Gerichtshilfe an Stelle der besonders qualifizierten JGH ausreichend.[23] Erkrankt der Vertreter der JGH während der mehrtägigen Verhandlung, so muss das Jugendamt die Möglichkeit erhalten, den Krankenvertreter zu entsenden.[24] Die Beteiligung der JGH ist vorgesehen, um dem Gericht die Berücksichtigung von deren Erkenntnissen zu ermöglichen, der Verteidiger kann deshalb nicht auf deren Zuziehung verzichten.[25] Der Vertreter der JGH darf eine Stellungnahme nicht deshalb unterlassen, weil der Jugendliche „seine Hilfe nicht in Anspruch nehmen will".[26]

Bleibt indessen die ordnungsgemäß geladene Jugendgerichtshilfe der Hauptverhandlung fern, so liegt darin kein Verfahrensverstoß.[27]

Allerdings wird das Gericht seine Aufklärungspflicht gem. § 244 II StPO verletzen, wenn konkrete Anhaltspunkte dafür bestehen, dass die

---

[21] *BGH,* bei: *Holtz,* MDR 1980, 456; *BGH,* NStZ 1982, 257; *BGH* StrVert 1982, 27; s. auch *BGH* NStZ 1984, 467; *BGH* StrVert 1993, 536.
[22] *BGH* StrVert 1988, 308.
[23] *BGH* NStZ-RR 2001, 27.
[24] *BGH* StrVert 1989, 308.
[25] *BGH* StrVert 1982, 27.
[26] *OLG Köln* NStZ 1986, 569.
[27] *BGHSt* 27, 250 ff., mit Anm. *Brunner,* JR 1978, 175 ff.; *BGH* NStZ-RR 2003, 344.

JGH Erkenntnisse zur Persönlichkeitsentwicklung des Angeklagten oder zu seiner sozialen Situation hat, die zur Klärung der Verantwortlichkeit, zur Anwendung die § 105 JGG,[28] zur Frage des Vorliegens (oder Nichtvorliegens!) schädlicher Neigungen[29] oder zur Sanktionenwahl erforderlich sind. Wenn die JGH solche Erkenntnisse nicht hat, weil kein Kontakt zu dem Beschuldigten herstellbar war oder er und andere Auskunftspersonen nichts mitgeteilt haben, mag die Anwesenheit eines Vertreters der JGH nicht notwendig sein. Das Gericht muss dann über diesen Sachverhalt informiert sein, um sich die für seine Entscheidung notwendigen Kenntnisse auf andere Weise zu verschaffen.[30] Es liegt auf der Hand, dass das Gericht (und nicht das Jugendamt) darüber entscheidet, ob die Berichterstattung und die Anwesenheit der JGH in der Hauptverhandlung zur Erfüllung seiner Aufklärungspflicht notwendig ist.[31] Das hat nichts damit zu tun, dass das Jugendamt eine unabhängige und selbständige Behörde ist, die nicht der Justiz „untersteht".[32] Der Vorschlag, das Gericht solle das Jugendamt besonders darauf hinweisen, wenn es für seine Entscheidungsfindung auf die Anwesenheit und/oder den Bericht der JGH angewiesen sei,[33] ist angesichts der generellen Bedeutung, die das Gesetz der Anwesenheit der JGH beimisst, fragwürdig.[34] Natürlich ist es aus Gründen der Verhältnismäßigkeit nicht angemessen und zudem zur Konzentration auf die wichtigen Aufgaben der Jugendhilfe unmöglich, bei ubiquitären Bagatelldelikten die JGH zu Berichten oder Teilnahme zu verpflichten. Da diese Form der Kriminalität aber ohnehin im Wege der Diversion erledigt wird, kommt es nur in ernsteren Fällen zu einer Hauptverhandlung. Dann wird es, selbst im vereinfachten Verfahren, unerlässlich sein, dass sich die JGH beteiligt,[35] wenn etwa gegen einen wiederholt wegen Körperverletzung auffällig gewordenen Beschuldigten der Vertreter der JGH dazu gehört werden soll, ob und gegebenenfalls welcher Trainingskurs als sachgerechte Weisung in Betracht kommt (§ 38 III 2 JGG).

---

[28] *OLG Saarbrücken* NStZ-RR 1999, 284.

[29] *OLG Brandenburg* DVJJ-J 3/2002, 351.

[30] Etwa durch Anhörung eines Sachverständigen: *BGH* StrVert 1985, 153; vgl. auch *Laubenthal*, S. 137.

[31] *OLG Brandenburg* DVJJ-J 3/2002, 351, 352; *Brunner*, FS Böhm, S. 800.

[32] Das verkennt *Trenczek*, DVJJ-J 3/2002, 352, 353. Dass das Gericht bei der Terminbestimmung womöglich Rücksicht auf die Belange der Prozessbeteiligten nimmt, ist freilich selbstverständlich.

[33] *OLG Köln* ZfJ 1987, 183; *Schaffstein/Beulke*, § 34 II 2 f.; *Laubenthal*, S. 111, 112; *Streng*, § 6 Rn. 22.

[34] *Vieten-Groß*, aaO S. 249.

[35] Das sehen die Jugendgerichtshelfer, vor allem wenn sie „spezialisiert" sind, ebenso (*Trenczek*, DVJJ-J 3/2000, 220, 221) wie die Jugendrichter: *Vieten-Groß*, aaO und *Simon*, Der Jugendrichter im Zentrum der Jugendgerichtsbarkeit, 2003, S. 175, 176 hinsichtlich der Jugendrichter in Rheinland-Pfalz und dem Saarland. Zur Klarstellung empfiehlt sich eine Konkretisierung der Beteiligungspflicht im SGB VIII: DVJJ-Reform 9 (S. 31 ff., 39, 44).

Kommt das Jugendamt seiner Verpflichtung zur Mitwirkung nicht nach, so fehlt eine Ermächtigung zur Auferlegung der durch das Ausbleiben der JGH entstandenen Kosten.[36] Die Beschlagnahme der Akten des Jugendamtes ist ein sehr problematisches Vorgehen, zudem sich in diesen Akten Erkenntnisse befinden können, die das Jugendamt nach den Datenschutzvorschriften des SGB VIII dem Gericht vorenthalten darf bzw. muss.[37]

3. Zur Praxis der Jugendgerichtshilfe

Die schriftlichen Berichte der Jugendgerichtshilfe, die für das Gericht, die Staatsanwaltschaft und die Verteidigung von größter Bedeutung sind, fehlen in der Praxis nicht selten[38] und entsprechen, wenn sie vorliegen, nicht immer den an sie gestellten Anforderungen. Mitunter stehen Persönlichkeitsdiagnosen und Werturteile im Vordergrund, ohne dass nachprüfbare Tatsachen in ausreichendem Umfang mitgeteilt werden.[39] Diese Mängel dürften mit der besseren Ausbildung der Sozialarbeiter[40] und der stärkeren Sensibilisierung für die Gefahren von Stigmatisierung seltener geworden sein.[41] Auch das Ärgernis des „Gerichtsgehers" – ein Jugendgerichtshelfer wird in die Verhandlung geschickt und trägt dort den von anderen Sozialarbeitern erarbeiteten Bericht vor[42] – ist vom Gesetzgeber als Problem erkannt (§ 38 II 4 JGG, § 52 III SGB VIII), was die Hoffnung begründet, dass es seltener auftreten wird.[43]

---

[36] Nach *OLG Köln* NStZ 1986, 569, sollen dem Jugendamt die Kosten des Verfahrens auferlegt werden können. Zutreffend dagegen – es fehlt hierfür eine gesetzliche Grundlage – *LG Frankfurt* NStZ 1985, 42 mit Anm. *Eisenberg* = Zbl 1984, 435 mit Anm. *Rosenthal* = StrVert 1985, 158 mit Anm. *Albrecht;* sowie *Stein,* BewHi 1985, 87; *Brunner/Dölling,* § 50 Rn. 12. Ebenso *OLG Karlsruhe* NStZ 1992, 252 mit krit. Anm. *Schaffstein.* Vgl. auch *Laubenthal,* S. 123 f. Zur Beschlagnahme der Akten des Jugendamts in diesen Fällen: *LG Hamburg* NStZ 1993, 401 mit Anm. *Dölling.*

[37] *LG Hamburg* NStZ 1993, 401 mit Anm. *Dölling; LG Trier* NStZ-RR 2000, 248; *Bex,* DVJJ-J 4/2000, 409 ff.; *Wiesner* u. a., SGB VIII, § 52 Rn. 28.

[38] Nach einer Untersuchung von *Momberg,* MschrKrim 1982, 70, in ca. 40 % der Jugendstrafverfahrensakten; ca. 30 % bei *Trenczek,* DVJJ-J 1/2000, 48. Vgl. auch *Laubenthal,* S. 84 f.

[39] *Neuland,* RdJB 1964, 97 ff.; *Eisenberg,* § 38 Rn. 46 und 50; *Brunner/Dölling,* § 38 Rn. 12; *Laubenthal,* S. 91 f.

[40] Eine vorzügliche Grundlage für die Arbeit der Jugendgerichtshelfer stellt das Buch von *Ullrich,* Arbeitsanleitung für Jugendgerichtshelfer, 1982, dar.

[41] Eher besteht heute die Gefahr, dass zu wenig berichtet wird nach dem – an sich durchaus zutreffenden – Motto: Weniger Schreibtischarbeit, mehr Jugendhilfe! *Zinke,* Fn. 2, S. 22; oder dass die Berichte nur „Positives" enthalten, weil sich der Jugendgerichtshelfer als eine Art Anwalt des Angeklagten (miss-)versteht: *Hauber,* aaO; *Zach,* DVJJ 1/1995, 28 ff.; *Brunner,* FS Böhm, S. 798 f.

[42] *Ullrich,* UJ 1971, 412; *Eisenberg,* § 38 Rn. 33.

[43] Vgl. freilich *Vieten-Groß,* aaO S. 250 (nur die Hälfte der im Termin erschienenen JGH-Mitarbeiter haben zuvor mit dem Beschuldigten gesprochen).

Die in dem Bericht enthaltenen tatsächlichen Begebenheiten müssen erwiesen und ordnungsgemäß in das Verfahren eingebracht sein. Da der Vertreter der JGH die Tatsachen meist nur vom Hörensagen kennt, kann er sie in der Regel nicht als (sachverständiger) Zeuge bekunden.[44] Die dem Bericht zugrunde liegenden Tatsachen werden vielmehr dadurch in das Verfahren eingeführt, dass der Richter sie dem Angeklagten vorhält und dieser sie als zutreffend bestätigt.[45] Tut er dies nicht und kommt es nach Ansicht des Jugendrichters auf diese Begebenheiten an, so muss über sie in richtiger Form Beweis erhoben werden.[46] Der Jugendgerichtshelfer muss die Beweismittel anführen. Soweit seine Informanten (etwa Angehörige) vor Gericht von ihrem Zeugnisverweigerungsrecht Gebrauch machen, können diese Tatsachen nicht verwertet werden.[47]

In der Praxis werden selten Jugendgerichtshilfeberichte in dieser Weise überprüft. Jugendliche und Heranwachsende klagen mitunter später, etwa im Strafvollzug, dass ihre Einwände über diese Berichte in der Hauptverhandlung abgetan worden seien: auf die bestrittenen Tatsachen komme es im Einzelnen nicht an. Die auch auf sie gestützten Wertungen des Berichts fließen dann doch in das Urteil ein.[48]

Trotz mancher Kritik darf aber nicht übersehen werden, dass sich die Jugendgerichtshilfe große Verdienste erworben hat. Es gibt vorzügliche Jugendgerichtshelfer und in einigen wichtigen Prozessen waren die Darlegungen des Jugendgerichtshelfers besonders eindrucksvoll.[49]

4. Zum Rollenkonflikt

Vielleicht ist die Kritik der Jugendlichen und Heranwachsenden am Vertreter der Jugendgerichtshilfe („dem Jugendamt") Ausdruck der Enttäuschung darüber, dass der Helfer vor Gericht zu einer unerwünschten Maßnahme oder gar Strafe „verhilft", dass das, was man ihm als Not über die Eltern, die Schule, die Freunde in der Hoffnung offenbart hat, Rat und Hilfe zu finden, sich nun als Steine des die Jugendstrafe begründenden Mosaiks der schädlichen Neigungen wieder findet. Sozialarbeiter, die als Jugendgerichtshelfer arbeiten, empfinden dieses Problem als Rollenkonflikt. Sie fühlen sich als Sozialarbeiter auf der Seite des Jugendlichen, bei dem Bericht an das Gericht auf der Seite repressiver Obrig-

---

[44] Vgl. *Laubenthal*, S. 120. Das kann nur ausnahmsweise in Betracht kommen: *Schaffstein/Beulke*, § 34 II 2; *Eisenberg*, § 50 Rn. 32 a.

[45] *Brunner/Dölling*, § 38 Rn. 13 und 13 a.; *Schaffstein/Beulke*, § 34 III 1. Der *BGH* hält die Verlesung des von ihm nicht verfassten Berichts durch den Vertreter der JGH in der Hauptverhandlung für zulässig: NStZ 1984, 467 mit Anm. *Brunner* und *Eisenberg*, NStZ 1985, 84.

[46] *Eisenberg*, § 38 Rn. 49; *Ostendorf*, § 38 Rn. 9.

[47] *Ostendorf*, § 38 Rn. 9.

[48] *Eisenberg*, § 50 Rn. 32 c.

[49] *Moser*, Repressive Kriminalpsychiatrie, 1971, S. 9 ff. Wie vielfältig und umfangreich ein Jugendgerichtshilfebericht sein kann, zeigt ein von *Momberg*, MschrKrim 1982, 66 f., dargestelltes Gliederungsschema. Vgl. auch *Laubenthal*, S. 88–91.

keit.[50] Denn das Jugendgericht geht zwar in erster Linie – aber eben
nicht nur! – von dem Wohl des Jugendlichen aus, in die Entscheidungen
fließen andere, ahndende und sichernde Überlegungen ein, die aus dem
Blickwinkel der Sozialarbeiter störend, ja falsch erscheinen mögen.[51] Das
Vertrauen, dessen der Sozialarbeiter bei seiner Erziehungs- und Hilfs-
tätigkeit bedarf, wird dann gewissermaßen zur Denunziation missbraucht. Das stellt ein Problem dar, welches der Sozialarbeiter in der Vollzugsanstalt und der Bewährungshelfer in ihrem Bereich auch kennen,
etwa wenn der letztere gröbliche oder beharrliche Verstöße gegen Weisungen dem Richter melden muss: § 25 JGG.[52]

Nicht leicht von der Hand zu weisen ist auch der Vorwurf, dass die Sozialarbeit als Instanz sozialer Kontrolle die Anpassung durch Stigmatisierung verhindert. Es werden ständig weitere Auffälligkeiten vermerkt und
aktenkundig gesammelt, so dass sie eine negative Biographie ergeben.[53]
Die Eingriffe und Begegnungen sind negativ besetzt und repressiv, führen zu Abstemplungen. Damit gerät das Zuarbeiten für die Gerichte für
den sozial engagierten Helfer in ein schlechtes Licht.[54]

Er sieht auch, dass für das Jugendgericht alle außerhalb des Probanden
liegenden Ursachen mehr oder weniger unbeeinflussbar bleiben, vielmehr „soziale Probleme gleichsam in der Person des Probanden indivi-
dualisiert" werden.[55] Seine im Gerichtsverfahren geleistete Arbeit findet
in dem von der Justiz gesteckten Rahmen statt und kann deren Grenzen
nicht überschreiten.

Manches lässt sich vermeiden: so muss gleich beim ersten Gespräch
mit dem Beschuldigten die Position offen erörtert werden, so dass sich
der Jugendliche und seine Eltern nachher nicht übergangen fühlen, wenn
das, was der Jugendgerichtshelfer erfahren hat, im Jugendgerichtshilfebericht vermerkt ist. Den Jugendlichen und den anderen Auskunftspersonen die auch ohne Zustimmung des Jugendlichen befragt werden
dürfen,[56] ist auch zu vermitteln, dass sie nicht zu Auskünften verpflichtet
sind.[57] Man kann mit dem Beschuldigten und den Eltern den Jugendgerichtshilfebericht vor Absendung an das Gericht besprechen, seine

---

[50] *Müller-Dietz,* MschrKrim 1975, 10.
[51] *Schaffstein,* NStZ 1981, 286 ff., 288.
[52] Es ist im Übrigen keineswegs nur ein Problem der Sozialarbeiter, einerlei ob
sie beim Jugendamt oder bei der Justiz angestellt sind; im Jugendstrafvollzug können
vom Anstaltsleiter abwärts alle Bediensteten in solche Gewissenskonflikte geraten.
[53] *Walter,* Zbl 1973, 496; *Streng,* § 6 Rn. 26.
[54] *Müller-Dietz,* MschrKrim 1975, 10.
[55] *Müller-Dietz,* MschrKrim 1975, 11.
[56] Dies erlauben die Datenschutzbestimmungen des SGB VIII: *Brunner/Dölling,*
§ 38 Rn. 19 b und *Wiesner* u. a., SGB VIII, § 61 Rn. 21–24 mit unterschiedlicher Begründung.
[57] *Eisenberg,* § 38 Rn. 43: fehlt eine solche Belehrung, so dürfen die Auskünfte
nicht verwertet werden.

Bedeutung erörtern und Einwände des Beschuldigten berücksichtigen.[58] Die stigmatisierende Wirkung dieser Art von Sozialkontrolle ist auch dadurch zu mindern, dass man sympathische und günstige Verhaltensweisen des Beschuldigten schildert und festhält zumal gerade diese Informationen wichtige Ansatzpunkte für zur Integration förderliche Angebote und Maßnahmen sind.

Das *BVerfG* hat ein Zeugnisverweigerungsrecht für Sozialarbeiter nicht anerkannt und dabei etwas einlinig auf deren Verantwortung auch gegenüber der Gemeinschaft hingewiesen; einlinig deshalb, weil die Verantwortung hier im Sinne der Justiz und nicht im Sinne der Sozialarbeit gesehen wird.[59] Für den Jugendgerichtshelfer kann indessen hinsichtlich seiner Ermittlungen ein Zeugnisverweigerungsrecht nicht anerkannt werden, weil das Gericht für seine Entscheidung auf einen in jeder Richtung vollständigen und wahrheitsgemäßen Bericht über den Beschuldigten angewiesen ist.[60] In besonderen Fällen, in denen die Bedeutung der Mitteilung gering, der durch eine dem Klienten als Vertrauensbruch erscheinende Äußerung entstehende Schaden aber groß ist, kann die Versagung der Aussagegenehmigung vor Gericht durch den Dienstvorgesetzten des Jugendgerichtshelfers sinnvoll sein.[61] Jugendrichter und Jugendstaatsanwalt müssen, ist die Vernehmung des Vertreters der JGH ausnahmsweise geboten, in der Hauptverhandlung die ihnen ja bekannte Problemlage berücksichtigen. Gleichwohl ist der Konflikt nicht völlig zu beseitigen, er muss durchgestanden werden.[62]

Soweit der in der Hauptverhandlung berichtende Sozialarbeiter den Jugendlichen im Rahmen der sonstigen Jugendhilfe betreut hat, ist er über in diesem Zusammenhang gewonnene Erkenntnisse normalerweise nicht zur Mitteilung berechtigt oder verpflichtet.[63]

---

[58] Das geschieht offenbar – vor allem in der spezialisierten JGH – meistens: *Trenczek*, DVJJ-J 1/2000, 49.

[59] *BVerfGE* 33, 367 ff.; hierzu *Jung*, MschrKrim 1974, 258 ff., 261, 262, 266; *Kaiser*, Gesellschaft, Jugend und Recht, 1977, S. 134 ff.; *Meyer-Goßner*, § 53 Rn. 2, 3; *Roxin*, § 26 B II 2 b.

[60] Gegen ein Zeugnisverweigerungsrecht: *Schaffstein*, FS Dünnebier, S. 667; *Brunner/Dölling*, § 38 Rn. 14; *Schaffstein/Beulke*, § 34 III 1; *Albrecht*, § 40 B I 2 a; *Laubenthal*, S. 126–135. AA: *Hauber*, Zbl 1980, 515; *Peters*, S. 323, 567; für dessen gesetzliche Verankerung: DSS-*Sonnen*, § 38 Rn. 13.

[61] *VG Schleswig* Zbl 1987, 540; vgl. auch DSS-*Sonnen*, § 38 Rn. 26; a.A. *Streng*, § 6 Rn. 24.

[62] *Brunner*, Zbl 1973, 323, 324. Das Problem ließe sich durch Aufspaltung in ermittelnde und helfende Tätigkeit, die jeweils von verschiedenen Sozialarbeitern wahrgenommen wird, bei der Jugendgerichtshilfe etwas entschärfen (*Walter*, Zbl 1973, 498), das ist in der Praxis aber kaum zu verwirklichen.

[63] Vgl. hierzu *Laubenthal*, S. 78–80.

5. Jugendgerichtshilfe und Sachverständiger

Häufiger als in den Strafverfahren gegen Erwachsene benötigt man im Verfahren gegen Jugendliche und Heranwachsende Sachverständige. Ihre Heranziehung ist nicht nur dann nötig, wenn verminderte Schuldfähigkeit oder Schuldunfähigkeit nach §§ 20, 21 StGB nicht auszuschließen ist, sondern auch dann, wenn bei der Frage der Reife nach § 3 JGG oder der Anwendung des § 105 JGG auf einen Heranwachsenden ernste Zweifel bestehen.[64] Vor der Erteilung einer heilerzieherischen Weisung nach § 10 II JGG wird regelmäßig ein Sachverständiger zu hören sein. Auch sonst kann die Heranziehung eines Sachverständigen nötig werden, um die Auswahl der richtigen Rechtsfolge zu ermöglichen, vor allem wenn in besonderen Fallgestaltungen Prognoseentscheidungen zu fällen sind (im Rahmen der Prüfung „schädlicher Neigungen" oder der Entscheidung über eine Aussetzung der Jugendstrafe zur Bewährung).[65]

Die Forderung, möglichst regelmäßig einen Sachverständigen zuzuziehen, ist aber abzulehnen. Das verstieße gegen das Verhältnismäßigkeitsprinzip, ganz abgesehen davon, dass es ohnehin schon nicht genügend Sachverständige gibt. Eine gute Jugendgerichtshilfe kann mit ihren Berichten dem Gericht meistens die erforderlichen Entscheidungshilfen geben.

Die Begutachtung durch Sachverständige soll möglichst ambulant oder auch während der Untersuchungshaft erfolgen und ist, um Verzögerungen des Verfahrens zu vermeiden, schon im Vorverfahren zu veranlassen. Mitunter ist es aber nötig, den Jugendlichen oder Heranwachsenden nach § 73 JGG bis zu sechs Wochen zur Begutachtung des insbesondere zur Entscheidung über die Anwendbarkeit der §§ 3 und 105 JGG wichtigen Entwicklungsstandes in eine Klinik einzuweisen. Dazu kann dann bei Verdacht der Geisteskrankheit gem. § 81 StPO noch eine sechswöchige Einweisung treten.[66]

6. Jugendgerichtshilfe und Bewährungshilfe

Eine besonders wichtige Aufgabe übernehmen die als Sozialarbeiter ausgebildeten Bewährungshelfer, die in aller Regel im Justizdienst stehen, im Bereich des Jugendstrafrechts. Sie werden im Jugendgerichtsgesetz nur in § 113 JGG erwähnt, wonach für den Bezirk eines jeden Jugendrichters mindestens ein hauptamtlicher Bewährungshelfer anzustellen ist.

---

[64] *Eisenberg,* § 43 Rn. 33. Vgl. auch *BGH* NStZ 1985, 184.

[65] *Schaffstein/Beulke,* § 35 II.

[66] Zweifelnd, ob zwei Einweisungen zu jeweils sechs Wochen hintereinander stattfinden können: *Eisenberg,* § 73 Rn. 6 mit der Begründung, der Jugendliche bzw. Heranwachsende werde schlechter gestellt als der Erwachsene (bei dem freilich eine Untersuchung über die Voraussetzungen der Reife nach §§ 3 und 105 JGG gar nicht in Frage kommt!); abl. *Ostendorf,* § 73 Rn. 4; keine Bedenken sehen *Brunner/Dölling,* § 73 Rn. 4.

In der Regel werden die Bewährungshelfer aber nach regionalen Gesichtspunkten, also für bestimmte Stadtbezirke oder Landkreise, einge-
teilt und sind dann sowohl für die dort lebenden jugendlichen wie erwachsenen Probanden zuständig. Eine Spezialisierung für jugendliche
und heranwachsende Probanden findet in der Regel nicht statt.[67] Ist ein
Bewährungshelfer bestellt, so bleibt unklar, welche Aufgaben der Jugendgerichtshelfer, der nach § 38 II 8 JGG eng mit dem Bewährungshelfer zu-
sammenarbeiten soll, noch hat.[68]

7. Jugendgerichtshilfe und Vollzug

Nach § 38 II 9 JGG bleibt die Jugendgerichtshilfe mit dem Jugendlichen während des Vollzugs des Jugendarrestes oder der Jugendstrafe in
Verbindung. Soweit kein Bewährungshelfer bestellt wird, ist der Jugendgerichtshelfer dem Sozialdienst des Vollzugs bei den Wiedereingliede-
rungsmaßnahmen behilflich.[69]

---

[67] Sie ist ebenso anzustreben wie eine Beschränkung der Fallzahl: DVJJ-Reform
8.4 (S. 29).
[68] *Eisenberg,* § 38 Rn. 18.
[69] Die Praxis ist unterschiedlich. Nicht alle Jugendämter engagieren sich auf diesem
Feld: *Klier,* in: BMJ-Jugendgerichtshilfe, S. 109 ff., 112.

3. Teil. Die Maßnahmen

I. Im Vorverfahren angeordnete Maßnahmen

§ 19. Allgemeine Überlegungen

Literatur: Überblick über die Zwangsmittel im Strafverfahren bei *Roxin,* §§ 29–36.

Wird jemand verdächtigt, eine Straftat begangen zu haben, so werden Maßnahmen nach der Strafprozessordnung getroffen, die ganz unterschiedliche kriminalpolitische Ziele verfolgen. Zunächst soll die Tat so weit aufgeklärt werden, dass Anklage erhoben oder Einstellung des Verfahrens beschlossen werden kann. Deshalb werden der Beschuldigte und Zeugen vernommen, körperliche Untersuchungen (etwa eine Blutentnahme zur Feststellung des Blutalkoholgehaltes), Hausdurchsuchungen oder Beschlagnahmen von Beweismitteln angeordnet und dringend verdächtige Beschuldigte verhaftet, wenn sie Fluchtversuche unternehmen oder z. B. durch Bedrohung von Zeugen das Tatgeschehen verdunkeln. Ein Teil dieser Maßnahmen dient dazu, die Hauptverhandlung in Anwesenheit des Angeklagten zu ermöglichen. Deshalb bleibt der fluchtverdächtige Beschuldigte auch dann in Untersuchungshaft, wenn die Tat im Wesentlichen aufgeklärt ist; denn die Hauptverhandlung kann regelmäßig nicht ohne den Angeklagten stattfinden.

Es soll aber auch verhindert werden, dass neue, gewichtige Straftaten begangen werden. Deshalb kann der einer Straftat dringend Verdächtige auch dann in Untersuchungshaft genommen werden, wenn zu befürchten ist, dass er bestimmte mittelschwere oder schwere Verfehlungen andernfalls wiederholen wird. Hierin liegt eine doppelte Verdächtigung eines Bürgers: Aufgrund des dringenden Verdachts (also nicht des Beweises!) einer Straftat entsteht der weitere Verdacht, er werde – in Freiheit belassen – solche Straftaten wiederholen. Dies ist nicht unbedenklich, aber „das übergreifende Interesse der Rechtsgemeinschaft an wirksamer Verbrechensbekämpfung", dem die Strafrechtspflege auch verpflichtet ist, „kann auch unmittelbar freiheitsbeschränkende Maßnahmen rechtfertigen".[1] Neben der Untersuchungshaft wegen Wiederholungsgefahr kennt die Strafprozessordnung als weitere vorbeugende Maßnahmen noch die vorläufige Entziehung der Fahrerlaubnis (§ 111 a StPO) und die vorläufige Unterbringung in einem psychiatrischen Krankenhaus (§ 126 a StPO).

---

[1] *BVerfGE* 35, 185 ff., 190 zur Verfassungsmäßigkeit des § 112 a I Nr. 2 StPO.

Alle genannten Maßnahmen können auch im Verfahren gegen Jugendliche und Heranwachsende angeordnet werden. Hier sind aber außerdem noch die erzieherischen Notwendigkeiten zu beachten. Sie führen zu zwei im Ergebnis gegenläufigen Ergänzungen. Einmal erhält der Jugendrichter eine weitere Eingriffsmöglichkeit, die zu den Eingriffsmöglichkeiten der Strafprozessordnung zur Sicherung des Verfahrens und zur Verhinderung künftiger Straffälligkeit tritt: er kann *vorläufige Anordnungen über die Erziehung* treffen. Zum anderen müssen die Maßnahmen beschränkt oder verändert werden, die im Vorverfahren die Erziehung Jugendlicher oder Heranwachsender gefährden könnten: dies führt zur *Subsidiarität der Untersuchungshaft* zugunsten weniger belastender Maßnahmen und, wenn sie sich nicht vermeiden lässt, *zur jugendgemäßen Ausgestaltung der Untersuchungshaft.*

§ 20. Vorläufige Anordnungen über die Erziehung und einstweilige Unterbringung in einem Erziehungsheim

Literatur: Roestel, Untersuchungshaft oder Erziehungsheim für straffällige Minderjährige?, SchlHA 1968, 155 ff.; *Barasch,* Das Haus Kieferngrund − eine Alternative zur Untersuchungshaft, in: Ber. 16. JGTag, S. 160 ff.; *Miehe,* Formen der Heimerziehung als Alternative zur Untersuchungshaft, in: Ber. 19. JGTag, S. 242 ff.; *Severin,* §§ 71/72 JGG: Formen der Heimerziehung als Alternative, in: Ber. 19. JGTag, S. 247 ff.; *Lösel/ Pomplun,* Jugendhilfe statt Untersuchungshaft, 1998.

1. „Ambulante" Maßnahmen nach § 71 I JGG

Liegt der Verdacht vor, dass ein Jugendlicher eine Verfehlung begangen hat, derentwegen jugendrichterliche Entscheidungen in Betracht kommen, so kann der Jugendrichter den Zeitraum vom Bekanntwerden der Jugendstraftat bis zum rechtskräftigen Abschluss des Verfahrens „pädagogisch überbrücken". Mit seiner Autorität kann er die erzieherischen Angebote der Jugendgerichtshilfe unterstützen. Er bedarf hierzu nicht der Anregung durch die Erziehungsberechtigten wie der Vormundschafts- bzw. Familienrichter in den Fällen des § 1631 III BGB. Es genügt der hinreichende (nicht der dringende) Verdacht einer strafbaren Handlung.[1] In Betracht kommen Maßnahmen, die den Jugendlichen aus einer ihn gefährdenden Umwelt herausnehmen: Wechsel des Arbeitsplatzes, Verbot des Besuchs bestimmter Gaststätten, Verbot des Umgangs mit Personen, die ihn ungünstig beeinflussen, Unterbringung in einem Jugendwohnheim, einer Wohngemeinschaft oder einer Familie sowie die Weisung, sich der Betreuung und Aufsicht einer bestimmten Person zu unter-

---

[1] Vgl. § 203 StPO, *Eisenberg,* § 71 Rn. 4.

stellen[2] – um nur einige Möglichkeiten zu nennen. Verboten sind Maßnahmen mit Strafcharakter wie etwa die Zahlung einer Geldbuße oder die Auferlegung einer besonderen Arbeitsleistung in der Freizeit. Unzulässig sind auch „endgültige Regelungen" pädagogischer Art – etwa die Berufsausbildung betreffend.

Offenbar werden diese Möglichkeiten selten genützt. Dass sie erfolgreich sein könnten, zeigt die mit den zuständigen Jugendstaatsanwälten, Jugendkoordinatoren der Polizei und der Jugendgerichtshilfe abgesprochene seit 1987 (und auch heute noch) geübte Praxis der Jugendrichter in Rüsselsheim und Groß-Gerau, die bei ihnen durch Übersendung einer Kopie der polizeilichen Vernehmung der Tatverdächtigen bekannt gewordenen schwereren Straftaten Jugendlicher („Massiv- und Intensivtäter unterhalb der Haftschwelle", z. B. serienweise Diebstähle aus hierfür aufgebrochenen Pkws), bei denen sich die Ermittlungen wegen mehrerer Beschuldigter und einer Vielzahl von Taten längere Zeit hinziehen, alsbald mit den (teil-)geständigen Jugendlichen, deren Eltern und der JGH einen Termin vereinbaren, in dem die Situation des Jugendlichen besprochen wird und – soweit dies zur Stabilisierung des Jugendlichen nötig erscheint – Maßnahmen über den Aufenthalt, die Arbeit und die Freizeitgestaltung bzw. die Inanspruchnahme von Maßnahmen nach dem SGB VIII vereinbart werden. Dabei weist der Jugendrichter darauf hin, dass das Verhalten des Jugendlichen die spätere Entscheidung wesentlich beeinflussen, etwa für die Gewährung einer Strafaussetzung zur Bewährung oder für die Dauer einer Bewährungsfrist von Bedeutung sein kann. Die Jugendlichen und ihre Bezugspersonen zeigen sich regelmäßig stark motiviert, die Vereinbarungen einzuhalten. Es leuchtet ein, dass andernfalls die Ungewissheit darüber, was geschehen mag, den Jugendlichen demotiviert. Obendrein ist die Bereitschaft zu einer Umstellung der Lebensführung unter dem Eindruck der gerade stattgefundenen Entdeckung der Tat am höchsten. Die Anforderungen sind auch eindeutig am Wohl des Jugendlichen orientiert und bezwecken in keiner Weise eine Ahndung. Sie weisen dem Jugendlichen auch einen Weg, wie er sich selbst helfen kann.[3] Die persönliche Beteiligung des Jugendrichters gibt den Vorschlägen ein besonderes Gewicht.

Folgt der Jugendliche den Weisungen des Jugendrichters nicht, so ist zwar keine besondere Ahndung für diesen Ungehorsam vorgesehen. Der Jugendliche riskiert aber, dass sein Verhalten bei der Hauptverhandlung

---

[2] Etwa auch Sicherstellung eines höhern Geldbetrages, damit er von dem entsprechend verdächtigen Jugendlichen nicht zum Drogenhandel missbraucht wird: *Kreuzer,* ZRP 1971, 111ff., 114. Vgl. auch *Eisenberg,* § 71 Rn. 5; DSS-*Diemer,* § 71 Rn. 6, 7.

[3] *Diedrich,* in: DVJJ – Regionalgruppe Hessen – X. Hessische Studienwoche für Jugendkriminalrechtspflege vom 7. 12. bis 11. 12. 1987 in Arnoldshain, 1988, S. 115 ff., 122, 123.

ein ungünstiges Licht auf ihn wirft: da er gezeigt hat, dass er freiwillig Ratschläge nicht annimmt, wird man ihn wohl energischer anfassen müssen. Außerdem wird der Richter, wenn die „ambulanten" Maßnahmen nichts fruchten, möglicherweise an Heimeinweisung oder Untersuchungshaft denken.

Die vorläufigen Anordnungen erlässt der Jugendrichter durch *Beschluss*. Zuvor soll er den Jugendlichen und dessen Erziehungsberechtigte hören, denen gegen die Entscheidung die Beschwerde – freilich ohne aufschiebende Wirkung – zusteht (§§ 304, 307 StPO – beachte aber die Rechtsmittelbeschränkungen nach § 55 JGG, die auch hier gelten[4]).

Die Regelung des § 71 I JGG wirft insbesondere zwei Fragen auf: zum einen tritt der Jugendrichter in Konkurrenz zu den Erziehungsberechtigten. Ist es schon problematisch, wenn das Erziehungsrecht, ohne dass sein Missbrauch erwiesen ist, durch eine Verurteilung des Jugendlichen beeinträchtigt wird, so erweckt es doch noch stärkere Bedenken, wenn allein der Verdacht, dass der Jugendliche Straftaten begangen haben könnte, den Jugendrichter zu Eingriffen in das Erziehungsrecht ermächtigt. So wird es nicht nur aus praktischen Erwägungen – bei einem Gegeneinander elterlicher und richterlicher Anordnungen gerät der Jugendliche in eine für ihn schwierige Lage, die seine Gefährdung eher erhöht als mindert –, sondern auch aus rechtlichen Gründen geboten sein, dass der Jugendrichter seine Anordnungen mit der Meinung der Eltern abstimmt, wobei sein Einfluss angesichts seiner Stellung im kommenden Strafverfahren bestimmend sein dürfte. Gegen den ausdrücklichen Willen der Eltern darf der Richter keine erzieherischen Anordnungen ambulanter Art ergreifen. Problematisch ist auch die Anordnung vorläufiger ambulanter Maßnahmen gegen Volljährige. § 71 I JGG gilt zwar nicht im Vorverfahren gegen Heranwachsende (vgl. § 109 JGG); das bedeutet aber nach § 1 II JGG nur, dass die Tat, die Anlass des Vorgehens ist, von einem zur Tatzeit 14- bis 17-Jährigen begangen sein muss. Wird der dieser Tat Verdächtige während der Ermittlungen 18 Jahre alt und damit volljährig, so finden die für Jugendliche geltenden Vorschriften Anwendung – auch § 71 JGG.[5] Erzieherische Anordnungen des Jugendrichters sind hier dann zwar nicht dem Einwand ausgesetzt, dass möglicherweise in Rechte der Eltern eingegriffen wird. Es stellt sich aber die Frage, ob Volljährige Adressaten erzieherischer Weisungen des Jugendrichters aus Anlass eines einfachen Tatverdachts sein können. Soweit sich der Jugendrichter auf solche Anordnungen beschränkt, die gezielt erneuter Straffälligkeit vorbeugen sollen (etwa Verbot des Besuchs bestimmter Gaststätten, in denen der Verdächtige die Personen zu treffen pflegt, mit denen er die ihm zur

⁴ S. oben § 11, 3 a. *Brunner/Dölling*, § 71 Rn. 11; DSS-*Diemer*, § 71 Rn. 9; aA *Albrecht*, § 48 B I 3.
⁵ *Dallinger/Lackner*, § 71 Rn. 4.

Last gelegten Straftaten begangen haben soll) – und diese Beschränkung bietet sich ja überhaupt an –, bestehen keine Bedenken. Die Maßnahmen werden vom Jugendrichter aufgehoben, wenn sie nicht mehr erforderlich sind. Mit der Rechtskraft des Urteils enden sie nicht automatisch. Da sie einen den Jugendlichen gefährdenden Zustand pädagogisch überbrücken sollen, sind sie aufrechtzuerhalten, bis die im Urteil angeordneten Maßnahmen einsetzen.[6]

2. Einstweilige Unterbringung in einem geeigneten Heim der Jugendhilfe nach § 71 II JGG

Diese vorläufige Anordnung ist dem Jugendrichter gestattet, wenn sie auch im Hinblick auf die zu erwartenden Maßnahmen geboten ist, um den Jugendlichen vor einer weiteren Gefährdung seiner Entwicklung, insbesondere vor der Begehung neuer Straftaten, zu bewahren. Entgegen der früheren Formulierung dient die Heimeinweisung nach § 71 II JGG nur der Erziehung. Dass potentielle Opfer geschützt werden, ist eine Nebenfolge; der Jugendliche soll vor der Begehung der Straftaten bewahrt werden, weil deren Begehung seine Entwicklung gefährdet. Deshalb ist es auch nicht erforderlich, die Entscheidung von zu befürchtenden bestimmten oder besonders schweren Straftaten abhängig zu machen (im Gegensatz zu der Untersuchungshaft wegen Wiederholungsgefahr nach § 112 a StPO).[7] Die weitere Gefährdung der Entwicklung muss offenbar nicht unbedingt in der Begehung neuer Straftaten bestehen. Indessen muss es sich schon um eine kriminogene Gefährdung handeln, also um einen Lebensstil, der gerade bei dem konkreten Jugendlichen künftige Kriminalität als wahrscheinlich erscheinen lässt. „Im Hinblick auf die zu erwartenden Maßnahmen" bedeutet, dass die Tat, deren der Jugendliche jetzt verdächtigt ist, zu einer Verurteilung zu Jugendstrafe oder zu einer Erziehungsmaßregel nach § 12 Nr. 2 JGG führen dürfte.[8]

3. Einstweilige Unterbringung statt Untersuchungshaft nach § 72 IV JGG

Beim Vorliegen der Voraussetzungen eines Haftbefehls (vgl. § 112 StPO) kann der Jugendrichter statt Untersuchungshaft Heimeinweisung anordnen. Damit soll der Gedanke der Subsidiarität typischerweise zum normalen Strafverfahren gehörender Maßnahmen verwirklicht und die schädliche Wirkung der Untersuchungshaft vermieden werden. Die Schwierigkeiten dieser Regelung liegen vorwiegend in der praktischen

---

[6] *Eisenberg,* § 71 Rn. 18; *Brunner/Dölling,* § 71 Rn. 9.
[7] DSS-*Diemer,* § 71 Rn. 12.
[8] *Ostendorf,* § 71 Rn. 4.

Durchführung. Die Erziehungsheime sind meistens nicht fluchtsicher. Die Erzieher in solchen Anstalten verstehen sich auch nicht als „Mäusehüter von Justitias Gnaden".[9] Daneben befürchten Heimleiter und -erzieher — gewiss nicht immer zu Unrecht — einen ungünstigen Einfluss der „Kriminellen" auf die anderen Heimzöglinge.[10] Nachdem Heimeinweisung statt Untersuchungshaft lange Zeit — von Berlin abgesehen — keine praktische Bedeutung erlangt hat,[11] sind in den letzten Jahren Vereinbarungen zwischen Landesjustizministerien und Jugendbehörden getroffen worden, die durch Regelung der praktischen Einzelheiten und der Kostentragung (durch die Justiz, es handelt sich um Kosten des Strafverfahrens)[12] die Vorschrift besser handhabbar machen wollen. Es fehlen Untersuchungen darüber, ob dieses Ziel erreicht worden ist.[13] In Einzelfällen finden sich Heimplätze vor allem für Beschuldigte, bei denen es nahe liegt, dass im Jugendstrafverfahren eine Entscheidung nach § 12 Nr. 2 JGG ergehen wird.

Für die Geeignetheit eines Heimes i. S. der §§ 71 II, 72 IV JGG ist es ohne Bedeutung, ob dort eine fluchtsichere Unterbringung möglich ist. Nach dem Gesetz ist diese Unterbringung nicht mit der Untersuchungshaft gleichzusetzen (§§ 116, 119 StPO gelten hier nicht), und der Jugendrichter hat kein Weisungsrecht gegenüber dem Heim bezüglich der Ausgestaltung der Unterbringung. Er kann aber neben dem Unterbringungsbefehl nach § 72 IV JGG eine vorläufige Anordnung nach § 71 I JGG des Inhalts treffen, dass der Jugendliche den Anforderungen der Hausordnung des Heimes Folge zu leisten hat.

Der Jugendliche hat sowohl bei der Heimeinweisung nach § 71 II JGG wie bei dem Erlass eines Unterbringungsbefehls nach § 72 IV JGG ähnliche Rechtsbehelfe wie der Untersuchungsgefangene (§ 71 II 2 JGG). In entsprechender Anwendung der Vorschrift des § 310 I StPO steht ihm gegen die Ablehnung seiner Beschwerde gegen den Unterbringungsbefehl des Jugendrichters durch die Jugendkammer die weitere Beschwerde an das Oberlandesgericht zu.[14]

§§ 71, 72 JGG gelten nur für Jugendliche. Eine Erweiterung auf heranwachsende Täter, wie sie die JStrVK vorgeschlagen hatte,[15] erscheint angesichts der schon der heutigen Regelung im Wege stehenden Probleme nicht Erfolg versprechend.

---

[9] *Barasch,* aaO, S. 174.
[10] *Roestel,* SchlHA 1968, 156 f.
[11] *Schaffstein/Beulke,* § 39 I 3.
[12] *Ringel,* in: DVJJ Regionalgruppe Hessen (wie Fn. 3), S. 55 ff.; *Eisenberg,* § 71 Rn. 19.
[13] Zu einer bayerischen Modelleinrichtung: *Lösel/Pomplun,* aaO.
[14] *OLG Hamburg* NJW 1963, 1167.
[15] SchlussB., S. 8.

§ 21. Untersuchungshaft

Literatur: Zirbeck, Die Untersuchungshaft bei Jugendlichen und Heranwachsenden, 1973; *Brandler,* Bericht über einen Versuch, junge Untersuchungsgefangene erzieherisch zu betreuen, in: Ber. 16. JGTag, S. 180 ff.; *Walter,* Untersuchungshaft und Erziehung bei jungen Gefangenen, MschrKrim 1978, 337 ff.; *Kreuzer,* Untersuchungshaft bei Jugendlichen und Heranwachsenden, RdJB 1978, 337 ff.; *Franke,* Hauptprobleme der Gestaltung des Untersuchungshaftvollzuges bei jungen Gefangenen, in: TBer. IX, 1979, 27 ff.; *Kury,* Untersuchungshaft – vorweggenommene Jugendstrafe?, in: Ber. 18. JGTag, S. 421 ff.; *Böhm,* Zur Reform der Untersuchungshaft an jungen Gefangenen, in: FS Dünnebier, S. 677 ff.; *Hartmann,* Die Anordnung von Untersuchungshaft im Ermittlungsverfahren gegen jugendliche Beschuldigte, Diss. jur. Mainz, 1988; *Weinknecht,* Die Situation der Untersuchungshaft und der Unterbringung an Jugendlichen und Heranwachsenden, Diss. jur. Kiel, 1988; *Eisenberg/Toth,* Über Verhängung und Vollzug von Untersuchungshaft bei Jugendlichen und Heranwachsenden, in: GA 1993, 293 ff.; *Jehle,* Entwicklung der Untersuchungshaft bei Jugendlichen und Heranwachsenden vor und nach der Wiedervereinigung, Bonn 1995.

1. Voraussetzungen

Jugendliche und Heranwachsende werden nach denselben Vorschriften (§§ 112 ff. StPO) in Untersuchungshaft genommen wie Erwachsene. Alle die Vorschriften, die die Anordnung der Untersuchungshaft gegen Erwachsene beschränken (Verhältnismäßigkeit: § 112 I 2 StPO; Aussetzung des Vollzugs: § 116 StPO), gelten auch im Jugendstrafrecht. Bei der Prüfung der Verhältnismäßigkeit bei Haftbefehlen gegen Jugendliche ist nach § 72 I JGG nicht nur zusätzlich zu prüfen, ob der Zweck der Untersuchungshaft nicht auch durch vorläufige Anordnungen über die Erziehung erreicht werden kann. Es sind vielmehr auch die besonderen Belastungen des Vollzugs für Jugendliche zu berücksichtigen. Im Haftbefehl müssen die Gründe aufgeführt werden, aus denen sich ergibt, dass andere Maßnahmen, einschließlich der einstweiligen Unterbringung in einem Heim der Jugendhilfe,[1] nicht ausreichen und die Untersuchungshaft nicht unverhältnismäßig ist. Das ist in der Regel der Fall, wenn nicht mit der Verhängung von Jugendstrafe zu rechnen ist.[2] Weitere Einschränkungen für die Untersuchungshaft wegen Fluchtgefahr sieht § 72 II JGG für Jugendliche vor, die das 16. Lebensjahr noch nicht vollendet haben.[3]

Es wurde schon – § 20, 3 – dargestellt, dass die Möglichkeiten, Jugendliche zur Vermeidung der Untersuchungshaft anderweitig in Heimen unterzubringen, faktisch sehr beschränkt sind. Damit aber die Regelun-

---

[1] Genügt meist bei Annahme von Wiederholungsgefahr (§ 112 a StPO): *OLG Hamm* NStZ-RR 2002, 120 = StrVert 2002, 432.

[2] *LG Zweibrücken* StrVert 1999, 161; vgl. auch zur Verhältnismäßigkeit *OLG Zweibrücken* NStZ-RR 2001, 55.

[3] Vgl. *OLG Hamm* StrVert 1996, 275; *OLG Zweibrücken* StrVert 2002, 433.

gen, die den Gedanken der Subsidiarität der Untersuchungshaft bei Jugendlichen verwirklichen sollen (§ 72 I, IV JGG), nicht ins Leere stoßen, sieht § 72 a JGG die Heranziehung der Jugendgerichtshilfe in Haftsachen vor. Die JGH soll, am besten schon vor Vollstreckung des Haftbefehls, mit dem Ziel eingeschaltet werden, die persönlichen Verhältnisse des Jugendlichen zu überprüfen, um Alternativen für die Untersuchungshaft aufzuzeigen.[4] So kann in manchen Fällen die Untersuchungshaft ganz vermieden, in anderen Fällen verkürzt werden.[5] Dadurch, dass jedenfalls dem Verhafteten, der das 18. Lebensjahr noch nicht vollendet hat, unverzüglich ein Verteidiger bestellt wird (§ 68 Nr. 4 JGG), ist im Regelfall sichergestellt, dass alle erfolgversprechenden Rechtsbehelfe wahrgenommen werden.[6]

Ob diese Neuregelung (durch das JGG-Änderungsgesetz 1990 eingeführt) erreicht hat, dass solche Verfahren, in denen ein Jugendlicher in Untersuchungshaft genommen worden ist, besonders beschleunigt werden (§ 72 V JGG), ist zweifelhaft. Haftsachen sind ohnehin Eilsachen; Beobachter haben nicht den Eindruck, dass bei Jugendlichen eiliger gearbeitet wird als bei Heranwachsenden oder Erwachsenen,[7] zumal an ihrer baldigen Haftentlassung kaum jemand interessiert ist – weder eine Familie, die sie versorgen müssen, noch ein Arbeitgeber, dem eine wichtige Fachkraft fehlt.

Da für die jugendrichterliche Entscheidung – etwa bei einer Serie von Diebstählen – die Aufklärung eines jeden Falles nicht erforderlich ist, könnte man sich oft zugunsten der Beschleunigung des Verfahrens auf die zugegebenen oder leicht zu beweisenden Fälle beschränken und hinsichtlich des anderen Teils das Verfahren einstellen.[8] Gar keine Eile zeigen die Ermittlungsbehörden dann, wenn die Untersuchungshaft zum Zwecke der Verbüßung einer bereits rechtskräftigen Jugendstrafe unterbrochen ist. Aber auch gerade dann wäre eine eilige Erledigung der Fälle wichtig, denn bei sog. „Überhaft" können viele der Erziehungsprogramme des Jugendstrafvollzugs, vor allem die Vollzugslockerungen – Außenarbeit, Ausgang, Urlaub und Freigang – nicht angewendet werden. Ganz allgemein kann angesichts der Ungewissheit des Ausgangs der noch bevorstehenden Verhandlung eine sinnvolle Planung des Vollzugs nicht erfolgen.[9]

---

[4] Haftvermeidungshilfe: *Ostendorf,* Grdl. zu §§ 71–73, Rn. 9; *Kawamura,* BewHi 1994, 409 ff.; *Mayer,* DVJJ-J 4/1993, 403 ff.; *Eisenberg/Toch,* aaO, 300 ff.; *Hubert,* Zbl 1995, 439 ff.; *Bindel-Kögel/Heßler,* DVJJ-J 3/1997, 297 ff.; *Schäfer,* DVJJ-J 3/2002, 213 ff.

[5] Z. B. in Thüringen war die Zahl jugendlicher U-Gefangener 1994/1995 drei Mal so hoch wie heute: *Will,* DVJJ-J 1/1999, 49 ff.

[6] Hierzu: *Jehle/Bossow,* BewHi 2002, 73 ff.; *Albrecht,* Gutachten D 132, 169.

[7] *Albrecht,* § 29 B I 4.

[8] *Schaffstein/Beulke,* § 39 I 1; *Dallinger/Lackner,* § 72 Rn. 23.

[9] Vgl. Nr. 92 UVollzO. Dort heißt es in Abs. 2: „Der Gefangene wird für die Dauer des Vollzugs der Strafe als Strafgefangener behandelt. Er unterliegt jedoch auch denjenigen Beschränkungen seiner Freiheit, die der Zweck der Untersuchungshaft erfordert (§ 122 Abs. 1 Satz 1 StVollzG). Insbesondere darf der Gefangene nicht außerhalb des eingefriedeten Bereichs der Anstalt beschäftigt werden." Die in der Jugendstrafanstalt

2. Häufigkeit

Am 31. 3. 2003 befanden sich 793 14- bis 17-jährige Jugendliche (davon 48 Mädchen) und 1877 18- bis 20-jährige Heranwachsende (davon 93 junge Frauen) in Untersuchungshaft. Diese Zahlen haben sich im Laufe der letzten Jahre nicht stark verändert.[10] Das besagt indessen wenig. Die Gesamtzahl der zu einer bestimmten Altersgruppe Gehörenden verändert sich im Laufe der Zeit. Aber auch bei Berechnung der Bezugsgröße (Zahl der Untersuchungsgefangenen auf 100 000 der betreffenden Altersgruppe) entsteht nur eine Scheingenauigkeit; denn unter den Untersuchungsgefangenen aller Altersgruppen befinden sich in nicht bekanntem, vermutlich wachsendem Umfang Personen, die – etwa als illegal in Deutschland lebende Ausländer – bei der Wohnbevölkerung nicht mitgezählt sind. Der Anteil Jugendlicher bei den Untersuchungsgefangenen in den neuen Bundesländern hat sich unterdessen dem in den alten Bundesländern weitgehend angeglichen. Bezogen auf alle Untersuchungsgefangenen am Stichtag sind in den alten Bundesländern 4,6 %, in den neuen Bundesländern 5,1 % Jugendliche (bei den Heranwachsenden 10 % zu 17,3 %).[11] Unbekannt ist, ob dieser sich ständig verringernde Unterschied auf einer anderen Kriminalitätsstruktur oder darauf beruht, dass in den neuen Bundesländern die Jugendgerichtshilfe noch nicht ausreichende Hilfen zur Vermeidung von Untersuchungshaft zur Verfügung stellen kann.

Alle Versuche, die Anordnung und Durchführung von Untersuchungshaft gegen Jugendliche, die als für diesen Personenkreis besonders schädlich gilt,[12] was höchst plausibel, aber nicht gut belegt ist, spürbar einzuschränken, haben bisher keinen durchschlagenden Erfolg gezeigt.[13]

Hierbei bleibt freilich die Überlegung ausgeblendet, wie die Praxis verlaufen wäre, wenn die gesetzlichen Einschränkungen nicht in Kraft gesetzt worden wären. Die Forderung, die Untersuchungshaft gegen Ju-

---

eingelieferten Gefangenen mit „Überhaft" machen in der hessischen Justizvollzugsanstalt Rockenberg bis zu 25 % der Insassen aus.

[10] Am 31. 3. 1994 befanden sich 921 14- bis 17-jährige Personen (davon 33 weiblich) und 2436 18- bis 20-jährige Personen (davon 91 weiblich) in Untersuchungshaft. Zehn Jahre davor waren – hier können nur die Zahlen in den alten Bundesländern miteinander verglichen werden – die Belegungsverhältnisse ähnlich.

[11] Berechnet nach Bestand der Gefangenen und Sicherungsverwahrten in den Vollzugsanstalten am 31. März 2003. Die Zahlen von Berlin sind nicht berücksichtigt.

[12] *Albrecht,* § 29 A; *Schaffstein/Beulke,* § 39 I; *Eisenberg,* § 72 Rn. 3.

[13] *Schaffstein/Beulke,* § 39 I 1. Die Gesetzesänderung von 1990, die die Anordnung von Untersuchungshaft gegenüber Jugendlichen einschränken sollte, hat statistisch keine Wirkungen gezeigt. Von allen Untersuchungsgefangenen waren vor der Änderung (jeweils am 31. 3.) 1988: 4 %, 1989: 3,1 %, 1990: 2,9 % und nach der Änderung 1991: 2,6 %, 1992: 3,0 %, 1993: 3,3 %, 1994: 4,2 % und 2003: 4,7 % 14 bis 17 Jahre alt, wobei die Schwankungen auch mit dem sich ändernden Anteil der 14- bis 17-Jährigen an der Gesamtbevölkerung zu tun haben können.

gendliche — oder mindestens gegen Jugendliche, die noch keine 16 Jahre alt sind — „ersatzlos" — abzuschaffen,[14] erscheint problematisch.[15]

Ob Untersuchungshaft in Verfahren gegen Jugendliche und Heranwachsende häufiger angeordnet wird, als in Verfahren gegen Erwachsene,[16] erscheint zweifelhaft. Soweit in Untersuchungshaft Genommene im Verfahren abgeurteilt worden sind,[17] wurden nach allgemeinem Strafrecht 1999 87,5 %, 2000 86,5 % und 2001 84 % zu Freiheitsstrafen verurteilt, von denen jeweils 40 % voll zur Bewährung ausgesetzt worden sind. Nach Jugendstrafrecht wurden 1999 82,3 %, 2000 84 % und 2001 80 % zu Jugendstrafe (oder Schuldspruch gem. § 27 JGG) verurteilt, von denen 1999 42,4 %, 2000 41 % und 2001 40 % gem. §§ 21 bzw. 27 JGG voll zur Bewährung ausgesetzt worden sind. Die Unterschiede sind nicht eindrucksvoll,[18] wobei zudem zu bedenken ist, dass sich unter den nach allgemeinem Strafrecht verhängten Freiheitsstrafen auch — in nicht bekanntem Umfang — solche von weniger als 6 Monaten Dauer befinden, denen eher die Verurteilungen zu Zuchtmitteln im Jugendstrafrecht entsprechen. Obendrein begehen junge Menschen andere Straftaten als Erwachsene (s. o. § 3.2 a Tab. A, S. 14). So werden Jugendliche und Heranwachsende häufiger wegen vom Gesetzgeber als erheblicher eingestuften Straftaten in Haft geraten, während es bei den Erwachsenen eher umgekehrt ist.[19] Allerdings sagt diese Einstufung wieder nicht so viel über die Schwere der einzelnen Tat, deren der Verhaftete dringend verdächtigt ist, aus. So kann der Handtaschenraub eines Jugendlichen, bei dem das Opfer nicht erheblich verletzt worden ist, weniger schwerwiegend sein als die Steuerhinterziehung eines Geschäftsmannes, obgleich die Tat des Jugendlichen ein Verbrechen, die Tat des Erwachsenen ein Vergehen ohne erhöhte Mindeststrafe ist. Und ob ein Haftgrund vorliegt, richtet sich wieder nach anderen Gesichtspunkten. Deshalb lässt sich die Vertretbarkeit der Anordnung von Untersuchungshaft seriös nur danach beurteilen, wie sich für den Haftrichter der dringende Tatverdacht und die Haftgründe im Zeitpunkt des Erlasses des Haftbefehls darstellen. Jeder Praktiker kennt Fälle, in denen solche Entscheidungen fragwürdig sind. Dass sie im Jugendverfahren häufiger auftreten als im Verfahren gegen Erwach-

---

[14] DVJJ-Reform, S. 107 f.

[15] *Steinhilper,* ZfStrVo 1985, 140 ff., 143; *Schaffstein/Beulke,* § 39 III.

[16] *Eisenberg,* § 72 Rn. 4 a; vgl. auch *Ostendorf,* Grdl. z. §§ 71–73, Rn. 5.

[17] Diejenigen, die aus der Haft entlassen werden, weil sich im Ermittlungsverfahren ihre Unschuld ergibt, tauchen in der Strafverfolgungsstatistik nicht auf.

[18] Nach der Strafverfolgungsstatistik 2001 wurden 47 % der später nach Jugendstrafrecht abgeurteilten Untersuchungsgefangenen zu einer unbedingten Jugendstrafe und 50 % der später nach allgemeinem Strafrecht abgeurteilten Untersuchungsgefangenen zu einer unbedingten Freiheitsstrafe verurteilt (Arbeitsunterlage S. 326, 327). 1991 waren es 38 % bzw. 48 %, was wachsende Zurückhaltung bei Untersuchungshaftanordnung vermuten lässt.

[19] Im Einzelnen für die Jahre 1989 bis 1991, *Jehle* aaO.

sene ist gut vorstellbar aber nicht überprüft. Deshalb sind auch die Aussagen über „apokryphe" (als gesetzwidrige) Haftgründe[20] und ihre Häufigkeit im Jugendstrafverfahren spekulativ. Ob hier eine (unzulässige) Strategie vorliegt: Der Jugendrichter setzt die Untersuchungshaft, ohne dass ein Haftgrund vorliegt, als Kriseninterventionein, beendet diese nach einer angenommenen Stabilisierung des Verurteilten und hält dann in der Hauptverhandlung eine Strafaussetzung für vertretbar,[21] oder ob die Annahme des Haftgrundes – fast immer Fluchtgefahr[22] – korrekt gewesen ist und die erlittene Untersuchungshaft den Jugendlichen ausreichend beeindruckt zu haben scheint,[23] ist ungeklärt. Auch ob vorheriges Erleiden von Untersuchungshaft auf den Erfolg der Bewährungszeit positiven oder negativen Einfluss hat, was vermutlich ohnehin vom Einzelfall abhängt, ist offen.[24]

Die Untersuchungshaft dauert oft nur wenige Tage, gelegentlich aber auch länger als ein Jahr. Verlässliche Zahlen für die durchschnittliche Dauer fehlen. In der U-Haftabteilung der Jugendstrafanstalt Wiesbaden (100 Plätze) betrug die durchschnittliche Dauer Anfang 2003 vier Wochen, in der der Jugendstrafanstalt Wittlich (40 Plätze) drei Monate. Geht man von einer durchschnittlichen Dauer von knapp drei Monaten[25] aus, so geraten jährlich deutlich mehr junge Menschen in Untersuchungshaft als jährlich dem Jugendstrafvollzug überwiesen werden. Nicht selten ist die Untersuchungshaft der erste Freiheitsentzug für die Jugendlichen – Grund genug, der Ausgestaltung dieser Haftart besondere Aufmerksamkeit zuzuwenden.[26]

---

[20] *Albrecht,* § 29 c; *Heinz,* BewHi 1987, 24 ff.; *Ostendorf,* § 72 Rn. 4; *Schaffstein/Beulke,* § 39 I 1; *Eisenberg,* § 72 Rn. 9 („geheime Haftgründe").

[21] *Eisenberg,* § 72 Rn. 9; *Ostendorf,* § 72 Rn. 4.

[22] *Albrecht,* § 29 B I 2 a; insgesamt wurden etwa 95 % aller Haftbefehle (auch) mit Fluchtgefahr begründet (Strafverfolgungsstatistik 2001, Arbeitsgrundlage S. 300); anders für Mecklenburg-Vorpommern: häufigster Haftgrund ist Wiederholungsgefahr: *Kowalzyck,* DVJJ-J 3/2002, 300 ff.

[23] Eine Sichtweise, die öfter in obergerichtlichen Entscheidungen als zutreffend bezeichnet wird, etwa: *BGH* StrVert 1991, 423; *OLG Köln* StrVert 1991, 426.

[24] Kritisch insoweit *Schumann,* ZRP 1984, 319 ff., 322 f.

[25] *Zirbeck,* aaO, S. 27, 28, hatte bei einer Stichprobe eine durchschnittliche Untersuchungshaftzeit von 132,96 Tagen errechnet, ähnlich (nicht genau auf Tage berechnet) sind die von *Krebs,* ZfStrVo 1967, 82 (Frankfurt-Höchst) und *Hilkenbach,* ZfStrVo 1967, 92 für die U-Haftabteilung der Jugendstrafanstalt Herford mitgeteilten Haftzeiten. Neuere Untersuchungen kommen zu deutlich kürzeren Durchschnittshaftzeiten: *Franke,* aaO, S. 27, 32; *Kallien,* KrimJ 1980, 116, 117; *Kury,* aaO S. 421 ff., 435; *Ostendorf,* Grdl. zu §§ 71–73, Rn. 6–2,5 Monate –; *Eisenberg,* § 72 Rn. 8 a; *Schaffstein/Beulke,* § 39 I 1.

[26] *Zirbeck,* aaO, S. 2; *Schacht,* ZfStrVo 1968, 81; *Busch,* in: Würtenberger (Hrsg.), Kriminologie und Vollzug der Freiheitsstrafe, 1961, S. 132; *Walter,* aaO 337, 346; SchlussB., S. 7.

3. Ausgestaltung

a) Besondere Abteilung oder Anstalt

Nach § 93 I JGG wird die Untersuchungshaft nach Möglichkeit in einer *besonderen Anstalt* oder wenigstens in einer besonderen Abteilung der Haftanstalt oder, wenn Freiheitsstrafe nicht zu erwarten ist, in einer Jugendarrestanstalt vollzogen. „Nach Möglichkeit" bezieht sich ersichtlich auf die Unterbringung in einer besonderen Anstalt; eine von den drei Formen des § 93 I JGG abweichende Unterbringung ist deshalb unzulässig.[27] Oft sind die jungen Untersuchungsgefangenen in *Abteilungen der allgemeinen Untersuchungshaftanstalten* untergebracht. Sie bilden in diesen Anstalten eine Minderheit. Möglichkeiten des Kontakts zu erwachsenen Gefangenen sind stets vorhanden. Die „Abteilungen" bestehen häufig nur aus einigen nebeneinander liegenden Haftträumen, verbunden mit dem Angebot einiger weniger auf die jungen Gefangenen beschränkter Freizeitveranstaltungen.[28] Günstiger ist es, wenn die jungen Untersuchungsgefangenen in besonderen *Abteilungen von Jugendstrafanstalten* untergebracht sind. Hier besteht dann wieder die Gefahr, dass die Gestaltung des Jugendstrafvollzugs unter dem stark vom Sicherungsgedanken bestimmten Untersuchungshaftvollzug leidet. Diese inzwischen häufige Form der Unterbringung hat die Jugendstrafvollzugskommission als Regelfall vorgeschlagen, und sie ist in Gesetzgebungsvorhaben aufgenommen worden.[29] Ob sie de lege lata zulässig ist, erscheint zweifelhaft: mit „Haftanstalten" dürfte der Gesetzgeber Untersuchungshaftanstalten gemeint haben.[30] Eine eigene Untersuchungshaftanstalt nur für männliche Jugendliche und Heranwachsende, wie sie das Gesetz eigentlich vorsieht, gibt es nicht.[31] Nur selten finden sich Untersuchungsgefangene in *Jugendarrestanstalten*. Bei jüngeren Untersuchungsgefangenen sind insoweit gute Erfahrungen gemacht worden.[32] Angesichts der geringen Zahl junger weiblicher U-Gefangener (48 Jugendliche und 93 Heranwachsende am 31. 3. 2003 in ganz Deutschland) ist in einigen Bundesländern nicht einmal die Unterbringung in einer eigenen Wohngruppe der Untersu-

---

[27] Anders *Eisenberg,* § 93 Rn. 9, der m. E. den Wortlaut der Vorschrift nicht richtig interpretiert.

[28] Vgl. zu den Anforderungen an eine Abteilung: SchlussB., S. 11 ff., 13; *Franke,* aaO, S. 43; *Böhm,* aaO S. 686.

[29] SchlussB., S. 61; § 34 EUVollzG 1999.

[30] „Großzügiger": *Brunner/Dölling,* § 93 Rn. 2.

[31] Zu einer früher bestehenden derartigen Anstalt: *Krebs,* ZfStrVo 1967, 69 ff., 81 ff.; *Eisenhardt,* Zbl 1971, 240.

[32] *Möller,* ZfStrVo 1986, 234 ff., 237. Neuerdings wird auch die Weisung, sich in die Betreuung einer Jugendarrestanstalt zu begeben, freilich als Alternative zur Unterbringung in der Untersuchungshaft und so auch gegenüber Heranwachsenden zulässig, gem. § 116 I StPO erteilt, vgl. *Ostendorf,* § 71 Rn. 7 a; *Hinrichs,* DVJJ-J 2/1992, 133 ff.; *Bühler,* DVJJ 2/1995, 234 f.; *Schaffstein/Beulke,* § 39 I 4.

chungshaftabteilung der zentralen Frauenstrafanstalt möglich. Da also eine dem Gesetz einigermaßen entsprechende Unterbringung realistisch nicht erfolgen kann, sollte der Gesetzgeber künftig für die jungen Frauen ausdrücklich eine besondere Lösung vorsehen.[33] Die mit der gesonderten Unterbringung der jungen Untersuchungsgefangenen beabsichtigte Trennung – insbesondere von erwachsenen Kriminellen – wird nicht durchweg erreicht, zumal auch auf den Transporten zu Vernehmungen und Gerichtsterminen viele unerwünschte Begegnungen stattfinden.[34]

b) Persönlichkeitserforschung

Um brauchbare Unterlagen für die Entscheidung des Gerichts, aber auch für den späteren Vollzug zu haben, soll eine Persönlichkeitserforschung des Untersuchungsgefangenen stattfinden (Nr. 79 UVollzO). Zu dieser Arbeit wären vor allem Psychologen und Sozialarbeiter berufen. Stehen solche Fachkräfte aber überhaupt zur Verfügung, so fragt es sich, ob sie nicht stärker pädagogisch und beratend tätig sein sollten. In der Praxis beschränkt sich die Persönlichkeitserforschung auf die für die Gestaltung der Untersuchungshaft, allenfalls noch auf die für die Planung späteren Jugendstrafvollzugs notwendigen Feststellungen.[35]

c) Erzieherische Gestaltung

Nach § 93 II JGG soll der Vollzug der Untersuchungshaft erzieherisch gestaltet werden. Diese Sollvorschrift wird nur sehr unvollkommen in der Praxis verwirklicht. Die oft durch die überraschende Inhaftierung verstörten jungen Menschen werden mit ihren Sorgen und Ängsten weitgehend allein gelassen. In vielen Anstalten ist für die Gefangenen nicht genug Arbeit vorhanden. Wenn in den Anstalten Arbeit angeboten wird, so ist es meist primitive Heimarbeit (Stanzarbeiten, Faltarbeiten). Bei dem selten stattfindenden Unterricht fehlt es an einem brauchbaren Konzept, das die starke Fluktuation der Unterrichtsteilnehmer berücksichtigt.[36] Die meiste Zeit verbringen die Gefangenen in ihrem Haftraum. Die ihnen zustehende Einzelunterbringung (§ 119 II 1 StPO) ist vielerorts nicht gewährleistet,[37] wird freilich auch nicht eingefordert, weil das Alleinsein über die meiste Zeit des Tages noch bedrückender ist als das

---

[33] Ein Ansatz in dieser Richtung fand sich in § 131 IV EJVollzG (1993) – Absehen von der Trennung junger weiblicher U-Gefangener von jungen weiblichen Strafgefangenen soll möglich sein.
[34] *Zirbeck,* aaO, S. 35 ff.; *Böhm,* Strafvollzug, 3. Aufl. 2003, Rn. 165; SchlussB., S. 45.
[35] *Zirbeck,* aaO, S. 39 ff. Die Feststellungen, die in dieser eindrucksvollen Arbeit getroffen wurden, sind auch noch 30 Jahre später durchaus aktuell. Vgl. auch Thesen und Resolutionen des *Arbeitskreises VI,* Ber. 16. JGTag, S. 210 ff.; *Eisenhardt,* Strafvollzug, 1978, S. 169 ff., 176 f.; *Schaffstein/Beulke,* § 39 I; SchlussB., S. 61.
[36] Vgl. aber *Henschel,* ZfStrVo 2001, 156 ff.: *Lang,* ZfStrVo 2001, 152 ff., die über eindrucksvolle Bemühungen berichten.
[37] Zu der Lage in Mecklenburg-Vorpommern: *Schott,* DVJJ-J 4/2000, 360 f.

ständige und meist konfliktbehaftete Zusammensein mit einem oder mehreren anderen Insassen auf engem Raum. Selbst die vergleichsweise gut ausgestattete U-Haftabteilung der Jugendstrafanstalt Wiesbaden kann als ein jedem Insassen sicheres „Mindestprogramm" nur $1^1/_2$ Stunden gemeinsame Freizeit im Freizeit- oder Sportraum und 1 Stunde „Bewegung im Freien" garantieren: $21^1/_2$ Stunden des Tages befindet sich der Gefangene in diesem Fall in seinem Haftraum. Die „Behandlung" erschöpft sich dann in Bewachung und dem Versuch, wenigstens in Notfällen einzelnen Inhaftierten zu helfen. Insgesamt wird die Untersuchungshaft wesentlich strenger vollzogen als Jugendstrafe.[38] Besonders bedrückend ist die Lage junger ausländischer U-Gefangener, soweit sie sich nicht oder kaum in Deutsch verständigen können.[39] Das soll nicht heißen, dass – im Rahmen der bescheidenen personellen und räumlichen Verhältnisse – keine Anstrengungen zur Verbesserung der Lage unternommen würden. Vor allem in einigen kleineren Anstalten werden Programme entwickelt, die – dem häufigen Wechsel der Gefangenen angepasst – in kurzer Zeit zu Erfolgserlebnissen führen und besonders auch die persönlichen Schwierigkeiten der Jugendlichen gezielt ins Auge fassen.[40] Soweit die Untersuchungshaft in besonderen Abteilungen von Jugendstrafanstalten durchgeführt wird, ergeben sich oft bessere Möglichkeiten, schulische und berufliche Angebote zu nutzen.[41]

d) Rechtliche Problematik

Nach § 115 JGG sollte die U-Haft an Jugendlichen und Heranwachsenden durch eine eigene Rechtsverordnung geregelt werden. Das ist nicht geschehen. Ob § 115 JGG hierfür eine dem Art. 80 GG genügende Ermächtigungsgrundlage ist, erscheint auch zweifelhaft. Deshalb wird seit längerer Zeit eine gesetzliche Regelung gefordert.[42] Nach dem einen Modell soll die Untersuchungshaft an Jugendlichen und Heranwachsenden in einem für die Untersuchungshaft generell geltenden Untersuchungshaftvollzugsgesetz „mitgeregelt" werden,[43] nach anderer Ansicht, die dem Rechtsgedanken des § 115 JGG folgt und die Eigenständigkeit

---

[38] Thesen und Resolutionen, Ber. 16. JGTag, S. 210; *Franke*, aaO, S. 34; Vorwort der Bundesvereinigung der Anstaltsleiter, in: Döschl/Herrfahrdt/Nagel/Preusker, Entwurf eines Gesetzes über den Vollzug der Untersuchungshaft, 1982; S. auch *Schütze*, MschrKrim 1980, 148 ff.

[39] *Schütze*, in: Trenczek, S. 137 ff., 142.

[40] *Knörnschild*, ZfStrVo 1973, 45 ff.; *Brandler*, aaO, S. 180 ff.; *Lust*, ZfStrVo 1972, 43; *Eberle*, ZfStrVo 1978, 74 ff.; *Blumenberg*, ZfStrVo 1978, 139 ff.; *Beil*, ZfStrVo 1988, 87 ff.; *Möller*, ZfStrVo 1989, 25 ff.

[41] *Fiedler*, in: Trenczek, 132 ff.

[42] Zuletzt: Beschl. 64. DJTag C VIII 3.

[43] *Ostendorf*, Grdl. zu § 93 Rn. 5; *Baumann*, Entwurf eines Untersuchungshaftvollzugsgesetzes, 1981, S. 10; so neuerdings wieder EUVollzG 1999, §§ 31–35, BlStVK 6/1999, 1 ff.

des Jugendkriminalrechts betont, in einem besonderen Abschnitt des Jugendstrafvollzugsgesetzes.[44] So notwendig eine gesetzliche Regelung erscheint, ihre – angesichts der unterschiedlichen kriminalpolitischen Vorstellungen in Bund und Ländern und des Diktats der leeren Kassen – schwierige Verwirklichung steht kaum zu erwarten, solange die mit dem Untersuchungshaftvollzug verbundenen Freiheitsbeschränkungen nach der Auffassung des *BVerfG* durch die gesetzlich formulierte Generalklausel des § 119 StPO gedeckt sind.[45]

Danach dürfen dem Verhafteten nur solche Beschränkungen auferlegt werden, die der Zweck der Untersuchungshaft oder die Ordnung in der Vollzugsanstalt erfordern (§ 119 III StPO).[46] Fraglich ist, ob die nach § 93 II JGG vorgesehene *erzieherische Gestaltung* des Untersuchungshaftvollzuges es gestattet, Jugendlichen und Heranwachsenden zusätzliche *Beschränkungen* aufzuerlegen.

Sollten den jungen Gefangenen[47] alle Freiheiten, die den Erwachsenen eingeräumt werden, voll gewährt werden? Oder tritt zu dem Gesichtspunkt der Unschuldsvermutung und dem Grundsatz, dass Eingriffe in Rechte allein zur Sicherung der Haftzwecke (Verhinderung von Flucht, Verdunkelung, etwaige Wiederholung) gestattet sind, im Jugendrecht ein weiterer Aspekt, der weitergehende Eingriffe erlaubt? Die erwachsenen Gefangenen sind nicht zu einer Arbeit verpflichtet, haben das Recht, sich selbst zu verkösten, dürfen sich beliebige Zeitschriften beschaffen und können – was viele von ihnen tun – den Tag ohne Arbeit oder sinnvolle Beschäftigung bei Radiomusik, Fernsehen und Gesellschaftsspielen vertrödeln.

Es ist wohl richtig gesehen, dass ein solcher Tageslauf den Bedürfnissen der Erziehung eines jungen Menschen nicht unbedingt gerecht wird. Deshalb soll er verpflichtet sein, zu arbeiten, darf nur mit pädagogisch geeignetem Lesestoff versorgt werden, soll er sich nicht aus einem Gasthaus verpflegen lassen und kann Beschränkungen beim Tabakkonsum unterworfen werden.[48] Sein Verkehr mit der Außenwelt wird unterbunden, so-

---

[44] JStrVK, SchlussB., S. 7, 61. Vgl. auch *Böhm*, aaO S. 684; *Eisenberg*, § 93 Rn. 3; *Eisenberg/Toth*, aaO, 308 f.; *Brunner/Dölling*, § 93 Rn. 4.

[45] *BVerfGE* 35, 311 ff.; 57, 170 ff., 177; krit. hierzu – der gegenwärtige Zustand ist verfassungswidrig – *Ostendorf*, § 93 Rn. 3.

[46] *Meyer-Goßner*, § 119 Rn. 11 ff.

[47] Nach Nr. 1 IV UVollzO sind das die unter 21-jährigen U-Gefangenen. Auch das EUVollzG 1999 (§ 31 I) geht für ihre Anwendbarkeit vom jeweiligen aktuellen Alter der Insassen aus, was auch allein sinnvoll ist. Das JGG legt für die Anwendbarkeit der §§ 93, 110 JGG aber das Alter des U-Gefangenen zugrunde, in dem er die ihm vorgeworfenen Taten begangen haben soll (§§ 1 II, 110 II JGG). Ebenso formuliert das StVollzG (§ 177 Satz 4). So entstehen Wertungswidersprüche, die der Gesetzgeber beseitigen sollte.

[48] So Nr. 80–83 der UVollzO, einer nur die Verwaltung, nicht aber die Gerichte bindenden Verwaltungsanordnung, die Richtlinien für die Untersuchungshaft im Allgemeinen aufstellt und nur in wenigen Bestimmungen (Nr. 77–84) auf die Besonderheiten der Untersuchungshaft gegenüber Jugendlichen und Heranwachsenden eingeht.

weit er aus erzieherischen Gründen bedenklich erscheint. Angesichts der oben geschilderten, heute geübten Praxis im Untersuchungshaftvollzug an jungen Leuten haben diese Beschränkungen freilich geringe Bedeutung. Vor allem die Arbeitspflicht wird mangels Arbeitsangeboten kaum durchgesetzt, im Gegenteil: meistens klagen die Insassen umgekehrt darüber, dass sie sich langweilen und nichts zu arbeiten haben.

So können sie sich auch oft kein Arbeitsentgelt verdienen. Es beträgt gem. § 176 I StVollzG i.V. mit §§ 43 II, 200 StVollzG im Jahre 2004 bei 8 Stunden Arbeit am Arbeitstag im Durchschnitt 10,43 Euro (bei sehr einfachen Arbeiten mindestens 75 % dieses Betrages). Davon dürfen drei Siebtel, 4,47 Euro (also etwa 90 Euro im Monat) für den Einkauf in der Anstalt verwendet werden, der Rest wird für den Entlassungszeitpunkt angespart (Überbrückungsgeld). Wer keine Arbeit erhalten kann, obgleich er arbeiten möchte, und nicht über eigene Mittel verfügt, kann beim Sozialamt nach dem BSHG ein Taschengeld von monatlich etwa 44 Euro beantragen.[49] Das dem unverschuldet unbeschäftigten, bedürftigen Strafgefangenen nach § 46 StVollzG zustehende Taschengeld von monatlich etwa 30 Euro wird in den meisten Bundesländern auch den zur Arbeit verpflichteten jungen Untersuchungsgefangenen nicht gewährt, weil die Vorschrift nicht für die Untersuchungshaft gilt (§ 177 StVollzG).[50] In der Untersuchungshaftabteilung der Jugendstrafanstalt Wiesbaden gibt es für 100 junge Untersuchungsgefangene 50 Arbeitsplätze, was wegen der hohen Zahl von Insassen, die nur sehr kurze Zeit in der Anstalt sind, als ausreichend angesehen wird. Bei einer täglichen Arbeitszeit von 6 Stunden erreichen die dort arbeitenden Gefangenen drei Viertel des Durchschnittsverdienstes. Von der „Arbeitspflicht" profitieren sie insofern, als ihre Arbeitsentlohnung der der zur Arbeit verpflichteten Strafgefangenen entspricht, während die Arbeitsentlohnung der nicht zur Arbeit verpflichteten erwachsenen Untersuchungsgefangenen, wenn sie freiwillig Arbeit leisten, deutlich geringer ist.[51] Jedenfalls können sich die jungen U-Gefangenen, die auch fast nie von zu Hause aus über größere Geldmittel verfügen (von denen sie als „Eigengeld" in der Anstalt einkaufen könnten), ohnehin nur solche Wünsche erfüllen, die dem Erziehungszweck nicht zuwiderlaufen (Nr. 81 UVollzO). Die Vorschrift, dass der junge U-Gefangene sich nicht aus einem Gasthaus verpflegen darf, wenn erzieherische Nachteile zu befürchten sind, hat praktisch keine Bedeutung. Von dieser sehr kostspieligen Verpflegungsmöglichkeit machen auch erwachsene Gefangene fast nie Gebrauch. Sie nehmen – wie die Jugendlichen – die Anstaltsverpflegung in Anspruch und bessern sie durch Einkäufe in der Kantine auf. Schwierigkeiten entstehen eher bei der Beschränkung des Lesestoffs und der Auswahl der zu Besuch kommenden Personen. Einmal kann es hier zu einer Konkurrenz zwischen den Vorstellungen des nach §§ 34, 107 JGG, Nr. 77, 80 IV UVollzO zuständigen Jugendrichters und den Erziehungsberechtigten kommen, zum anderen fragt es sich, ob auch gegenüber dem volljährig gewordenen Untersuchungsgefangenen die erzieherische Gestaltung der Untersuchungshaft zu zusätzlichen Beschränkungen berechtigt.

Bei den Minderjährigen sind Eingriffe in die Lebensgestaltung aus Erziehungsgründen gewiss zulässig. Da die Erziehungsberechtigten durch die Inhaftierung des Jugendlichen diesen praktisch kaum mehr erziehen und die in der Haftsituation entstehenden Probleme selten übersehen

---

[49] *BVerwG* BlStVK 2/1995, 1 ff. Dies Vorgehen ist zeitaufwendig.
[50] *OLG Hamm* NStZ 1993, 608.
[51] Nach § 177 Satz 2 StVollzG 5 vom Hundert der Bezugsgröße anstatt 9 vom Hundert, also etwa halb so viel.

können, wird man ein mindestens subsidiäres Erziehungsrecht des Jugendrichters bzw. des Anstaltsleiters annehmen müssen.[52] Kontaktaufnahme mit den Erziehungsberechtigten, Absprache mit ihnen über wesentliche Fragen der Behandlung des Jugendlichen und Beachtung solcher Anregungen der Eltern zur Vollzugsgestaltung, die sich ohne Gefährdung von Sicherheit und Ordnung der Anstalt sowie der Haftzwecke verwirklichen lassen, sind indessen als Folge der grundgesetzlichen Wertentscheidung zum Schutze des Elternrechts geboten.[53]

Ob § 93 II JGG aber eine ausreichende konkrete Eingriffsnorm darstellt, erscheint zweifelhaft. Eingriffe in die Rechtsstellung, wie die Verpflichtung zur Arbeit, wären gesetzlich genau zu benennen.[54] Es erscheint gewagt, den Erziehungsbegriff von § 91 I und II JGG in die Forderung nach „erzieherischer Gestaltung" hineinzuinterpretieren. Erzieherische Gestaltung kann deshalb nur bedeuten, dass die Vollzugsverwaltung verpflichtet sein soll, personell und sachlich für dem Alter der Inhaftierten angemessene erzieherische Angebote zu sorgen. Demnach ist die Arbeitspflicht nach Nr. 80 II 1 UVollzO gegenwärtig nicht durch eine gesetzliche Ermächtigung gedeckt.[55] Auch das Zwangsansparen eines Überbrückungsgeldes – es ist beim erwachsenen Untersuchungsgefangenen nicht vorgesehen[56] –, ist mit der „erzieherischen Gestaltung" nicht gedeckt,[57] auch nicht eine Teilnahmepflicht am Sport.[58] Dass dagegen der allgemeinen Schulpflicht unterliegende Gefangene an einem in der Untersuchungshaft stattfindenden entsprechenden Unterricht teilnehmen müssen,[59] entspricht der Rechtslage.

---

[52] *Zirbeck,* aaO, S. 46, 47; *Dallinger/Lackner,* § 93 Rn. 11; *Streng,* § 7 Rn. 30; *Eisenberg,* § 93 Rn. 12 („erzieherische Verantwortung").

[53] *Kreuzer,* aaO 337 ff., 351; SchlussB., S. 43; *Ostendorf,* § 93 Rn. 8; *Eisenberg,* § 93 Rn. 13; *Albrecht,* § 29 D III 3 a; zu weitgehend, weil in der Praxis nicht zu verwirklichen: *Linck,* ZRP 1971, 57 ff.

[54] Wie etwa in § 33 II EUVollzG 1999 vorgesehen.

[55] *Krippes,* RdJB 1967, 243; *Linck,* ZRP 1971, 57; *Mrozynski,* RdJB 1973, 326, 329; *Seebode,* JA 1979, 613; *Molketin/Jakobs,* ZfStrVo 1982, 335 ff.; *Böhm,* aaO S. 687; AG Zweibrücken NJW 1979, 1557; AG Hamburg NStZ 1985, 288; DSS-*Diemer,* § 93 Rn. 9; aA *Brunner/Dölling,* § 93 Rn. 5; *Nix (Höflich),* § 93 Rn. 3; *Schöch,* in: Kaiser/Schöch, Strafvollzug, 5. Aufl. (2002), § 5 Rn. 119; OLG Stuttgart Die Justiz, 1973, 443, 444; ähnlich – allerdings die Zustimmung der Eltern fordernd – *Ostendorf,* § 93 Rn. 10.

[56] Vgl. Nr. 80 II 3 UVollzO. Der erwachsene U-Gefangene erhält das Arbeitsentgelt gem. § 177 StVollzG voll zur eigenen Verwendung: *Böhm,* in: Schwind/Böhm, StVollzG, 4. Aufl. (2004), § 177 Rn. 3.

[57] Zwar wird seine „Pflichtarbeit" (*BVerfGE* 98, 169 ff.) besser vergütet als die des erwachsenen U-Gefangenen (vgl. § 177 Satz 2 StVollzG), wegen des „Zwangssparens" wird ihm aber bei gleicher Arbeit weniger (drei Siebtel von 9 % der Bezugsgröße) ausbezahlt als dem erwachsenen U-Gefangenen, der 5 % der Bezugsgröße ohne Abzüge erhält.

[58] Nr. 82 II UVollzO.

[59] Nr. 80 III 2 UVollzO; DSS-*Diemer,* § 93 Rn. 10 ebenso § 33 I EUVollzG 1999.

Gegenüber dem unterdessen *volljährig gewordenen Untersuchungs-gefangenen* sind aus erzieherischen Gründen zu rechtfertigende Rechts-beschränkungen ohnehin nicht zulässig.[60] Dass ihnen indessen durch er-zieherische Gestaltung des U-Haftvollzugs ihrem Alter entsprechend sinnvolle Angebote gemacht werden dürfen und sollen, ist selbstverständ-lich und unterliegt keinen Bedenken.[61] Die Erfahrung lehrt, dass solche Angebote auch ohne Zwang von der Mehrzahl der Gefangenen ange-nommen werden. Die Herabsetzung des Volljährigkeitsalters hat an dem Bedürfnis junger Menschen, Hilfen zur Sozialisation zu erhalten, nichts geändert. Sie werden durch entsprechende Ausgestaltung der Untersu-chungshaft nicht in irgendwelchen Rechten verletzt.[62] Die erzieherische Durchführung der Untersuchungshaft wird auch nicht entscheidend durch die Rechtsbeschränkungen (auf die man schließlich auch bei den Minderjährigen verzichten könnte) geprägt, sondern durch die Bereit-stellung besonderer persönlicher und sachlicher Hilfen.[63]

Die besonderen Regelungen für die Untersuchungshaft an Jugendlichen gelten nach § 110 II JGG entsprechend für Heranwachsende, solange diese das 21. Lebensjahr noch nicht vollendet haben. Aber auch an älteren Heranwachsenden kann die Unter-suchungshaft bis zu ihrem 24. Lebensjahr nach § 93 JGG vollzogen werden. Eine solche Altersgrenze ist bei den Jugendlichen nicht vorgesehen, wer also wegen einer Straftat, die er als 17-Jähriger begangen haben soll, als 30-Jähriger in Untersuchungs-haft genommen wird, unterliegt den Vorschriften des § 93 JGG. Da dies natürlich nicht sinnvoll ist, sollten auch insoweit die Altersgrenzen des § 110 II JGG gelten.[64]

4. Anrechnung der Untersuchungshaft

Sowohl die Untersuchungshaft als auch die an ihre Stelle getretene Heimunterbringung (§ 72 IV JGG) werden – ebenso wie andere im Vor-verfahren angeordnete Freiheitsentziehungen[65] – grundsätzlich auf die

---

[60] *Linck,* ZRP 1971, 59; *Sprenger,* NJW 1976, 663; *Ostendorf,* § 93 Rn. 7. Mit *Schnei-der,* NJW 1974, 1207, halte ich darum die Entscheidung des *OLG Stuttgart,* NJW 1974, 759, das die Zusendung einer pornographischen Zeitschrift an einen heranwachsen-den U-Gefangenen aus erzieherischen Gründen verboten hat, für falsch; freilich nicht aus pädagogischen, sondern aus juristischen Gründen. Vgl. auch § 5, 1.

[61] So auch *Kreuzer,* aaO 351; *Ostendorf,* § 93 Rn. 7; *Streng,* § 7 Rn. 30; undeutlich *Eisenberg,* § 110 Rn. 7.

[62] Die insoweit geäußerten Bedenken bei *Linck,* ZRP 1971, 59, und *Sprenger,* NJW 1976, 663, sind nicht einleuchtend. Um alle Missverständnisse auszuschließen, könnte man die Bemerkung „erzieherische Gestaltung" durch „jugendgemäße Gestal-tung" ersetzen.

[63] Dem tragen die entsprechenden Grundsatzvorstellungen der JStrVK Rechnung: SchlussB., S. 17, 62–64. Die Kommissionsmehrheit hielt eine Verpflichtung junger Un-tersuchungsgefangener zur Teilnahme an sozialpädagogischen Programmen (ein-schließlich Arbeitsmöglichkeiten) de lege ferenda für zulässig und geboten. Die in ei-nem Sondervotum (S. 64) niedergelegte Mindermeinung will keine Verpflichtung zur Teilnahme vorsehen.

[64] So § 31 EUVollzG 1999.

[65] Hierzu: *Brunner/Dölling,* §§ 52, 52 a Rn. 1.

später verhängte Jugendstrafe angerechnet. Das ist ein Gebot der Gerechtigkeit und entspricht der bei den Erwachsenen geltenden Regelung. Da indessen der Vollzug der Untersuchungshaft nur selten erzieherisch gestaltet wird, könnte die Berücksichtigung der Untersuchungshaft mitunter dazu führen, dass die dann noch verbleibende Jugendstrafe nicht ausreicht, um die Maßnahmen einzuleiten und durchzuführen, die notwendig erscheinen, den wünschenswerten Erziehungserfolg zu verwirklichen. Abweichend vom allgemeinen Strafrecht (§ 51 StGB) sieht für diesen Fall § 52 a I JGG vor, dass die Anrechnung der Untersuchungshaft ganz oder teilweise unterbleiben kann. Diese Lösung ist insoweit folgerichtig, als nach § 18 II JGG die Jugendstrafe so zu bemessen ist, dass die erforderliche erzieherische Einwirkung möglich ist. Müsste die Untersuchungshaft in jedem Fall angerechnet werden, so könnte das im Ergebnis dazu zwingen, die Jugendstrafe um die anzurechnende Untersuchungshaft zu verlängern, natürlich nur in dem Rahmen, den das Gewicht von Tat und Schuld zulassen. Das könnte sich auch aus registerrechtlichen Gründen für den Verurteilten negativ auswirken.[66] Indessen wird der Verurteilte die Nichtanrechnung der Untersuchungshaft, deren erzieherische Nutzlosigkeit er nicht zu verantworten hat, als Benachteiligung empfinden, und auch die erzieherische Notwendigkeit einer solchen Entscheidung wird sich nur selten zwingend begründen lassen[67] – einmal ganz abgesehen von der Problematik der Strafzumessungserwägung des § 18 II JGG (vgl. u. § 25 2 a und d). So wird in der Praxis die Untersuchungshaft regelmäßig auf die Jugendstrafe angerechnet[68] und die Streichung dieser jugendstrafrechtlichen Sonderregelung de lege ferenda gefordert.[69]

Kein Unterschied zum allgemeinen Strafrecht besteht insoweit, als nach § 52 a I 2 JGG wegen des Nachtatverhaltens des jugendlichen Untersuchungshaft möglicherweise nicht angerechnet wird. Gemeint ist damit ein Verhalten, das darauf abzielt, die Untersuchungshaft mit dem Ziel zu verlängern, durch deren Anrechnung die Strafhaft zu verkürzen.[70] Da die Untersuchungshaft für den Inhaftierten gegenüber der Strafhaft kaum Vorteile – ja überwiegend Nachteile! – bietet, wird ein solches Verhalten

---

[66] Hat sich der Jugendliche sechs Monate in U-Haft befunden und erscheint dem Gericht zur Einwirkung noch mindestens ein Zeitraum von zwei Jahren geboten, so wäre eine Jugendstrafe von zwei Jahren (ohne Anrechnung der U-Haft) im Hinblick auf die Regelung des § 100 JGG für den Jugendlichen günstiger als eine Jugendstrafe von zwei Jahren und sechs Monaten unter Anrechnung der U-Haft.

[67] Vgl. *BGH* NStZ 1998,152 = StrVert 1998, 346.

[68] *BGHSt* 37, 75 ff., 78, 79; vgl. hierzu auch *Schaffstein/Beulke*, § 39 II 2.

[69] *Albrecht*, Gutachten D 132, 169; Beschl. 64. DJTag C VIII 3.

[70] Dagegen reicht es nicht aus, dass der Verurteilte seine Verhaftung verschuldet (*OLG Stuttgart* StrVert 1987, 309) oder sich während der U-Haft schlecht geführt hat, so dass sie erzieherisch wirkungslos war: *BGHSt* 37, 45 mit zust. Anm.*Walter/Pieplow*, NStZ 1991, 332; *BGH* NStZ 1996, 233.

kaum vorkommen. Deshalb sollte auch dieser Fall der Nichtanrechnung gestrichen werden, was dann allerdings auch im allgemeinen Strafrecht geschehen müsste, da eine insoweit unterschiedliche Handhabung nicht zu begründen ist.

Jugendarrest wird gem. § 52 JGG – ganz oder teilweise – nicht vollstreckt, wenn sein Zweck durch die Untersuchungshaft erreicht ist, was regelmäßig der Fall sein dürfte.[71]

Angerechnet wird auch die sog. *Revisionshaft*, d. h. die Untersuchungshaft, die der Jugendliche nach dem Urteil bis zu dessen Rechtskraft verbüßt hat. Sie beträgt, wenn kein Rechtsmittel eingelegt wird, sieben Tage; wenn ein Rechtsmittel eingelegt und später zurückgenommen wird, kann sie bis zum Tage der Rücknahme Monate dauern. Da diese Untersuchungshaft nach dem Urteil stattfindet und ihre mutmaßliche Dauer zunächst unbekannt ist, kann das Gericht über ihre Anrechnung im Vorhinein nicht befinden. Wie § 51 I 1 StGB bestimmt § 52 a I 1 JGG nunmehr eine automatische Anrechnung, da kein Verurteilter von der Einlegung eines Rechtsmittels durch die Überlegung abgehalten werden soll, dass er durch die Wahrung seiner Rechte länger in Haft bleiben muss.[72]

II. Durch Urteil verhängte Maßnahmen

§ 22. Allgemeine Betrachtungen zu den Folgen der Jugendstraftat

Literatur: Hellmer, Erziehung und Strafe, 1957; *Miehe,* Die Bedeutung der Tat im Jugendstrafrecht, 1964; *Blau,* Erziehungsgedanke und „Tatadaequanz" im Jugendstrafrecht, Zbl 1959, 117 ff.; *Zipf,* Die Rechtsfolgen der Tat, in: Maurach/Zipf, §§ 57 ff.; *Dölling,* Über die Höhenbemessung der Freiheits- und der Jugendstrafe, FS Schreiber 2003, S. 55 ff.

1. Erziehung und Ahndung

Die Jugendstraftat (§ 5 JGG) ist das tatbestandsmäßige, rechtswidrige und schuldhafte Vergehen oder Verbrechen eines Jugendlichen oder – bei Vorliegen der Voraussetzung des § 105 JGG – eines Heranwachsenden; ihre im ordnungsgemäßen Strafverfahren erfolgte Feststellung ist unabdingbare Voraussetzung für die im Urteil angeordneten Rechtsfolgen. Insofern besteht kein Unterschied zum allgemeinen Strafrecht. Die Rechtsfolgen werden nicht verhängt, weil sie zur Förderung des Verurteilten

---

[71] *Eisenberg,* § 52 Rn. 11. Vgl. auch *OLG Hamburg* JR 1983, 170 mit Anm. *Eisenberg.*
[72] *BGH* Rpfleger 1972, 251.

notwendig sind, sondern weil eine Straftat begangen worden ist. Insoweit dienen sie der Bestätigung der Rechtsordnung. Aber für die Auswahl der zu treffenden Maßnahmen und ihre Bemessung im Einzelnen gelten besondere Grundsätze. Im allgemeinen Strafrecht ist für jede einzelne Straftat je nach ihrem Unwertgehalt im Gesetz ein besonderer Strafrahmen gebildet. Innerhalb dieses Rahmens muss die im Einzelfall gerechte Strafe nach allgemeinen Zumessungsregeln ermittelt werden. Danach ist die Schuld des Täters Grundlage der Strafe, begrenzt sie also nach oben und nach unten. Nur innerhalb dieses Schuldrahmens gelangen general- und spezialpräventive Überlegungen zur Anwendung (Spielraumtheorie).[1] Im Jugendstrafrecht gibt es keine Strafrahmen. Das Gewicht der Tat und die Schwere der Schuld des Täters begrenzen die ahndenden Rechtsfolgen, vor allem die Jugendstrafe, nur insofern, als sie nicht höher sein dürfen, als das mit dem Schuldprinzip vereinbar ist.[2] Im Übrigen sind sie so auszuwählen und zu bemessen, dass sie eine neue Straffälligkeit möglichst verhindern und die künftige Entwicklung des Jugendlichen möglichst fördern, auf jeden Fall aber nicht stören.

Die Tat ist allerdings nicht nur der unabdingbare Anlass für diese Maßnahmen überhaupt, sie schlägt auch auf deren Bemessung durch. Selbst bei den Erziehungsmaßregeln, die „aus Anlass der Tat" angeordnet werden, behält die „Anlasstat" eine gewisse Bedeutung. Zwar richten sich Auswahl und Bemessung der Erziehungsmaßregeln nur nach dem zur Erziehung des Verurteilten Gebotenen, da aber auch hier im Rahmen des Strafrechts gehandelt wird, dürfen solche Erziehungsmaßregeln, die für den Verurteilten eine starke Belastung darstellen, nicht angeordnet werden, wenn sie in keinem Verhältnis zu der sie auslösenden Tat stehen.[3] Allerdings wird man hier einen weiten Spielraum des Jugendrichters annehmen müssen. Denn die Erziehungsmaßregel dient ausschließlich der positiven Spezialprävention, der Entwicklung des Verurteilten. Dass er sich dafür „krumm legen" muss, hat ein ganz anderes Gewicht, als wenn die Belastungen der Ahndung, der negativen Spezialprävention („Individualabschreckung")[4] dienen. Eine weitere Beschränkung enthält der Verfassungsgrundsatz der Verhältnismäßigkeit, der ohnehin im ganzen Recht gilt. Er verbietet eine Maßnahme, die zur Erreichung des gesetzmäßigen Ziels nicht unbedingt erforderlich ist. Die „Erziehung", die die Maßnahme erstrebt, muss also geeignet und erforderlich sein, um die kriminelle Gefährdung zu vermindern.

Bei ahndenden Maßnahmen (Verwarnung, Auflagen, Jugendarrest und Jugendstrafe) geht es, was deren erzieherische Bemessung betrifft, auch darum, dass dem Verurteilten durch die Art der Ahndung das Un-

---

[1] S. hierzu *Zipf*, aaO, § 63 I; *Dölling*, aaO; *BGHSt* 20, 264, 266.
[2] *BGH* NStZ 1990, 389; *Miehe*, aaO, S. 118 ff.; *Dölling*, aaO; S. 161.
[3] *Schaffstein/Beulke*, § 15 II 1 c.
[4] *Zipf*, aaO, § 63 I Rn. 107, 108.

recht seines Tuns verdeutlicht wird.[5] Dazu bedarf es mitunter einer fühlbaren Rechtseinbuße. Sie wird regelmäßig geringer sein können, als es der „gerechte Schuldausgleich" wäre, jedenfalls darf sie diese Marke nie überschreiten.[6]

Ahndende Maßnahmen sind ausnahmsweise auch zulässig und gegebenenfalls geboten (etwa: Jugendstrafe wegen Schwere der Schuld, s. u. § 25, 1 b), wenn sie überhaupt oder in der (gebotenen) Höhe nicht (auch) aus Gründen der Erziehung gerechtfertigt werden können.[7] Dann sind die Erfordernisse gerechten Schuldausgleichs mit den Wirkungen, die die ahndenden Rechtseinbussen auf das künftige Leben des Verurteilten haben können, abzuwägen. Das Maß der Schuld des Täters bildet dann die äußerste Grenze für die Rechtsfolge.[8] Sie darf aber milder sein, als es das Schuldprinzip fordern würde.

§ 5 JGG enthält keine Rangordnung, nach der Erziehungsmaßregeln gegenüber den die Tat ahndenden Rechtsfolgen die eingriffsärmeren Maßnahmen darstellen.[9] Sie sind nicht die mildeste Reaktion, haben aber einen anderen Ansatzpunkt: Erziehungsdefizite. Was den freiheitsbeschränkenden Eingriff angeht, können sie (Verpflichtung zur Teilnahme an einem Erziehungskurs, Verbot des Besuchs bestimmter Gaststätten) belastender sein als eine Verwarnung oder eine geringfügige Auflage.

Andererseits setzen Verwarnung, Auflagen und Jugendarrest nicht das Vorliegen von Erziehungsdefiziten voraus. Sie orientieren sich als ahndende Maßnahmen stärker an Tat und Schuld. Typisch strafrechtliche Überlegungen spielen, auch wenn es sich um erhebliche Straftaten handelt, bei den 14- oder 15-jährigen Tätern eine geringere Rolle, sind bei einem 20-jährigen aber regelmäßig von erheblicher Bedeutung.[10]

2. Grundsatz der Einheitlichkeit der Rechtsfolgen

a) Gesamtstrafenbildung im allgemeinen Strafrecht

Besonderheiten bei der Strafbemessung ergeben sich bei der gleichzeitigen Aburteilung verschiedener Taten. Im allgemeinen Strafrecht unterscheiden wir die *Tateinheit* (durch eine Handlung werden verschiedene Straftatbestände oder derselbe Straftatbestand mehrmals verletzt: § 52 StGB) und die *Tatmehrheit* (verschiedene Straftaten werden gleichzeitig abgeurteilt: § 53 StGB). Im ersten Fall wird nur aus dem schwersten der verwirkten Tatbestände eine Rechtsfolge hergeleitet. Im Fall der Tatmehr-

---

[5] Vgl. zu diesem „dualen Erziehungsbegriff": *Grunewald,* NStZ 2002, 452 ff.

[6] Unzulässig ist ein „Erziehungszuschlag": *Dölling,* aaO S. 161.

[7] *Schaffstein/Beulke,* § 23 III; *Eisenberg,* § 18 Rn. 20 a.

[8] *Blau,* Zbl 1959, 119; *Schaffstein/Beulke,* § 11 I 3; *Eisenberg,* § 18 Rn. 17.

[9] *Ostendorf,* § 5 Rn. 22; *Eisenberg,* § 5 Rn. 20; im Einzelnen *Meier/Rössner/Schöch,* § 6 Rn. 5 ff.

[10] Vgl. hierzu *Eisenberg,* § 18 Rn. 21; *Streng,* § 8 Rn. 6.

heit werden für jede einzelne Tat Einzelstrafen gebildet, deren schwerste, die so genannte Einsatzstrafe, in der Weise erhöht wird, dass sie unter der Summe der Einzelstrafen bleibt. Diese erhöhte schwerste Einsatzstrafe ist dann die zu verbüßende Gesamtstrafe (§ 54 StGB). Diese Gesamtstrafe kann auch noch nachträglich gebildet werden, wenn bei einem Strafverfahren bekannt wird, dass mit bereits abgeurteilten Taten Tatmehrheit vorgelegen hatte (§ 55 StGB). Und auch dann, wenn mehrere Taten von verschiedenen Gerichten (etwa an verschiedenen Orten) abgeurteilt worden sind, aber alle Taten vor dem ersten Urteil begangen waren, wird durch einen besonderen Beschluss noch nachträglich eine Gesamtstrafe gebildet: § 460 StPO. Das ist aber dann nicht möglich, wenn die spätere Tat nach dem ersten Urteil begangen wurde. Ist beispielsweise ein Täter zu einer Freiheitsstrafe verurteilt, die zur Bewährung ausgesetzt worden ist, und begeht er in der Bewährungszeit weitere Diebstähle, so kann aus der hierfür verwirkten Strafe und der zur Bewährung ausgesetzten Strafe keine Gesamtstrafe mehr gebildet werden. Der Täter muss vielmehr beide Strafen nacheinander verbüßen.

Das sind strafrechtliche Regeln. Sie orientieren sich an den Grundsätzen von Tat und Schuld. Im letzten Fall kann dem Täter nicht die „Vergünstigung" eines Strafzusammenzugs gewährt werden, weil er sich die erste Verurteilung nicht zur Warnung hat dienen lassen, sondern danach erneut eine Straftat begangen hat. Ein solcher Vorwurf trifft ihn nicht, wenn nach der ersten Verurteilung eine weitere Tat bekannt wird, die er vor der ersten Verurteilung begangen hat. In diesem Fall muss demnach in dem zweiten Urteil mit der Strafe aus der ersten Verurteilung eine Gesamtstrafe gebildet werden, die geringer sein muss als die Summe der beiden verwirkten Einzelstrafen.

b) Die Einheitsstrafe im Jugendstrafrecht

aa) Allgemeine Grundsätze. Im Jugendstrafrecht wird dagegen in allen geschilderten Fällen nach §§ 31 oder 66 JGG immer nur eine den Erfordernissen der Behandlung der Täterpersönlichkeit entsprechende Rechtsfolge festgelegt. Das ist auch einleuchtend, wenn man bedenkt, dass der Richter bei der zu treffenden Maßnahme nicht Tat und Schuld taxieren, sondern vor allem die Wirkung bedenken soll, die die Entscheidung auf den Täter haben wird.[11]

Der 17-jährige S hatte wegen einiger Diebstähle eine Jugendstrafe von zwei Jahren und neun Monaten erhalten. Nach Rechtskraft dieser Entscheidung war er aus der Strafanstalt entwichen und hatte mit zwei anderen Jugendlichen einen schweren Raub verübt. Die Jugendkammer brachte zum Ausdruck, dass der Täter für diesen schweren Raub vier Jahre Jugendstrafe verdient habe. Aus beiden Strafen bildete sie eine Einheitsstrafe von fünf Jahren und sechs Monaten. Das Urteil wurde auf die dagegen eingelegte Revision aufgehoben. Der *BGH*[12] meint zu der Methode der Jugendkammer: „Damit verkennt sie, dass die Bildung der bei mehreren Straftaten zu verhängenden Strafe im Jugendstrafrecht nach grundsätzlich anderen Maßstäben vorzunehmen ist

---

[11] *Schaffstein/Beulke*, § 12 II.
[12] 2 Str 40/73 v. 27. 6. 1973 – unveröffentlicht –; ähnlich *BGH* StrVert 1998, 333.

als im allgemeinen Strafrecht. Während hier aus verschiedenen Einzelstrafen durch Erhöhung der verwirkten höchsten Strafe eine Gesamtstrafe gebildet werden muss (§§ 53, 54 StGB), ist dort nur auf eine einheitliche Jugendstrafe zu erkennen (§ 31 JGG). Geschieht dies nach rechtskräftiger Aburteilung eines Teils der Taten in einem neuen Verfahren (§ 31 II JGG), so fällt die im ersten Verfahren erkannte Strafe fort. Die neue Strafe ist dann unter Berücksichtigung aller in beiden Verfahren festgestellten Taten einheitlich zu bilden. Der Richter ist dabei, unabhängig von der Gesamtzahl der Taten, an die in § 18 JGG festgelegten Maßstäbe gebunden. Für die Auswerfung von Einzelstrafen ist – auch rein gedanklich – kein Raum."[13]

Wegen der Zukunftsorientierung des Jugendstrafrechts[14] kommt es bei der Bestimmung der Rechtsfolgen auf den Stand der Entwicklung des jungen Menschen und die Bewertung seiner Aussichten zum Zeitpunkt der letzten Entscheidung an. Eine Jugendstrafe wegen schädlicher Neigungen kann also nur verhängt werden, wenn im Zeitpunkt der nach §§ 31 oder 66 JGG zu treffenden Entscheidung solche noch vorliegen (s. u. § 25.1 a). Ist das nicht der Fall, weil sich trotz erneuter Straffälligkeit der junge Mensch inzwischen gefestigt und positiv entwickelt hat, so müssen, ist Jugendstrafe nicht wegen Schwere der Schuld erforderlich, Zuchtmittel oder Erziehungsmaßregeln angeordnet werden, obgleich in der in Wegfall geratenen Verurteilung auf Jugendstrafe erkannt worden war.[15] Es mag unbillig erscheinen, dass der Verurteilte nun nur deshalb, weil er erneut straffällig geworden ist, „billiger davonkommt". Wären allerdings die Taten, die der in Wegfall geratenen Verurteilung zugrunde liegen, erst jetzt erstmals abgeurteilt worden, so hätte ebenfalls keine Jugendstrafe wegen schädlicher Neigungen verhängt werden dürfen. Soweit erzieherische Gründe für die Bemessung der Jugendstrafe maßgeblich sind, kommt es ebenfalls auf den Zeitpunkt der Entscheidung nach §§ 31, 66 JGG an,[16] was zur Folge haben kann, dass die Jugendstrafe niedriger ausfällt als die im einbezogenen und in Wegfall geratenen Urteil. Ebenso können sich die Chancen für eine Strafaussetzung zur Bewährung günstiger darstellen als es im Zeitpunkt des einbezogenen Urteils der Fall war. War in der einzubeziehenden Verurteilung die Unterbrin-

---

[13] Nach st. Rechtsprechung des *BGH* ist „eine lediglich rechnerische Berücksichtigung der früheren Verurteilung fehlerhaft": *BGH* StrVert 1981, 527; 1982, 338 und Beschl. v. 5. 11. 02, RÜ NStZ-RR 2003, 259; deshalb müssen alle jeweils aus früheren Urteilen einbezogenen Taten dargestellt und mit den neu abzuurteilenden zusammenfassend gewürdigt werden: *BGH* StrVert 1989, 545 f.; *BGH* NStZ-RR 1996, 120; *BGH* NJW 1998, 465; *BGH* StrVert 1999, 681. Die in den vorangegangenen Urteilen ausgesprochenen Rechtsfolgen – außer einer Jugendstrafe angeordnete Maßregel des Entzugs der Fahrerlaubnis, Kostenentscheidung – geraten in Wegfall, wenn sie nicht in der neuen Entscheidung erneut verhängt werden: *BGH* Urt. v. 27. 10. 93, RÜ NStZ 1994, 530. Zur Frage der Einbeziehung früherer Entscheidungen, in denen unter Anwendung von § 5 III JGG bloß auf Maßregeln erkannt worden ist: *BGH* JZ 1993, 529 mit krit. Anm. *Eisenberg/Sieveking*.

[14] *Eisenberg*, § 5 Rn. 13.

[15] *LG Gera* VRS 1999 Nr. 32.

[16] *BGH* NStZ 1987, 387.

gung in einem psychiatrischen Krankenhaus angeordnet worden, so
muss in der Entscheidung nach §§ 31, 66 JGG sorgfältig geprüft werden,
ob die Voraussetzungen der Unterbringung auch jetzt noch vorliegen.[17]
Das Gewicht und der Unrechtsgehalt der begangenen Straftaten ändert
sich natürlich nicht. Da in jedem Falle einer Entscheidung nach §§ 31, 66
JGG zu den den einzubeziehenden Verurteilungen zugrunde liegenden
Taten noch weitere hinzugekommen sind, wird stets ein schwererer Vorwurf verhandelt. In den meisten Fällen wird die neue Begehung von
Straftaten auch nicht mit einer günstigen Entwicklung des Angeklagten
einhergehen, so dass meistens nun auch eine schwerere und belastendere
Rechtsfolge verhängt wird. Das muss aber eben nicht in jedem Einzelfall
so sein, vielmehr kann es trotz erneuter Straffälligkeit auch eine posi-
tive Entwicklung geben, zu deren Unterstützung im Ergebnis „mildere"
Rechtsfolgen geboten sind.[18]

Wird ein Heranwachsender gem. § 105 JGG nach Jugendstrafrecht verurteilt, so werden auch frühere Verurteilungen, bei denen er als Erwachsener nach dem allgemeinen Strafrecht bestraft worden ist, durch neue
Verurteilungen nach dem Jugendstrafrecht erfasst, geraten also in Fortfall
und gehen in der Einheitsstrafe (oder Maßnahme) unter (§ 105 II JGG).[19]
Der *BGH* hat in den letztgenannten Fällen den Fortfall der rechtskräftigen Freiheitsstrafe und eine – trotz weiterer, mitverurteilter Straftaten –
deutlich niedrigere Jugendstrafe als Einheitsstrafe für zulässig gehalten.[20]
Auch das entspricht dem jugendstrafrechtlichen Grundsatz, dass rechtskräftige Entscheidungen im Nachhinein (positiven) Veränderungen der
Lebens- und Entwicklungsverhältnisse des Verurteilten anzupassen sind.[21]
Demgegenüber verfängt der Einwand, die nachträgliche Ermäßigung oder
gar der nachträgliche Fortfall einer rechtskräftig gewordenen Jugendstrafe
seien ja nur dann möglich, wenn dem Verurteilten nun noch weitere Straftaten nachgewiesen werden könnten, nicht. Vielmehr ist der Gesetzgeber
aufgerufen, auch für den Fall, dass eine rechtskräftig verhängte Jugend-

---

[17] *BGH* NStZ 1997, 100 mit zust. Anm. *Brunner.*

[18] *Meier/Rössner/Schöch,* § 6 Rn. 20; *LG Mannheim* NStZ 1997, 338; *LG Gera*
DVJJ-J 3/1998, 280. So wohl auch *BGH* Beschl. v. 23. 10. 91 RÜ NStZ 1992, 529. Zu
einer höheren Verurteilung muss die Einbeziehung jedenfalls nicht führen: *BGH*
Beschl. v. 20. 8. 98 RÜ NStZ-RR 1999, 290.

[19] „Es widerspräche dem das JGG durchziehenden Erziehungsgedanken, Strafen
und Maßnahmen aus den verschiedenen Strafrechtsordnungen nebeneinander bestehen zu lassen." *BGH* NStZ 1981, 355 mit Anm. *Dingeldey; BGH* Beschl. v. 12. 12. 01,
RÜ NStZ 2002, 472; vgl. auch § 8, 2.

[20] *BGHSt* 37, 34 (Einbeziehung einer Freiheitsstrafe von zwei Jahren und sechs Monaten in eine Jugendstrafe von einem Jahr und sechs Monaten). Vgl. auch *BGH* NStZ
1994, 132.

[21] DSS-*Schoreit,* § 31 Rn. 32; *Eisenberg,* § 31 Rn. 42; nun auch *Ostendorf,* § 31
Rn. 21; *Brunner/Dölling,* § 31 Rn. 13, a. A. *Seiser,* NStZ 1997, 347: krit. auch *Streng,* § 8
Rn. 28.

strafe nicht wegen einer späteren Einheitsstrafe in Fortfall gerät, mindestens für Ausnahmefälle Abkürzungsmöglichkeiten einzuführen.

bb) Ausnahmen. Gefahr des „Freibriefs"? Ausnahmsweise kann der Richter davon absehen, schon abgeurteilte Straftaten in die neue Entscheidung einzubeziehen (§ 31 III JGG). Solch ein Fall liegt etwa vor, wenn die neue Tat eine auf ganz anderer Ebene liegende Gelegenheitstat ist. Ein Jugendlicher ist wegen einiger Diebstähle zu Jugendstrafe verurteilt, die zur Bewährung ausgesetzt ist. In der Bewährungszeit verursacht er in angetrunkenem Zustand mit seinem Moped einen Unfall. Diese Tat wird richtigerweise mit einem Zuchtmittel geahndet.[22] Begeht der zu zwei Jahren Jugendstrafe zur Bewährung Verurteilte in der Bewährungszeit erneut eine erhebliche Straftat, so könnte die Gesamtwürdigung aller Taten jetzt zu dem Ergebnis führen, dass eine Jugendstrafe von mehr als zwei Jahren verhängt werden müsste. Eine Aussetzung dieser Strafe zur Bewährung käme nach der Gesetzeslage nicht in Betracht. Besteht aber zum Zeitpunkt der Entscheidung die Erwartung, dass der Verurteilte – auch unter dem Einfluss des Bewährungshelfers – keine Straftaten mehr begeht, so kann es aus erzieherischen Gründen sinnvoll sein, die alte Bewährung fortzusetzen und gem. § 31 III JGG auf eine weitere zur Bewährung ausgesetzte Jugendstrafe zu erkennen.[23]

Bei der besonders scheußlichen Mordtat eines Heranwachsenden hielt es der BGH aus erzieherischen Gründen für erforderlich, von der Einbeziehung einer früheren teilweise verbüßten Jugendstrafe von 1 Jahr und 4 Monaten wegen Vermögensdelikten abzusehen. Der Angeklagte sollte erfahren, dass die Mordtat allein zur Verurteilung zu dem gesetzlich zulässigen Höchstmaß von 10 Jahre Jugendstrafe führt.[24] Der Heranwachsende muss nun sowohl die Jugendstrafe von 10 Jahren wegen Mordes als auch den (widerrufenen) Rest von der Jugendstrafe von 1 Jahr und 4 Monaten – insgesamt mehr als die zulässige Höchststrafe – verbüßen. Bei einer Entscheidung nach § 31 II JGG wäre eine Einheitsstrafe von zehn Jahren ergangen, auf die der bereits verbüßte Teil der Jugendstrafe von 1 Jahr und 4 Monaten angerechnet würde mit der Folge, dass nur noch weniger als 10 Jahre zu verbüßen wären. Dass aus „erzieherischen Gründen" im vorliegenden Fall die Vollstreckung von etwa elf Jahren Jugendstrafe erforderlich ist und neun Jahre nicht ausreichen, kann man ausschließen. Es ist schon schwierig genug, Strafzeiten von 9 Jahren durch Behandlungsangebote und Lockerungsgewährungen so zu strukturieren

---

[22] *Brunner/Dölling,* § 31 Rn. 22 c.

[23] *OLG Düsseldorf* MDR 1983, 956 (nur „wenn besondere erzieherische Gründe vorliegen"); *OLG Hamm* NStZ-RR 2002, 251 = StrVert 2002, 404; *Brunner/Dölling,* § 31 Rn. 22 g.

[24] *BGH* NStZ 1989, 574 ff. mit krit. Anm. *Walter/Pieplow; BGH* NStZ 2000, 263 mit krit. Anm. *Eisenberg,* NStZ 2000, 484. Wie der *BGH: Ostendorf,* § 31 Rn. 15; *Brunner/Dölling,* § 31 Rn. 24. Ähnlich schon *BGH* StrVert 1986, 69 mit krit. Anm. *Böhm.*

und zu gestalten, dass der Verurteilte nicht resigniert und geschädigt wird (vgl. u. § 25.2 c). Eher leuchtet ein, dass die Entscheidung nach § 31 II JGG keinen gerechten Schuldausgleich mehr darstellt, einen bei schwersten Straftaten auch im Jugendstrafrecht zu beachtenden Zumessungsgesichtspunkt, der im Einzelfall auch besonderes Gewicht erlangen kann.[25] Dieser Gedanke ist allerdings in § 31 III JGG nicht angesprochen, das Absehen von einer Entscheidung nach § 31 II JGG ist nur aus „erzieherischen Gründen" zulässig. Diese sieht der BGH in der Verdeutlichung des Unrechts durch die Verhängung einer nur auf die Mordtat beschränkten Verurteilung zur Höchststrafe. Das Gericht geht davon aus, dass den Täter gerade diese Sachbehandlung aufrüttelt, zur ernsthaften Auseinandersetzung mit seinen Verbrechen zwingt und eine auch rückfallgefährdende Verharmlosung verhindert.[26]

Zum anderen fürchtet der BGH, der mit der Höchststrafe geahndete Verurteilte mache die verhängnisvolle Erfahrung, dass spätere Taten keine zusätzliche Strafe nach sich ziehen. Das könne bei dem wegen Mordes in Untersuchungshaft einsitzenden Jugendlichen der Fall sein, der mit anderen einen gewalttätigen Ausbruchsversuch, bei dem Vollzugsbeamte erheblich verletzt werden, begeht. Nach seiner Verurteilung wegen Mordes zu zehn Jahren Jugendstrafe steht er später wegen der Meuterei vor Gericht. Seine Mittäter werden zu mehrjährigen Jugendstrafen verurteilt. Wenn er gem. § 31 II JGG wieder „nur" zu zehn Jahren Jugendstrafe verurteilt würde, könnte dann für ein Vorgehen nach § 31 III JGG sprechen, dass aus erzieherischen Gründen bei ihm der Eindruck vermieden werden müsse, er habe für künftige Straftaten einen „Freibrief".[27] Aber selbst wenn die Gefangenenmeuterei nach seiner rechtskräftigen Verurteilung zur Höchststrafe von zehn Jahren wegen Mordes begangen worden wäre, würde die Idee von dem „Freibrief"[28] nicht verfangen: bei Strafen von fünf oder gar zehn Jahren – das sind die in Betracht kommenden Höchststrafen – rechnet der Verurteilte mit Entlassung zur Bewährung. Der Zeitpunkt dieser Entlassung zur Bewährung hängt u. a. davon ab, ob der Täter während der Strafzeit neue Straftaten begangen hat. Im Ergebnis

---

[25] *BGH* NStZ-RR 1996, 120; s. auch u. § 25.c.

[26] Ganz im Sinne des „dualen Erziehungsbegriffs" (*Grunewald*, NStZ 2002, 452 ff.). Auch bei einem zum Zeitpunkt der Entscheidung bereits 24-jährigen Verurteilten kann der erzieherische Zweck (Konfrontation mit seiner Tat als Mittel der Nacherziehung und Nachreife) „durchaus noch erreicht werden": *BGH* StrVert. 2002, 416 ff., 420 = NStZ 2002, 204 mit krit. Anm. *Walter*.

[27] Da im Tatzeitpunkt die Strafe für die Vortat noch nicht feststand, hält der *BGH* NStZ 1995, 595 hier diese Überlegung für gegenstandslos. Obendrein müsste bei der vorliegenden Konstellation nach allgemeinem Strafrecht auch eine Gesamtstrafe verhängt werden (§ 55 StGB).

[28] *KG* JR 1981, 306, hat in diesem Fall gem. § 31 III JGG die Nichteinbeziehung der für die Gefangenenmeuterei verhängten Jugendstrafe für richtig erachtet. Ähnlich *Streng*, § 8 Rn. 32.

verlängert sich seine Strafzeit also, wenn er neue Straftaten begeht. Es werden dann eben nicht zwei bzw. vier Jahre der Strafe zur Bewährung ausgesetzt, sondern nur etwa ein Jahr oder zwei Jahre. Begeht der Täter gegen Ende einer so langen Strafzeit eine Straftat, wenn schon feststeht, dass er die Strafe voll verbüßen muss und eine vorzeitige Entlassung nicht in Betracht kommt, so ist er bei einer Strafzeit von fünf Jahren meist und bei einer Strafzeit von zehn Jahren immer schon über 21 Jahre alt, so dass die neue Tat nach allgemeinem Strafrecht abgeurteilt werden muss und § 31 JGG nicht mehr zur Anwendung kommt. Die neu verhängte Strafe muss also ohnehin gesondert verbüßt werden. Geht es nicht um die Verhängung der Höchststrafe, so erscheint die Überlegung vom „Freibrief" ohnehin unzulässig. Zwar wird bei einer neuen Straftat während einer gewährten Strafaussetzung zur Bewährung oft der Eindruck begründet sein, der Verurteilte habe unter Missachtung der Warnwirkung der ersten Verurteilung gehandelt, soweit dieser Gesichtspunkt aber aus erzieherischen Gründen zu berücksichtigen ist, kann er in der Begründung der Höhe der Einheitsstrafe nach § 31 II JGG zum Ausdruck gebracht werden; eines Vorgehens nach § 31 III JGG, das Ausnahmecharakter hat, bedarf es nicht.[29]

cc) Einheitsstrafe und Prozessgegenstand. Die Anordnung einheitlicher Rechtsfolgen gem. § 31 oder § 66 JGG führt nicht dazu, dass ein *einheitlicher Prozessgegenstand* geschaffen wird.[30] Vielmehr bleibt trotz der Anordnung einer einheitlichen Rechtsfolge der Umstand bestehen, dass der Täter zwei oder mehr Taten begangen hat. Das ist bei einer späteren, nach allgemeinem Strafrecht erfolgenden Verurteilung von Bedeutung, wenn geprüft wird, ob die Voraussetzungen des § 66 I Nr. 1 StGB *(Sicherungsverwahrung)* erfüllt sind, ob nämlich der Täter wegen *einer* vorsätzlichen Tat zu einer Freiheitsstrafe von mindestens einem Jahr verurteilt ist. Der Gesetzgeber verwendet hier „Freiheitsstrafe" als Oberbegriff, der Jugendstrafe und Freiheitsstrafe als besondere Strafart im Sinne von § 38 StGB umfasst. Da bei einer Einheitsstrafe Einzelstrafen nicht ausgeworfen werden, hierfür sogar „rein gedanklich kein Raum ist", lässt sich bei einer Jugendstrafe von 2 Jahren und 8 Monaten wegen vier einander ähnlicher Raubtaten kaum feststellen, dass der Jugendrichter wegen einer dieser Taten mindestens ein Jahr Jugendstrafe verhängt hat.[31] Nur wenn dies ohne Zweifel festgestellt werden kann (z. B. Jugendstrafe von 4 Jahren wegen versuchten Totschlags und Fahrens ohne Führerschein), erfüllt die Einheitsstrafe diese Voraussetzung. Das Gericht muss aus den Urteilsgründen eine solche Vorstellung des verurteilenden Jugendrichters zweifelsfrei entnehmen können, eine eigene nachträgliche Bewertung der Taten durch

---

[29] Offen gelassen bei *OLG Hamm* StraFo 2003, 205.
[30] *Dallinger/Lackner,* Vorb. § 55 Rn. 14 ff.; *Ostendorf,* § 31 Rn. 26.
[31] Vgl. auch *BGH* NStZ 1996, 331.

das Gericht ist, auch wenn sie plausibel erscheint, nicht zulässig.[32] Da eine Verurteilung zu „Gesamtstrafe" als eine einzige Verurteilung gilt (§ 66 IV 1 StGB), muss im Einzelfall geprüft werden, ob die „Einheitsstrafe" nach §§ 31, 66 JGG unter den Gesamtstrafvoraussetzungen des § 55 StGB zustande gekommen ist. War das der Fall (die zuletzt abgeurteilte Tat war vor dem ersten Urteil begangen worden, dessen Rechtsfolge wegen der neuen Einheitsstrafe in Wegfall gekommen ist), dann ist nur eine Verurteilung i. S. von § 66 I Nr. 1 StGB gegeben, selbst wenn sich zweifelsfrei feststellen lassen könnte, dass ihr zwei vorsätzliche Taten zugrunde liegen, für die der Jugendrichter jeweils mindestens ein Jahr Jugendstrafe für angemessen gehalten hätte. Hätte aber eine Gesamtstrafe nach § 55 StGB nicht gebildet werden dürfen (mit der wegen einer in der Bewährungszeit begangenen Tat erfolgten Verurteilung wird z. B. auch die frühere Verurteilung, die zur Strafaussetzung geführt hat, zu einer Einheitsstrafe verbunden), so liegen im Sinne des § 66 I Nr. 1 StGB zwei Verurteilungen zu Strafe vor.[33] Bei einer Einheitsstrafe nach §§ 31, 66 JGG, die Verurteilungen vereinigt, aus denen keine Gesamtstrafe gebildet werden kann, muss nun aber wieder zusätzlich ermittelt werden, ob jeweils zu „mindestens einem Jahr Freiheitsstrafe" verurteilt worden ist.[34] Hinsichtlich der ersten Verurteilung ist dies mitunter eindeutig festzustellen: ist nämlich durch eine Einheitsstrafe von zwei Jahren und zehn Monaten Jugendstrafe eine zunächst zur Bewährung ausgesetzte Jugendstrafe von zwei Jahren Dauer wegen einer vorsätzlichen Straftat für erledigt erklärt worden, so ist die Voraussetzung „Freiheitsstrafe von mindestens einem Jahr" für die erste Verurteilung gegeben. Da aber bei der zweiten Verurteilung eine Einzelstrafe nicht festgelegt worden ist, ja, wie der *BGH* richtig sagt, dafür „rein gedanklich kein Raum" ist, ist insoweit eine Klärung unmöglich. Die Voraussetzungen des § 66 I Nr. 1 StGB erfüllt vielmehr nur eine Einheitsstrafe, wenn sie wegen einer vorsätzlichen Tat um mindestens ein Jahr länger ist als die ebenfalls mindestens ein Jahr betragende Jugendstrafe, die durch die Bildung der Einheitsstrafe in Fortfall gekommen ist.[35]

X verbüßt wegen eines schweren Diebstahls zwei Jahre Jugendstrafe. Während eines Strafurlaubs begeht er einen Raub. Unter Fortfall der ersten Verurteilung wird nun eine Einheitsstrafe von vier Jahren und sechs Monaten gebildet.

Ähnlich ist zu prüfen, ob nach einer Einheitsjugendstrafe, die voll verbüßt worden ist, Führungsaufsicht gem. § 68 f StGB eintritt. Ihr muss

---

[32] *BGH* StraFo 2003, 27; missverständlich *BGH* NStZ 2002, 29, wonach der Richter zwar Feststellungen darüber treffen müsse, wie der Jugendrichter die Taten bewertet habe, sich danach aber an die Stelle des Jugendrichters setzen und eine eigene Strafzumessung vornehmen dürfe.

[33] *BGH* Beschl. v. 27. 10. 93, RÜ NStZ 1994, 530.

[34] *BGH* StrVert 1998, 343.

[35] *BGH* StraFo 2003, 207; *Ostendorf,* § 31 Rn. 26; *Brunner/Dölling,* § 31 Rn. 18.

erkennbar die Verurteilung zu mindestens zwei Jahre Jugendstrafe wegen *einer* vorsätzlichen Straftat (oder von mindestens einem Jahr wegen einer vorsätzlichen Straftat in den Fällen des § 181b StGB) zugrunde liegen.[36] Vgl. hierzu u. 4 c.

3. Verbindung von Maßnahmen

a) Zulässige Verbindungen

Einerlei, ob die Verurteilung wegen einer einzigen Tat oder wegen mehrerer Taten erfolgt: der Jugendrichter kann aus dem Arsenal der zulässigen Maßnahmen stets mehrere kombiniert anwenden, wenn dies erzieherisch angezeigt ist. Die Weisung, den Umgang mit bestimmten Personen zu meiden, die einen schlechten Einfluss auf ihn ausüben, mag zur Erziehung eines Jugendlichen nicht ausreichen. Vielleicht sollte er wegen seiner Straftaten noch verwarnt werden und die Auflage erhalten, den angerichteten Schaden wiedergutzumachen. Zusätzlich könnte zur Unterstützung der Eltern noch eine Erziehungsbeistandschaft angeordnet werden.

Nach § 8 I JGG dürfen „ambulanten" Maßnahmen beliebig miteinander verbunden werden. Demnach können verschiedene Weisungen untereinander und mit Erziehungsbeistandschaft, Verwarnung und Auflagen – evtl. auch mehreren Auflagen nebeneinander – gekoppelt werden. Vorschläge, die Koppelungsmöglichkeiten einzuschränken,[37] haben zu Recht keine Mehrheit gefunden.[38] Es kommt auf den Einzelfall an.[39] Im Durchschnitt entfallen in den letzten Jahren auf jeden verurteilten Jugendlichen 1,5, auf jeden nach Jugendstrafrecht verurteilten Heranwachsenden 1,4 Sanktionen.

Mit jeder „stationären" Maßnahme, Heimerziehung, Jugendarrest und Jugendstrafe, können eine oder mehrere Weisungen und eine oder mehrere Auflagen verbunden werden, Verwarnung aber nur mit einer Anordnung nach § 12 Nr. 2 JGG und Erziehungsbeistandschaft nur mit Jugendarrest oder Jugendstrafe. Da Jugendarrest und Jugendstrafe eine deutliche Missbilligung der Tat enthalten, ist eine Verwarnung daneben sinnlos; Heimerziehung schließt als die weitergehende Maßnahme die Erziehungsbeistandschaft aus. Neben der Jugendstrafe werden Weisungen und Auflagen, obwohl zulässig, nur selten angeordnet: entweder wird die Jugendstrafe von Anfang an – oder nachträglich durch Beschluss gem. § 57 JGG – zur Bewährung ausgesetzt, – dann erfolgen die notwendigen

---

[36] *OLG Hamm* NStZ-RR 1998, 61.

[37] DVJJ-Reform, S. 64; *Albrecht,* Gutachten, D 171 (Thesen B II 6 k); *Streng,* Gutachten, N 107.

[38] Beschl. 64. DJTag C VI 5.

[39] Das ist auch der Grund dafür, warum beim 64. DJTag Vorschläge, Zumessungsgrundsätze in das JGG einzustellen, abgelehnt worden sind: Beschl. C IV, V, VI 2.

Weisungen und Auflagen im Rahmen der Bewährungsregelung (§ 23
JGG) –, oder nach Teilverbüßung der Strafe kommt eine Aussetzung des
Restes auf Bewährung mit den gleichen Folgen in Betracht. Da in beiden
Fällen ein Bewährungshelfer bestellt wird, dürfte auch die Anordnung
von Erziehungsbeistandschaft meist entbehrlich sein. Allein bei kurzen
Jugendstrafen – etwa wegen Schwere der Schuld –, die der Täter voll ver-
büßen soll, ist es im Einzelfall sinnvoll, Erziehungsbeistandschaft anzu-
ordnen, Weisungen oder Auflagen zu erteilen.[40]

b) Einspurigkeit freiheitsentziehender Maßnahmen

„Stationäre" Maßnahmen dürfen nicht miteinander verbunden werden. Insoweit gilt der Grundsatz der Einspurigkeit freiheitsentziehender
Maßnahmen. Es ist einleuchtend, dass der Jugendrichter sich entscheiden
muss, ob im Einzelfall Heimerziehung oder Jugendstrafe die richtige
Maßnahme ist. Allerdings kann ein Jugendlicher wegen Straftaten, die er
während seiner Heimunterbringung begangen hat, mit Jugendarrest belegt oder zu Jugendstrafe verurteilt werden. Die Heimerziehung muss
deshalb nicht beendet werden – sie ist ja auch in einem anderen Verfahren und aus einem anderen Grunde gewährt worden. Mitunter vermissen
Jugendrichter die Möglichkeit, dem Jugendlichen eindringlich den Ernst
der Lage vorzuhalten und ihn dann unter Aufsicht zu stellen.[41] Sie können
Jugendarrest verhängen, und diesen mit Weisungen und Erziehungsbeistandschaft verbinden, doch ist es wegen des Grundsatzes der Einspurigkeit nicht erlaubt, Jugendarrest mit zur Bewährung ausgesetzter Jugendstrafe zu verbinden.[42]

Der Grundsatz der Einspurigkeit freiheitsentziehender Maßnahmen
findet auch in § 5 III JGG Ausdruck, wonach von Zuchtmitteln und Jugendstrafe abgesehen wird, wenn die Unterbringung in einem psychiatrischen Krankenhaus oder einer Entziehungsanstalt die Ahndung durch
den Richter entbehrlich macht. Gedacht ist an den Fall, dass ein Jugendlicher im Zustand verminderter Zurechnungsfähigkeit gem. § 21 StGB
Straftaten begangen hat. Erweist er sich wegen der seine Zurechnungsfähigkeit vermindernden Geisteskrankheit oder Geistesschwäche als gefährlich, so wird die Unterbringung im psychiatrischen Krankenhaus
angeordnet. Bei einem erwachsenen Täter müsste daneben noch eine Ver-

---

[40] Im Jahr 2001 sind in den alten Bundesländern und Berlin von 17722 Jugendstrafen 872 (knapp 5 %) neben Zuchtmitteln und/oder Weisungen ergangen: Stat. BA,
Strafverfolgung 2001, Arbeitsunterlage S. 71.
[41] *Brunner/Dölling,* § 27 Rn. 13, 14, der dort auch über die wechselvolle Geschichte
der Versuche, den sog. „Einstiegsarrest" gesetzlich einzuführen, berichtet. Der „Warn-
schussarrest" wird auch in letzter Zeit immer wieder gefordert, vgl. *Goerdeler,* ZJJ 2/
2003, 183. Auf dem 64. DJTag wurde seine Einführung aber deutlich abgelehnt:
Beschl. C VI 7.
[42] *BGHSt* 18, 207 zur Verbindung von Jugendarrest mit einer Entscheidung nach
§ 27 JGG. Vgl. hierzu auch u. § 26, 3.

urteilung zu Strafe erfolgen, weil die Zurechnungsfähigkeit bei der Tatbegehung nicht ausgeschlossen, sondern nur vermindert war. Nach § 5
III JGG kann im Jugendstrafverfahren auf diese neben die Einweisung
tretende „Ahndung" meist verzichtet werden.[43]

Die Anwendung der §§ 59, 60 StGB im Jugendstrafrecht ist entbehrlich.[44] Dort, wo im allgemeinen Strafrecht eine Verwarnung mit Strafvorbehalt in Betracht kommt, wird sich im Verfahren nach dem Jugendstrafrecht ein Vorgehen nach § 45 JGG empfehlen. Gegebenenfalls kann
auch eine Verwarnung nach § 13 JGG ausgesprochen werden. Und wenn
im allgemeinen Strafrecht ein Absehen von Strafe nach § 60 StGB erfolgen würde, darf im jugendstrafrechtlichen Verfahren ohnehin keine
Jugendstrafe verhängt werden. Sie wäre in diesen Fällen weder wegen
schädlicher Neigungen noch wegen Schwere der Schuld geboten. Auch
die Anordnung von Jugendarrest und Auflagen wäre unangemessen.[45]

4. Nebenstrafen, Nebenfolgen, Maßregeln der Besserung und Sicherung

a) Nebenstrafen und Nebenfolgen, besonders das Fahrverbot

§ 8 III JGG bestimmt, dass auf Nebenstrafen und Nebenfolgen neben
Erziehungsmaßregeln, Zuchtmitteln und Jugendstrafe erkannt werden
kann. Von den Nebenfolgen sind der Verlust der Amtsfähigkeit, der Wähl-
barkeit und des Stimmrechts (§ 45 StGB) sowie die Bekanntgabe der Verurteilung (§ 200 StGB) im Jugendstrafrecht ausgeschlossen (§ 6 JGG). So
bleiben Verfall und Einziehung (§§ 73, 74 ff. StGB), und als Nebenstrafe
das Fahrverbot nach § 44 StGB, das allein eine größere praktische Rolle
spielt. Im Jahre 2001 ist in Rheinland-Pfalz im Jugendstrafverfahren Fahrverbot 42 Mal gegen Jugendliche und 261 Mal gegen Heranwachsende
verhängt worden.[46] Das Verbot, für ein bis zu drei Monaten im Straßen-

---

[43] *BGH* StrVert 1993, 534; *BGH* NStZ 1993, 187; *BGH* NStZ 2000, 469. Die Revision ist begründet, wenn das Gericht diese Frage nicht eingehend geprüft hat: *BGH*
NStZ-RR 2002, 182. Ausnahmsweise kann aber neben der Anordnung der Einweisung
in ein psychiatrisches Krankenhaus die Ahndung der Tat durch Verhängung von Jugendstrafe geboten sein: *BGH* Beschl. v. 13. 6. 95, RÜ NStZ 1995, 535; *BGH* NStZ-RR
1998,188; für den Fall der Unterbringung in einer Entziehungsanstalt gem. § 64 StGB:
BGH Beschl. v. 15. 6. 94, RÜ NStZ 1995, 535; *BGH* Beschl. v. 14. 8. 96, RÜ NStZ 1997,
481; *BGH* NStZ 2004, 296.

[44] Anders hinsichtlich § 60 StGB: *BayObLG* JR 1992, 387 mit zust. Anm. *Brunner;*
vgl. auch *Streng*, § 8 Rn. 14, 15.

[45] In den denkbaren Anwendungsfällen des § 60 StGB kommen ahndende Maßnahmen des Jugendstrafrechts ohnehin nicht in Betracht. Die Verfahren wären einzustellen. Was etwaige Erziehungsmaßregeln angeht vgl. *Bringewat*, NStZ 1992, 315 ff.

[46] Und im allgemeinen Strafverfahren 1769 mal gegen Erwachsene: MdJ, Strafverfolgungsstatistik 2001 Rheinland-Pfalz, S. 84, 85; in Thüringen von 1997–2001 gegen
77 Jugendliche, 945 Heranwachsende und 3154 Erwachsene: Thüringer Landesamt
für Statistik, Abgeurteilte und Verurteilte in Thüringen 2001, S. 32, 33.

verkehr ein Kraftfahrzeug zu führen, kann verhängt werden, wenn ein Jugendlicher oder Heranwachsender im Zusammenhang mit dem Führen eines Kraftfahrzeuges oder unter Verletzung der Pflichten eines Kraftfahrzeugführers eine Straftat begangen hat und derentwegen mit Erziehungsmaßregeln oder Zuchtmitteln belegt oder zu Jugendstrafe verurteilt worden ist. Streng genommen ist das Fahrverbot im Jugendstrafrecht demnach keine *Nebenstrafe;* denn es kann auch ein *Nebenzuchtmittel* oder eine *Nebenerziehungsmaßregel* sein: durch das neben dem Jugendarrest angeordnete Fahrverbot wird diese jugendrichterliche Maßnahme nicht zu einer (etwa registerpflichtigen) Strafe im Rechtssinn. Das ergibt sich auch aus § 76 JGG. Es wäre klarer gewesen, wenn der Gesetzgeber das Fahrverbot etwa als ein besonderes Zuchtmittel in das Jugendgerichtsgesetz aufgenommen hätte. Dann könnte es auch isoliert verhängt werden, was gelegentlich sinnvoll wäre. Dem entspricht der Vorschlag, das Fahrverbot als selbständige ahndende ambulante Maßnahme vorzusehen.[47] Weitergehend wird die Einführung des Fahrverbots als Zuchtmittel auch für Straftaten ohne Kfz-Bezug gefordert.[48]

b) Maßregeln der Besserung und Sicherung

Von den Maßregeln der Besserung und Sicherung kommen außer der Unterbringung in einem psychiatrischen Krankenhaus und in einer Entziehungsanstalt nur der Entzug der Fahrerlaubnis (§ 69 StGB) und die Führungsaufsicht (§ 68 StGB) in Betracht (§ 7 JGG). Die ersten drei Maßregeln können sowohl allein als auch neben Erziehungsmaßregeln, Zuchtmitteln und Jugendstrafe angeordnet werden. Nach § 63 StGB (psychiatrisches Krankenhaus) muss eine rechtswidrige Tat im Zustand der Unzurechnungsfähigkeit oder der verminderten Zurechnungsfähigkeit begangen worden sein, nach § 64 StGB (Entziehungsanstalt) und nach § 69 StGB (Entzug der Fahrerlaubnis) genügt es, dass der Täter „verurteilt oder nur deshalb nicht verurteilt (wird), weil seine Schuldunfähigkeit erwiesen oder nicht auszuschließen ist". Eine Verurteilung zu „Strafe" wird nicht verlangt. Deshalb kann jede dieser Maßregeln sowohl mit Erziehungsmaßregeln, Zuchtmitteln und Jugendstrafe kombiniert[49] als auch ohne jede weitere jugendrichterliche Maßnahme vom Jugendrichter angeordnet werden, wenn die anderen Voraussetzungen der §§ 63, 64 und 69 StGB gegeben sind, vor allem also die Gefahr besteht, dass der Täter ohne die Unterbringung infolge seines Zustandes (§ 63 StGB) oder seines Hanges, alkoholische Getränke oder andere berauschende Mittel im Übermaß zu sich zu nehmen (§ 64 StGB), erhebliche rechtswidrige Taten begehen wird oder zum Führen des Kraftfahrzeuges ungeeignet ist (§ 69

---

[47] DVJJ-Reform, S. 76; krit. *Albrecht,* Gutachten, D 142.
[48] DVJJ-J 4/2000, 328 f. (Gesetzgebungsvorschlag der CDU mit krit. Stellungnahme *Sonnen*); vgl. auch *Walter,* ZStW 2001, 771; abl. Beschl. 64. DJTag C VI 3 b.
[49] Vgl. aber o. 3 b.

StGB). Streitig ist, ob die Maßregeln, wenn ihre Voraussetzungen vorliegen und ihre Anordnung nach allgemeinem Strafrecht zwingend ist, auch im Jugendstrafrecht verhängt werden müssen. In der Logik des Jugendstrafrechts läge es, dem Jugendrichter auch insoweit ein erzieherisches Ermessen zu eröffnen, was der Wortlaut des § 7 JGG („kann ... anordnen") auch nahe legt.[50] Der *BGH* hat diese Möglichkeit im Hinblick vor allem auf den sichernden Charakter der Maßregeln verneint.[51] Allerdings müssen die gesetzlichen Voraussetzungen der Maßregeln unter Berücksichtigung der Besonderheiten des Jugendstrafrechts geprüft werden.[52] So ist es ständige Rechtsprechung des *BGH*, dass stets sorgfältig zu prüfen ist, ob in einem auf Förderung und Integration des Verurteilten ausgerichteten Verfahren eine weniger einschneidende Maßnahme als die Unterbringung in einem psychiatrischen Krankenhaus gem. § 63 StGB in Betracht kommt,[53] ob der durch die Persönlichkeitsstörung des Angeklagten begründeten Gefährlichkeit nicht schon durch länger andauernden normgerechten Jugendstrafvollzug begegnet werden kann.[54]

Freiheitsentziehende Maßregeln der Sicherung und Besserung, also die Unterbringung in psychiatrischen Kliniken und Entziehungsanstalten, werden im Jugendstrafverfahren selten angeordnet.[55] Sie gelten als für Jugendliche und Heranwachsende besonders belastend (s. o. § 6.4). Bei einer Unterbringung nach § 64 StGB gibt es zwar besondere Einrichtungen für junge Menschen.[56] Aber ein Vorgehen nach den Regelungen des BtMG („Therapie statt Strafe", vgl. u. § 25.4 a) erscheint oft erfolgversprechender.

Dagegen wird von der Entziehung der Fahrerlaubnis (§ 69 StGB) oder von der vorbeugenden Sperre – der Täter hat noch keine Fahrerlaubnis und darf sie nun erst nach Ablauf der Sperrzeit erwerben (§ 69 a StGB) – wird häufig Gebrauch gemacht: im Jahr 2001 in Rheinland-Pfalz bei 82 Jugendlichen und bei 811 Heranwachsenden.[57]

Angesichts der rational kaum verständlichen Bedeutung, die das Fahren von Kraftfahrzeugen heute bei Jugendlichen erlangt hat, sollte besonders bei der Bemessung

---

[50] *LG Oldenburg* Blutalkohol 1985, 186 und MDR 1988, 697. Im Ergebnis ebenso: *OLG Zweibrücken* StrVert 1989, 314.

[51] *BGH* NStZ 1991, 384; *Ostendorf,* § 7 Rn. 3.

[52] *Brunner/Dölling,* § 7 Rdn. 1.

[53] *BGH* DVJJ-J 4/2002, 464.

[54] *BGH* NStZ 1998, 86.

[55] In ganz Deutschland werden jährlich etwa 20 Jugendliche und 50 Heranwachsende in einem psychiatrischen Krankenhaus, 10 Jugendliche und 70 bis 90 Heranwachsende in einer Entziehungsanstalt durch jugendstrafrechtliche Entscheidungen untergebracht: *Ostendorf,* ZJJ 1/2004, 9 ff., 13.

[56] § 93 a JGG. Vgl. hierzu *Schaffstein/Beulke,* § 10 III 6; *Eisenberg,* § 93 a Rn. 3; *Ostendorf,* Grdl. zu § 93 a Rn. 4; *DSS-Diemer,* § 93 a Rn. 3. Vgl. zu den möglichen Gründen dieser richterlichen Zurückhaltung: *Kühne,* MschrKrim 1984, 379 ff., 382 f.

[57] MdJ (wie Fn. 46), S. 83.

der Sperrfrist Zurückhaltung geübt werden. Es entsteht mitunter der Eindruck, dass solche Sperren vermeidbare Folgekriminalität verursachen, zumal sie oft durch den Brauch der Verwaltungsbehörden verstärkt werden, auch nach Fristablauf aus Gründen der öffentlichen Sicherheit keine Fahrerlaubnis zu erteilen.[58] Nicht nur die Gefahr des Fahrens ohne Fahrerlaubnis, sondern auch die der Unfallflucht liegt nahe,[59] weil der Täter weniger wegen des Unfalls als wegen des Fehlens der Fahrerlaubnis Schwierigkeiten befürchtet, wenn er am Unfallort bleibt.

c) Vor allem die Führungsaufsicht

Die Führungsaufsicht kann nach § 7 JGG auch im Jugendstrafverfahren angeordnet werden. Das bedeutet, dass unter den Voraussetzungen des § 68 StGB, also nach einer Verurteilung zu Freiheitsstrafe von mindestens sechs Monaten wegen einer der Taten, derentwegen Führungsaufsicht zulässig ist – etwa Diebstahl, Raub, Hehlerei, Betrug –, der Jugendrichter Führungsaufsicht anordnen kann. Der Begriff Freiheitsstrafe in § 68 I StGB muss hier als Oberbegriff für Freiheitsstrafe im engeren Sinn und Jugendstrafe verstanden werden.[60] Führungsaufsicht tritt daneben kraft Gesetzes ein, wenn ein in die psychiatrische Klinik Eingewiesener aus der Klinik entlassen wird oder die Einweisung in eine Entziehungsanstalt vor Ablauf von zwei Jahren beendet ist (§ 67 d II StGB). Der wichtigste Fall der gesetzlichen Anordnung ist aber der, dass eine Freiheitsstrafe – auch hier ist die Jugendstrafe wieder mit gemeint – von mindestens zwei Jahren, die wegen einer vorsätzlichen Straftat verhängt worden war, (bzw. von mindestens einem Jahr in den Fällen des § 181 b StGB), voll verbüßt worden ist.

Streitig ist in diesen Fällen bei Vorliegen einer Einheitsstrafe, ob die Voraussetzung bei einer der ihr zugrunde liegenden Straftaten gegeben sein muss[61] oder ob die Höhe der Einheitsstrafe maßgeblich ist.[62] Für die letztgenannte Ansicht spricht zwar, dass die Notwendigkeit professioneller Hilfe für den Entlassenen nach längerer Haftzeit immer besteht. Die Führungsaufsicht als Maßregel der Besserung und Sicherung knüpft aber nur an schwere Kriminalität an. Deshalb tritt sie nur ein, wenn sich zweifelsfrei ergibt, dass für *eine* vorsätzliche Tat zwei Jahre Jugendstrafe (bzw. in den Fällen des § 181 b StGB ein Jahr Jugendstrafe) verhängt worden ist.[63]

Zwar wird bei solchen längeren Jugendstrafen fast immer zunächst eine Strafaussetzung zur Bewährung erfolgen, die dann gegenüber der Führungsaufsicht Vorrang genießt; aber nicht selten muss diese Straf-

---

[58] *Eisenberg*, § 7 Rn. 38; *Ostendorf*, § 7 Rn. 15.

[59] Vgl. hierzu *AG Saalfeld*, DVJJ-J 4/2001, 426; *Streng*, § 8 Rn. 12.

[60] *Eisenberg*, § 7 Rn. 32; *Brunner/Dölling*, § 7 Rn. 9. Solche, im Urteil angeordnete Führungsaufsicht setzen: seit 1978 – *Eisenberg*, § 7 Rn. 32 – jährlich 0–10 bei Jugendlichen und 3–22 bei Heranwachsenden. Aber im Jahr 2001 allein in Rheinland-Pfalz bei 8 Jugendlichen und 10 Heranwachsenden: MdJ (wie Fn. 46), S. 82.

[61] *Eisenberg*, § 7 Rn. 33; *Brunner/Dölling*, § 7 Rn. 11; *OLG Hamm* NStZ-RR 1998, 61; *OLG Stuttgart* Die Justiz 2003, 267.

[62] *OLG München* NStZ-RR 2002, 183; DSS-*Diemer*, § 7 Rn. 7; *Ostendorf*, § 7 Rn. 14.

[63] Zur Schwierigkeit dieser Feststellung s. o. 2 b cc.

aussetzung zur Bewährung während der Dauer ihres Laufes widerrufen und der Strafrest verbüßt werden, so dass der Jugendliche oder Heran-wachsende schließlich die Strafe doch voll verbüßt hat. Früher stand der Verurteilte dann ohne „amtliche" Hilfe vor der Jugendstrafanstalt. Jetzt tritt in diesen Fällen die Führungsaufsicht in Kraft.[64] Sie ist eine zwei bis fünf Jahre dauernde Aufsicht über den Entlassenen, die von einem Be-währungshelfer wahrgenommen wird und durch gerichtliche Weisungen unterstützt werden kann.

Die JStrVK[65] hat vorgeschlagen, dass ein Bewährungshelfer bis zu drei Monate vor der Entlassung des jugendlichen bestellt wird, um eine durchgehende sozial-pädagogische Hilfe sicherzustellen. Gerade in dem besonders kritischen Zeitpunkt der Entlassung stünde dann ein dem Jugendlichen bereits bekannter Ansprechpartner zur Verfügung, auch wenn der Jugendliche die Jugendstrafe hat voll verbüßen müssen. In diesen Fällen wird der Bewährungshelfer dem Verurteilten seine Beratung und Hilfe anbieten. Der Vorschlag ist jetzt im EGJVollz (Art. II Nr. 3) aufgenommen worden. Er würde das Institut der Führungsaufsicht im Jugendstrafrecht entbehrlich machen.

5. Zur Häufigkeit und Verteilung der jugendstrafrechtlichen Sanktionen

Aus den Tabellen 3–6 ergeben sich Häufigkeit und Verteilung der Ver-urteilungen zu Jugendstrafen, Zuchtmitteln und Erziehungsmaßregeln in den alten Bundesländern und Berlin (1993 nur Westberlin) unterteilt nach männlichen und weiblichen Jugendlichen, sowie männlichen und weib-lichen Heranwachsenden.[66] Die Zahl der jugendlichen männlichen Verurteilten ist von 1995 bis 2001 um 28 % gestiegen. Das dürfte weitgehend mit dem Anwachsen dieser Bevölkerungsgruppe in der Gesamtbevölkerung zu erklären sein, zusätzlich vielleicht mit im Einzelnen nicht exakt feststellbarem verän-dertem Anzeigeverhalten, verbesserter polizeilicher Aufklärungsarbeit, verändertem Sanktionsverhalten der Jugendrichter oder auch gestiegener Kriminalität. Was die Verteilung der Verurteilten auf die Sanktionen an-geht, zeigt sich eine schon fast erstaunliche Konstanz bei den stationären Sanktionen und ihrem Verhältnis zu den ambulanten Maßnahmen. Die Zahl der jugendlichen weiblichen Verurteilten ist von 1995 bis 2001 um 92 %, also mehr als dreimal so stark wie die der männlichen Jugendlichen, gestiegen. Von allen jugendlichen Verurteilten machten die weiblichen Jugendlichen 1995 11 %, 2001 14 % aus; bei der Jugendstrafe ohne Bewährung 1995 4 %, 2001 4,5 %, beim Dauerarrest 1995 6,3 %, 2001 9,0 %, im ambulanten Bereich 1995 12,4 %, 2001 16,5 %. Innerhalb

---

[64] *Schaffstein/Beulke,* § 10 III d; *Eisenberg,* § 7 Rn. 33.
[65] SchlussB., S. 20 f.
[66] Eigene Berechnungen aufgrund der vom StatBA herausgegebenen Strafverfol-gungsstatistiken (Arbeitsunterlage) 1993, 1995, 1997, 1999 und 2001.

Tabelle 3: Alle Verurteilungen

	Gesamtzahl der Verurteilten	Jugendstrafe				Jugendarrest			Heimerziehung	Auflagen, Weisungen, Erziehungsbeistandschaft …, auch nebeneinander
		gesamt	davon mit Bewährung	davon ohne Bewährung	davon mehr als 2 Jahre	gesamt	davon Dauerarrest	Kurz- und Freizeitarrest		
männliche Jugendliche										
1993	29.724 / 100 %	3.901 / 13,1 %	2.589 / 8,7 %	1.312 / 4,4 %	320 / 1,1 %	5.527 / 18,6 %	2.580 / 8,7 %	2.947 / 9,9 %	26 / 0,1 %	20.270 / 68,2 %
1995	33.500 / 100 %	4.306 / 12,8 %	2.918 / 8,7 %	1.388 / 4,1 %	356 / 1,0 %	6.299 / 18,8 %	2.922 / 8,7 %	3.377 / 10,1 %	39 / 0,1 %	22.865 / 68,3 %
1997	39.785 / 100 %	5.419 / 13,6 %	3.628 / 9,1 %	1.791 / 4,4 %	519 / 1,3 %	8.186 / 20,6 %	3.830 / 9,6 %	4.356 / 11,0 %	47 / 0,1 %	26.133 / 65,7 %
1999	42.817 / 100 %	5.904 / 13,8 %	3.819 / 8,9 %	2.085 / 4,9 %	548 / 1,3 %	8.885 / 20,7 %	4.110 / 9,6 %	4.775 / 11,1 %	29 / –	27.999 / 65,4 %
2001	42.974 / 100 %	5.683 / 13,2 %	3.666 / 8,5 %	2.017 / 4,7 %	506 / 1,2 %	8.693 / 20,2 %	3.967 / 9,2 %	4.726 / 11,0 %	53 / 0,1 %	28.545 / 66,5 %
weibliche Jugendliche										
1993	3.632 / 100 %	190 / 5,2 %	143 / 3,9 %	47 / 1,3 %	3 / 0,1 %	443 / 12,2 %	194 / 5,3 %	249 / 6,9 %	– / –	2.999 / 82,6 %
1995	4.168 / 100 %	166 / 4,0 %	113 / 2,7 %	53 / 1,3 %	5 / 0,1 %	539 / 13,0 %	196 / 4,7 %	343 / 8,3 %	5 / 0,1 %	3.458 / 82,9 %
1997	5.855 / 100 %	282 / 4,8 %	216 / 3,7 %	66 / 1,1 %	9 / 0,1 %	831 / 14,1 %	335 / 5,7 %	496 / 8,4 %	9 / 0,1 %	4.733 / 80,4 %
1999	6.750 / 100 %	383 / 5,6 %	307 / 4,5 %	76 / 1,1 %	6 / 0,1 %	995 / 14,7 %	370 / 5,5 %	625 / 9,2 %	11 / 0,1 %	5.361 / 79,6 %
2001	7.008 / 100 %	393 / 5,6 %	297 / 4,2 %	96 / 1,4 %	13 / 0,7 %	955 / 13,6 %	393 / 7,6 %	562 / 8,0 %	8 / 0,1 %	5.652 / 80,7 %

Tabelle 4: Verurteilungen nach Jugendstrafrecht

	Gesamtzahl der Verurteilten	Jugendstrafe				Jugendarrest			Heimerziehung	Auflagen, Weisungen, Erziehungsbeistandschaft ..., auch nebeneinander
		gesamt	davon mit Bewährung	davon ohne Bewährung	davon mehr als 2 Jahre	gesamt	davon Dauerarrest	Kurz- und Freizeitarrest		
männliche Heranwachsende										
1993	35.628 / 100 %	9.285 / 26,0 %	5.590 / 15,7 %	3.695 / 10,3 %	1.165 / 3,2 %	5.873 / 16,5 %	3.531 / 10,0 %	2.322 / 6,5 %	11 / 0,0 %	20.459 / 57,5 %
1995	35.363 / 100 %	8.918 / 25,2 %	5.495 / 15,5 %	3.423 / 9,7 %	1.112 / 3,1 %	5.738 / 16,2 %	3.394 / 9,6 %	2.344 / 6,6 %	21 / 0,0 %	20.686 / 58,6 %
1997	37.969 / 100 %	10.118 / 26,6 %	6.444 / 17,0 %	3.674 / 9,6 %	1.302 / 3,3 %	6.437 / 17,0 %	3.719 / 9,8 %	2.718 / 7,2 %	20 / 0,0 %	21.394 / 56,4 %
1999	39.275 / 100 %	10.751 / 27,3 %	6.610 / 16,8 %	4.141 / 10,5 %	1.439 / 3,8 %	6.401 / 16,2 %	3.597 / 9,0 %	2.804 / 7,2 %	24 / 0,0 %	22.099 / 56,5 %
2001	41.452 / 100 %	10.917 / 26,3 %	6.713 / 16,2 %	4.204 / 10,1 %	1.343 / 3,2 %	6.735 / 16,2 %	3.759 / 9,1 %	2.976 / 7,2 %	15 / 0,0 %	23.785 / 57,4 %
weibliche Heranwachsende										
1993	3.680 / 100 %	615 / 16,7 %	424 / 11,5 %	191 / 5,2 %	27 / 0,7 %	405 / 11,0 %	216 / 5,9 %	189 / 5,1 %	2 / 0,0 %	2.658 / 72,2 %
1995	3.700 / 100 %	490 / 13,2 %	349 / 9,4 %	141 / 3,8 %	21 / 0,6 %	377 / 10,1 %	205 / 5,5 %	172 / 4,6 %	3 / 0,1 %	2.830 / 76,6 %
1997	4.198 / 100 %	580 / 13,8 %	411 / 9,8 %	169 / 4,0 %	34 / 0,8 %	424 / 10,1 %	209 / 5,0 %	215 / 5,1 %	1 / 0,0 %	3.193 / 76,0 %
1999	4.760 / 100 %	607 / 12,8 %	457 / 9,6 %	150 / 3,3 %	33 / 0,7 %	528 / 11,1 %	263 / 5,5 %	265 / 5,6 %	5 / 0,1 %	3.620 / 76,0 %
2001	5.241 / 100 %	729 / 14,0 %	492 / 9,5 %	237 / 4,5 %	36 / 0,7 %	583 / 11,0 %	290 / 5,5 %	293 / 5,6 %	3 / 0,0 %	3.926 / 75,0 %

Tabelle 5: Verurteilungen zu ambulanten Maßnahmen

	Verurteilungen	Wieder-gutmachung*	Geldauflage	Arbeitsauflage	Verwarnung	Weisungen	Erziehungsbei-standschaft
Männliche Jugendliche							
1993	33.311 100%	871 2,6	5.104 15,3	9.980 30,0	9.692 29,1	7.583 22,8	81 0,2
1995	37.446 100%	790 2,1	4.940 13,2	13.243 35,4	10.631 28,4	7.721 20,6	121 0,3
1997	43.588 100%	986 2,3	5.189 11,9	16.822 38,6	11.956 27,4	8.517 19,5	118 0,3
1999	48.717 100%	1.115 2,3	5.605 11,5	19.025 39,1	13.135 27,0	9.675 19,9	162 0,3
2001	49.553 100%	1.374 2,8	5.885 11,9	19.678 39,7	12.540 25,3	9.936 20,1	140 0,3
Männliche Heranwachsende**							
1993	33.228 100%	939 2,8	11.309 34,0	6.063 18,2	8.931 26,9	5.946 17,9	40 0,1
1995	33.310 100%	903 2,7	10.691 32,1	7.415 22,3	9.001 27,0	5.237 15,7	63 0,2
1997	35.023 100%	907 2,6	10.511 30,0	8.857 25,3	9.135 26,1	5.558 15,9	55 0,2
1999	37.401 100%	1.000 2,7	11.118 29,7	9.393 25,1	9.871 26,4	5.943 15,9	76 0,2
2001	40.630 100%	1.302 3,2	12.145 29,9	19.126 24,9	9.931 24,4	7.041 17,3	85 0,2

* einschließlich Entschuldigung mit oder ohne gleichzeitige Arbeitsauflage
** (soweit nach Jugendstrafrecht verurteilt)

Tabelle 6: Verurteilungen zu ambulanten Maßnahmen

	Verurteilungen	Wiedergutmachung*	Geldauflage	Arbeitsauflage	Verwarnung	Weisungen	Erziehungsbei-standschaft
Weibliche Heranwachsende*							
1993	4.010 / 100%	103 / 2,6	983 / 24,5	944 / 23,5	1.155 / 28,8	814 / 20,3	11 / 0,3
1995	4.290 / 100%	92 / 2,1	889 / 20,7	1.267 / 29,5	1.246 / 29,0	786 / 18,3	14 / 0,3
1997	4.815 / 100%	89 / 1,8	971 / 20,2	1.522 / 31,6	1.353 / 28,1	865 / 18,0	15 / 0,3
1999	5.643 / 100%	129 / 2,3	1.141 / 20,2	1.791 / 31,7	1.628 / 28,8	940 / 16,7	14 / 0,2
2001	6.177 / 100%	190 / 3,1	1.249 / 20,2	1.980 / 32,1	1.670 / 27,0	1.074 / 17,4	14 / 0,2
Weibliche Jugendliche							
1993	4.552 / 100%	76 / 1,7	427 / 9,4	1.621 / 35,6	1.405 / 30,9	1.005 / 22,1	18 / 0,4
1995	5.266 / 100%	85 / 1,6	395 / 7,5	2.193 / 41,6	1.558 / 29,6	1.019 / 19,4	16 / 0,3
1997	7.369 / 100%	120 / 1,6	483 / 6,6	3.250 / 44,1	2.085 / 28,3	1.411 / 19,1	20 / 0,3
1999	8.759 / 100%	188 / 2,1	560 / 6,4	3.788 / 43,2	2.535 / 28,9	1.676 / 19,1	22 / 0,3
2001	9.031 / 100%	161 / 1,8	612 / 6,8	4.127 / 45,7	2.393 / 26,5	1.712 / 19,0	26 / 0,3

* einschließlich Entschuldigung mit oder ohne gleichzeitige Arbeitsauflage
** (soweit nach Jugendstrafrecht verurteilt)

der Gruppe der weiblichen Verurteilten ist die Verteilung auf die Sanktionen aber auch konstant geblieben.

Bei den Heranwachsenden ist das Bild ähnlich. Die Zahl der männlichen Heranwachsenden ist seit 1995 um 17,2 %, die der weiblichen Heranwachsenden um 41,4 % gestiegen, von den verurteilten Heranwachsenden waren 1995 9,4 % Frauen, 2001 10,9 %. Bei der Jugendstrafe ohne Bewährung waren von den Verurteilten 1995 4 %, 2001 5,3 % Frauen, beim Dauerarrest 1995 5,7 %, 2001 7,2 %. Auch hier sind die unterschiedlichen Sanktionen über die Jahre hinweg sehr gleichmäßig verteilt.

Bei den gegenüber den Jugendlichen wesentlich höheren Anteilen der Jugendstrafe ist zu bedenken, dass mehr als 36 % der Männer und 47 % der Frauen nach allgemeinem Strafrecht verurteilt worden sind und in diesen Fällen zu 93,4 % bzw. 97,3 % mit Geldstrafe geahndet wurden (s. o. § 7.4 Tab. 1 und 2, S. 54, 55).

Die hier geschilderten Ergebnisse betreffen die alten Bundesländer und Berlin. Über die neuen Bundesländer liegen Gesamtergebnisse nicht vor. In Thüringen waren 2001 10,6 % von den verurteilten Jugendlichen und 10,1 % von den verurteilten Heranwachsenden Frauen. Ohne eine Unterteilung in Jugendliche und Heranwachsende, Männer und Frauen ist die Zahl der nach Jugendstrafrecht Verurteilten von 3188 im Jahr 1997 auf 4142 im Jahr 2001, also um 30 % gestiegen. Der Anteil der Jugendstrafen schwankt zwischen 23 und 25 % (2001: 23,9 %), der der Jugendstrafen von mehr als 2 Jahren betrug 1997 2,8 %, erreichte 1999 4 % und lag 2001 bei 3,1 %. Der Jugendarrest machte 1997 10 % an den Verurteilungen aus, 2001 12,5 % (davon Dauerarrest zwischen 8 und 9 %). Auch hier sind die Zahlen einigermaßen konstant.[67]

Die „ambulanten" Maßnahmen sind in der Statistik in die einzelnen Auflagen, Verwarnungen, Erziehungsbeistandschaft und (pauschal) Weisungen aufgeteilt. Da sie nebeneinander und neben stationären Sanktionen angeordnet werden dürfen, handelt es sich um mehr Maßnahmen als sanktionierte Personen. Bei den männlichen Jugendlichen zeigt sich von 1995 bis 2001 ein Anstieg von 33,3 % der ambulanten Maßnahmen. Die Verteilung auf die einzelnen Maßnahmen ist wieder recht konstant. Prozentual sind die Arbeitsauflagen vor allem zu Lasten der Verwarnungen etwas angestiegen. Bei den männlichen Heranwachsenden liegt der Anstieg der ambulanten Maßnahmen bei knapp 22 %. Die Verteilung auf die einzelnen Maßnahmen ist relativ konstant. Auch hier ist als Trend ein leichter Anstieg der Arbeitsauflagen zu Lasten der Verwarnungen und der Geldbußen zu verzeichnen. Im Vergleich zu den Jugendlichen spielt aber

---

[67] Thüringer Landesamt für Statistik, Statistischer Bericht. Abgeurteilte und Verurteilte in Thüringen 2001. Zum Vergleich: 2001 waren bei den nach Jugendstrafe in den alten Bundesländern und Berlin Verurteilten 18 % zu Jugendstrafe (2 % zu Jugendstrafe von mehr als 2 Jahren), 17 % zu Jugendarrest, 8,5 % zu Dauerarrest verurteilt.

die Geldbuße als deutlich häufigste Maßnahme eine größere Rolle, während Arbeitsauflagen und Weisungen seltener vertreten sind. Bei den weiblichen Jugendlichen sind die ambulanten Maßnahmen zwischen 1995 und 2001 um 71 % angewachsen. Auch hier sind die Arbeitsauflagen zu Lasten der Verwarnungen leicht angewachsen. Gegenüber den männlichen Jugendlichen gibt es bei den weiblichen Jugendlichen weniger Geld- und mehr Arbeitsauflagen. Bei den weiblichen Heranwachsenden macht der Anstieg knapp 47 % aus. Auch hier zeigt sich der Anstieg der Arbeitsauflage, die bei den weiblichen Heranwachsenden deutlich am häufigsten verhängt wird, zu Lasten der Verwarnung und der Weisungen.[68]

Bei der Betrachtung der jugendstrafrechtlichen Reaktionen, ihrer unterschiedlichen Anwendung über die Jahre hinweg und ihrer Verteilung untereinander muss bedacht werden, dass den Veränderungen nicht im Übrigen gleich bleibende Verhältnisse zugrunde liegen. So kann sich die Kriminalität junger Menschen verändert haben (z. B. mehr Gewalttaten, vor allem Raub). Eine vermehrte Erledigung von vorwiegend geringfügiger Kriminalität durch Verfahrenseinstellungen nach §§ 45, 47 JGG kann dazu geführt haben, dass die für Verurteilte verbleibende Kriminalität insgesamt gewichtiger geworden ist.[69] Bei den Heranwachsenden spielt es wieder eine Rolle, in welchem Umfang und bei welchen Taten (vornehmlich nämlich den leichten Verkehrsdelikten) allgemeines Strafrecht angewendet wird. Insgesamt wird man vermuten können, dass in den alten Bundesländern im Bereich des Jugendstrafrechts in den letzten beiden Jahrzehnten zunehmend milder und mit geringeren Eingriffen reagiert worden ist.

§ 23. Erziehungsmaßregeln

Literatur: Holzschuh, Die Praxis der ambulanten Erziehung junger Rechtsbrecher in Deutschland, in: Weg und Aufgabe, S. 166 ff.; *Miehe*, Zur Anordnung von Hilfen zur Erziehung nach §§ 27–35 SGB VIII durch Vormundschafts- und Jugendrichter, DVJJ-J 3/1997, 260 ff.; *Fritschka*, Die Betreuungsweisung, in: Ber. 18. JGTag, S. 205 ff.; *Hassemer-Kreckl*, Betreuung durch die Brücke e.V., München, im: Ber. 18. JGTag, S. 220 ff.; *Gerhardt*, Die Nachschulung alkoholauffälliger Kraftfahrer in besonderen „Erziehungskursen" des TÜV in München, in: Ber. 18. JGTag, S. 256 ff.; *Gerhardt/Vögele*, Die Betreuungsweisung nach § 10 JGG – Ein Praxisbericht aus dem Bereich

---

[68] In Thüringen verteilten sich die 5656 ambulanten nach Jugendstrafrecht im Jahr 2001 verhängten Maßnahmen wie folgt: Wiedergutmachung und Entschuldigung 2,1 %, Geldbuße 13,5 %, Arbeitsauflage 37 %, Verwarnung 38 %, Weisungen 9,5 %. Ihr Anteil ist seit 1997 um knapp 40 % gestiegen, überproportional die Arbeitsauflagen, während die Auferlegung von Geldzahlungen etwas zurückgegangen ist (Quelle: s. Fn. 67).

[69] Zum Vergleich: Von den nach allgemeinem Strafrecht Abgeurteilten wurden 2001 etwa 80 %, von den nach Jugendstrafrecht Abgeurteilten 65 % verurteilt (Strafverfolgungsstatistik 2001, S. 46, 47).

des Jugendgerichts München, Zbl 1979, 371 ff.; *Dölling* u. a., Täter-Opfer-Ausgleich in Deutschland, herausgegeben vom BMJ, Bonn 1998: *Dünkel/Geng/Kirstein*, Soziale Trainingskurse und andere ambulante Maßnahmen nach dem JGG in Deutschland, herausgegeben vom BMJ, Bonn 1998; *Deutsche Vereinigung für Jugendgerichte und Jugendgerichtshilfen und Deutsche Vereinigung für Kinder- und Jugendpsychiatrie*, Empfehlungen zu Weisungen nach § 10 II JGG, MschrKrim 1972, 381; *Mückenberger*, Die Praxis der heilerziehenden Behandlung nach § 10 II JGG, MschrKrim 1971, 292 ff.; *Stutte*, Zur Frage der heilerzieherischen Behandlung im Sinne von § 10 II JGG, MschrKrim 1956, 103 ff.; *Engstler*, Die heilerzieherische Behandlung gemäß § 10 Abs. 2 JGG in der jugendstrafrechtlichen Praxis, MschrKrim 1988, 1 ff.

1. Allgemeine Betrachtung

a) Ausgeliehene Maßnahmen

Unter den Erziehungsmaßregeln sind zwei verschiedene Möglichkeiten der Reaktion vereinigt. Die Maßregeln Erziehungsbeistandschaft (§ 30 SGB VIII) und Erziehung in einer Einrichtung über Tag und Nacht oder in einer sonstigen betreuten Wohnform i. S. des § 34 SGB VIII sind aus dem Arsenal des SGB VIII ausgeliehen. Ihre Anordnung ist nur zulässig, wenn die Voraussetzungen des Gesetzes vorliegen. So muss bei Erziehungsbeistandschaft die Unterstützung bei der Bewältigung von Entwicklungsproblemen erforderlich, bei Heimerziehung die Förderung durch pädagogische und therapeutische Angebote notwendig sein. Der Jugendrichter muss insoweit das Jugendamt anhören. Ob die Verurteilung des Jugendlichen dazu, die Hilfe (wenn sie denn vom Jugendamt gewährt werden sollte) anzunehmen, den Antrag des Jugendlichen auf Hilfe ersetzt oder nur eine nicht sanktionsbewehrte Anweisung ist,[1] mag offen bleiben. Jedenfalls fehlt dem Jugendrichter jedes Druckmittel gegenüber dem Verurteilten, wenn dieser die ihm gewährte Hilfe ausschlägt oder kein Heimplatz zur Verfügung gestellt wird.[2] Es verwundert deshalb nicht, dass diese Erziehungsmaßregeln im Jugendstrafrecht keine Rolle spielen. Schon vor dem SGB VIII, zu der Zeit also, in der der Jugendrichter Erziehungsbeistandschaft und Fürsorgeerziehung, wenn deren im Jugendwohlfahrtsgesetz formulierte Voraussetzungen vorlagen, durch Strafurteil anordnen konnte, ist selten in dieser Weise verfahren worden. So hat es in keinem der vergangenen 30 Jahre jemals mehr als 100 Verurteilungen zu Heimerziehung gegeben. In den Jahren 2000 und 2001 waren es 90 bzw. 81 Fälle bei mehr als 18000 Erziehungsmaßregeln.[3]

---

[1] Hierzu: *Possin*, Heimerziehung gemäß §§ 27, 34 SGB VIII als jugendstrafrechtliche Sanktion, 1995, 51 ff.; *Schaffstein/Beulke*, § 17 II 4.

[2] So zutr. DSS-*Diemer*, § 12 Rn. 4 und 17; *Brunner/Dölling*, § 12 Rn. 7; *Wiesner*, in: Wiesner u. a., SGB III, § 30 Rn. 14; *Miehe*, aaO S. 265; vgl. aber *Schaffstein/Beulke*, § 17 III 2.

[3] Die Strafverfolgungsstatistiken für 2000 und 2001 teilen für die alten Bundesländer bei Jugendlichen jeweils 61 Verurteilungen nach § 12 Nr. 2 JGG mit. Zusätzlich werden 29 bzw. 18 derartige Verurteilungen bei Heranwachsenden angegeben, was

Auch von der Erziehungsbeistandschaft wird im Jugendstrafverfahren nur selten Gebrauch gemacht. § 12 JGG könnte ersatzlos gestrichen werden. Statt der Erziehungsbeistandschaft bietet sich als Erziehungsmaßregel die Betreuungsweisung an. Hält der Jugendrichter eine Maßnahme nach § 12 Nr. 2 JGG für geboten, könnte er die Gewährung dieser Hilfe anregen und nach deren Gewährung durch das Jugendamt das Verfahren nach § 47 JGG einstellen.[4] Angesichts der geringen Bedeutung der Erziehungsmaßregeln nach § 12 JGG wird auf eine nähere Darstellung verzichtet. Das gilt auch für die Voraussetzungen nach § 53 JGG.[5]

b) Selbständige Erziehungsmaßnahmen des JGG

Dagegen sind die erzieherischen Weisungen eigenständige Erziehungsmaßregeln des Jugendgerichtsgesetzes. Sie werden „aus Anlass der Jugendstraftat" angeordnet. Die Jugendstraftat muss tatbestandsmäßig, rechtswidrig und schuldhaft begangen und zudem ein Symptom der Erziehungsbedürftigkeit sein. Stellt sich anlässlich der durch die Tat veranlassten Befragung der Jugendgerichtshilfe heraus, dass der Jugendliche erheblich gefährdet ist, die Tat damit jedoch in keinem Zusammenhang steht, so müssen die Maßnahmen zur Erziehung dem Jugendamt und notfalls dem Vormundschaftsrichter vorbehalten werden. Solche Fälle sind selten.

Ein Apothekerssohn verletzte aus Unachtsamkeit mit seinem Moped einen anderen Verkehrsteilnehmer. Dabei stellte sich heraus, dass der Junge keiner Arbeit nachging, große Ausgaben in Nachtlokalen machte und seinen verwitweten Vater, der Angst vor ihm hatte, zwang, ihn auszuhalten. Demnach war eine erhebliche Gefährdung des Jugendlichen und auch ein Erziehungsnotstand offenkundig, die Gewährung von Hilfen (etwa auch von Heimerziehung) durchaus diskutabel. Doch war die festgestellte Straftat nicht Symptom für diesen Erziehungsnotstand.

Der Jugendrichter musste also ein der Verkehrsstraftat angemessenes Zuchtmittel verhängen und wegen der aus erzieherischen Gründen notwendigen Maßnahmen das Jugendamt und den Vormundschaftsrichter einschalten. Allgemein genügt freilich, dass sich überhaupt eine Art von Zusammenhang zwischen Handlung und Erziehungsnotstand herstellen lässt; denn „an den Zusammenhang brauchen keine strengen Anforderungen gestellt zu werden".[6]

---

nicht verständlich ist, weil § 12 JGG im Verfahren gegen Heranwachsende nicht anwendbar ist (vgl. § 105 I JGG; *Ostendorf*, § 12 Rn. 1). Auch Erziehungsbeistandschaften werden offenbar entgegen § 105 I JGG im Verfahren gegen Heranwachsende angeordnet (2000: 86; 2001: 99).

[4] *Streng*, § 10 Rn. 57; *Miehe*, aaO S. 266; vgl. aber Beschl. 64. DJTag C VI 1.
[5] Hierzu *Schaffstein/Beulke*, § 37 III 3.
[6] BGHSt 5, 140 ff. zur Symptomtat, Einweisung in ein psychiatrisches Krankenhaus betreffend.

c) Ahndende Wirkung der Erziehungsmaßregeln

§ 5 II JGG legt die Frage nahe, ob Erziehungsmaßregeln die Eignung haben können, eine Tat zu ahnden; denn der Richter verzichtet auf Zuchtmittel und Strafe, wenn Erziehungsmaßregeln „ausreichen". Weisungen greifen meist auch in Freiheitsrechte des zu Erziehenden ein und können stärkere Belastungen mit sich bringen als die meisten Zuchtmittel.[7] Deshalb ist neben solchen belastenden Erziehungsmaßregeln eine weitere jugendrichterliche Maßnahme zur Ahndung oft entbehrlich.

2. Weisungen

a) Rechtsnatur

Die Weisungen sind die bei weitem häufigsten Erziehungsmaßregeln.[8] Sie sind nach § 10 JGG Gebote und Verbote, welche die Lebensführung des Jugendlichen regeln und dadurch seine Erziehung fördern und sichern sollen. Nachdem ihre Anordnung (isoliert oder neben Verwarnung und Auflagen, seltener neben Jugendarrest oder Jugendstrafe) stetig angestiegen ist, haben die Weisungen mit der durch das 1. JGGÄndG geschaffenen Möglichkeit, die Ableistung gemeinnütziger Arbeit auch als Auflage anzuordnen, zu Lasten der Auflagen wieder deutlich abgenommen. Das zeigt aber nur, dass zuvor oft Arbeitsweisungen gesetzeswidrig zur Ahndung einer Tat angeordnet worden sind. Als einzige Erziehungsmaßregel wird die Erteilung von Weisungen nicht nur gegenüber den zur Tatzeit Jugendlichen, sondern auch gegenüber den zur Tatzeit Heranwachsenden (§ 105 I JGG) angewendet. Auch ein 25-Jähriger, der zur Tatzeit 20 Jahre alt war und gem. § 105 JGG damals einem Jugendlichen gleichstand, kann mit einer Weisung belegt werden. Schließlich gibt es die Weisungen als Erziehungsmaßnahme nur im Jugendstrafrecht, und zwar „aus Anlass der Straftat". Von den Fällen des § 53 JGG, in denen der Jugendrichter nach pflichtgemäßen Ermessen oder das für allgemeine Strafsachen zuständige Gericht, wenn es ausnahmsweise gem. §§ 102, 103 II 2 JGG über die Straftaten Jugendlicher oder Heranwachsender zu entscheiden hat (§ 104 IV JGG), stets, Anordnung und Auswahl von Erziehungsmaßnahmen dem Familien- oder Vormundschaftsrichter überlassen hat, abgesehen, kann nur der Jugendrichter im Jugendstrafverfahren Weisungen erteilen.

Bei noch nicht nach § 3 JGG verantwortlichen Jugendlichen sind sie nicht zulässig. Im Rahmen ihres Erziehungsrechts können auch Eltern ihren Kindern alle die Vorschriften machen, die als Weisungen in § 10 JGG aufgeführt werden. Der Familien- oder Vormundschaftsrichter muss die Eltern bei solchen Verhaltensvorschriften evtl.

---

[7] *Schaffstein/Beulke*, § 14 II.
[8] Ihr Anteil beträgt 98 bis 99 %. Vgl. Tab. 3 bis 6, S. 170–173 (§ 22.5): 2001 bei männlichen Jugendlichen z. B. 9936 von insges. 10129 Erziehungsmaßnahmen (140 Erziehungsbeistandschaften und 53 Heimunterbringungen.

unterstützen (§ 1631 BGB) und das Jugendamt ihnen nach den Vorschriften des SGB VIII entsprechende Hilfen anbieten.

Die *Sonderstellung* der erzieherischen Weisungen im Jugendstrafrecht, insbesondere ihre Anwendung bei Volljährigen, wird verständlicher, wenn man sich verdeutlicht, dass diese aus dem JGG stammende Sanktion bereits zu einem wichtigen Element kriminalitätsverhindernder Mittel im allgemeinen Strafrecht geworden ist. So können bei der Aussetzung einer Freiheitsstrafe zur Bewährung im allgemeinen Strafrecht dem Verurteilten Weisungen erteilt werden, deren Katalog dem des § 10 JGG ähnlich ist (§ 56 c StGB). Wie hier ist auch dort die Aufzählung nicht vollständig. Die Weisungen können später geändert werden (§ 56 e StGB), ihre schuldhafte Nichterfüllung kann zum Widerruf der Strafaussetzung führen (§ 56 f I Nr. 2 StGB). Ähnliches gilt bei der Maßregel der Führungsaufsicht (§§ 68, 68 b StGB). Hier kann sogar der schuldhafte Verstoß gegen die Weisung zu Freiheitsstrafe führen (§ 145 a StGB). Als Besonderheit für das JGG bleibt freilich, dass die Erteilung von Weisungen hier nicht nur in Verbindung mit Strafaussetzung zur Bewährung (§§ 23, 29, 88 JGG) und Führungsaufsicht auftaucht, sondern eine eigenständige Erziehungsmaßregel ist, die die Erziehung fördern und sichern soll.

Von den in § 10 I JGG aufgezählten Weisungen, die nur Beispielscharakter haben, betreffen Nr. 1–3 und 8 Regelungen, die einschneidend die künftige Lebensführung berühren, während Nr. 4 und 9 nur sehr punktuell eingreifen. Eine Mittelstellung nehmen die Weisungen nach Nr. 6 bis 7 ein. Sie sind zeitlich begrenzt, verlangen dem Verurteilten aber einen erheblichen Einsatz ab. Weniger belastend, dafür aber wieder möglicherweise über einen längeren Zeitraum angeordnet, wirkt die Weisung nach Nr. 5. Deshalb wird die Meinung vertreten, die Verpflichtung, an einem Verkehrsunterricht teilzunehmen, gehöre eher zu den ahndenden Zuchtmitteln[9] – zu Unrecht; denn Verkehrsunterricht ist nicht ein Zuchtmittel mit Ahndungscharakter, sondern eine Maßnahme der Verkehrserziehung, die, wenn auch auf einem engen Bereich, die Entwicklung und Erziehung des Jugendlichen fördert.[10] Wie sich die Weisungen auf die in § 10 I Nr. 1 bis 9 genannten Maßnahmen verteilen und wie oft nicht in dem Katalog aufgezählte Weisungen angeordnet werden, wird statistisch nicht erhoben.

b) Bedeutung der Anlasstat

Fraglich ist, welche Rolle die „Anlasstat" hier spielt. Da die Erteilung von Weisungen eine eigenständige jugendstrafrechtliche Maßnahme ist, wird die Tat hier eine stärkere Rolle spielen müssen. Allerdings nur in dem Sinne, dass offenkundige Bagatellen nicht Anlass für Weisungen sein dürfen, deren schuldhafte Nichtbefolgung immerhin Jugendarrest nach sich zieht. Aber falsch ist es sicher, bei der Bemessung der Maßregel im Hinblick auf ihre Obergrenze andere als erzieherische Überlegungen anzustellen.

---

[9] *Dallinger/Lackner*, § 10 Rn. 10.
[10] Zu Modellen im Bereich der Verkehrserziehung: *Gerhardt*, Ber. 18. JGTag, S. 256 ff., und *Bussmann/Gerhardt*, Blutalkohol, 1980, 117 ff.; 1984, 214 ff.

So ist es unrichtig, etwa das Verbot, bestimmte Gaststätten zu besuchen, nicht nur wegen der Gefährdung des Jugendlichen auszusprechen, sondern auch – vielleicht durch Ausdehnung auf eine von ordentlichen Jugendlichen besuchte, nicht zu beanstandende Wirtschaft, um den Jugendlichen damit zusätzlich noch ahndend zu treffen. Dem gewalttätig gewordenen jugendlichen Mitglied eines Fanklubs im Wege der Weisung den Besuch der Bundesligaspiele seines Fußballklubs zu verbieten, mag zulässig sein, um den Jugendlichen vor einer Gefährdung seiner Entwicklung zu bewahren, obgleich nicht recht einleuchten will, dass ein solches Verbot – ganz isoliert – eine positive Verhaltensänderung bewirken könnte. Unzulässig wäre ein solches „Platzverbot" im Wege einer Weisung, wenn es in erster Linie als Denkzettel für den jugendlichen Täter gedacht wäre.[11]

Wer die aus erzieherischen Gründen erforderliche Erziehungsmaßregel als nicht ausreichend erachtet, den Unrechts- und Schuldgehalt der Tat auszugleichen, muss zusätzlich ein Zuchtmittel verhängen. Nur mit dieser Einschränkung sind die Darlegungen Blaus anzuerkennen, der die Erziehungsmaßnahmen im Jugendstrafrecht in engeren Zusammenhang mit der Tat stellen will.[12] Damit ist nur gemeint, dass die Erziehungsmaßregel auf das in der Straftat erkennbar gewordene Erziehungsdefizit bezogen sein muss. Da der Verurteilte die Weisung oft als einen belastenden Eingriff empfindet, der ihn in seiner Entfaltungsfreiheit behindert, muss dieser Eingriff gegenüber der Tat einerseits und der Bedeutung des ihr zugrundeliegenden Defizits andererseits verhältnismäßig sein. Wegen des notwendigen engen Zusammenhangs der Weisung mit einem Erziehungsdefizit ist Vorsicht gegenüber all den Weisungen geboten, die zu stark die Anlasstat „spiegeln". Der bekannte und verdienstvolle, 27 Jahre mit Jugendstrafsachen befasste, 1972 pensionierte und im März 1985 verstorbene Darmstädter Jugendrichter *Holzschuh* berichtet aus seiner Praxis folgende Fälle:

„Drei Jugendliche hatten zur Nachtzeit über eine Straße ein Seil gespannt, über das sie angeblich hüpfen wollten. Ein Motorradfahrer fuhr dagegen. Jeder von ihnen muss ein Vierteljahr lang jede Woche beim Jugendamt zwei Hüpfseile für das Kinderheim abliefern."[13] Oder: „Ein Schreinerlehrling, der sich einer nicht allzu schwerwiegenden sittlichen Verfehlung schuldig gemacht hatte, muss Puppenstuben, Puppen-

---

[11] *Meier/Rössner/Schöch,* § 8 Rn. 9, unklar *Pfeiffer,* S. 142. Derartiges ist allenfalls im Rahmen eines Zuchtmittels erlaubt. Wenn etwa der Jugendrichter bei der Verhängung eines Freizeitarrestes nach § 16 II JGG anordnet, er sei an dem Wochenende zu vollziehen, an dem am Heimatort des Verurteilten Kirmes ist. Soweit die Anordnung, während der Freizeit Arbeitsleistungen zu erbringen, als Zuchtmittel erteilt wird, könnte man eventuell die Arbeitsleistung in dem erwähnten Fall während der Bundesligaspiele erbringen lassen (*Pfeiffer* hält das sogar bei Anordnung als Erziehungsmaßregel für zulässig). Freilich sind beide Maßnahmen bedenklich. Sie führen jenseits des Gesetzeswortlauts zusätzliche als Strafe empfundene Rechtsbeschränkungen in das jugendrichterliche Arsenal ein, in der *Pfeiffer*schen Variante noch dazu unter der Tarnung als Erziehung. „Behandlungsteufelchen" nennt *Schüler-Springorum,* FS Würtenberger, S. 425 ff., 434, ein solches Vorgehen einprägsam.

[12] *Blau,* Zbl 1959, 117 ff., 120, 121.

[13] *Holzschuh,* aaO, S. 171.

kaufläden und dergleichen für Kinderhorte anfertigen und mit seinem Taschengeld ausstatten."[14]

Beide Male sind die erzieherischen Ziele unklar und die geforderten Leistungen mehr auf die Tat bezogen. Wenn *Holzschuh* hier meint, der übergeordnete Gesichtspunkt sei, dass, wer seinen Mitmenschen Schmerzen zugefügt habe, ihnen oder anderen nunmehr Freude bereiten solle,[15] so kommt hier zu stark der zu den Zuchtmitteln zählende Gesichtspunkt der Wiedergutmachung zum Ausdruck (§ 15 I JGG). Vor einigen Jahren berichtete eine Zeitung, ein Jugendrichter habe den jugendlichen Mitgliedern einer Musik-Band, die einem Konkurrenzunternehmen Instrumente gestohlen hatten, die Weisung erteilt, in ihrer Freizeit unentgeltlich in Jugendheimen und Jugendstrafanstalten Konzerte zu geben. Da die Musik-Band sonst in ihrer Freizeit gegen Entgelt Konzerte gibt, stellt sich die Weisung als eine Zuwendung an gemeinnützige Einrichtungen dar und damit als ein unzulässiges (§ 15 I Nr. 4 JGG verwandtes) Zuchtmittel. Dagegen erscheint es sinnvoll, Jugendliche, die fahrlässig einen Brand verursacht haben, an Aufforstungs- oder Katastrophenschutzarbeiten teilnehmen zu lassen.[16] Aber damit ist man auch schon an der Grenze zur Ahndung.[17]

Ob eine dieser Weisungen geeignet ist, die künftige Lebensführung des Jugendlichen zu ordnen, und dem Jugendlichen nicht als Züchtigung erscheint, hängt vor allem davon ab, wie der Krankenpfleger die Aushilfen in ihre Arbeit im Krankenhaus einweist, oder der Vertreter des Forstamtes, der die Waldarbeiten leitet, den Jugendlichen anspricht und behandelt. Sie können die gleichgültige und leichtfertige Einstellung erschüttern, vielleicht sogar einen Helfer gewinnen – aber auch die Chance vertun. Deshalb ist bei solchen Grenzfällen die Ausgestaltung der Weisung im Einzelnen so wichtig; von ihr hängt es ab, ob die Anordnung noch den Charakter einer Erziehungsmaßregel hat. Das ist bei verallgemeinernder Anpreisung und ebensolcher Verteufelung unorthodoxer Weisungspraxis zu bedenken.[18]

c) Weisungen und Elternrecht

Sind Minderjährige die Adressaten von Weisungen, welche ihre Lebensführung regeln sollen, so ist immer auch das Erziehungsrecht der Eltern berührt. Das Problem mag vernachlässigt werden, wenn der Minderjährige nur an einem Verkehrsunterricht teilnehmen oder an zwei Wochenenden im Unfallkrankenhaus Arbeitsleistungen erbringen soll; denn so

---

[14] *Holzschuh,* aaO, S. 171.

[15] *Holzschuh,* aaO, S. 170; *ders.,* … aber ihr klagt uns an, 1957, S. 83. Nachdrücklich für den Wiedergutmachungsaspekt auch im übertragenen Sinn als Erziehungsmaßregel: *Hellmer,* JZ 1979, 41 ff.

[16] In dieser Anordnung sehen *Schaffstein/Beulke,* § 15 11 2 a, eine die Lebensführung des Jugendlichen regelnde Weisung.

[17] Vgl. zu der Abgrenzung von Weisungen und Auflagen: *Itzel,* Die Abgrenzung der Weisungen von den Auflagen nach dem Jugendgerichtsgesetz, 1987; *Schaffstein/ Beulke,* § 15 II 2 a.

[18] *Holzschuh,* aaO, S. 117.

geringfügige Eingriffe in die Gestaltung seiner Freizeit können die Erziehungsberechtigten vernünftigerweise nicht stören.[19] Erlegt der Richter dem Jugendlichen aber auf, den Wohnort zu wechseln, bei einer Familie oder in einem Heim zu wohnen, eine Lehr- oder Arbeitsstelle anzunehmen oder auch den Verkehr mit dem Freundeskreis seiner Eltern zu unterlassen, so ist die Konkurrenz zwischen dem Jugendrichter und den Eltern im Erziehungsbereich unübersehbar. Teilweise wird darum die Meinung vertreten, jede erzieherische Weisung sei verfassungswidrig, weil nur die Eltern ein Erziehungsrecht hätten.[20] Gegen den Willen der Eltern kann freilich ohnehin – von den gesetzlich geregelten Fällen, Schulpflicht etwa, abgesehen – ein erzieherisches Programm nicht verwirklicht werden. Den Eltern wird durch § 10 JGG weder das Aufenthaltsbestimmungsrecht aberkannt noch das Recht der gesetzlichen Vertretung des Kindes entzogen. Die in § 10 I Nrn. 1–3 JGG erwähnten Weisungen können deshalb gegen den Willen der Eltern nicht durchgesetzt werden.[21]

Angenommen, der Jugendrichter hielte es zur Förderung der Erziehung eines Jugendlichen, der, weil ihn seine Arbeit unbefriedigt lässt, in seiner Freizeit mitunter geringfügige Straftaten begeht, für angebracht, dass der Jugendliche seinen „Traumberuf" als Fernsehmechaniker erlernt, während die Eltern meinen, der Junge solle weiter als Weißbinder arbeiten, um später das Geschäft des Vaters übernehmen zu können – Konflikte dieser Art gibt es vergleichsweise häufig, und sie werden auch manchmal als Mitursachen von Fehlverhalten angesehen –, dann scheitert eine entsprechende Weisung des Jugendrichters spätestens in dem Augenblick, in dem die Eltern sich weigern, als gesetzliche Vertreter den Lehrvertrag zu unterschreiben, mag auch der Minderjährige selbst die Lehre als Fernsehmechaniker beginnen und der entsprechende Meister ihn als Auszubildenden annehmen wollen.

Eine Durchsetzung der Weisung gegen die Eltern ist nirgends vorgesehen. Nur wenn ihre Entscheidung ein Missbrauch des Personensorgerechts wäre, was in dem geschilderten Fall zumindest zweifelhaft sein dürfte,[22] käme eine Ersetzung der Zustimmung der Eltern nach den Regeln des § 1631a II BGB in Betracht. Aus all dem folgt, dass erzieherische

---

[19] Insoweit bedenklich *BVerfGE* 74, 102 ff., 124, 125, wonach der Staat als „Erziehungshelfer einspringen" dürfe, wenn die Eltern nicht in der Lage seien, ihre Erziehungsaufgabe wahrzunehmen, was das Gericht offenbar unwiderlegbar vermutet, wenn ein Jugendlicher eine Straftat begangen hat (was aber in dem der Entscheidung zugrunde liegenden Fall – S. 105 – fern lag, jedenfalls nicht festgestellt worden war, und auch sonst keineswegs die Regel sein dürfte, vgl. auch *Albrecht*, § 18 B II 2). Wie das BVerfG: *Schaffstein/Beulke*, § 15 II 1 a (7).

[20] *Hellmer*, RdJB 1955, 137 ff.

[21] Nach den beachtenswerten Ansicht von *Kremer*, Der Einfluss des Elternrechts aus Art. 6 II, III GG auf die Rechtmäßigkeit der Maßnahme des JGG, Diss. jur. Mainz 1984, S. 60 ff., muss der Wille der Eltern bereits bei der Anordnung der Weisung berücksichtigt werden. Die Eltern haben nach der Systematik von *Kremer* nur leichte Eingriffe in das Elternrecht zu dulden. Schwere Eingriffe durch Weisungen (z. B. wesentliche Grundentscheidungen wie Schulart, Berufswahl und Umgang des Jugendlichen) können daher gegen den Willen de Eltern schon nicht angeordnet werden.

[22] Im Einzelnen zu dieser sehr streitigen Frage *Münder,* JuS 1976, 74 ff.

Weisungen von größerem Gewicht nur mit Zustimmung der Eltern auferlegt werden können. Anderenfalls wären sie gegen den Willen der Eltern undurchführbar und damit sinnlos.[23]

Mit Zustimmung der Eltern auferlegte erzieherische Weisungen sind natürlich nicht verfassungswidrig. Die Versuche, die Verfassungsmäßigkeit der Weisungen damit zu begründen, dass der Richter durch Verhängung von Jugendstrafe wesentlich stärker in das Elternrecht eingreifen könne und deshalb die mildere Weisung nach dem Grundsatz des argumentum a maiore ad minus erst recht anwenden dürfe,[24] sind mithin entbehrlich. Sie sind auch nicht überzeugend. Denn Jugendstrafe ist von bestimmten einschränkenden, gesetzlich festgelegten Voraussetzungen abhängig. Auch die historische Überlegung, wonach Art. 6 II, III GG nicht Eingriffe des Staates im Auge gehabt habe, die aus dessen Strafgewalt abgeleitet seien,[25] vermag bei den Weisungen nicht zu überzeugen. Im Gegensatz zur Jugendstrafe und wohl auch zu den Zuchtmitteln, die nach dem Jugendgerichtsgesetz die Aufgabe haben, Straftaten zu ahnden, gestaltet der Jugendrichter bei den Weisungen nur „aus Anlass einer Straftat" (§ 5 I JGG) ausdrücklich Erziehung (§ 10 I JGG). Das Erziehungsrecht der Eltern ist im Übrigen nicht in dem Sinne ausschließlich, dass außer den Eltern niemand dem Jugendlichen erzieherisch begegnen und entsprechende Anregungen und Ermahnungen äußern dürfte. Im Gegenteil, Amtspersonen sind hierzu verpflichtet. Deshalb sind solche Weisungen auch ohne Zustimmung der Eltern erlaubt, die nicht deren „erzieherisches Programm" durchkreuzen, sondern nur geringfügige zeitliche Anforderungen an den Jugendlichen stellen (§ 10 I Nr. 4, 7, 9) oder einer konkreten kriminellen Gefährdung gegensteuern (§ 10 I Nr. 8 JGG – obwohl hier durchaus Konfliktfälle auftreten können).[26]

d) Weisungen gegenüber Volljährigen

Ist der Adressat der Weisung volljährig, dann könnte man sich daran stoßen, dass der Jugendrichter seine Erziehung sichert und fördert. Abgesehen davon, dass die Senkung des Volljährigkeitsalters nichts an der Erziehungsfähigkeit und Erziehungsbedürftigkeit Heranwachsender und junger Erwachsener geändert hat,[27] wird der Jugendrichter ohnehin nie bei Erteilung einer Weisung außer Acht lassen, dass der Einfluss auf die Lebensführung des Verurteilten vornehmlich künftige Straffälligkeit verhindern soll. Steht aber die Verhinderung neuer Straffälligkeit im Mittel-

---

[23] Ähnlich *Eisenberg,* § 10 Rn. 12; *Brunner/Dölling,* § 10 Rn. 8. AA – wie das BVerfG –; DSS-*Diemer,* § 10 Rn. 12; *Ostendorf,* § 10 Rn. 5.

[24] *Schaffstein/Beulke,* § 15 II 1 a (7); *Maurach/Zipf,* § 71 Rn. 8, 9; *Dallinger/Lackner,* § 10 Rn. 30; *Streng,* § 10 Rn. 11.

[25] *Miehe,* in: Schöch (Hrsg.), Wiedergutmachung und Strafrecht, 1987, S. 112 ff., 120 ff.

[26] *Kremer* (Fn. 21), S. 64 ff., der zu ähnlichen Ergebnissen kommt, indem er die Rechte der Eltern und die Rechte des Staates gegeneinander abwägt. So wohl auch *BVerfG* NJW 2003, 2004 ff., 2006, wonach der das Jugendstrafrecht prägende Erziehungsgedanke kein staatliches Erziehungsprivileg etabliert und nicht das vorrangige elterliche Erziehungsrecht suspendiert. Konflikte sind durch Abwägung auszugleichen. „Lässt sich dieser Ausgleich nicht herstellen, so ist unter Berücksichtigung der falltypischen Gestaltung und der besonderen Umstände des Einzelfalls zu entscheiden, welches Interesse zurückzutreten hat."

[27] *BVerfGE* 74, 102 ff., 125; *Ostendorf,* § 10 Rn. 5.

punkt der Weisungen (wie ja auch gerade der Weisungen im allgemeinen Strafrecht: §§ 56 c, 68 b StGB), und je älter der Verurteilte ist, desto stärker wird der Jugendrichter bei der Auswahl der Weisungen diesen Gedanken berücksichtigen, dann kann gegen die Anwendung der §§ 10 ff. JGG bei Volljährigen nichts eingewendet werden.[28]

e) Unzumutbare Anforderungen an die Lebensführung

Weitere inhaltliche Grenzen sind den Weisungen durch die gesetzliche Bestimmung gezogen, dass an die Verurteilten keine unzumutbaren Anforderungen gestellt werden dürfen. Die Unzumutbarkeit kann in der zeitlichen Belastung liegen (z. B. zweimal wöchentlich Teilnahme an einem Verkehrsunterricht über ein ganzes Jahr hinweg, Verwendung des ganzen Jahresurlaubs für Arbeitsleistungen in Krankenhäusern),[29] aber auch im Inhalt der Weisung.

So ist die Weisung bedenklich, den jugendlichen Motorradfahrer, der durch grobe Unachtsamkeit einen tödlichen Verkehrsunfall verursacht hat, zu verpflichten, das Grab des Getöteten ein Jahr lang wöchentlich einmal zu besuchen und zu pflegen, um seine leichtfertige Einstellung vor fremdem Leben zu ändern.[30]

f) Eingriffe in Grundrechte

Da die Weisungen den Verurteilten in seiner Lebensführung beeinträchtigen, ist noch zu prüfen, ob am Ende dessen Grundrechte in unzulässiger Weise berührt sind. Die „freie Entfaltung der Persönlichkeit" ist durch § 10 JGG (der zur verfassungsmäßigen Ordnung zu zählen ist) gewiss eingeschränkt; aber es verstieße gegen Art. 4 GG, würde der Jugendliche angewiesen werden, den Gottesdienst zu besuchen oder die Versammlungen der Zeugen Jehovas zu meiden. Seine Menschenwürde (Art. 1 I GG) wäre verletzt durch die Weisung, die Mutter seines unehelichen Kindes zu heiraten oder seine Verlobte, weil sie keinen guten Einfluss auf ihn ausübt, nicht zu heiraten.[31] Schwierige Rechtsfragen ergeben sich vor allem bei der Frage, wieweit der Richter durch Weisungen auf das Recht, den Arbeitsplatz und den Beruf frei zu wählen (Art. 12 I GG), einwirken kann. Zu denken ist an die Weisung, dass der Jugendliche oder Heranwachsende den Posten als Anreißer und Rausschmeißer in einem schlecht beleumundeten Lokal des Vergnügungsviertels einer Großstadt aufgeben soll, oder dass er nicht mit jugendlichen Werbekolonnen für Zeitschriften über die Dörfer zieht, wobei die betrügerische Beschaffung von Bestellungen eine typische Gefahr darstellt. Es ist einleuchtend, dass solche Weisungen die Erziehung des Jugendlichen fördern, insbesondere künftiger Straffälligkeit vorbeugen können. Da sie dem Jugendlichen

---

[28] *Streng,* § 10 Rn. 2.
[29] *Schaffstein/Beulke,* § 15 II 1 c.
[30] *Holzschuh,* aaO, S. 171, und *ders.* (o. Fn. 15), S. 177 ff.
[31] *Schaffstein/Beulke,* § 15 II 1 a.

keine generelle Beschränkung in der Art der von ihm gewünschten Berufstätigkeit auferlegen, können sie nicht als Berufsverbot nach § 70 StGB angesehen werden, eine im Rahmen des Jugendgerichtsgesetzes nicht vorgesehene Maßregel, die natürlich durch die Weisungen nicht gewissermaßen hinterrücks eingeführt werden darf. Das Grundrecht, Arbeitsplatz und Beruf frei zu wählen, wird aus Gründen der öffentlichen Sicherheit und Ordnung nicht so weit ausgedehnt werden dürfen, dass es dem Jugendrichter die erwähnten Weisungen unmöglich macht.[32] Die Grenzziehung im Einzelnen ist schwierig.[33] Zulässig ist es jedenfalls, den Verurteilten anzuweisen, sich unter Einschaltung des Arbeitsamtes um die Aufnahme einer versicherungspflichtigen Tätigkeit zu bemühen.[34]

Da Art. 9 GG auch als negative Koalitionsfreiheit das Recht umfasst, keinem Verein anzugehören, ist die Weisung an einen Jugendlichen, einem Verein beizutreten, nicht gegen seinen Widerspruch zulässig.[35]

g) Weisungen nach § 10 I Nr. 4 bis 7 JGG

aa) Die Weisung, Arbeitsleistung zu erbringen, muss einem in der Tat sichtbar gewordenen erzieherischen Defizit begegnen. Nur durch diese Zielrichtung lässt sie sich von der gleichformulierten Auflage nach § 15 I Nr. 3 JGG abgrenzen. Als Erziehungsmaßregel dient sie ihrer Art und ihrem Umfang nach dazu, den Verurteilten entweder in seinem Verhältnis zur Arbeit überhaupt erzieherisch zu beeinflussen[36] oder durch einen ganz gezielten Arbeitseinsatz seine Einstellung etwa zu gesundheitsgefährdenden Handlungen oder zu Umweltschädigungen zu verändern.[37] Soweit es indessen darum geht, eine Tat des Jugendlichen zu ahnden, und die Auferlegung einer Geldbuße etwa mangels entsprechender Einkünfte des Jugendlichen unangemessen ist, muss die Anordnung, Arbeitsleistung zu erbringen, als Auflage angeordnet werden. Dann kann auch die Art der Arbeit der zur Vermittlung eingeschalteten Stelle (Jugendgerichtshilfe oder freier Träger) vorbehalten und bei der Bemessung der Dauer der gemeinnützigen Arbeit Tat und Schuld des Verurteilten be-

---

[32] *Streng,* § 10 Rn. 26.

[33] Sch/Sch/*Stree,* § 56 c Rn. 17; *Schaffstein/Beulke,* § 15 II 1 a (4); DSS-*Diemer,* § 10 Rn. 30 und 31.

[34] *Brunner/Dölling,* § 10 Rn. 8 a.

[35] *Ostendorf,* § 10 Rn. 5; *Eisenberg,* § 10 Rn. 10. Anders: *Schaffstein/Beulke,* § 15 II 1 (2); *Meier/Rössner/Schöch,* § 9 Rn. 27.

[36] BGH MDR 1976, 634; *KG* NJW 1965, 29; *BayObLG* StrVert 1984, 254, 255 mit Anm. *Arloth; OLG Karlsruhe* Die Justiz 1988, 488; DSS-*Diemer,* § 10 Rn. 32; *Streng,* § 10 Rn. 18.

[37] *Ostendorf,* § 10 Rn. 12. Nicht zulässig erscheint es indessen, die Arbeitsweisung anzuordnen, um dem Verurteilten sein Fehlverhalten bewusst zu machen und sein Verantwortungsgefühl für die Rechtsgüter Dritter zu stärken (so aber *Brunner/Dölling,* § 10 Rn. 9 b; *Meier/Rössner/Schöch,* § 9 Rn. 6; „nicht unvertretbar": BVerfGE, 74, 102). Denn diesen erzieherischen Erfolg erstrebt gerade die Ahndung: *Ostendorf,* § 10 Rn. 12; *Eisenberg,* JR 1987, 489.

rücksichtigt werden. Als ahndende Sanktion wird die Auferlegung von Arbeitsleistungen in der Regel eingesetzt und verstanden.[38] Deshalb spricht viel dafür, sie nur als Auflage ausdrücklich vorzusehen.[39] Soweit sie im Einzelfall ausnahmsweise geeignet ist, einem in der Tat sichtbar gewordenen erzieherischen Defizit zu begegnen, kann sie – der Katalog ist offen – ohnehin als Weisung angeordnet werden. Eine Arbeitsweisung ist auch nicht als eine Art Wiedergutmachung gegenüber der durch Straftaten geschädigten Allgemeinheit zulässig; denn auch in diesem Fall stünden ahndende Momente im Vordergrund. Der Jugendrichter muss die Anzahl der zu leistenden Arbeitsstunden festlegen.[40] Bei der Ableistung der Arbeit muss nicht nur jede Bloßstellung des Verurteilten in der Allgemeinheit vermieden werden, es ist auch für die notwendigen Sicherungsmaßnahmen zu sorgen.[41] Sie ist nach Ansicht des *BVerfG* keine Zwangsarbeit i. S. von Art. 12 III GG.[42]

bb) Unterstellung unter Betreuung und Aufsicht einer bestimmten Person. Der Betreuungshelfer, der oft ein Jugendgerichtshelfer sein wird, aber auch aus dem Bekanntenkreis des Verurteilten ausgewählt werden kann, muss vom Jugendrichter namentlich bestimmt werden. Die Jugendgerichtshilfe soll insoweit einen Vorschlag machen (§ 38 III 3 JGG). Es sollte eine Person sein, zu der der Jugendliche (und möglichst auch seine Eltern) eine positive Beziehung entwickeln können.[43] Der Helfer darf keine eigenen Weisungen erteilen und durchsetzen.[44] Er kann nur den Jugendlichen beraten, ihm helfen und ihn ermahnen, die richterlichen Weisungen zu befolgen.[45] Der Richter kann nämlich die „Betreuungs-

---

[38] *Schaffstein/Beulke*, § 16 I; vgl. auch *Dünkel/Geng/Kirstein*, aaO S. 207, die feststellen, dass die Auferlegung von Arbeitsleistungen in der Praxis einen vorwiegend punitiven und nicht eigentlich pädagogischen Charakter hat.

[39] So DVJJ-Reform, S. 73–76 als „ambulante ahndende Maßnahme".

[40] Die zeitliche Höchstgrenze sollte gesetzlich festgelegt werden. Sie ergibt sich aus den Grundsätzen der Verhältnismäßigkeit und der Zumutbarkeit: *Brunner/Dölling*, § 10 Rn. 9 c. Vgl. hierzu auch *Feuerhelm*, Stellung und Ausgestaltung der gemeinnützigen Arbeit im Strafrecht, 1997, S. 185 ff.

[41] *Eisenberg*, § 10 Rn. 21.

[42] *BVerfGE* 74, 102 ff. Die hiergegen vorgetragene Kritik von *Ostendorf*, § 10 Rn. 13, erscheint beachtlich. Die vom *BVerfG* in der Sache zutreffend herausgearbeiteten Gesichtspunkte würden aber eine Grundgesetzänderung durch Präzisierung der Absätze 2 oder 3 von Art. 12 GG rechtfertigen, die ohnehin nicht zu umgehen sein wird, wenn die Auferlegung gemeinnütziger Arbeit als Sanktion im allgemeinen Strafrecht eingeführt werden soll.

[43] *Brunner/Dölling*, § 10 Rn. 10; *Schaffstein/Beulke*, § 16 II.

[44] DSS-*Diemer*, § 10 Rn. 39; *Albrecht*, § 20 II 4 b.

[45] Zur Praxis: *Gerhardt/Vögele*, Zbl 1979, 371 ff.; *Fritschka*, Ber. 18. JGTag, S. 205 ff.; *Hassemer-Kreckl*, Ber. 18. JGTag, S. 220 ff.; *Pfeiffer*, S. 207 ff.; *Meyer*, in: BJM (Hrsg.), Jugendstrafrechtsreform durch die Praxis, 1989, 203 ff.; *Mohr*, DVJJ-J 3/1991, 259 ff.; *Fröhlich-Gildhoff*, DVJJ-J 3/1997, 232 ff.

weisung" mit weiteren Weisungen, die die Lebensführung des Jugendlichen oder Heranwachsenden betreffen, verbinden.

Diese Weisung vermag einerseits die Erziehungsbeistandschaft, die gegenüber Volljährigen nicht angeordnet werden kann, zu ersetzen. Sie macht es vor allem aber möglich, einem jungen Menschen einen Helfer beizuordnen, ohne Jugendstrafe (zur Bewährung ausgesetzt) verhängen zu müssen. Damit kann man die „Widerrufsautomatik" verhindern – bei in der Bewährungszeit begangenen Delikten oder Weisungsverstößen neigen viele Gerichte dazu, mit der Vollstreckung der zur Bewährung ausgesetzten Strafe „Ernst zu machen" –, flexibler auf einen Misserfolg der Maßnahme reagieren und härtere Eingriffe (wie die Jugendstrafe) aufschieben. Das Repertoire des Jugendrichters ist durch diese Weisung in besonders vorteilhafter Art bereichert worden. Betreuungsweisungen sind inzwischen in fast allen Gerichtsbezirken verfügbar. Sie werden meistens von Jugendämtern, seltener von freien Trägern angeboten.[46] Die Betreuungszeit soll nicht mehr als ein Jahr betragen (§ 11 I 2 JGG).

cc) Teilnahme an einem sozialen Trainingskurs. Als eine sinnvolle Maßnahme, Jugendlichen und Heranwachsenden zu einer neuen Orientierung zu verhelfen, haben sich strukturierte Kurse erwiesen, die von der Jugendgerichtshilfe, inzwischen aber mehrheitlich von freien Trägern angeboten werden. Es gibt die verschiedenartigsten Angebote. Oft treffen sich – nach vorbereitenden Einzelgesprächen – für das jeweilige Programm geeignete Jugendliche oder Heranwachsende (in der Regel acht bis zehn Personen) zunächst ein- oder mehrmals zum Kennenlernen und Besprechen des Programms mit Sozialarbeitern (Orientierungs- oder Motivationsphase) und verleben dann zusammen mehrtägige gruppenpädagogisch ausgerichtete Veranstaltungen. Bewährt haben sich vor allem gemeinsam gestaltete Wochenenden in Häusern, in denen die Teilnehmer ihre Verpflegung und Unterkunft selbst übernehmen müssen. Erlebnispädagogische Unternehmungen (Wanderungen, Radtouren etc.) ergeben günstige Ansatzpunkte für Erörterung persönlicher Probleme. Nach dem zusammenhängenden längeren Teil des Kurses finden abendliche Nachbesprechungen statt. Typische Klientel sind Mehrfach- und Wiederholungstäter aus dem mittleren Bereich der Gewaltkriminalität, denen anderenfalls freiheitsentziehende Maßnahmen drohen.[47] Da die jungen Menschen oft unfähig sind, Konfliktsituationen gewaltfrei zu bewältigen, spielen Antiaggressionstrainingsprogramme eine erhebliche Rolle.[48] Mitunter werden die Kurse als Einstieg in eine Nachbetreuung genützt, die entweder auf freiwilliger Basis stattfindet oder schon als Betreuungsweisung angeordnet ist.[49] Der Kurs kann auch in der gemeinsamen

---

[46] *Dünkel/Geng/Kirstein,* aaO S. 185 ff.

[47] *Dünkel/Geng/Kirstein,* aaO S. 107 ff.; 139.

[48] *Hansen/Römhild,* DVJJ-J 4/1998, 383 ff.; *Brand/Saasmann,* DVJJ-J 4/1999, 419 ff.; *Kilb/Weidner,* DVJJ-J 4/2000, 379 ff.; *Tobrak,* DVJJ-J 1/2002, 67 ff.

[49] Zusammenfassend *Busch/Hartmann,* Soziale Trainingskurse im Rahmen des JGG, Abschlussbericht. Hrsg. v. BMJ, 1984; *Meyer* (Fn. 45); *Seitz/Walkenhorst,* Soziale Trainingskurse für straffällig gewordene Jugendliche, in: Häußling/Reindl (Hrsg.), Sozialpädagogik und Strafrechtspflege, 1995, S. 380 ff.; *Dünkel/Geng/Kirstein,* aaO.

Durchführung von Arbeiten – Vorbereitung eines Wohltätigkeitsbasars, Tätigkeiten im Rahmen des Umweltschutzes oder der Landschaftspflege – bestehen und so mit einer Arbeitsweisung verbunden sein. Die Kurse sollen nicht länger als 6 Monate dauern (§ 11 I 2 JGG), sie nehmen die Verurteilten innerhalb dieses Zeitraums freilich sehr unterschiedlich in Anspruch.[50] Angesichts der Bedeutung der Trainingskurse ist die Verbesserung ihrer Finanzierung besonders wünschenswert, zumal sie gegenüber stationären Maßnahmen viele Vorteile bieten.[51] Die Kurse werden inzwischen zwar vielerorts angeboten, oft gibt es aber erhebliche Wartefristen.[52]

dd) Der Täter-Opfer-Ausgleich wird nicht zu Unrecht als ein vielversprechender Ansatz gewertet, andersartiges strafrechtliches Eingreifen zu vermeiden oder zu beschränken.[53] Die Maßnahme ist im Gesetz nicht im Einzelnen umschrieben. Es schälen sich unterdessen gewisse Grundsätze heraus (kein Bedrängen des Geschädigten, keine Überforderung des jungen Straftäters, unabhängiger Vermittler), manches (Qualifikation des Vermittlers, Mitwirkung von Anwälten) ist noch nicht ausdiskutiert.[54]

Die Einordnung des Täter-Opfer-Ausgleichs als Erziehungsmaßregel überzeugt jedenfalls nicht. Der Täter-Opfer-Ausgleich dient der Aufarbeitung einer konkreten Straftat, nicht eines aus Anlass einer Straftat offenbar werdenden Erziehungsmangels.[55]

Als tatbezogene und tatabhängige Maßnahme passt der Täter-Opfer-Ausgleich eher zu den Auflagen, jedenfalls zu der Wiedergutmachung und zur Entschuldigung.

Denkbar wäre darum auch gewesen, aus Entschuldigung, Wiedergutmachung und Täter-Opfer-Ausgleich eine eigene, von Weisungen und Auflagen abgesetzte „Sanktion" zu machen. Diese tatbezogenen und ausgleichsorientierten Maßnahmen gehören jedenfalls zusammen und könnten im Vollstreckungsverfahren auch gegeneinander ausgetauscht werden, während die Ersetzung des Täter-Opfer-Ausgleichs durch eine andere Erziehungsmaßregel oder der Wiedergutmachung durch eine andere Auflage unangemessen erscheint (mit der Wiedergutmachung wird nämlich dem Verurteilten nur etwas auferlegt, was er ohnehin zivilrechtlich schuldet, während die Auferlegung einer gemeinnützigen Arbeit oder einer Geldbuße eine weitere typisch strafrechtliche Verpflichtung begründet).

---

[50] *Dünkel/Geng/Kirstein,* aaO S. 153, 154.
[51] *Kraus/Rolinski,* MschrKrim 1992, 32 ff.; *Wellhöfer,* MschKrim 1995, 42 ff.; vgl. auch *Streng,* § 10 Rn. 14.
[52] *Dünkel/Geng/Kirstein,* aaO S. 165.
[53] *Schreckling/Pieplow,* ZRP 1989, 10.
[54] *Trenczek,* ZRP 1992, 130 f.; zusammenfassende Überblicke: *Dölling,* JZ 1992, 483 ff.; *Müller-Dietz,* BewHi 1992, 153 ff.; *Böttcher,* BewHi 1994, 45 ff.; *Rössner/Bannenberg,* in: Kaiser/Jehle (Hrsg.), Kriminologische Opferforschung, Teilband 1, 1994, S. 65 ff.; *Schreckling,* Täter-Opfer-Ausgleich nach Jugendstraftaten in Köln, 1990; *Wandrey/Weitekamp/Dölling/Henninger, Hassemer* und *Walter,* in: Dölling u. a., aaO S. 121 ff., 203 ff., 373 ff., 463 ff.
[55] Ebenso DSS-*Diemer,* § 10 Rn. 43; *Meier/Rössner/Schöch,* § 9 Rn. 14.

Täter-Opfer-Ausgleich und Schadenswiedergutmachung sind aber überhaupt als Sanktionen falsch eingeordnet. Die neue Bewegung, die den Bedürfnissen des Straftatopfers in der Kriminalrechtspflege stärkere Beachtung verschaffen will, möchte nicht das staatliche Sanktionssystem ergänzen. Strafverfahren und Sanktionen verhindern oder erschweren oft eine Wiedergutmachung. Es geht also darum, sie, wo es irgend mit Rücksicht auf die staatlichen Strafzwecke zu verantworten ist, zugunsten der Befriedigung der Opferinteressen zurückzustellen. Erstrebt das Opfer eine Entschädigung, wird der Täter zu entsprechenden Verhandlungen auch dadurch motiviert, dass er so einen völligen oder teilweisen Sanktionsverzicht erreichen kann.[56] Das Opfer nimmt aber eigene Interessen wahr, es ist weder Prozess-, noch gar Erziehungs-, Ahndungs- oder Strafhelfer der Justiz. Dieser Sichtweise wird die Vorschrift des § 45 II JGG gerecht, wonach der Jugendstaatsanwalt von der Verfolgung einer Straftat absieht, wenn ein Täter-Opfer-Ausgleich durchgeführt ist, und er nun die Erhebung einer Anklage nicht für erforderlich hält. Die Ausgleichsbemühungen „stehen einer erzieherischen Maßnahme gleich", was bedeutet, dass es sich eben nicht um eine erzieherische Maßnahme handelt. Dass Ausgleichsbemühungen auch im späteren Verlauf des Verfahrens berücksichtigt werden können, ergibt § 47 I Nr. 2 JGG. Im Urteil finden Ausgleichshandlungen gem. § 46 a StGB Beachtung.[57]

Es fehlt eine Regelung, die eine Wiedergutmachungsleistung nach Schuldfeststellung und vor Sanktionsentscheidungen berücksichtigt. Hierfür besteht aber ein Bedürfnis, weil der Täter nicht dadurch unnötig benachteiligt werden soll, dass er sich gegen den Tatvorwurf (vergeblich) gewehrt hat. Aber auch das Opfer kann ein Interesse daran haben, dass die Schuld eines die Tat bagatellisierenden Täters gerichtlich festgestellt ist. Der Täter hat nun zwar dem Opfer nicht durch eine frühe und freimütige Verantwortungsübernahme für seine Tat den Prozess erspart. Aber auch auf dieser Basis stattfindende Ausgleichsbemühungen sollten zu einem völligen oder teilweisen Sanktionsverzicht führen.[58] Die Berücksichtigung späterer Wiedergutmachung ist im Vollstreckungsverfahren nach §§ 11 II, 15 III, 87 III, 88 JGG möglich, wobei sich ein besonderer Hinweis empfehlen würde. Ob das Opfer eine bloße finanzielle Entschädigung bevorzugt oder (zusätzlich) eine professionelle Täter-Opfer-Ausgleichs-Vermittlung mit persönlicher Begegnung mit dem Täter in Anspruch nehmen will, sollte ihm überlassen werden und keinen Unterschied machen. Anderenfalls wird – gegen die Opferinteressen – Druck zur Wahl eines bestimmten Schlichtungsverfahrens, von dem sich die Justiz besonders heilsame Wirkungen für Täter und Opfer verspricht (im

---

[56] Ähnlich *Bemmann*, JR 2003, 226 ff., 231.
[57] *Dölling*, in: Dölling u. a., aaO S. 489; *Schöch*, RdJB 1999, 281.
[58] Unterbrechung des Verfahrens nach dem Schuldspruch, um die Möglichkeiten einer Wiedergutmachung auszuloten.

Sinne einer Art zwangsweisen Volksbeglückung),[59] ausgeübt, weil Leistungen des Täters an das Opfer nur unter diesen Bedingungen (voll) berücksichtigt werden.

h) „Freie" Weisungen

Wie schon an einigen Fällen gezeigt, sind die Weisungen in § 10 I JGG nicht abschließend aufgezählt.[60] Außer den „insbesondere" erwähnten Beispielen kann sich der Jugendrichter noch eine Vielzahl von Geboten und Verboten, die die Lebensführung des Verurteilten regeln sollen, einfallen lassen.

Er muss die Weisung klar und bestimmt fassen und ihre Laufzeit (§ 11 I 1 JGG) angeben.[61] Häufig wird dabei von folgenden Möglichkeiten Gebrauch gemacht:

aa) Umgang mit Geld. Dem Jugendlichen wird aufgegeben, keine Schulden zu machen, insbesondere keine Abzahlungsgeschäfte vorzunehmen, Unterhaltspflichten zu erfüllen, Einnahmen und Ausgaben sorgfältig zu verbuchen oder den Lohn an einen Helfer abzugeben und nur im Einvernehmen mit diesem darüber zu verfügen.

Wird diese Weisung einem Volljährigen gegenüber erteilt, darf die Regelung natürlich nicht einer teilweisen Entmündigung gleichkommen.

bb) Abgeben von Gegenständen. Wird den Jugendlichen auferlegt, Gegenstände abzugeben, deren Besitz ihrer Entwicklung hinderlich sein könnte (Waffen, Führerschein, Moped, Motorrad), so liegt die Schwierigkeit darin, dass der Jugendrichter seine Weisung gegenüber anderen möglichen gerichtlichen Entscheidungen (Einziehung, Fahrverbot, Führerschein-Sperre) abgrenzen muss. Er darf nicht mit Hilfe der Weisung die Voraussetzungen der anderen Maßnahmen umgehen.[62] Deshalb wird die Weisung, den Führerschein abzugeben oder das Moped bei der Polizei unterzustellen, nicht deshalb erteilt werden dürfen, weil der Jugendliche durch undiszipliniertes Fahren den Straßenverkehr gefährdet. Für diese Fälle ist der Jugendrichter auf das Fahrverbot, die Führerschein-Sperre und eventuell die Einziehung des Kraftfahrzeuges als Tatmittel beschränkt. Eine Weisung kann er erteilen, wenn er die erzieherische Gefährdung in anderer Richtung befürchtet, etwa weil der Jugendliche

---

[59] Die großen Vorteile dieses Verfahrens (vgl. etwa *Hassemer,* in: Dölling u.a., aaO, S. 398 ff.), die vernünftigerweise nicht bestritten werden können, sollten den Verfahrensbeteiligten vorgestellt und empfohlen aber eben nicht – auch nicht indirekt – aufgenötigt werden.

[60] Auch in Zukunft soll an einem offenen Weisungskatalog festgehalten werden: Beschl. 64. DJTag C VI 2 c; DVJJ-Reform, S. 71,72; *Streng,* Gutachten N 97.

[61] *BGH,* Urt. v. 7. 8. 2000, RÜ NStZ-RR 2001, 321.

[62] Oder allein die Sicherheit der Allgemeinheit anstreben (Weisung an einen ausländischen Heranwachsenden, nicht nach Deutschland einzureisen), *LG Freiburg* JR 1988, 523 mit Anm. *Eisenberg;* vgl. auch *Eisenberg,* § 10 Rn. 32.

wegen übertriebener Motorradleidenschaft Schulden macht und Betrügereien begeht.[63]

cc) Rauchen und Trinken. Bis 1974 war noch ausdrücklich vorgesehen, dem Jugendlichen das Verbot zu erteilen, Alkohol zu trinken oder zu rauchen. Sicherlich ist auch heute noch eine derartige Weisung zulässig; problematisch ist es, dass sie sich kaum überwachen lässt und deshalb leicht zur Farce wird. Lieber soll man auf Anordnungen verzichten, als dem Jugendlichen die demoralisierende Erfahrung zu vermitteln, dass er einen unkontrollierbaren Richterspruch nicht ernst nehmen muss.[64] Indessen ist es sinnvoll, drogengefährdete Jugendliche anzuweisen, Kontakt mit einer Beratungsstelle aufzunehmen, dort eine bestimmte Zahl von Beratungsgesprächen durchzuführen oder sich z. B. einem Drogenkontrollprogramm zu unterwerfen.[65]

dd) Besinnungsaufsatz. Es wird von Jugendrichtern berichtet, dass sie Jugendlichen die Weisung erteilt haben, einen Besinnungsaufsatz zu schreiben oder ein Gedicht (etwa Schillers „Glocke") auswendig zu lernen und herzusagen oder eine bestimmte Bastelarbeit herzustellen.[66] Der Richter, der den Aufsatz liest, die Bastelarbeit begutachtet oder das Gedicht hört, will anhand dieser Weisungen den Jugendlichen zum Nachdenken über sein Tun anregen und ihn dadurch erzieherisch fördern. Der gegen diese Praxis erhobene Einwand geht dahin, dass der Richter zum Kindergärtner wird und seine Weisung dem Ernst einer richterlichen Entscheidung nicht entspricht.[67]

ee) Es soll ein besonderes Bedürfnis bestehen, die Lebensführung eines straffälligen Jugendlichen durch die *Auferlegung einer Meldepflicht* (bei Gericht oder einer anderen Stelle) zu beeinflussen. Diese − als freie Weisung ohnehin zulässige − Erziehungsmaßnahme solle ausdrücklich in den Weisungskatalog aufgenommen werden.[68]

i) Überwachung und Durchsetzung

Der Jugendrichter − in der Regel der, der die Weisung angeordnet hat − sorgt als Vollstreckungsleiter (§§ 82, 84 JGG) für die Durchführung der Weisungen. Er ersucht meistens die Jugendgerichtshilfe, die

---

[63] *Brunner/Dölling,* § 10 Rn. 14.

[64] *Schaffstein/Beulke,* § 15 II 3.

[65] *Brunner/Dölling,* § 10 Rn. 14 a; vgl. hierzu auch *LG Detmold* StrVert 1999, 622; *LG Bielefeld* StrVert 2001, 175.

[66] Vgl. das Beispiel bei *Seidel,* Die JGH in ihrer Ermittlungsfunktion und ihr Einfluss auf richterliche Entscheidungen im Jugendstrafverfahren gegen weibliche Jugendliche, Diss. jur. Mainz 1988, S. 177, 196.

[67] *Maurach/Zipf,* § 71 Rn. 13; vgl. auch *Eisenberg,* § 10 Rn. 36.

[68] Beschl. 64. DJTag C VI 3 c; Gesetzesantrag des Landes Brandenburg, BR-Drs. 634/02 Anlage S. 2, 9. Zu Recht krit. *Sonnen,* DVJJ-J 4/2000, 338 ff., 340.

selbst entsprechende Programme organisiert und einen Überblick über die Angebote der Jugendämter und der freien Träger besitzt, weshalb sie auch vor Erteilung der Weisungen zu hören ist, die Befolgung der Weisungen zu überwachen, erhebliche Zuwiderhandlungen mitzuteilen (§ 38 II JGG) und, falls eine Änderung der Weisungen oder ihrer Laufzeit oder die Befreiung von ihnen angebracht erscheint, solche Maßnahmen anzuregen.

Manche Jugendrichter überwachen die Weisungen aber auch selber. Das ist ebenso zulässig wie die Gewinnung ehrenamtlicher Helfer, die mit der Begleitung des Verurteilten betraut werden. Die Jugendrichter können das Spektrum der Weisungen erweitern, wenn sie pädagogisch befähigte Helfer haben.[69]

j) Nachträgliche Änderungen

Die Laufzeit der Weisungen beträgt – soweit nicht kürzere Fristen (Betreuungsweisung, Trainingskurs) festgelegt sind – nicht mehr als zwei Jahre (§ 11 I JGG). Stellt sich heraus, dass die Weisung nicht überwacht werden kann, am Widerstand der Eltern scheitert, durch veränderte Umstände ihren Sinn verliert, ihr Ziel erreicht hat oder, ohne ihre Wirkung einzubüßen, gemildert werden kann, so verzichtet der Richter auf die Durchführung der Weisung oder ändert sie, ersetzt eine Weisung durch die andere und verlängert gegebenenfalls die Laufzeit bis auf drei Jahre (§ 11 II JGG). Dies geschieht durch Beschluss, der – freilich nur in den engen Grenzen des § 55 I JGG – mit der einfachen Beschwerde anfechtbar ist (§ 65 JGG). Darin liegt kein „Einbruch in die Rechtskraft", denn das Urteil besagt nur, dass Weisungen nach § 10 JGG erteilt werden, ihre Auswahl und Ausgestaltung im Einzelnen steht stets unter dem Änderungsvorbehalt.[70]

k) Ungehorsam gegen die Weisungen

Die Weisungen können – für die meisten von ihnen ergibt sich das schon aus ihrer Natur – nicht unmittelbar und zwangsweise vollstreckt werden. Hat der Verurteilte den Weisungen aber schuldhaft zuwidergehandelt und ist er zuvor über die Folgen schuldhafter Zuwiderhandlung belehrt worden, so kann er nach § 11 III JGG vom Jugendrichter mit Arrest belegt werden.[71] Zuvor ist ihm Gelegenheit zur mündlichen Anhörung zu geben. Wegen einer Verurteilung kann insgesamt nur vier Wochen Jugendarrest verhängt werden[72] – also auch dann, wenn der Richter

---

[69] Holzschuh, aaO, S. 177, und ders. (o. Fn. 15), S. 199 ff.; Pfeiffer, S. 175 ff., 207 ff.

[70] Dallinger/Lackner, § 11 Rn. 1; Brunner/Dölling, § 11 Rn. 2; DSS-Diemer, § 11 Rn. 5; krit. Eisenberg, § 11 Rn. 5; Streng, § 10 Rn. 31.

[71] Das ist verfassungsgemäß und keine „Doppelbestrafung": BVerfG (Kammer) NJW 1989, 2529.

[72] OLG Zweibrücken NStZ 1992, 84 mit zust. Anm. Ostendorf – auch zu weiteren hier auftretenden Rechtsfragen.

in einer Verhandlung dem Jugendlichen mehrere Weisungen erteilt hat und der Jugendliche verschiedenen Weisungen mehrfach nicht nachgekommen ist. Der Jugendrichter kann aber die ihm zur Verfügung stehenden vier Wochen Jugendarrest aufteilen: beim ersten schuldhaften Verstoß verhängt er ein Wochenende, beim zweiten eine Woche Arrest usw., bis die Gesamtsumme von vier Wochen Jugendarrest erreicht ist. Die Weisung bleibt im Gegensatz zu den Auflagen (s. u. § 24 3 b) trotz Arrestverbüßung bestehen, wird also nicht wie bei der Ersatzfreiheitsstrafe für uneinbringliche Geldstrafe im allgemeinen Strafrecht durch den Arrest erledigt.[73] Kommt der Jugendliche unter dem Druck der Arrestverhängung der Weisung nach, so sieht der Richter von der Vollstreckung des Arrestes ab (§ 11 III 3 JGG).

Der Arrest allerdings ist das letzte Mittel: zuvor soll der Richter durch Ermahnungen und gegebenenfalls Änderung der Weisung deren Erfüllung durch den Verurteilten erreichen. Sind alle diese Versuche gescheitert, so darf der Arrest nur dann verhängt und vollstreckt werden, wenn der Jugendliche den objektiven Tatbestand der Zuwiderhandlung gegen die Weisung erfüllt hat, dies rechtswidrig war, insbesondere die Weisung selber nicht gesetzwidrig ist, beim Jugendlichen die natürliche Reife nach § 3 JGG vorlag, er vorsätzlich gehandelt hat und ihm die Erfüllung der Weisung auch zumutbar war, was vielleicht dann nicht der Fall ist, wenn er sich damit in Gegensatz zu dem Willen seiner Eltern stellt. Zudem muss es auch jetzt noch geboten sein, die Durchführung der Erziehungsmaßregel aus präventiven Gründen zu erzwingen.[74] Es soll nicht der Ungehorsam bestraft, sondern die auch jetzt noch zur Förderung und Sicherung der Erziehung gebotene Maßnahme verwirklicht werden. Ein fahrlässiger Verstoß reicht nicht aus. Hier ist der Verurteilte zunächst zu ermahnen und eindringlich auf seine Pflicht hinzuweisen. Wenn er ihr dann erneut zuwiderhandelt, liegt meist Vorsatz vor. Gegen den Beschluss des Richters, Ungehorsamsarrest zu verhängen, kann sofortige Beschwerde eingelegt werden (§ 65 II JGG).

Dass auch Erziehungsmaßregeln durch Jugendarrest (also „eigentlich" ein Zuchtmittel) erzwungen werden, ist in der Reformdiskussion beanstandet worden. Eine Erzwingung der Durchführung der Erziehungsmaßregels sollte, so heißt es, besser unterbleiben, weil Zwang keine erzieherischen Erfolge erzielen könne.[75] Dieses Argument überzeugt nicht. Indessen passen eben die Maßnahmen nicht zueinander. Allerdings ist Folgendes zu bedenken: Strafrecht bedeutet Zwang. Die ganze Institution macht sich lächerlich, wenn nach mühsamer Feststellung, dass sich der Jugendliche einer Straftat schuldig gemacht hat, mit ihm eine

---

[73] *Streng,* § 10 Rn. 37, anders: *Ostendorf,* § 11 Rn. 8–11.
[74] *AG Müllheim* DVJJ-J 4/1991, 434.
[75] Unterkommission IV, Rechtsfolgensystem, DVJJ-J 1–2/1992, 27, 31, 32.

Maßnahme besprochen wird, deren Durchführung dann im Belieben des Jugendlichen oder Heranwachsenden steht. Wenn man sich dazu entschließen sollte, die Erzwingung von Weisungen zu unterlassen, dann wäre es empfehlenswert, wenn man sich als jugendstrafrechtliche Maßnahme auf eine Verwarnung beschränkte und daneben – gewissermaßen im Bereich des Jugendhilferechts – eine Hilfe zur Erziehung anbietet. Allenfalls könnte man den Jugendlichen darüber aufklären, dass seine mangelhafte Kooperation bei seinem erneuten Erscheinen vor Gericht und den dann zu treffenden Maßnahmen Berücksichtigung finden wird.

l) Heilerzieherische Behandlung

Eine Sonderstellung unter den Weisungen nimmt die heilerzieherische Behandlung nach § 10 II JGG ein. Hier ist zum einen wegen des Eingriffs in die Persönlichkeit des Jugendlichen zum anderen aber auch deshalb, weil der Erfolg einer solchen Maßnahme die aktive Mithilfe der Beteiligten erfordert, sowohl die Zustimmung der Erziehungsberechtigten und der gesetzlichen Vertreter des Jugendlichen, als auch das Einverständnis des Verurteilten selbst notwendig. Während die Richtlinien zu § 10 II JGG empfehlen, vor der Entscheidung ein Fachgutachten einzuholen, muss wohl gefordert werden, dass jeder solchen Weisung eine sorgfältige Begutachtung, am besten in einer Erziehungsberatungsstelle, die eine mehrdimensionale Diagnose leisten kann,[76] vorausgeht. Eine heilerzieherische Behandlung kommt etwa in Betracht bei Diskrepanz zwischen Tat und bisheriger Persönlichkeitsentwicklung, bei sexuell getönter Delinquenz, bei scheinbar sinnlosen Bereicherungsdelikten, bei Brandstiftung, bei Spannung in der Familie, gegenüber auffälligen Einzelgängern, Stotterern, Legasthenikern und Jugendlichen, die sich bei äußerlich intaktem Milieu dissozial entwickelt haben. Schlecht eignen sich für heilerzieherische Behandlung nach den bisherigen Erfahrungen Jugendliche, bei denen das Fehlverhalten sehr früh manifest geworden ist oder eine starke Minderbegabung vorliegt.

Als Sachverständige, die eine heilerzieherische Behandlung übernehmen können, kommen nicht nur Psychiater und Psychotherapeuten, sondern auch Psychologen, Heil-, Sozial- und Sonderpädagogen in Betracht. Die Behandlung kann in Einzel- und Gruppentherapie bestehen, kann die Behandlung einer Schreib- und Leseschwäche sein. Gesprächstherapie, analytische Psychotherapie oder verhaltenstherapeutische Methoden kommen in Betracht.[77]

Die meist hohen Kosten der Behandlung sollten nicht den Verurteilten und seine Eltern treffen. Soweit die zu behandelnde Störung Krankheitswert hat, können die gesetzlichen Krankenversicherungen oder hilfs-

---

[76] *Stutte,* MschrKrim 1956, 106.
[77] *Stutte,* MschrKrim 1956, 107 ff.; Deutsche Vereinigung, MschrKrim 1972, 381.

weise Krankenhilfe nach dem Bundessozialhilfegesetz beansprucht werden.[78]

Die Weisung, sich einer heilerzieherischen Behandlung zu unterziehen, sollte häufiger Anwendung finden. Sie ist eine der wenigen Maßregeln, der eine realistische Einschätzung der tiefen Störung bei jugendlichen Straftätern zugrunde liegt und die weniger dazu geeignet ist, eine Akte äußerlich sauber abzuschließen als eine Fehlentwicklung zu beenden.[79] Ihrer häufigeren Verhängung stehen die Sorge wegen der Kostentragung und das Fehlen geeigneter Sachverständiger – beides Probleme, die überwunden werden können – im Wege.[80]

Die Weisung, sich einer *Entziehungskur* zu unterziehen, gibt dem Jugendrichter die Möglichkeit, eine Einweisung unter den Voraussetzungen des Maßregelvollzugs (§ 64 StGB i. V. mit §§ 7, 93 a JGG; s. o. § 22, 4 b) durch diese mildere Maßnahme zu ersetzen. Bei Minderjährigen mit chronischem Drogenkonsum oder jungen Alkoholikern fruchten solche ambulanten Beratungs- und Therapiemöglichkeiten freilich kaum. Es gibt aber Gefährdete, deren Situation, Motivation und Persönlichkeitsbild die Hoffnung erlauben, dass mit dem vergleichsweise milden Mittel der Weisung die Bereitschaft, sich der Entziehungskur zu unterziehen, erreicht wird.[81]

§ 24. Zuchtmittel (Verwarnung, Auflagen und Jugendarrest)

Literatur: Dünkel/Geng/Kirstein, Soziale Trainingskurse und andere ambulante Maßnahmen nach dem JGG in Deutschland, herausgegeben vom BMJ, Bonn 1998; *Feuerhelm,* Stellung und Ausgestaltung der gemeinnützigen Arbeit im Strafrecht, Wiesbaden, 1997; *Möller,* Preis und Auswirkungen des Jugendarrestes, ZfStrVo 1972, 45 ff.; *Kaiser,* Zum Stand der Behandlungs- und Sanktionsforschung in der Jugendkriminologie, dargestellt am Beispiel des Jugendarrests, MschrKrim 1969, 16 ff.; *Miehe,* Rückfall und Bewährung nach Jugendstrafe und Jugendarrestvollzug, RdJB 1969, 81 ff.; *Kruse,* Das indirekte Gruppengespräch in der Jugendarrestanstalt, UJ 1970, 529 ff.; *Sieverts,* Die Erziehungsaufgabe des Jugendarrests, in: Weg und Aufgabe, S. 255 ff.; *Patzschke,* Pädagogischer Jugendarrestvollzug, in: Weg und Aufgabe, S. 277 ff.; *Eisenhardt,* Die Wirkungen der kurzen Haft auf Jugendliche, 1977; *Hellmer,* Identitätsbewusstsein und Wiedergutmachungsgedanke, JZ 1979, 41 ff.; *Plewig/Hinrichs,* Jugendarrest, Erziehungskurs, Intermediate Treatement, in: Ber. 17. JGTag, S. 387 ff.; *Feltes,* Jugendarrest – es wird Zeit, dass sich was ändert, in: Ber. 18. JGTag, S. 290 ff.; *Hinrichs,* Auswertung der Befragung der Jugendarrestanstalten, DVJJ-J 3/

---

[78] *Mückenberger,* MschrKrim 1971, 292 ff., 296; *Maisch,* in: Jugendkriminalität und Resozialisierung, S. 72 ff., 75; *Eisenberg,* § 10 Rn. 39.

[79] Ihre Erfolge sind gut: *Mückenberger,* MschrKrim 1971, 302, 303; vgl. auch *Engstler,* MschrKrim 1988, 9 f.

[80] Dazu treten Missverständnisse über die „Freiwilligkeit" – auch bei richterlicher Anordnung kann die Motivation des Klienten gut sein – und Unkenntnis der Richter über die bestehenden Möglichkeiten: *Engstler,* MschrKrim 1988, 9 f.

[81] *Brunner/Dölling,* § 10 Rn. 18, 19; *Schaffstein/Beulke,* § 16 V 2; *Meier/Rössner/Schöch,* § 9 Rn. 19.

1999, 267 ff.; *Koepsel,* Jugendarrest – Eine zeitgemäße Sanktionsform des Jugendstrafrechts, in: FS Böhm, S. 619 ff.; *Laue,* Jugendarrest in Deutschland, DVJJ-J 1/1995,
91 ff.; *Feltes,* Der Jugendarrest, NStZ 1993, 105 ff.; *Schumann,* „Der Geburtenrückgang
– eine Chance zur Strukturreform der freiheitsentziehenden Maßnahmen nach dem
JGG." Das Beispiel Jugendarrest, Ber. 20. JGTag, S. 406 ff.; *Schaffstein,* Zum Funktions-
wandel des Jugendarrests, in: *Hirsch/Kaiser/Marquardt,* GS Hilde Kaufmann, 1986,
S. 393 ff.; *Pfeiffer,* Jugendarrest – für wen eigentlich? Arrestideologie und Sanktions-
wirklichkeit, MschrKrim 1981, 28 ff.; *Berckhauer,* Soll der Freizeitarrest abgeschafft
werden?, ZRP 1982, 145 ff.

1. Allgemeine Betrachtung

Die Zuchtmittel[1] bestimmen weitgehend die Praxis der Jugendgerichte.
Fast 80 % der Jugendlichen und 70 % der Heranwachsenden, die nach
Jugendstrafrecht verurteilt werden, erhalten Zuchtmittel allein oder zusammen mit Weisungen. Neben der Erteilung der Weisung sind nur noch
die Zuchtmittel eigenständige Maßnahmen des Jugendgerichtsgesetzes,
weder aus einem anderen Rechtsgebiet „ausgeliehen" (wie Erziehungsbeistandschaft und Heimerziehung) noch mit anderen strafrechtlichen
Maßnahmen „verwandt" (wie die Jugendstrafe). Die Zuchtmittel ahnden
die Jugendstraftat: hier fühlt sich der Jugendrichter, der ja Strafrichter ist,
in seinem Element. Die Maßnahme muss nicht aus einer fremden Materie
wie der Pädagogik gerechtfertigt werden. Allerdings ist das Zuchtmittel
auch keine Strafe. Denn es ist in seinem Eingriff nicht so ausgestaltet,
dass es das Unrecht „vergilt". Es enthält auch keine öffentliche Missbilligung von Tat und Täter. Seine Aufgabe ist vielmehr – ähnlich der negativen Spezialprävention (Individualabschreckung) –, dem Jugendlichen
das Unrecht seines Tuns zu verdeutlichen und in seiner jeweiligen Ausgestaltung dazu beizutragen, dass er in Zukunft strafbare Handlungen
unterlässt. Wenn auch heute die Strafe nicht mehr entehren soll, haftet
ihr diese Wirkung noch immer an und soll wohl auch nicht völlig ausgeschlossen werden, wie sich aus der Öffentlichkeit des Strafverfahrens
und der Registerwirkung der Bestrafung ergibt. Das Zuchtmittel soll aber
gerade das Ehrgefühl des Jugendlichen aufrütteln. Es ist ein tatbezogener
Mahn- und Ordnungsruf ohne Fernwirkung.[2] Es ist den Disziplinarmaß-
nahmen beim Militär, früheren Maßnahmen der Schulzucht und häus-
lichen Erziehungsstrafen nachgebildet.

---

[1] Nach dem Einigungsvertrag treten in den neuen Bundesländern an die Stelle
des Begriffs „Zuchtmittel" die Worte „Verwarnung, Erteilung von Auflagen und Jugendarrest".
[2] *Brunner/Dölling,* § 13 Rn. 2; *BGHSt* 18, 207, 209.

2. Verwarnung

Das muss schon ein ungewöhnlich gutgearteter Jugendlicher sein, dessen Ehrgefühl durch die richterliche Verwarnung geweckt und dessen Einsicht, Unrecht begangen zu haben und dafür einstehen zu müssen, dadurch herbeigeführt oder bestärkt wird. Es ist darum zu hoffen und wohl auch wahrscheinlich, dass die Verwarnungen mehrheitlich mit Weisungen und Auflagen verbunden wurden.[3] Dann dienten sie dazu, dem Verurteilten etwa klar zu machen, dass die Bemühungen, den Schaden nach Kräften wiedergutzumachen, oder die Ausrichtung der Lebensführung dahin, dass in Zukunft keine Straftaten mehr begangen werden, so wichtig sie sind, das begangene Unrecht nicht ungeschehen machen und dass dies einer eigenen Betrachtung wert ist. Allerdings lässt sich diese Erkenntnis auch durch die Urteilsbegründung im Rahmen des Schuldspruchs vermitteln. Ist die Verwarnung aber die einzige Reaktion, so besteht die Gefahr, dass der Jugendliche sich als bestätigt erlebt, weil ja „nichts passiert" ist, nachdem schon der große Aufwand mit dem Jugendgerichtsverfahren stattgefunden hat. Deshalb sollte ein Verfahren gar nicht durchgeführt werden, wenn feststeht, dass doch nur mit der Verurteilung zu einer Verwarnung zu rechnen ist. Wenn nicht schon der Staatsanwalt nach § 45 I JGG entscheidet, sollte das Verfahren eingestellt und nach einer Ermahnung des Jugendlichen von der Verfolgung abgesehen werden. Immerhin mag es vorkommen, dass sich erst in der Hauptverhandlung herausstellt, dass die Verfehlung doch milder zu sehen ist, als es anfangs erschien. Denkbar ist auch, dass sich bei der Verhandlung gegen mehrere zeigt, dass bei einem die Verwarnung ausreicht. Dann mögen auch das Verfahren als solches und die damit verbundenen Nebenwirkungen im engeren Lebenskreis des Verurteilten (Vorwürfe der Eltern z. B.) mitunter das Gefühl „noch einmal davongekommen zu sein" vermittelt haben.[4]

Das Urteil ordnet die Verwarnung nur an. Es ist noch nicht gleich rechtskräftig. Verzichten nicht sofort alle Beteiligten auf Rechtsmittel, so muss der Richter die Rechtskraft abwarten und dann die Verwarnung vollstrecken. Wenn sie überhaupt einen pädagogischen Wert haben soll, muss der Richter sie dem Verurteilten persönlich gegenüber aussprechen und im Einzelnen erklären. Dazu wäre der Jugendliche zu einem neuen Termin vor Gericht zu bestellen. Es ist fraglich, ob dieser Aufwand angemessen ist. Man denke nur, dass der Jugendliche Arbeit oder Schule versäumt, durch die Anreise an den Gerichtsort Kosten hat. Indessen unterstreicht vielleicht dieser Umstand wenigstens noch etwas die Bedeutung der Verwarnung. Da das Gesetz aber keinerlei Hinweise enthält, wird die Anwesenheit des Jugendlichen bei dem Verwarnungstermin nicht erzwungen

---

[3] Wie häufig die Verwarnung als einzige Rechtsfolge im Urteil ausgesprochen wird, ist den Statistiken nicht zu entnehmen.

[4] Vgl. hierzu auch *Herz*, S. 62, 63; *Schaffstein/Beulke*, § 20 I.

werden können. Eine polizeiliche Vorführung gegen den anzuordnen, der nicht freiwillig erscheint, steht, abgesehen davon, dass eine ausdrückliche Regelung fehlt, auch außer Verhältnis zum Anlass und ist deshalb gewiss unzulässig.[5] Der Richter ist dann darauf angewiesen, die Verwarnung im schriftlichen Verfahren zu erteilen. Der Gedanke, die Verwarnung durch einen Schuldspruch ohne weitere Sanktionierung zu ersetzen,[6] verdient deshalb Zustimmung. Der Schuldspruch wird auf den Verurteilten denselben Eindruck machen wie die Verwarnung. Die Schwierigkeiten mit der nachträglichen Vollstreckung der Verwarnung entfallen.

3. Erteilung von Auflagen

§ 15 JGG enthält – systematisch konsequent – eine abschließende Aufzählung der zulässigen Auflagen. Sie sind auch als Bewährungsauflagen neben ausgesetzter Jugendstrafe (§ 23 I JGG) und – geringfügig verändert – neben Freiheitsstrafe im allgemeinen Strafrecht (§ 56 b StGB) vorgesehen. Wie bei allen Zuchtmitteln ist es ihr Sinn, dem Verurteilten das Unrecht seines Handelns zu verdeutlichen und die Tat im Sinne eines fühlbaren Eingriffs in die Rechte des Täters zu ahnden. Im Gegensatz zur Strafe ist aber eine dem Verurteilten einsehbare, positive Bedeutung seiner Leistung gegeben. Die Ersatzleistung an den Geschädigten soll auch das Gewissen des Täters entlasten und die persönliche Beziehung zwischen Täter und Opfer verbessern. Die Geldbuße an eine wohltätige Organisation oder die Verrichtung gemeinnütziger Arbeiten vermittelt dem Verurteilten, anders als die Geldstrafe, das Bewusstsein, eine positiv bewertete gesellschaftliche Aufgabe gefördert zu haben.

Neuerdings wird die Zusammenfassung von Weisungen und Auflagen zu einer einheitlichen Maßnahme gefordert. Auch die Weisungen hätten eine ahndende Wirkung, und eine Abgrenzung sei ohnehin kaum möglich.[7] Diese Überlegungen vermögen nicht zu überzeugen. Da es feststeht, dass die meisten Straftaten junger Menschen in dem Sinne „normal" sind, als sie im Verlaufe des Heranwachsens von gut eingegliederten und ver-

---

[5] *Dallinger/Lackner,* § 14 Rn. 7; *Brunner/Dölling,* § 14 Rn. 6; *Eisenberg,* § 14 Rn. 10. Der von *Ostendorf,* § 14 Rn. 9, vorgeschlagene Ausspruch einer Verwarnung unter Vorbehalt der Rechtskraft erscheint bedenklich: DSS-*Diemer,* § 14 Rn. 6.

[6] DVJJ-Reform, S. 68; Beschl. 64. DJTag C VI 3 e; hierzu *Ostendorf,* StrVert 2002, 442.

[7] Thesen des Arbeitskreises VI, Ber. 18. JGTag, S. 324; s. auch *Bietz,* ZRP 1981, 212 ff., 215; *Ostendorf,* Grdl. zu §§ 9–12 Rn. 4; *Heinz,* in: 2. Kölner Symposium, S. 369 ff., 404; *Viehmann,* in: 2. Kölner Symposium, S. 436 ff., 457; *Albrecht,* Gutachten D 145; für die Beibehaltung der geltenden Regelung: DSS-*Diemer,* § 9 Rn. 2; *Eisenberg,* § 5 Rn. 19; *Schlüchter,* ZRP 1992, 390 ff., 395; Beschl. 64. DJTag C VI 2; *Streng,* Gutachten N 96, 97 – jedenfalls bei Beibehaltung eines offenen Weisungskatalogs; DVJJ-Reform, S. 69 ff. mit neuer „Terminologie": ambulante unterstützende und ambulante ahndende Maßnahmen.

nünftig erzogenen Jugendlichen begangen werden, wäre es ein Fehler, auf solche Taten mit Erziehungsmaßregeln zu reagieren. Es genügt völlig, dem Täter deutlich zu machen, dass die Rechtsgemeinschaft eine solche Tat nicht hinnimmt. Ist die Tat von einem solchen Gewicht, dass Maßnahmen nach §§ 45, 47 JGG (vgl. o. § 11, 1a; § 13, 2, 3) nicht ausreichen, so muss mit einer Auflage reagiert werden, deren alleiniger Zweck der fühlbare Ordnungsruf ist (den der bei strafbarem Handeln erwischte, normal erzogene junge Mensch auch erwartet). Die Auflage hat – wie im allgemeinen Strafrecht etwa die Geldstrafe – allein den Zweck, den Täter vor einer Wiederholung der Tat zu warnen. Der Täter ist ohne eine strafrechtlich zu verordnende Hilfe in der Lage, Straftaten zu vermeiden. Es besteht kein erzieherisches Defizit, das ausgeglichen werden müsste. Erziehungsmaßregeln verlangen demgegenüber die Feststellung, dass der Täter Hilfen bei seiner Entwicklung benötigt, die ihn instand setzen, kriminelles Handeln zu vermeiden. Erziehungsmaßregeln zielen deswegen auf die Erweiterung des Verhaltenspotentials des Täters (oder auf die Bewahrung vor besonderen Gefährdungen). Auflagen wenden sich an Täter, die nichts lernen und vor nichts bewahrt werden müssen, die auf eine bloße Warnung reagieren können. Dass die Erziehungsmaßregeln eine ahndende Wirkung entfalten können, ist missverständlich. Sie können von dem Verurteilten als belastend empfunden werden, zumal sie seine Entscheidungsfreiheit beeinträchtigen. Deshalb bedarf es oft nicht der zusätzlichen Ahndung der Tat durch eine Auflage. Aber sie dürfen nie im Blick darauf ausgewählt werden, dass sie den Verurteilten als Ahndung belasten.

Die Weisung, am Verkehrsunterricht teilzunehmen, setzt die Feststellung voraus, dass der Verurteilte Verkehrsregeln lernen und das Fahrzeug besser beherrschen muss, um nicht wieder straffällig zu werden. Die Dauer dieses Unterrichts darf nur von diesem Zweck her bemessen werden. Der Verurteilte würde vielleicht in der Zeit, in der er am Verkehrsunterricht teilnehmen muss, lieber in die Diskothek gehen. Damit hat die Weisung eine ahndende Wirkung, aber die Dauer des Unterrichts darf nicht etwa deshalb etwas länger (als zur Beseitigung des beim Verurteilten festgestellten Defizits nötig) festgesetzt werden, um den Verurteilten zusätzlich in seiner Freizeitgestaltung zu behindern.

Auch im allgemeinen Strafrecht unterscheidet man im Übrigen zwischen – zur Resozialisierung des Täters nötigen – Weisungen und das Tatunrecht ahndenden Auflagen.[8] Der Katalog der Auflagen soll durch das bisher nur neben anderen jugendstrafrechtlichen Sanktionen zulässige Fahrverbot vergrößert werden (s. o. § 22, 4a).

a) Die einzelnen Auflagen

aa) Wiedergutmachung. Die Auflage, den durch die Tat entstandenen Schaden nach Kräften wiedergutzumachen, erscheint auch erzieherisch besonders sinnvoll. Der Verurteilte erkennt so, was er angerichtet hat,

---

[8] *Maurach/Zipf,* § 65 Rn. 39, 45; weshalb es auch im Jugendstrafrecht bei dieser Begrifflichkeit bleiben sollte.

und erfährt die Konsequenzen, die die Rechtsordnung bereithält. Allerdings obliegt ihm die Pflicht, den Schaden wiedergutzumachen ohnehin
– ja der Grundsatz der Einheit der Rechtsordnung verlangt, die Auflage
der zivilrechtlichen Forderung anzugleichen.[9] So bleibt kein Raum für
diese Auflage, wenn ein Dritter (etwa die Versicherung) den Schaden be-
glichen hat. Bei Mitverschulden des Geschädigten kann die Auflage nur
den Teil des Schadens umfassen, den der Schädiger auch nach zivilrechtlichen Vorschriften ersetzen muss. Weder der Geschädigte noch der Schädiger, der Mitgläubiger oder Mitschuldner sind zivilrechtlich gebunden.
Erhält etwa der Geschädigte von dem Mitschuldner des Verurteilten gem.
§ 830 I 1 BGB den gesamten Ersatz des Schadens, so entfällt sein Anspruch gegen den Verurteilten. Die Auflage ist hinfällig und muss nicht
etwa durch Zahlung des Ausgleichsanspruchs (§ 426 II 1 BGB) des Mit-
schuldners erfüllt werden. Durch die Auflage wird die zivilrechtliche
Pflicht gewissermaßen mit den „Weihen" des Strafrechts geadelt,[10] sie
wandelt sich in eine strafrechtliche Sühneleistung, deren Erbringung gegebenenfalls durch Jugendarrest erzwungen werden kann. Bei der Ausgestaltung dieser Auflage muss sich der Jugendrichter über die Leistungsfähigkeit des Verurteilten unterrichten, damit der Jugendliche die Leistung erbringen kann, ohne resignieren zu müssen. Es besteht auch die
Gefahr, dass jugendliche oder heranwachsende Angeklagte unter dem
Eindruck des Strafverfahrens mehr an Wiedergutmachung versprechen,
als sie schulden oder jedenfalls leisten können.

In den meisten Fällen ist etwa an die Gewährung von Ratenzahlungen zu denken.
Damit die Leistung auch als Erfüllung der zivilrechtlichen Forderung gilt, ist es wichtig, dass der Geschädigte gehört wird und die Annahme der dem Jugendlichen aufer-
legten Leistung zusichert. Besonders sinnvoll kann es sein, wenn im Einvernehmen
mit dem Geschädigten dem Verurteilten auferlegt wird, den Schaden durch eigene
Handarbeit zu beseitigen. Haben beispielsweise jugendliche Rowdys im Übermut eine
fremde Gartenhütte zerschlagen, so kann es richtig sein, ihnen aufzuerlegen, diese in
ihrer Freizeit wieder fachmännisch zu errichten und die Kosten für das benötigte Material zu tragen.[11] Eine sinnvolle Auflage ist es auch, den Jugendlichen, der durch Unachtsamkeit ein Schulkind so verletzt hat, dass es längere Zeit im Bett liegen muss
und den Anschluss an seine Schulklasse durch das krankheitsbedingte längere Fehlen
zu verlieren droht, zu verpflichten, dem Kind bei den Schularbeiten zu helfen.[12]

Die Auflage, dem Opfer eines fahrlässig verursachten Verkehrsunfalls
regelmäßig ins Krankenhaus Zigarren und ein Fläschchen Wein zu bringen oder einem bei einer Körperverletzung schwer Verletzten aus der als
Hobby betriebenen eigenen Geflügelzucht von Zeit zu Zeit Eier und ein
geschlachtetes Täubchen zu liefern, ist nur dann zulässig, wenn man die

---

  [9] *Dallinger/Lackner,* § 15 Rn. 2; im Einzelnen: *Brunner,* Zbl 1976, 269 ff.; *Albrecht,*
§ 26 B II 5; DSS-*Diemer,* § 15 Rn. 6; krit. *Ostendorf,* § 15 Rn. 7.
  [10] *Baur,* GA 1957, 338 ff.
  [11] *Holzschuh,* in: Weg und Aufgabe, S. 170.
  [12] *Vins,* UJ 1955, 102, 103.

Voraussetzung für die Gewährung eines Schmerzensgeldes für gegeben erachtet und der Verletzte damit einverstanden ist, dass sein Schmerzensgeldanspruch in dieser Weise befriedigt wird.[13] Unzulässig ist es jedenfalls, durch eine solche Auflage den Verurteilten mit Leistungen zu belasten, die über die Schmerzensgeldforderung hinausgehen. Ebenso wenig wird mit der Auflage eine symbolische Wiedergutmachung gerechtfertigt, wenn etwa statt dem verstorbenen Opfer ähnlich armen Leuten wie den Geschädigten Geschenke gemacht werden sollen. Schon oben ist ausgeführt, dass solche, der Schadenswiedergutmachung verwandte Leistungen auch nicht als Weisung aufgegeben werden können, weil sie nicht die künftige Lebensführung des Verurteilten im Auge haben, sondern allein an der Tat orientiert sind.[14]

Streng genommen sind auch die *Verfahrenskosten* ein durch die Straftat verursachter Schaden,[15] es liegt aber – wie der *BGH* richtig vermutet – „das Empfinden des Verurteilten hierfür ziemlich fern". Er wird denken, der Staat hole sich auf diese Weise unter Arrestdrohung seine Kosten, die er sonst nur mit den in den Kostengesetzen vorgesehenen Mitteln und Grenzen eintreiben kann.[16] Richtigerweise wird über die Kosten allein nach § 74 JGG entschieden.[17]

bb) Entschuldigung. Die Auflage, sich persönlich bei dem Verletzten zu entschuldigen, erfordert eine sorgfältige Einfühlung in die Lage des Verurteilten und des Geschädigten. Einerseits ist der pädagogische Wert einer solchen Entschuldigung in geeigneten Fällen groß. Andererseits muss gesichert sein, dass der Geschädigte die Entschuldigung in einer Weise annimmt, die das Ehrgefühl des Jugendlichen nicht verletzt. Auch muss der Jugendliche oder Heranwachsende bereit sein, sich zu entschuldigen, und darf auch nicht zu unbeholfen und zu schüchtern sein, die Entschuldigung vorzutragen.

Da die Entschuldigung im Beisein des Richters erfolgen soll, wird sie praktisch nur durchführbar sein, wenn der Geschädigte als Zeuge in der Hauptverhandlung zugegen war und das Urteil nach der Verkündung sofort rechtskräftig wird. Schadenswiedergutmachung und Entschuldigung werden als Auflagen verhängt. Ihr Anteil an den ambulanten Maßnahmen liegt bei Jugendlichen und Heranwachsenden, jungen Frauen und jungen Männern in den vergangenen 10 Jahren zwischen 2 und 3 %.[18] Das

---

[13] Nur mit dieser Einschränkung scheinen die Entscheidungen *Holzschuhs* (Fn. 11) S. 170 vertretbar.

[14] Anders *Hellmer, JZ* 1979, 41 ff., unter Hinweis auf die besondere erzieherische Bedeutung solcher, den Jugendlichen die Rechtsordnung begreifbar machender Maßnahmen.

[15] *Brunner/Dölling,* § 15 Rn. 7.

[16] *BGHSt,* 9, 365 ff.; *Albrecht,* § 26 B II 3; *Eisenberg,* § 15 Rn. 9; *Ostendorf,* § 15 Rn. 8.

[17] *OLG Frankfurt* StrVert 1984, 30.

[18] Vgl. Tab. 5 und 6 o. § 22.5; ähnlich in Thüringen (1997–2001: 370 von 26137 = 1,4 %): Stat. Landesamt, Verurteilte und Abgeurteilte 2001, S. 57.

hängt auch damit zusammen, dass beide Sachverhalte als Sanktionen falsch eingeordnet sind (s. o. § 23 g dd).

cc) Geldbuße. Die Zahlung eines Geldbetrages zugunsten einer gemeinnützigen Einrichtung[19] ist, soweit Jugendliche und insbesondere Heranwachsende bereits über nicht unerhebliche selbst verdiente Geldmittel verfügen, als Ersatz der im Jugendstrafrecht nicht vorgesehenen Geldstrafe zur Ahndung minderschwerer Straftaten gut geeignet (§ 15 II Nr. 1 JGG).

Nach § 15 II Nr. 2 JGG soll sie auch in den Fällen verhängt werden, in denen dem Täter der Gewinn, den er aus der Tat erlangt oder das Entgelt, das er für sie erhalten hat, entzogen werden sollen. Das erscheint problematisch. Solche Taten sind in der Regel keine „leichten Verfehlungen". Die Geldbuße hat in diesem Fall keinen Ahndungscharakter,[20] sie tritt in Konkurrenz mit der ebenfalls zulässigen (s. o. § 22, 4. a) Nebenfolge Verfall. Soweit es einen durch die Straftat Geschädigten gibt, geht dessen Entschädigung ohnehin vor,[21] ggfs. wäre Schadenswiedergutmachung anzuordnen.

Die Geldbuße wird besonders gegen Heranwachsende − hier ist sie die am häufigsten angeordnete Auflage − und überdurchschnittlich häufig bei Verkehrsvergehen verhängt. Die begünstigte gemeinnützige Einrichtung ist vom Richter ausdrücklich zu benennen. Es wird sich mitunter anbieten, solche Einrichtungen auszuwählen, deren Unterstützung auch dem Verurteilten sinnvoll erscheint. Auf jeden Fall sollte ihm verdeutlicht werden, dass sein Geld einem wichtigen gemeinnützigen Zweck zu gute kommt.

Ist sichergestellt, dass die Zahlung auch tatsächlich den Verurteilten trifft, so ist gegen diese Auflage nichts einzuwenden. Die Sorge, der Jugendliche oder Heranwachsende könnte in der Vermutung bestärkt werden, man könne mit Geld alles abgelten,[22] entstammt idealistischen pädagogischen Vorstellungen, die den heutigen tatsächlichen Verhältnissen nicht mehr entsprechen: man kann nämlich − auch im Bereich des Strafrechts − tatsächlich viel mit Geld erledigen; gut 80 % aller Verurtei-

---

[19] Die Staatskasse ist keine gemeinnützige Einrichtung: *OLG Zweibrücken* NStZ 1992, 84 mit Anm. *Ostendorf; Eisenberg,* § 15 Rn. 14. Dem Jugendlichen ist nämlich eine finanzielle Einbuße eher verständlich zu machen, wenn sie einer gemeinnützigen Einrichtung zu gute kommt: *BGH* Beschl. v. 18. 1. 2000, RÜ NStZ-RR 2000, 321.

[20] *Eisenberg,* § 15 Rn. 18.

[21] Das sollte ausdrücklich in das Gesetz aufgenommen werden: DVJJ-Reform, S. 75, 76; Beschl. 64. Wag C VI 4 d.

[22] *Brunner/Dölling,* § 15 Rn. 10; ähnlich *Eisenberg,* § 15 Rn. 15. Dafür, dass eine in den Grenzen des § 15 II JGG verhängte zumutbare Geldbuße den Verurteilten in neue Kriminalität treiben könnte, fehlt jeder empirische Nachweis. Der Gedanke ist auch nicht plausibel. Dass Angehörige für den Verurteilen zahlen, mag vorkommen. Das Geld wäre freilich dem Verurteilten andernfalls wahrscheinlich auch zugute gekommen, so dass er oft auch in einem solchen Fall eine Ahndung erfährt.

lungen nach allgemeinem Strafrecht lauten auf Geldstrafe! Obendrein fällt das Geld nicht vom Himmel. Die meisten Verurteilten (auch die Jugendlichen und Heranwachsenden) haben es durch Arbeit erworben. Eine Einbuße trifft sie nicht weniger hart als die Beschränkung ihrer Freizeit durch die Auferlegung von Arbeitsleistungen. Das Problem dieser – wie aller übrigen – Auflagen ist es, dass sie zwar die Tat in einer dem minderjährigen Verurteilten angemessenen Weise ahnden, ihm aber keine Hilfen in seiner persönlichen Entwicklung anbieten. Isoliert ist die Erteilung von Auflagen daher nur bei nicht gefährdeten und sozial gut eingeordneten Verurteilten angebracht.

Die Festlegung einer Höchstgrenze der Geldbuße ist für die (freilich ohnehin problematischen) Fälle des § 15 II Nr. 2 JGG nicht angebracht. Für den Regelfall des § 15 II Nr. 1 JGG empfiehlt es sich indessen, eine Begrenzung vorzusehen.[23] Das insoweit vorgeschlagene doppelte Nettoeinkommen stellt bei Heranwachsenden allerdings eine Grenze dar, die – im Falle der vollen Einbeziehung dieser Altersgruppe in das Jugendstrafrecht – nicht ausreicht.

dd) Arbeitsleistungen. Nach Einführung dieser Auflage, die es ermöglicht, die Arbeitsleistungen als Weisung sauber zu bestimmen (s. o. § 23, 2 g aa) und die gemeinnützige Arbeit daneben als Sanktion für mittelschwere Kriminalität zu nützen,[24] sind vor allem bei Jugendlichen die Verurteilungen zu Geldbußen zurückgegangen. Das ist auch richtig, weil die Einkünfte Jugendlicher oft sehr gering sind und gerade bei ihnen ein maßvoller Eingriff in die in erheblichem Umfang zur Verfügung stehende Freizeit vertretbar ist. Die Arbeitsauflage ist mittlerweile zur am häufigsten angewandten Sanktion des Jugendstrafrechts geworden. Bei 47,7 % aller verurteilten Jugendlichen wurde im Jahr 2001 – mindestens auch – auf eine Arbeitsauflage erkannt.[25] Der Richter muss den Umfang der Arbeit nach Stunden festlegen.

Die gesetzliche Bestimmung einer Höchstgrenze ist wünschenswert.[26] Auch wenn die Arbeitsleistung der Ahndung dient, ist deren Durchführung natürlich so zu gestalten, dass sie den Verurteilten fördert.[27] Dazu gehört besonders die meist von der Jugendgerichtshilfe vorgenommene

---

[23] DVJJ-Reform, S. 75, 76; Beschl. 64. DJTag C VI 4 c.

[24] Nach *BVerfGE* 74, 102 ff., 128 ist dies verfassungsgemäß (das Gericht geht von einem die Ahndung einbeziehenden Weisungsverständnis aus). Ebenso DSS-*Diemer,* § 15 Rn. 15. Die Verfassungsmäßigkeit der Arbeitsauflage in § 56 b Nr. 3 StGB ist ausdrücklich anerkannt: *BVerfGE* 83, 119 ff., 125 f., s. auch *Meier/Rössner/Schöch,* § 10 Rn. 20.

[25] StatBA, Strafverfolgung 2001 – früheres Bundesgebiet und Berlin – Tab. 4.4, S. 275.

[26] Zur gegenwärtigen Praxis: *Dünkel/Geng/Kirstein,* aaO, S. 213. Eine Höchstgrenze von 80 Stunden empfiehlt DVJJ-Reform, S. 73 f., 76; 120 Stunden: Beschl. 64. DJTag C VI 4 b; 240 Stunden *Trenczek,* ZJJ 1/2004, 57 ff., 59.

[27] Zur straftheoretischen Begründung vgl. *Feuerhelm* aaO, S. 388 ff.

Auswahl einer Arbeitsstelle, die der Persönlichkeit, den Neigungen und Fertigkeiten des Verurteilten entspricht.[28] Auch darüber hinaus ist eine pädagogische Begleitung der Tätigkeit oft sinnvoll.[29] Bei der Auswahl und Überwachung der Arbeitsstellen sollte – mehr als bisher – darauf geachtet werden, dass dem Verurteilten Mitsprachemöglichkeiten bei der Gestaltung von Arbeitszielen und -mitteln eingeräumt werden. Unabdingbar ist auch, dass der Verurteilte die Möglichkeit hat, die Resultate seiner Tätigkeit wahrzunehmen. Weiter ist bei der Organisation auf eine Arbeit in Gruppen hinzuwirken.[30]

b) Vollstreckung der Auflagen

Keine Auflage kann unmittelbar erzwungen (vollstreckt) werden. Wie bei der Weisung kann der Jugendrichter von der Erfüllung der Auflage ganz oder teilweise befreien, wenn das aus erzieherischen Gründen geboten ist, kann aber auch die Auflage nachträglich ändern. Das ist bloß dann zulässig, wenn die Auflage hierdurch nicht nachträglich verschärft wird. So kommt bei der Arbeitsauflage nicht die Erhöhung der Stundenzahl wohl aber ein Wechsel der Einsatzstelle in Betracht.[31] Nahe liegend und angebracht wäre es mitunter, die Geldbuße in eine Arbeitsauflage umzuwandeln, wenn der ordentlich verdienende Heranwachsende arbeitslos geworden ist, oder umgekehrt die Arbeitsauflage in eine Geldbuße umzuwandeln, wenn der arbeitslose Jugendliche eine gute Arbeitsstelle gefunden hat,[32] aber es fehlt – etwa im Gegensatz zur Geldstrafe, die durch gemeinnützige Arbeit getilgt werden kann[33] – an einem Umrechnungsmaßstab. Problemlos lassen sich Geldbuße und Arbeitsauflage nachträglich in eine Wiedergutmachungsauflage umwandeln. Ist es aber, weil die Versicherung gezahlt hat, nicht möglich, die Wiedergutmachungsauflage durchzusetzen, so ist ihre Ersetzung durch eine Geldbuße eine unzulässige neue Ahndung:[34] denn die Wiedergutmachungssumme schuldet der Verurteilte nach wie vor, nunmehr freilich nicht mehr als Wiedergutmachung, sondern als an die Versicherung übergegangenen Ersatzanspruch. Würde nun im Nachverfahren eine Geldbuße angeordnet, so wäre dies eine ganz neue zusätzliche finanzielle Belastung.

---

[28] *Dünkel/Geng/Kirstein* aaO, S. 215; vgl. auch *Trenczek*, ZJJ 1/2004, 57 ff., 60 f.

[29] DVJJ-Reform, S. 73, 74; vgl. hierzu *Feuerhelm*, aaO, S. 360 ff.

[30] Zu einem arbeitspsychologisch orientierten Konzept für die Durchführung der gemeinnützigen Arbeit: *Feuerhelm*, aaO, S. 367 ff.

[31] Hierzu *Feuerhelm* aaO S. 238 f.

[32] *Schaffstein/Beulke*, § 20 II 4; zweifelnd: *Ostendorf*, § 15 Rn. 19.

[33] Weil die Geldstrafe nach Tagessätzen verhängt wird (§ 40 I StGB) und man deshalb an die übliche Wochenarbeitszeit geteilt durch sieben anknüpfen kann (sechs Stunden gemeinnützige Arbeit je Tagessatz). Eingehend zur Problematik *Feuerhelm*, aaO S. 239 ff.

[34] Dass das Verschlechterungsverbot bei ahndenden Maßnahmen nicht gelten soll (DSS-*Diemer*, § 15 Rn. 22, offenbar auch *OLG Celle* NStZ 1993, 400), leuchtet nicht ein (ebenso *Eisenberg*, § 23 Rn. 9, 10).

Der Jugendrichter kann den Verurteilten aus erzieherischen Gründen von der Erfüllung nachträglich ganz oder teilweise befreien oder bei schuldhafter Nichterfüllung von Auflagen auch Jugendarrest verhängen wie beim Ungehorsam gegenüber Weisungen (s. o. § 23, 2 k). Dann muss er allerdings nach Vollstreckung des Ungehorsamsarrestes die Auflage ganz oder teilweise für erledigt erklären (§ 15 III JGG). Denn die Auflage kann zwar durch den ebenfalls der Ahndung dienenden Jugendarrest ersetzt werden. Eine Ahndung durch eine andere Ahndung zu erzwingen, macht aber keinen Sinn, ist jedenfalls unverhältnismäßig.[35]

Deshalb verwandelt sich der Ungehorsamsarrest im Ergebnis hier in einen Ersatzarrest.[36] Beim Ungehorsam gegen Weisungen muss es aber beim Beugearrest bleiben (s. o. § 23.2 k). Denn deren die Förderung der Erziehung dienenden Inhalt kann der Arrest nicht ersetzen, allenfalls die Einbuße an Freizeit, die der Ungehorsame erspart, weil er sie nicht zu der ihn fördernden Maßnahme verwendet. Das ist aber unangemessen.

Der Beugearrest wird wie der „Urteilsarrest" als Freizeit-, Kurz- oder Dauerarrest vollstreckt und vollzogen (s. u. § 24.4 e und f). Auf ihn entfällt nach Praxisberichten[37] ein hoher Prozentsatz (40–50 %) aller vollstreckten Arreste. Der Vollzug wird beendet,[38] wenn der Arrestant die Auflage erfüllt (die Zahlung leistet oder die Arbeitsleistungen erbringt, was ihm auch aus dem Arrest heraus gestattet werden kann) oder der Weisung Folge leistet.

4. Jugendarrest

a) Allgemeine Überlegungen

Der Jugendarrest ist ein kurzzeitiger Freiheitsentzug mit einer Mindestdauer von einer Freizeit (zwei Tage) bis zu einer Höchstdauer von vier Wochen, der als Zuchtmittel nicht die Wirkungen einer Strafe entfaltet.[39] Es handelt sich um eine Rechtsfolge, die im allgemeinen Strafrecht auch nicht ansatzweise vorkommt.[40] Alle Weisungen und Auflagen sowie die Verwarnung kann man sich – gegebenenfalls mit der anderen Alters-

---

[35] Im Ergebnis ebenso *Ostendorf,* § 15 Rn. 20, 22; DSS-*Diemer,* § 15 Rn. 26; *Eisenberg,* § 15 Rn. 25.

[36] Was so auch ausdrücklich zu regeln wäre: DVJJ-Reform, S. 77, 78; Beschl. 64. DJTag C VI 6 c.

[37] *Hinrichs,* DVJJ-J 1/1998, 69 ff.: z. B. in Bayern und Schleswig-Holstein 33 %, in Müllheim (Baden-Württemberg), Rheinland-Pfalz und Sachsen 40 %; im Saarland und in Mecklenburg-Vorpommern über 50 %; in Göttingen (Niedersachsen) zwei Drittel.

[38] Bzw. nicht angetreten: zur Zuständigkeit in diesen Fällen: *BGH* NStZ 2003, 221.

[39] DSS-*Sonnen,* § 16 Rn. 2.

[40] Das gilt auch für den Strafarrest nach § 9 Wehrstrafgesetz, vgl. *Böhm,* in: Schwind/Böhm (Hrsg.), Strafvollzugsgesetz, 4. Aufl. (2004), § 170 Rn. 1, und für die Ersatzfreiheitsstrafe nach § 43 StGB.

gruppe entsprechenden geringen Änderungen – auch als Rechtsfolgen unterhalb der Geldstrafe oder diese im unteren Bereich der Tagessatzanzahl ersetzend oder ergänzend im allgemeinen Strafrecht vorstellen. Als die Einstellung des Verfahrens oder eine Strafaussetzung zur Bewährung gestaltende Maßnahmen finden sie überwiegend auch im allgemeinen Strafrecht schon jetzt Anwendung. Etwas dem Jugendarrest Vergleichbares gibt es aber nicht. Schon diese Feststellungen mögen erklären, warum der Jugendarrest eine besonders umstrittene Rechtsfolge im Jugendstrafrecht ist,[41] und seine inhaltliche Ausgestaltung erhebliche Veränderungen erfahren hat.

b) Zur Rechtfertigung eines kurzen Freiheitsentzugs

Zur Einführung des Jugendarrestes im Jahre 1940 werden verschiedene Gründe beigetragen haben: einmal der Gedanke, der der Zeit entsprach, notfalls sei eine harte Disziplinierung nötig und hilfreich, zum anderen aber auch die Überlegung, man müsse die kurzfristige Freiheitsstrafe mit ihren schädlichen Wirkungen endgültig aus dem Jugendstrafrecht verbannen. Es hatte sich nämlich gezeigt, dass die Gerichte nicht von der Übung ließen, Jugendliche für wenige Wochen oder Monate in die Gefängnisse einzuweisen. Eine Strafaussetzung war damals nicht gestattet. So saßen die Jugendlichen in den überfüllten Gefängnissen, ohne wegen der kurzen Strafzeit einer gründlichen Gesamterziehung unterworfen zu werden. Der kurzfristige, vom Erwachsenenvollzug oft nicht getrennte Gefängnisvollzug wurde auch recht lasch gehandhabt. Zu dem schlechten Einfluss der anderen Gefangenen trat die Gewöhnung an das „gar nicht so schlimme" Gefängnisleben. Obendrein war der Entlassene mit dem Makel der Vorstrafe behaftet.[42] Schon die Verbesserung dieses schädlichen Zustandes rechtfertigte damals die Einführung des Jugendarrestes als Zuchtmittel. Ob auch der pädagogische Wert des Arrestes selbst hoch zu veranschlagen ist, eine angemessene Übersetzung pädagogischer Forderungen in die Justizpraxis darstellt, erscheint indessen fraglich. Ihm liegt eine einfache Erziehungstheorie zugrunde, die etwa meint, wer nicht hören will – auf Verwarnungen und Auflagen nicht reagiert –, muss fühlen. In diesem pädagogischen Zusammenhang stellt der Arrest – in seiner ursprünglichen Ausgestaltung – mit strenger Einzelhaft, hartem Lager und karger Kost, der maßvollen körperlichen Züchtigung der Eltern entsprechend, die „Prügel des Staates" dar.[43]

---

[41] *Albrecht,* § 27 IV; *Schaffstein/Beulke,* § 21 I; *Feltes,* NStZ 1993, 105 ff.; *Laue,* DVJJ-J 1/1995, 91 ff., *Pfeiffer,* MschrKrim 1981, 28 ff., 50; *Schlüchter,* S. 124 f.

[42] Grundlegend: *Sieverts,* in: Weg und Aufgabe, S. 255 ff.; zu der früheren Praxis, kurze Freiheitsstrafen zu verhängen: *Schmidhäuser,* in: Weg und Aufgabe, S. 90 ff.

[43] Kritisch zum „pädagogischen Wert des Arrestes" *Eisenhardt,* Die Wirkungen der kurzen Haft auf Jugendliche, 1977; *Schumann,* aaO.

Dass der Jugendarrest 1940 eingeführt wurde, macht ihn deshalb noch nicht zu einer typischen nationalsozialistischen Erfindung.[44] Der Gedanke, vor allem auf junge Straftäter durch kurzen und besonders streng durchgeführten Freiheitsentzug im Sinne einer Individualabschreckung erfolgreich einwirken zu können, ist in demokratisch verfassten Staaten wiederholt verwirklicht worden und wird auch heute immer wieder in Erwägung gezogen.[45] Typisch nationalsozialistisch war freilich der Umstand, dass der Jugendarrest als eine erzieherisch wertvolle und gegenüber kurzer Freiheitsstrafe milder angesehene Sanktion „fremdvölkischen", „minderwertigen" jungen Menschen vorenthalten wurde.[46] Die Sanktion war als ein energischer Ordnungsruf dazu gedacht, das Ehrgefühl der im Grunde anständigen und gutwilligen Jugendlichen aufzurütteln und sie so wieder auf den rechten Weg zu führen.[47] Die ursprüngliche Zielsetzung des Jugendarrests findet ihren Ausdruck in § 90 I 1 JGG. Welche pädagogische Wirkung man sich von diesem Zuchtmittel versprochen hat, schildert der Pädagoge *Wilhelm Patzschke.*

Er vergleicht das Leben des Arrestanten vor der Arrestverbüßung mit dem Taumel und den Sünden der Fastnacht: „Wie für den gläubigen Katholiken am Aschermittwoch übergangslos die Fastenzeit beginnt, so tritt der Arrestant mit dem Beginn des Arrestes in eine völlig reizlose und keimfreie Umgebung ein, in der er alle Freiheiten und Selbstverständlichkeiten einbüßt. Das muss den Jugendlichen erschüttern. Damit geht dem Verurteilten von selbst auf, was ihm das Leben mit seinen gewohnten Verhältnissen wert ist. Es bedarf nur geringer Nachhilfe durch das Gespräch mit dem Jugendrichter, das erst gewährt wird, wenn bei dem Insassen das Verlangen, sich mit einem Menschen auszusprechen, bis zum Höhepunkt gesteigert ist."[48]

Ob dieser Erfolg häufig erzielt wird, scheint schon seit längerem zweifelhaft. Es kann zwar als ziemlich gesichert betrachtet werden, dass die Erschütterung, der Schock, am Beginn des Arrestes tatsächlich bei vielen Insassen eintritt. Ein erfahrener Aufsichtsbeamter im Arrestvollzug, *Ralf Möller,* hat in einem lesenswerten Aufsatz[49] sorgfältig belegt, wie sich Arrestanten zu Beginn in der Anstalt fühlen.

Auch wenn man ihnen Bücher gibt, können selbst intelligentere Insassen nicht lesen: ihnen fehlt die Konzentration, ständig wechselnde Gedanken an Mutter, Eltern, Oma, Freundin bedrücken sie, die Einzelhaft in der einsamen Zelle löst Beklemmung aus, viele fühlen sich elend und klagen über Verdauungsbeschwerden. Nur haftgewohnte ehemalige Insassen von Fürsorgeerziehungsanstalten nehmen die Belastungen

---

[44] Zur Geschichte: *Wolff,* S. 127 ff.; *Schaffstein,* aaO., S. 394 f.; *Feltes,* NStZ 1993, 105, 106; besonders anschaulich: *Hinrichs,* DVJJ-J 2/1997, 186 ff.; 3/1997, 331 ff.; 4/1997, 423 ff.

[45] *Bindzus/Schärer,* ZfStrVo 1974, 187 ff., 189, 190. Zu den in etwa vergleichbaren „detention centres" in England: *Kaiser,* Strafvollzug im europäischen Vergleich, 1983, S. 71, 72; vgl. auch ZfStrVo 1984, 306; 1993, 304.

[46] *Wolff,* S. 132 ff.; *Hinrichs* (Fn. 44).

[47] *BGHSt* 18, 207 ff., 209.

[48] *Patzschke,* in: Weg und Aufgabe, S. 277 ff., 286 ff.

[49] *Möller,* ZfStrVo 1972, 45 ff.

des Arrestes vergleichsweise leicht, was auch darauf hinweist, wie falsch es ist, bei der gegenwärtigen Ausgestaltung des Zuchtmittels bereits verwahrloste Jugendliche und Heranwachsende zu Jugendarrest zu verurteilen.

Mit standardisierten Testverfahren kommt *Eisenhardt* bei seiner Untersuchung ebenfalls zu dem Ergebnis, dass die Schockwirkung bei den Arrestanten in der Regel eintritt. Allerdings stellen beide Untersucher fest, dass die Schockwirkung bald nachlässt und einer Gewöhnung Platz macht. *Möller* hat auch beobachtet, dass sich die Insassen überhaupt nicht mit ihren Straftaten auseinander setzen. Er meint, dass nach der Erschütterung – d. h. spätestens nach einer Woche – ein Behandlungsprogramm angeboten werden müsse, das den Insassen Hilfestellung bei der Bewältigung ihrer Probleme zu geben habe. *Eisenhardt* glaubt, die Wirkung des Schocks klinge schon nach vier Tagen ab. Nach seinen Beobachtungen hinterlässt der Schock keine positive Wirkung, ein Arrest, der über das Abklingen des Schocks in die Gewöhnungsphase übergeht, ohne dass Hilfen und Behandlung angeboten werden, wirkt ausgesprochen entsozialisierend.[50] Dagegen zeigten sich bei einem Arrest, bei dessen Vollzug auf die Erschütterungsphase ein gezieltes pädagogisches Programm folgte, günstige Einstellungsänderungen.

Die besonders strengen Haftbedingungen sind erst durch die Jugendarrestvollzugsordnung vom 30. 11. 1976 weitgehend gemildert worden,[51] und erst 1990 hat der Gesetzgeber dem Umstand Rechnung getragen, dass den mit Arrest geahndeten Straftaten häufig auch erzieherische Defizite bei den Verurteilten zugrunde liegen. Deshalb bestimmt § 90 I 2, 3 JGG nun, dass der Jugendarrest durch eine erzieherische Gestaltung dem Jugendlichen helfen soll, die Schwierigkeiten zu bewältigen, die zur Begehung der Straftat beigetragen haben.

c) Praktische Bedeutung dieses Zuchtmittels

Während vor 40 Jahren noch bis zu 40 % aller nach Jugendstrafrecht Verurteilten Jugendarrest verbüßen mussten, ging die Verhängung von Jugendarrest danach zurück.[52] Seit 25 Jahren liegt der Anteil der zu Dauerarrest Verurteilten relativ konstant bei etwa 9 % aller nach Jugendstrafrecht Verurteilten,[53] während der Anteil der zu Kurz- oder Freizeitarrest Verurteilten zunächst noch weiter abnahm, aber seit 1990 ständig

---

[50] *Eisenhardt/Naumann*, RdJB 1971, 198 ff.; *Eisenhardt*, aaO und in: Gutachten über den Jugendarrest, 1989; vgl. auch *Schumann,* aaO; ähnlich *Schwegler,* KrimJ 2001, 116 ff.

[51] BGBl. I S. 3270, abgedruckt z. B. bei *Eisenberg,* Anhang 5 oder in der im Nomos-Verlag erschienenen, vom Ministerium der Justiz von Rheinland-Pfalz herausgegebenen Loseblatt-Sammlung rheinland-pfälzischer Strafvollzugsvorschriften (900). Hier sind auch die Richtlinien zur JAVollzO (900–1) und die Jugendarrestgeschäftsordnung (901) nachzulesen.

[52] Vgl. *Heinz,* MschrKrim 1990, 210 ff., 220.

[53] *Eisenberg,* § 16 Rn. 7.

7–8 % ausmacht. Bei den männlichen Verurteilten – sowohl bei den Jugendlichen wie bei den Heranwachsenden – liegt der Anteil etwas über 9 %, bei den weiblichen Verurteilten bei gut 5 %. Freizeit- und Kurzarrest wird aber öfter bei männlichen (11 %) und weiblichen (8 %) Jugendlichen als bei männlichen (7 %) und weiblichen (5 %) Heranwachsenden verhängt.[54]

Erhebliche Unterschiede zeigen sich zwischen den Bundesländern. In der Zeit von 1997 bis 2001 wurden in den alten Bundesländern und Berlin 20,6 % der verurteilten männlichen Jugendlichen zu Jugendarrest verurteilt, von ihnen 9,6 % zu Dauer-, 11 % zu Freizeit- oder Kurzarrest. Überdurchschnittlich häufig wurde Jugendarrest in Bayern (26,2 %) und in Nordrhein-Westfalen (24,6 %), besonders selten in Hamburg (9,1 %), Baden-Württemberg (11 %) und Rheinland-Pfalz (12,1 %) verhängt. Beim Dauerarrest sind die Differenzen geringer. Hier liegen Berlin (14,2 %) und Hessen (12,5 %) deutlich über dem Durchschnitt, Baden-Württemberg (6,5 %) und das Saarland (6,6 %) wesentlich darunter. Beim Freizeit- und Kurzarrest liegen wieder Bayern (15,1 %) und Nordrhein-Westfalen (15 %) an der Spitze, in Hamburg (1,1 %) und Rheinland-Pfalz (2,3 %) wird aber von dieser Arrestart kaum Gebrauch gemacht, auch in Baden-Württemberg (4,5 %) und Bremen (6,1 %) sind solche Verurteilungen selten.

Bei den heranwachsenden Männern waren in den alten Bundesländern und Berlin 16,6 % zu Jugendarrest verurteilt, 9,4 % zu Dauer-, 7,2 % zu Freizeit- und Kurzarrest. Bayern (23 %) und Nordrhein-Westfalen (18,5 %) weisen wieder besonders viele Verurteilungen zu Arrest aus, Baden-Württemberg (8,6 %), Rheinland-Pfalz (8,7 %) und Hamburg (9 %) besonders wenige. Auch hier sind die Unterschiede bei den Dauerarresten, Berlin (12,6 %) und Bayern (12,3 %) auf der einen Baden-Württemberg (5,8 %) und Rheinland-Pfalz (7,4 %) auf der anderen Seite nicht so ausgeprägt wie beim Freizeit- und Kurzarrest: Bayern (10,7 %), Nordrhein-Westfalen (9,7 %) und Hamburg (1 %), Rheinland-Pfalz (1,3 %), Baden-Württemberg (2,8 %).[55]

Einhergehend mit dem wachsenden Bewusstsein für die Schwere eines strafrechtlichen Eingriffs in die Freiheit, und mit dem Zweifel am pädagogischen Nutzen einer solchen Maßnahme, werden leichtere Verfehlungen, soweit nicht eine Einstellung (Diversion) in Betracht kommt, zunehmend mit Auflagen geahndet. Umgekehrt dürften freilich Sachverhalte, die früher zur Verurteilung zu Jugendstrafe geführt haben, heute mit Jugendarrest geahndet werden.

---

[54] Vgl. Tab 3 und 4 (s.o. § 22.5, S. 170, 171).

[55] Eigene Berechnungen anhand der Strafverfolgungsstatistiken (Arbeitsunterlagen) 1997, 1998, 1999, 2000 und 2001.

d) Anwendungsbereiche des Jugendarrestes

Jugendarrest wird verhängt, wenn dies zur Ahndung der Tat notwendig ist. Die Tat muss also einen gewissen Schweregrad erreichen; denn sonst wäre die doch immerhin scharfe Reaktion nicht angemessen. Ob die Praxis diese Notwendigkeit ausreichend berücksichtigt, lässt sich nicht eindeutig beantworten. Tendenziell ist es aber schon so, dass Jugendarrest eher bei schwerwiegenden Delikten verhängt wird. Ein gutes Drittel aller Dauerarreste entfiel im Jahr 2001 auf Verurteilungen wegen gefährlicher Körperverletzung, Raubdelikten und schweren Begehungsformen von Diebstahl. Soweit diese Taten nicht mit Jugendstrafe geahndet worden sind oder ausnahmsweise eine Heimerziehung angeordnet worden ist, wurden in 36 % der Fälle Jugendarrest (20 % Dauerarrest) verhängt. Knapp 40 % aller Dauerarreste fallen auf Verurteilungen wegen einfacher Körperverletzung, einfachen Diebstahls, Sachbeschädigung, Fahrens ohne Führerschein und Straftaten nach dem Betäubungsmittelgesetz.[56]

Der Arrest soll möglichst rasch nach dem Urteil vollzogen werden, was aber nicht nur wegen der Möglichkeit, Rechtsmittel einzulegen und die Vollstreckung durch Eingaben hinauszuzögern, sondern vor allem wegen der langsamen Arbeitsweise der Justiz nicht gewährleistet ist.[57] Sind seit Rechtskraft des Urteils sechs Monate verstrichen, so wird, wenn dies aus Gründen der Erziehung geboten ist, von der Vollstreckung des Arrestes abgesehen (§ 87 III 2 JGG). Folgerichtig ist es auch, dass von der Vollstreckung von Jugendarrest abgesehen wird, wenn der Jugendliche wegen einer anderen Tat zu Jugendstrafe oder – als unterdessen Erwachsener – zu Geld- oder Freiheitsstrafe verurteilt worden ist oder eine solche Verurteilung zu erwarten hat und der Arrest deshalb seinen erzieherischen Zweck nicht mehr erreichen wird (§ 87 III 3 JGG).[58] Der allgemeine Grundsatz, wonach nach Rechtskraft eintretende Veränderungen dem Jugendrichter ein Absehen von der Vollstreckung oder teilweisen Vollstreckung der verhängten Maßnahme erlauben, gilt für den Jugendarrest ebenfalls (§ 87 III 1 JGG). Ein Jahr nach Rechtskraft des Urteils darf der Arrest nicht mehr vollstreckt werden (§ 87 IV JGG).

Es ist nicht bekannt, wie hoch der Prozentsatz der durch Urteil verhängten Jugendarreste ist, die wegen § 87 III und IV JGG nicht vollstreckt werden. Da in den jähr-

---

[56] Errechnet nach den Angaben in der Strafverfolgungsstatistik 2001. Offenbar ändert sich die Praxis insoweit, vgl. für frühere Zeitpunkte: *Pfeiffer/Strobl*, DVJJ-J 1/1991, 35 ff., 42.

[57] *Feltes*, in: Ber. 18. JGTag, S. 290 ff., hat errechnet, dass zwischen Straftat und Jugendarrest anordnendem Urteil meist mehr als vier Monate vergehen und zwischen Urteil und Arrestantritt noch einmal in der Regel mehr als drei Monate liegen; *Schaffstein/Beulke*, § 21 IV; vgl. auch *Schwegler*, Dauerarrest als Erziehungsmittel für junge Straftäter, 1999, S. 279, die auf noch weit höhere Durchschnittswerte (13 Monate zwischen Tat und Arrestantritt!) kommt.

[58] *Hinrichs*, aaO 267 f.

lichen Belegungsübersichten der Jugendarrestanstalten und Freizeitarresträume nicht zwischen Urteilsarresten und Beugearresten unterschieden wird, kann auch der Anteil der Urteilsarreste an allen Arresten nicht genau ermittelt werden.

e) Freizeitarrest

Der Jugendarrest kann als Freizeitarrest verhängt werden für mindestens eine und höchstens zwei Freizeiten. Normalerweise liegen diese Freizeiten an den Wochenenden. Sie beginnen am Samstag um 8 Uhr oder, wenn der Jugendliche am Samstagvormittag arbeitet oder die Schule besucht, um 15 Uhr nach der Arbeit oder nach der Schule und enden am Montag so früh, dass der Verurteilte rechtzeitig am Arbeitsplatz erscheinen oder auf der Schulbank sitzen kann. Lässt es sich nicht anders einrichten, dass der Arrestant am Montag bei der gewohnten Arbeit sein kann, so wird er schon am Sonntagabend nach Hause geschickt (§ 25 III JAVollzO).

Diese Arrestform will dem Verurteilten Schwierigkeiten am Arbeitsplatz ersparen. Das ist durchaus sinnvoll, obwohl es im Regelfall nicht schwierig ist, einen Arrest in die Schulferien zu legen oder einen Teil des Urlaubs für die Arrestvollstreckung zu nützen. Der Freizeitarrest stellt die Vollzugsverwaltung vor ärgerliche Probleme: wird er in normalen Arrestanstalten verbüßt, dann sind die Hafträume nicht optimal zu nützen, einige müssen stets für das Wochenende freigehalten werden. Den Bediensteten werden die unbeliebten Dienste am Wochenende zugemutet. Da man nie im Vorhinein weiß, wie viele der zum Arrest Geladenen dann auch wirklich erscheinen, ist die Planung des Vollzuges – angefangen mit dem Einkauf der Verpflegung – schwierig. Auch der Jugendrichter ist meist wenig glücklich, am Wochenende längere Gespräche in der Arrestanstalt zu führen, was er „nach Möglichkeit soll" (§ 10 II JAVollzO).

Freizeitarrest ist jedoch allenfalls dann akzeptabel, wenn er nahe dem Lebensbereich des Verurteilten vollzogen wird, weil nur dann kostspielige Anfahrten vermieden werden und das erzieherische Gespräch mit dem verurteilenden Jugendrichter, der den Arrestanten schon kennt, stattfinden kann. Deshalb ist es bedenklich, dass es u. a. in dem großen Flächenstaat Bayern, in dem oft Freizeitarreste verhängt werden, keine dezentralen Freizeitarresträume mehr gibt, während dies in den Stadtstaaten und im Saarland wegen der kurzen Wege zur zentralen Jugendarrestanstalt weniger problematisch ist.[59]

In der Jugendarrestvollzugsordnung sind unter Berücksichtigung der genannten Umstände für den Freizeitarrest und für den Kurzarrest bis zu zwei Tagen alle etwa an Behandlung gemahnenden Maßnahmen nur als Sollvorschriften formuliert. Da sie folglich meist unterlassen werden, bleibt im günstigsten Fall das den Inhaftierten be-

---

[59] Anders *Hinrichs*, DVJJ-J 1/1995, 100, wegen der problematischen Art der Vollstreckung („zwischen völligem Einschluss bis zum Anschluss an die Familie des für den Arrest verantwortlichen Hausmeisters"). *Koepsel*, aaO S. 624 beurteilt diesen Vollzug etwas günstiger.

rührende Erlebnis, in einer sehr einfachen Zelle ohne Abwechslung eingesperrt zu
sein. Er ist mit seinen Gedanken allein und hat nur kurze Zeit im Anstaltshof Gesellschaft. Allerdings ist häufig nicht einmal die Einzelunterbringung möglich. Der Arrestant ist dann mit einem oder zwei anderen Jugendlichen ohne Beschäftigungsmög-
lichkeit im selben Raum eingesperrt, was höchst problematisch erscheint. An einem
pädagogischen Konzept für diese Arrestform mangelt es.[60] Die bis 1974 üblichen
Schärfungen – das „Bett" war ein „hartes Lager" (Holzunterlage ohne Matratze mit
zwei bis drei Decken), die Verpflegung bestand aus trockenem Brot und Getränk, und
nur am Montagmorgen gab es eine kräftige Suppe – sind durch die Neufassung des
§ 90 JGG entfallen.

Gegenüber männlichen Jugendlichen sind fast 54 % aller Arreste als Kurz- und Freizeitarreste verhängt, während der Anteil der Kurz- und Freizeitarreste bei den Heranwachsenden nur 43 % ausmacht. In Hamburg und Rheinland-Pfalz gibt es praktisch
keinen Freizeitarrest mehr, erheblich unter dem Durchschnittswerten bleibt auch Baden-Württemberg. Da in diesen Ländern mit einem niedrigeren Freizeitarrestanteil,
sieht man von Berlin ab, die Anzahl der Dauerarreste unter dem Bundesdurchschnitt
liegt, spricht viel dafür, dass Freizeitarreste in den anderen Bundesländern häufiger
als unbedingt notwendig verhängt werden.[61]

f) Kurz- und Dauerarrest

Statt des Freizeitarrestes über eine oder zwei Freizeiten kann Kurzarrest von zwei oder vier Tagen verhängt werden, wenn es günstiger erscheint, nicht die wöchentlichen Freizeiten für den Arrest zu verwenden,
sondern den Arrest „am Stück" verbüßen zu lassen (§ 16 III JGG). Dieser
seltene Kurzarrest (1109 Fälle 2001)[62] wird ebenso wie der wichtige
Dauerarrest (8409 Fälle 2001) in eigens zu diesem Zweck von der Landesjustizverwaltung unterhaltenen Jugendarrestanstalten vollzogen (§ 90 II
JGG). Der Dauerarrest kann mindestens in Höhe von einer, höchstens
von vier Wochen verhängt werden. Der Jugendrichter bemisst ihn in diesem Rahmen nach Tagen oder Wochen (§ 16 IV JGG), wobei die Höhe
von der Schwere der Tat und der Größe der Schuld, insbesondere auch
der erneuten Straffälligkeit trotz früherer jugendrichterlicher Maßnahmen abhängt. Vermutlich spielt zusätzlich noch eine Rolle, dass Jugendrichter einen längeren Jugendarrest für wirkungsvoller als einen kürzeren
halten.

Die Jugendarrestanstalten haben normalerweise 20 bis 50 Haftplätze
in Einzelhafträumen. Es gibt in der Bundesrepublik Deutschland etwa 25
solche Anstalten.[63]

---

[60] Koepsel, aaO S. 624, 625; Hinrichs, aaO 274: „Aufnahme, Einschluss, Entlassung".

[61] Für seine Abschaffung: Berckhauer, ZRP 1982, 145 ff. („eigentlich überflüssige
Verlegenheitslösung im Jugendstrafrechtssystem"); vgl. auch Thesen des Arbeitskreises
VI, in: Ber. 18. JGTag, S. 323; Ostendorf, Grdl. zu §§ 13–16 Rn. 9; Schaffstein, aaO,
S. 407; DVJJ-Reform, S. 92 f.; Koepsel, aaO S. 625; Streng, Gutachten N 93; gegen die
Abschaffung von Freizeitarrest aber Beschl. 64. DJTag C VI, 6.

[62] Zusätzlich können Freizeitarreste gem. § 86 JGG nachträglich in Kurzarreste
umgewandelt werden.

[63] Dargestellt bei Hinrichs, DVJJ-J 1/1997, 88 ff. und DVJJ-J 1/1998, 69 ff.

Nach § 6 JAVollzO ist der Arrestant während der Nacht allein im Arrestraum untergebracht, soll aber während des Tages mit anderen Jugendlichen bei Arbeit und gemeinschaftlichen Veranstaltungen zusammen sein. An den Jugendlichen sind die Anforderungen zu stellen, die auch bei einer wirksamen Erziehung in Freiheit notwendig wären (§ 8 I JAVollzO). Der Vollzugsleiter soll alsbald ein Bild von dem Jugendlichen und seinen Lebensverhältnissen zu gewinnen versuchen, soweit dies für die Behandlung im Arrest und die Nachbetreuung notwendig ist (§ 7 JAVollzO), die körperliche, geistige und sittliche Entwicklung sollen gefördert werden, wozu neben Aussprachen mit dem Vollzugsleiter soziale Einzelhilfe, Gruppenarbeit und Unterricht stattfinden sollen (§ 10 JAVollzO). Der Jugendliche erhält ausreichende Kost, das übliche „Bettlager" und Mittel zur Körperpflege. Mindestens eine Stunde am Tag dauert der Aufenthalt im Freien (§ 12 JAVollzO). Sport und sinnvolle Freizeitgestaltung sind vorgesehen. Die Teilnahme an Veranstaltungen außerhalb der Anstalt ist zulässig, Ausgang und Ausführung sind möglich (§§ 16, 18, 21 JAVollzO). Der Jugendliche, der schuldhaft seine Pflichten verletzt, kann mit einer Hausstrafe belegt werden, die aber nur im Ausschluss aus Gemeinschaftsveranstaltungen, Entziehung des Lesestoffs, Verbot des Verkehrs mit der Außenwelt bis zu zwei Wochen und abgesonderter Unterbringung bestehen darf (§ 23 JAVollzO).

Die Praxis entspricht diesen Vorgaben nicht durchweg. So ist die Einzelunterbringung während der Nacht keineswegs gewährleistet. Die für einen Arrestanten vorgesehenen Hafträume sind dann mit zwei oder mehr Insassen belegt, was bei nicht abgetrennten sanitären Anlagen (etwa einem frei im Raum stehenden WC) oft kaum zumutbar, obendrein pädagogisch höchst bedenklich ist, zumal die Arrestanten meistens auch während vieler Stunden am Tag, besonders am Wochenende, in ihren Hafträumen eingeschlossen sind. Die Ausstattung vieler Anstalten mit Einrichtungsgegenständen ist unzureichend, es fehlt an Personal, pädagogische Fachkräfte stehen nur teilweise zur Verfügung. Der Vollzugsleiter wird von der Justizverwaltung oft nur mit einem geringen Prozentsatz von seiner richterlichen Arbeit für die organisatorischen und pädagogischen Aufgaben, die ihm obliegen, entlastet. Trotz dieser Mängelliste bemühen sich viele Jugendarrestanstalten um eine für die Insassen hilfreiche Vollzugsgestaltung: teils mit Unterstützung freier Träger werden soziale Trainingskurse angeboten, Insassen können aus der Anstalt heraus weiter Schule und Ausbildungsstätte besuchen oder – beim Beugearrest – die Auflagen oder Weisungen erfüllen (was zur Beendigung des Arrestes führt), die Arrestanten erfahren Beratung in ihren sozialen Schwierigkeiten. Nur in Nordrhein-Westfalen gibt es eine eigene Jugendarrestanstalt für junge Frauen. Soweit sonst junge Männer und junge Frauen in derselben Anstalt untergebracht sind, wird der Arrest meist völlig getrennt durchgeführt.[64]

Eine gezielte pädagogische Behandlung muss in Betracht ziehen, dass der Arrest kurz ist. Die Heim- und Strafanstaltspädagogik, die für längere

---

[64] Einen guten Überblick über die sehr unterschiedliche gegenwärtige Praxis gibt *Hinrichs* aaO. Zu den von den Mitarbeitern der Jugendarrestanstalten für erforderlich gehaltenen Mindeststandards: *Thalmann/Müller*, DVJJ-J 4/2002, 444 ff.

Aufenthalte konzipiert ist, kann also nicht übernommen werden. In Remscheid ist ein Arbeitstraining erprobt worden: in einer Gruppe wird arbeitsteilig technisch anspruchsvolles Spielzeug hergestellt. Auch ein Ungeübter kann in kurzer Zeit lernen, was er machen muss, und er erlebt, dass er mit seiner Gruppe etwas Sinnvolles schafft.[65] In Kaufungen waren neben zahlreichen Freizeitkursen Radtouren — auch mehrtägig mit auswärtigen Übernachtungen — ständig im Programm.[66] Die Umwandlung des Arrestes in ein modernes pädagogisches System mit Lockerungen und Nachbetreuung ist am konsequentesten in Hamburg eingeführt.[67] Eine Entlassung nach Teilverbüßung ist nach § 87 III 1 JGG möglich. Die Wirkung eines Teils des Arrestes stellt dann die nach Rechtskraft des Urteils aufgetretenen Umstände dar, die aus Gründen der Erziehung eine solche Entscheidung rechtfertigen.[68]

Der durchaus möglichen Weiterentwicklung des Jugendarrestes zu einer mindestens vertretbaren pädagogisch orientierten Kurzzeitmaßnahme stehen die Sparzwänge der Justizverwaltungen entgegen. Es zeigen sich z. B. Tendenzen, die Jugendarrestanstalten räumlich und organisatorisch an Jugendstrafanstalten anzugliedern, die Bediensteten, was „ökonomischer" scheint, in beiden Einrichtungen einzusetzen und den Vollzugsleiter auf die reinen Vollzugsmaßnahmen zu beschränken und ihm die Sachmittelverwaltung und die Personalhoheit zu entziehen.[69] So wird die Identifizierung der Bediensteten mit „ihrer" Anstalt, die für den Erfolg innovatorischer Einrichtungen wie Kaufungen,[70] die unterdessen als Jugendarrestanstalt aufgegeben worden ist, entscheidend ist, verhindert.

g) Erfolg und Misserfolg

Rückfalluntersuchungen, die vor 30 und mehr Jahren durchgeführt wurden, ergaben, dass sich in den auf die Arrestverbüßung folgenden vier bis fünf Jahren zwei Drittel der Insassen bewähren. Verurteilungen, die nur zu Geldstrafen führen, zählen hierbei nicht als Misserfolge. Aber ein Drittel der Entlassenen wird in dem Beobachtungszeitraum wieder nicht unerheblich rückfällig. Unter diesen „Rückfälligen" sind die nach den sei-

---

[65] *Schäfer,* in: Ber. 16. JGTag, S. 133 ff.; vgl. auch *Herz,* S. 69 und *Koepsel,* aaO S. 626 f.; zur Vollzugsgestaltung in Nürnberg: *Forberich,* ZfStrVo 1980, 159 ff.; zur Lage in Baden-Württemberg: *Wulf,* ZfStrVo 1989, 93 ff.

[66] *Schäfer/Möller,* ZfStrVo 1982, 274 ff., auch *Möller,* ZfStrVo 1986, 234 ff.

[67] *Kruse,* UJ 1970, 529; *Urban,* in: Ber. 16. JGTag, S. 139 ff.; *Plewig/Hinrichs,* in: Ber. 17. JGTag, S. 387 ff.; *Plewig,* MschrKrim 1980, 20 ff.; *Holtfreter,* in: Ber. 19. JGTag, S. 449 ff.; *Hinrichs,* DVJJ-J 4/2002, 441 ff.

[68] Erfolgt — regional sehr unterschiedlich — den Belegungsstatistiken zufolge in den letzten Jahren etwa in 20 % der Fälle. Vgl. auch *LG Hamburg* RÜ NStZ 1989, 524.

[69] *Hinrichs* DVJJ-J 1/1998, 72 (Göttingen) und DVJJ-J 4/2002, 483 (Hamburg). Diese Maßnahmen entsprechen nicht dem Gesetz.

[70] Hierzu etwa *Hinrichs,* DVJJ-J 1/1998, 71, 72.

nerzeit gültigen Richtlinien für den Arrest „Ungeeigneten", also zum Beispiel die bereits verwahrlosten ehemaligen Fürsorgezöglinge, stark überrepräsentiert. Aber selbst wenn man die „Arrestgeeigneten" allein unter-
sucht, kommt man noch auf knapp 20 % erhebliche Rückfälle.[71] Freilich
steht bei diesen Untersuchungen nicht fest, welchen Stellenwert die Arrestverbüßung für Bewährung oder Rückfall besitzt. Es leuchtet ein, dass
gegenüber den Geschehnissen von fünf Jahren, die das Leben eines jungen Menschen prägen, selbst sehr intensiv erlebte drei bis vier Arrest-
wochen sowohl positiv wie auch negativ bedeutungslos werden. Bei den
vielen „Erfolgsfällen", die für die Zweckmäßigkeit des Zuchtmittels zu
sprechen scheinen, kann es sich oft um „Spontanheilungen" handeln,
d. h., der Jugendliche oder Heranwachsende wäre auch ohne Arrestverbüßung nicht mehr rückfällig geworden.[72] Trotzdem geben die Untersuchungen gewisse Hinweise.

Neuere Untersuchungen zeigten höhere Wiederverurteilungsraten
nach Jugendarrest statt nach „ambulanten" Maßnahmen, wobei die den
Maßnahmen zugrunde liegenden Taten vergleichbar waren.[73] Der Unwert
des Jugendarrestes lässt sich so nicht überzeugend nachweisen, weil die
Jugendrichter bei der Auswahl der Reaktionen nicht nur die Tat, sondern besonders auch die Persönlichkeit des Täters berücksichtigen. Es
ist nicht unplausibel anzunehmen, dass die zu Jugendarrest Verurteilten
die stärker gefährdeten Jugendlichen waren. Für solche Einflüsse spricht
auch, dass etwa im Saarland die mit Jugendarrest geahndeten Ersttäter
eines einfachen Diebstahls kaum häufiger rückfällig werden, als die Bre-
mer „Ersttäter", bei denen im Rahmen der Diversion vorgegangen worden ist.[74] Dürfte die Schädlichkeit des Jugendarrestes vermutlich erheblich übertrieben werden, so ist doch der Nutzen dieses Zuchtmittels noch
viel weniger belegt.[75]

---

[71] *Miehe*, RdJB 1969, 81 ff.; *Schaffstein/Beulke*, § 21 V.

[72] *Kaiser*, MschrKrim 1969, 16 ff.

[73] *Heinz/Storz*, Diversion im Jugendstrafverfahren der Bundesrepublik Deutschland, 1992, S. 176; zahlreiche Untersuchungen zusammenfassend: *Dölling*, RdJB 1993,
369 ff., 372, 373. Eine Untersuchung über die Legalbewährung der 528 im Jahre 1989
aus der Jugendarrestanstalt Rendsburg Entlassenen ergab nach fünf Jahren: Keine
neue Verurteilung: 37,5 %; nur Geldstrafen oder Auflagen: 32,2 %; wieder Jugendarrest
oder Jugend- bzw. Freiheitsstrafe: 30,3 %, davon über die Hälfte mit Strafaussetzung
zur Bewährung (*Ostendorf*, Abschlussbericht der Arbeitsgruppe „Reform des Jugendarrestes in Schleswig-Holstein" 1994, S. 25). Von den im Jahr 1994 zu Jugendarrest verurteilten Personen (insges. 8865) wurden in den darauf folgenden vier Jahren zwei
Drittel wieder verurteilt: 17,65 % zu unbedingter Jugend- oder Freiheitsstrafe, 20,82 %
zu ganz zur Bewährung ausgesetzter Jugend- oder Freiheitsstrafe, 7,10 % zu Jugendarrest und 20,34 % zu Geldstrafen oder Auflagen. Das war noch geringfügig ungünstiger
als die Rückfälligkeit nach zur Bewährung ausgesetzter Jugendstrafe (*Jehle/Heinz/Sut-
terer*, Legalbewährung nach strafrechtlichen Sanktionen, 2003, S. 55–57).

[74] *Heinz/Storz*, aaO.

[75] Vgl. auch *Schäffer*, DVJJ-J 1/2002, 43 ff.

h) Überlegungen zur Reform

Die ursprüngliche Überlegung, den Arrest einerseits auf die mit den Auflagen vermutlich nicht zu Beeindruckenden, andererseits auf die wirklich Gutartigen und noch nicht Verwahrlosten zu beschränken, ist nie verwirklicht worden. Ob es eine namhafte Gruppe gibt, die so angesprochen werden müsste, erscheint auch fraglich. Die Mehrzahl der zu Jugendarrest Verurteilten dürften junge Menschen sein, bei denen zwar bereits eine ernste kriminelle Gefährdung zu beobachten ist, deren Zustand und deren Taten aber noch nicht die Verurteilung zu Jugendstrafe erlauben. Deshalb müssen Kurzzeitbehandlungsprogramme entwickelt und eine wirksame Nachbetreuung organisiert werden.[76] Trotz der geschilderten allgemeinen Vorbehalte gegen diese Sanktion erscheint deren „ersatzlose Abschaffung"[77] kein vernünftiges und realistisches Programm. Am ehesten wäre an die Abschaffung des besonders aufwendigen und erzieherisch kaum sinnvoll zu gestaltenden Freizeit- und Kurzarrestes zu denken.[78] Gegen die Abschaffung des Dauerarrestes spricht vor allem, dass es Fälle gibt, die angesichts der Tat und des Ausmaßes der Schuld des Täters eine fühlbare Ahndung erfordern, ohne dass schon die Schwere der Schuld die Verhängung einer Jugendstrafe von sechs Monaten erlaubte. Statt – was ernsthaft vorgeschlagen worden ist! – die Mindestdauer der Jugendstrafe auf drei Monate oder gar einen Tag abzusenken,[79] was einen dramatischen Rückschritt des Jugendstrafrechts zum Nachteil der Jugendlichen und Heranwachsenden bedeuten würde,[80] muss der Jugendarrest für diese Fallgestaltung als eine belastende Sanktion ohne Strafwirkung erhalten bleiben.[81] Die Verbesserung seiner erzieherischen Gestaltung, für die freilich in den Justizministerien wenig Interesse besteht und keine Mittel vorhanden sind, würde weitere Probleme der gegenwärtigen Anwendung verringern.

---

[76] *Schaffstein*, aaO, S. 405; *Laue*, aaO, S. 95; vgl. auch *Nix (Höflich)*, § 90 Rn. 3; *Koepsel*, aaO S. 626 ff.

[77] *Albrecht*, § 27 IV 1, 2 b; *Schumann* aaO, S. 406 ff., 412; *Pfeiffer*, in: 2. Kölner Symposium, S. 60 ff., 85; *Albrecht*, Gutachten D 148/149.

[78] Vgl. Anm. 61. Anders *Schlüchter*, S. 125: Abschaffung des Dauer- und Beibehaltung des Freizeitarrestes.

[79] *Pfeiffer*, aaO, S. 85 – ein Monat –; *Feltes*, NStZ 1993, 111 – eine Woche –; *Scholz*, DVJJ-J 4/1992, 301 ff., 314; *Albrecht*, Gutachten D 152, 171 – drei Monate.

[80] *Busch*, Informationsdienst, Neue Folge 6, 1992, 10 ff., 13; *Schaffstein/Beulke*, § 21 I; *Brunner/Dölling*, § 16 Rn. 8; *Streng*, Gutachten N 92; *Kornprobst*, JR 2002, 311.

[81] *Streng*, § 12 Rn. 27.

§ 25. Jugendstrafe

Literatur: Hartmann, Jugendstrafe wegen Schwere der Schuld nach § 17 Abs. 2 (2. Alt.) JGG, Diss. jur. Mainz, 1991; *Quensel,* Kann die Jugendstrafanstalt resozialisieren?, in: Wege zum Menschen, Monatsschrift für Arzt und Seelsorger, 1968, S. 74 ff.; *Schaffstein,* Schädliche Neigungen und Schwere der Schuld als Voraussetzungen der Jugendstrafe, in: FS Heinitz, S. 461 ff.; *Streng,* Die Jugendstrafe wegen „schädlicher Neigungen" (§ 17 II 1. Alt. JGG), GA 1984, 149 ff.; *Meyer,* Jugendstrafe wegen „Schwere der Schuld", Zbl 1984, 445 ff.; *Bruns,* Zur Antinomie der Strafzwecke im Jugendstrafrecht, StrVert 1982, 592 ff.; *Eisenberg,* Aufgaben (ergänzender) gesetzlicher Regelung des Jugendstrafvollzugs, ZRP 1985, 41 ff.; *Busch,* Erziehung junger Gefangener, UJ 1985, 126 ff.; *Schüler-Springorum,* Hauptprobleme einer gesetzlichen Regelung des Jugendstrafvollzugs, in: FS Würtenberger, S. 425 ff.; *Bulczak,* Jugendanstalten, in: *Schwind/Blau* (Hrsg.), Strafvollzug in der Praxis, 2. Aufl. (1988), S. 70 ff.; *Dünkel,* Jugendstrafvollzug zwischen Erziehung und Strafe, in: FS Böhm, 1999, S. 99 ff.; *Walter/Neubacher,* Ist der Jugendstrafvollzug verfassungswidrig?, Zbl 2003, 1 ff.

Die Jugendstrafe ist die einzige Strafe im Rechtssinn unter den im Jugendgerichtsgesetz vorgesehenen Sanktionen. Sie gilt als Vorstrafe und wird im Bundeszentralregister (§ 4 Nr. 1 BZRG) eingetragen. Ihre Verhängung und ihr Vollzug sind als Auferlegung eines Strafübels gegenüber dem Verurteilten gewollt.[1] Sie ist aber eine Freiheitsstrafe eigener Art. Auch durch ihre Benennung soll sie sich deutlich von den Freiheitsstrafen des allgemeinen Strafrechts abheben. Leider ist dadurch, dass seit 1969 Haft, Einschließung, Gefängnis und Zuchthaus zur einheitlichen Freiheitsstrafe zusammengefasst worden sind, die 1953 geschaffene begriffliche Klarheit verwischt worden. Man weiß nämlich nicht mehr, wenn in einem Gesetz der Begriff „Freiheitsstrafe" auftaucht, ob damit die Strafart des allgemeinen Strafrechts oder der Oberbegriff gemeint ist, unter dem früher Zuchthaus, Gefängnis, Haft, Einschließung und Jugendstrafe, heute Freiheitsstrafe im Sinne des § 38 StGB, Strafarrest nach § 9 Wehrstrafgesetz und Jugendstrafe,[2] zusammengefasst sind. Obendrein wird durch die gleich lautende Bezeichnung des Oberbegriffs und des Begriffs für die Strafe des Strafgesetzbuches der Eindruck verstärkt, die Freiheitsstrafe des Strafrechts bestimme im Wesentlichen den Strafbegriff. Dabei sagen die Richtlinien zu § 17 JGG deutlich, dass die Jugendstrafe als Erziehungsstrafe mit der Freiheitsstrafe nach Erwachsenenstrafrecht nicht gleichgesetzt werden darf. Dem Richter wird nahe gelegt, bei der Urteilsbegründung auf die Verschiedenheit der beiden Strafarten hinzuweisen, wenn Jugendliche und Erwachsene gemeinsam abgeurteilt werden.

---

[1] *Maurach/Zipf,* § 73 Rn. 1; *Schaffstein/Beulke,* § 22 I; *Meier/Rössner/Schöch,* § 11 Rn. 1.

[2] Vgl. hierzu BGH NJW 1976, 1984 und 2356; *Lackner/Kühl,* § 38 Rn. 1: „Was die einzelne Vorschrift jeweils meint, ist durch Auslegung zu ermitteln."

Angesichts der starken Schwankungen des Anteils der Jugendlichen an der Gesamtbevölkerung lässt sich die Entwicklung der Praxis am ehesten so darstellen, dass die Prozentzahlen der Verurteilungen zu Jugendstrafe an der Gesamtzahl der in einem Jahr verurteilten Jugendlichen mitgeteilt wird. Dabei ist indessen zu berücksichtigen, dass in zunehmendem Maße leichte Delikte im Wege der Diversion unterhalb der Schwelle von Verurteilungen „erledigt" werden. Tendenziell müsste deshalb der Anteil der schwerwiegenden Taten unter den Verurteilungen ansteigen, mithin bei gleich bleibender Gerichtspraxis der Anteil der Verurteilungen zu Jugendstrafe wachsen.

In den Jahren 1976 bis 1986 schwankte der Anteil an Verurteilungen zu Jugendstrafen bei den männlichen Jugendlichen zwischen 10 % und 10,5 %, davon waren jeweils ein Drittel, also 3,5 % aller Verurteilungen, Jugendstrafe ohne Bewährung. Seit 1991 ist ein Anstieg zu verzeichnen. Der Anteil der Verurteilungen zu Jugendstrafe liegt nun über 13 %, der Jugendstrafen ohne Bewährung zwischen 4 % und 5 %.[3] Ob dies eine Folge des JGG-Änderungsgesetzes ist, das die Erledigungsform der Diversion gestärkt hat, ist unklar. Bei den weiblichen Jugendlichen beträgt der Anteil der zu Jugendstrafe Verurteilten 4 bis 6 %. Ein Viertel dieser Strafen sind Jugendstrafen ohne Bewährung.[4] 4 bis 5 % aller zu Jugendstrafe ohne Bewährung verurteilten Jugendlichen sind junge Frauen.

Die Anteile der Verurteilungen zu Jugendstrafe, zu Jugendstrafe ohne Bewährung oder zu längeren Jugendstrafen sind in den Bundesländern und innerhalb dieser in den einzelnen Gerichtsbezirken unterschiedlich. Diese Ungleichmäßigkeit wird auch bei Verurteilungen nach allgemeinem Strafrecht festgestellt. Worauf sie beruht, ist im Einzelnen nicht bekannt. Sicher spielen die Einstellungen der Richter eine Rolle, der Stand des Ausbaus von überzeugenden Alternativen zu Jugendstrafe im (weiten) Bereich der „Grenzfälle", aber auch die von Ort zu Ort unterschiedliche Kriminalitätsstruktur. Dass eine „Sogwirkung der leeren Zellen" besteht,[5] hat sich nicht überzeugend nachweisen lassen. Dass in den Bezirken, in denen sich geschlossene Jugendstrafanstalten befinden, häufiger Jugendstrafen verhängt werden, wird damit zusammenhängen, dass für den Jugendrichter am Ort der Jugendstrafanstalt eine besondere Zuständigkeit besteht (§ 42 I Nr. 3, II JGG), die dazu führt, dass die an anderen Orten gegen Insassen der Jugendstrafanstalten schwebenden Verfahren im Bezirk der Jugendstrafanstalt abgeurteilt werden, also diesen Bezirk belasten und den ursprünglichen Bezirk (in der Regel den Wohnort) entlasten. Dabei handelt es sich auch oft um erhebliche Taten. Ob sie am Wohnort des Verurteilten milder abgeurteilt worden wären als am Haftort, ist reine Spekulation. Zwanglos erklärt sich auch, dass an den Plätzen, an denen offene Jugendstrafanstalten gelegen sind, keine häufigeren Verurteilungen zu Jugendstrafe festgestellt werden. Zwar besteht auch hier die besondere Zuständigkeit des Vollstreckungsleiters für die Inhaftierten, in den offenen Vollzug werden aber Verurteilte, gegen die noch weitere erhebliche Verfahren anhängig sind, nicht verlegt.[6]

Bei den nach Jugendstrafrecht verurteilten Heranwachsenden spielt die Verurteilung zu Jugendstrafe eine größere Rolle. Bei Zeit- und regionalen Vergleichen ist hier zusätzlich zu den für die Jugendlichen dargestellten Problemen zu bedenken, dass die Prozentsätze auch davon abhängen, wie hoch jeweils der Anteil der in dem überprüften Zeitraum oder Gebiet nach allgemeinem Strafrecht verurteilten Heranwachsenden ist (vgl. hierzu oben § 7, 4). Da nach allgemeinem Strafrecht Heranwachsende fast nur – zum Teil aber in erheblichem Umfang – wegen weniger schwerer Taten zu Geldstrafen verurteilt werden, entsteht für die Personengruppe insgesamt, betrachtet man die

---

³ Tabelle 3 S. 170.
⁴ Tabelle 3 S. 170.
⁵ *Pfeiffer,* DVJJ-J 3/1990, 26 ff.
⁶ Nr. 5 in Verbindung mit Nr. 6 XI d VVJug. In den offenen Vollzug werden in der Regel nur Gefangene verlegt, denen Lockerungen gewährt werden dürfen.

Verurteilten nach Jugendstrafrecht, ein (ungünstig) verschobener Eindruck. Der Anteil der zu Jugendstrafe verurteilten[7] männlichen Heranwachsenden lag 1976 bei 25 %,
sank dann bis auf 16 % in den Jahren 1987 und 1988 und steigt seither wieder an (1989
und 1990: 18 %, 1993 bis 2001 etwa 27 %). Der Anteil der zu verbüßenden Jugendstrafen liegt bei gut 10 %.[8] Auch hier bestimmen die jungen Männer das Bild. Sie machen
im Jahr 2001 89 % der Verurteilten, 93,7 % der zu Jugendstrafe Verurteilten und 94,7 %
derer, die eine zu verbüßende Jugendstrafe erhalten haben, aus.[9]

Dass der berichtete leichte Anstieg der Jugendstrafen eine Folge einer in gewissen
Kreisen stets befürchteten repressiven Trendwende sei,[10] erscheint bei Betrachtung der
einzelnen Urteile der in Jugendstrafanstalten einsitzenden Verurteilten unrichtig. Es
fällt vielmehr ein Zug zur Milde auf, der bei schweren Gewalttaten mitunter schon
fragwürdig anmutet. Die Höchststrafe von zehn Jahren Jugendstrafe wird heute − was
wir für richtig halten − auch bei Mord meist nur dann ausgesprochen, wenn man im
allgemeinen Strafrecht eine besondere Schwere der Schuld des Verurteilten i. S. von
§ 57 a I Nr. 2 StGB annehmen würde, während sie vor 25 Jahren die „Regelstrafe" für
Mord (auch bei Jugendlichen) war und selbst bei Versuchstaten nicht selten verhängt
wurde. Auch schwerer Raub und Vergewaltigung wurden früher strenger geahndet.
Der Anstieg von Verurteilungen zu Jugendstrafe dürfte auf dem erheblichen Anstieg
der von Jugendlichen und Heranwachsenden begangenen schweren Gewalttaten beruhen und sich nur deshalb in bescheidenen Grenzen halten, weil die Gerichte zunehmend milder urteilen, was vielleicht nicht in jedem Fall, aber gewiss in der Tendenz
richtig ist. Die früher sehr häufigen Verurteilungen zu Jugendstrafe wegen Diebstählen
(meist zunächst zur Bewährung ausgesetzt und dann bei gleichartigem Rückfall doch
zu verbüßen) sind erfreulicherweise seltener geworden.

1. Voraussetzungen

Auch die Verurteilung zu Jugendstrafe setzt das Vorliegen einer Jugendverfehlung, also ein tatbestandsmäßiges, rechtswidriges und schuldhaft begangenes Verbrechen oder Vergehen voraus. Wegen der Schwere
der Sanktion und ihrer Mindestdauer von sechs Monaten (§ 18 I 1 JGG)
muss der Verurteilung zudem ein Tatgeschehen zugrunde liegen, das,
wäre ein Erwachsener der Täter gewesen, mit einer Freiheitsstrafe von
mindestens sechs Monaten hätte geahndet werden müssen.[11] Sind diese
Voraussetzungen gegeben, kann Jugendstrafe aber nur verhängt werden,
wenn zusätzlich noch entweder „schädliche Neigungen" oder „Schwere
der Schuld" vorliegen.

a) Schädliche Neigungen

Der Begriff „schädliche Neigungen" ist wohl die unglückliche „Ver-
deutschung" der „kriminellen Neigungen" aus dem österreichischen

---

[7] Von allen − nach allgemeinem Strafrecht und Jugendstrafrecht − verurteilten
männlichen Heranwachsenden sind es aber nur 18 %, die zu Freiheitsentzug von 6
Monaten und mehr verurteilt worden sind (16,6 % Jugend- und 1,4 % Freiheitsstrafe):
Tabelle 1 und 2 S. 54, 55.
[8] Tabelle 4 S. 171.
[9] Tabelle 4 S. 171.
[10] *Ostendorf,* DVJJ-J 3−4/1994, 229 ff., 230.
[11] *Ostendorf,* § 18 Rn. 5; h. M.

Jugendrecht.[12] Nach der Definition des *BGH* liegen sie vor, wenn erhebliche Anlage- oder Erziehungsmängel die Gefahr begründen, dass der
Täter ohne längere Gesamterziehung durch weitere nicht unerhebliche
Straftaten die Gemeinschaftsordnung stören wird.[13] Unbehagen bereitet
an dem Etikett „schädliche Neigungen", dass es entgegen der erwähnten
Definition etwas endgültig Abstempelndes hat. Manche Jugendlichen
meinen, wenn ihnen wiederholt vorgehalten wird, sie hätten „schädliche
Neigungen", man könne dagegen nichts unternehmen, es sei ihr Schick-
sal.[14]

Das Wort „*Neigungen*" soll Konflikt-, Gelegenheits- und Notkrimi-
nalität ausschließen. Auf Verführung beruhende Taten entspringen schädlichen Neigungen nur, wenn eine „Verführbarkeit" öfter zu Taten geführt
hat.[15] Der *BGH* sah zu Recht keine Anhaltspunkte für schädliche „Neigungen" beim 17-fachen Großviehdiebstahl eines Jugendlichen, der damit
seinen verschuldeten Eltern helfen wollte (Konflikt- und Notkrimina-
lität),[16] und bei dem Mittäter eines Straßenraubes, einem fleißigen, gut
sozialisierten Lehrling, bei dem sich die Tatbeteiligung als aus falsch verstandener Abenteuerlust erklärbare und durch die Umstände begünstigte
Gelegenheitstat darstellte.[17]

Es ist zwar nicht ausgeschlossen, dass sich schon in der ersten Tat eines
Jugendlichen schädliche Neigungen offenbaren. Das verlangt aber die
Feststellung vor der Tat entwickelter Persönlichkeitsmängel, die auf die
Tat Einfluss gehabt haben und befürchten lassen, dass weitere Taten begangen werden.[18] Sie können sich in wiederholtem, zu verantwortenden
Scheitern beruflicher Integrationsmaßnahmen und umgehender Fortset-
zung von Verstößen gegen das BtmG nach vorübergehender Inhaftierung
zeigen.[19] In der Tat allein, etwa „dem allzu schnellen Messereinsatz, der
ohne Verhältnis zum Anlass stand", können die schädlichen Neigungen
nicht gesehen werden.[20]

---

[12] *Schaffstein/Beulke*, § 22 II 1.
[13] *BGHSt* 11, 169 ff.; *BGH* NStZ 2002, 89 (st. Rspr.).
[14] *Neuland*, ZfStrVo 1966, 218 ff., 223; SchlussB., S. 19; *Kreuzer*, MschrKrim 1978,
1 ff., 17 (Formulierungsvorschlag); vgl. auch *Ostendorf*, § 17 Rn. 3.
[15] *BGH* NStZ 1988, 498.
[16] *BGHSt* 15, 224 ff. mit Anm. *Grethlein*, NJW 1961, 687 ff.
[17] *BGHSt* 16, 261 ff.; vgl. auch Urt. v. 17. 2. 1982, RÜ NStZ 1982, 414; Beschl. v.
9. 7. 1997, RÜ NStZ 1998, 289; hinsichtlich einer Notzucht: *BGH* StrVert 1998, 391.
[18] *BGH* Beschl. v. 30. 5. 83, RÜ NStZ 1983, 448. *BGH* Urt. v. 28. 5. und v.
25. 11. 1998, RÜ NStZ-RR 1999, 289 (st. Rspr.). Geringfügige strafrechtliche Vorbelas-
tungen begründen solche Persönlichkeitsmängel nicht: *BGH* Beschl. v. 6. 4. 88, RÜ
NStZ 1988, 491; *OLG Köln* StrVert 1993, 531.
[19] *BGH* Urt. v. 23. 5. 2001, RÜ NStZ 2001, 322.
[20] *BGH* StrVert 1982, 335; vgl. auch *BGH* StrVert 1985, 155; *BGH* Beschl. v. 3. 3. 93,
RÜ NStZ 1993, 528; *BGH* Beschl. v. 17. 3. 95, RÜ NStZ 1995, 535; *BGH* StraFo 2003,
206. Vgl. aber – versuchter Mord durch Brandanschlag auf ein Ausländerwohnheim –
BGH NStZ-RR 2002, 20.

„*Schädlich*" sind Neigungen nur dann, wenn die der Gemeinschaft künftig drohenden Gefahren von einigem Gewicht sind. Auch deshalb war es falsch, einen 15-jährigen Jugendlichen, der sich beharrlich weigerte, seiner Schulpflicht nachzukommen, wegen Vergehens gegen § 24 I des Hess. Schulpflichtgesetzes zu sechs Monaten Jugendstrafe zu verurteilen.[21] Denn es drohte nur weiteres Schulschwänzen. Diese, möglicherweise auf „Neigungen" beruhende Tat wäre für die Rechtsgemeinschaft aber nicht von besonderem Gewicht. Die Neigungen des Schulschwänzers sind weniger schädlich als vielmehr lästig. Deshalb wird in der Regel keine Jugendstrafe gegen Täter verhängt, die hartnäckig ohne Führerschein fahren,[22] die Straßenbahn ohne Fahrkarte benützen, kleinere Zechprellereien begehen, wiederholt bei Ladendiebstählen ertappt werden oder als regelmäßige Rauschmittelkonsumenten durch Besitz von kleineren Mengen Rauschgift gegen das Betäubungsmittelgesetz verstoßen und von denen in Zukunft nur die Wiederholung solcher, im unteren Schwerebereich der Strafgesetze liegenden Taten zu befürchten ist.[23]

Die „schädlichen Neigungen" müssen *in der Tat,* die abgeurteilt wird, zum Ausdruck kommen. Das bedeutet nicht, dass gerade die Tat, derentwegen der Jugendliche vor Gericht steht, die Gefährdung bezeichnet, die von dem Jugendlichen ausgeht. So kann ein verhältnismäßig geringfügiger Diebstahl Ausdruck der Neigung sein, in grobem und gefährlichem Ausmaß fremdes Eigentum zu missachten.[24] Wenn aber ein Jugendlicher bei einer Schlägerei, in die er ohne Verschulden gerät, die Grenzen der Notwehr überschreitet, so wird sich in der dann von ihm begangenen Körperverletzung kaum die (sonst vielleicht vorhandene) Neigung zu erheblicher Eigentumskriminalität dokumentieren.

Schließlich dürfen Erziehungsmaßregeln und Zuchtmittel zur Erziehung (im Sinne von: Verhinderung weiterer einschlägiger Straffälligkeit) nicht ausreichen. Das zeigt die „*Ultima-ratio-Stellung*" der Jugendstrafe an, aber auch ihre Abhängigkeit von der Leistungsfähigkeit anderer Maßnahmen. Die Häufigkeit der Verurteilungen zu Jugendstrafe könnte so dadurch beeinflusst werden, dass im Bereich der Jugendhilfe Maßnahmen getroffen werden, um die „kleinen Wegläufer", die stehlen und einbrechen, besser zu integrieren. Der Ausbau der Betreuungsweisung, Erziehungskurse und ein pädagogischer Jugendarrest mit sorgfältiger Nachbetreuung könnten weitere Gruppen auffangen, die heute mit Jugendstrafe belegt werden.

---

[21] AG Wiesbaden RdJB 1978, 476, kritisch hierzu *Winter,* RdJB 1978, 408, 416.

[22] Vgl. *LG Gera* DVJJ-J 3/1998, 280.

[23] *Schaffstein/Beulke,* § 22 II 1; *Eisenberg,* § 17 Rn. 25, 27. Vgl. auch das Beispiel bei *Herz,* S. 73.

[24] Hier ist freilich zu bedenken, dass eine Bagatelltat nicht Bezugspunkt für einen so schwerwiegenden Eingriff wie die Verhängung von Jugendstrafe sein darf: *Eisenberg,* § 17 Rn. 25. Bedenklich (Jugendstrafe wegen räuberischen Diebstahls einer Flasche Schnaps) *AG Winsen* RÜ NStZ 1987, 442.

Die Subsidiarität ist also – ähnlich wie bei der Untersuchungshaft – von den Alternativen abhängig. Schon hier zeigt sich, dass etwa die Heimerziehung als Erziehungsmaßregel, Jugendarrest als Zuchtmittel und Jugendstrafe aus Anlass oder zur Ahndung einer gleich schweren und schuldhaften Jugendverfehlung verhängt werden können, so dass also Tat und Schuld nicht allein darüber entscheiden, ob ein Jugendlicher im Rechtssinn bestraft wird oder nicht.[25] Es ist einleuchtend, dass dieser Umstand bei Ausgestaltung und Vollzug der Strafe Berücksichtigung finden muss, wenn nicht das ganze System den Vorwurf der Ungerechtigkeit verdienen will.

Die „schädlichen Neigungen" müssen – das ergibt sich schon aus der „Ultima-ratio-Stellung" – auch noch im Zeitpunkt der Hauptverhandlung vorliegen.[26] Liegt die abzuurteilende Tat schon länger zurück und hat sich der Jugendliche inzwischen so stabilisiert, dass keine erheblicheren Straftaten von ihm mehr zu befürchten sind, so ist die Verhängung von Jugendstrafe ausgeschlossen,[27] es sei denn, sie wäre ausnahmsweise wegen der „Schwere der Schuld" geboten.

Verhängung von Jugendstrafe wegen schädlicher Neigungen ist freilich nicht nur „ultima ratio", sie ist auch Ergebnis jugendrichterlicher Ratlosigkeit.[28] Wenn nämlich keine Maßnahme Erfolg verspricht, die Gefahr der Rückfälligkeit zu vermindern, dann ist Jugendstrafe auch dann zu verhängen, wenn sie ebenfalls als ungeeignete Reaktion erscheint.[29]

b) Schwere der Schuld

Jugendstrafe wird auch verhängt, wenn wegen „Schwere der Schuld" Strafe erforderlich ist. Hier scheint ein ganz anderer Fall geregelt. Zunächst wird klargestellt, dass Jugendstrafe aus dem Gesichtspunkt der „Schwere der Schuld" nicht erforderlich sein muss und doch wegen „schädlicher Neigungen" verhängt werden kann. Zum anderen sieht man, dass in Fällen, in denen Jugendstrafe entbehrlich wäre, weil keine weitere Straffälligkeit mehr droht, dennoch wegen „Schwere der Schuld" bestraft werden muss. Ein verwahrloster 15-jähriger Junge begeht einen Totschlag. Wegen der „Schwere der Schuld" wird Jugendstrafe verhängt werden müssen, obgleich z. B. eine Eingliederung und die Verhinderung künftiger erheblicher Straffälligkeit auch – vielleicht besser als durch den Vollzug der Jugendstrafe – durch Gewährung von Heimerziehung er-

---

[25] Vgl. etwa AG Bremen-Blumenthal StrVert 1994, 600.

[26] BGH Beschl. v. 30. 5. 83, RÜ NStZ 1983, 448, und BGH Beschl. v. 17. 11. 87 und v. 6. 4. 88, RÜ NStZ 1988, 491; BGH Beschl. v. 7. 3. 1997, RÜ NStZ 1997, 491; OLG Zweibrücken JR 1990, 304 mit Anm. Brunner. Vgl. auch BGH NStZ-RR 1997, 21 = StrVert 1998, 331.

[27] BGH Beschl. v. 10. 3. 92, RÜ NStZ 1992, 528.

[28] Schüler-Springorum, aaO, S. 425 ff., 429; OLG Köln StrVert 2003, 65: positive Entwicklung während der Untersuchungshaft.

[29] OLG Zweibrücken NStZ-RR 1998, 118. Verfassungswidrig wäre sie allerdings, wenn ihr Vollzug erziehungsfeindlich wäre und eine positive Beeinflussung ausschlösse. Davon ist aber in der Regel nicht auszugehen: OLG Schleswig NStZ 1985, 475 mit Anm. Schüler-Springorum und Streng (StrVert 1985, 421).

reichbar wäre. Oder ein gut sozialisierter, tüchtiger, etwas schüchterner 18-Jähriger begeht, durch Alkoholgenuss enthemmt, in Gemeinschaft mit anderen, denen gegenüber er nicht zurückstehen will, eine brutale Notzucht. Der Heranwachsende wäre vielleicht durch die Entdeckung der Tat und die Reaktion seiner Angehörigen so beeindruckt, dass ein Rückfall unwahrscheinlich ist. Aber auch hier wird wegen der „Schwere der Schuld" Jugendstrafe geboten sein. Allerdings genügt hierfür nicht der (schwere) objektive Unrechtsgehalt der Tat. Dieser muss zwar in jedem Fall gegeben sein und orientiert sich an den durch die Strafdrohungen, wie sie im allgemeinen Strafrecht vorgesehen sind, verdeutlichten Bewertungen, weshalb sich der Jugendrichter auch immer bewusst sein muss, ob im Einzelfall ein minderschwerer oder ein besonders schwerer Fall nach allgemeinem Strafrecht vorliegen würde.[30] Ohnehin kommt die Verhängung von Jugendstrafe nur in Betracht kommt, wenn Tat und Schuld in einem vergleichbaren Fall bei einem erwachsenen Täter zur Verurteilung zu einer Freiheitsstrafe von mindestens sechs Monaten führen würde. Um „Schwere der Schuld" annehmen zu können muss vielmehr noch eine besondere Vorwerfbarkeit hinzu kommen, die, ohne dass dem objektiven Gewicht des verschuldeten Unrechts entscheidende Bedeutung beigemessen wird, die Verurteilung zu Jugendstrafe fordert.[31] So wird bei einem Raub eine Rolle spielen, ob der Jugendliche sein Opfer in besonderer Weise ängstigt oder körperlich verletzt, ob die Tat genau geplant ist oder einer momentanen Gelegenheit entspringt,[32] ob der Täter bei Gruppendelikten Anführer[33] war oder aus falsch verstandener Kameradschaft mitmachte.[34] Zwar ist die Schwere der Tat ein gewisses Indiz für eine erhebliche Schuld, weil die zu überwindenden natürlichen Hemmungen des Täters bei schweren Taten meist höher sind.[35] Das gilt aber nicht in allen Fällen, eher in solchen, in denen anderen Menschen erkennbar Leid und schwerer Schaden zugefügt wird,[36] weniger z. B. bei Drogenhandel, vornehmlich zum Eigengebrauch, auch wenn es sich um erheblichere Mengen handelt.[37] Es kann sein, dass ein schweres Verbre-

---

[30] So kann die irrige Annahme eines minderschweren Falls zur Aufhebung des Urteils (zu Ungunsten des Angeklagten) führen: *BHG* NStZ-RR 2001, 215.

[31] *BGHSt* 15, 224 ff.; *BGH* StrVert 1982, 335; *BGH* Beschl. v. 2. 5. 89, RÜ NStZ 1989, 522; *BGH* NStZ-RR 1997, 21 = StrVert 1998, 391. Für fahrlässiges Straßenverkehrsdelikt bei schweren Unfallfolgen: *OLG Karlsruhe* NStZ 1997, 242 mit zust. Anm. *Böhm.*

[32] *BGH* Beschl. v. 2. 9. 85, RÜ NStZ 1986, 446.

[33] *BGH* Beschl. v. 9. 2. 94, RÜ NStZ 1994, 528.

[34] *BGHSt* 16, 261 f.; oder von Drogenfahndern zum Drogengeschäft veranlasst wurde: *BGH* Beschl. v. 2. 5. 89, RÜ NStZ 1989, 522.

[35] *Schaffstein/Beulke*, § 22 II 2 a; *OLG Zweibrücken* JR 1990, 204 mit Anm. *Brunner; OLG Köln* StrVert 1991, 426.

[36] *BGH* Urt. v. 13. 12. 94, RÜ NStZ 1995, 536 (Tötung des eigenen Kindes).

[37] *OLG Zweibrücken* JR 1990, 304; *OLG Hamm* StrVert 2001, 178.

chen in einer Situation begangen wird, die nicht unbedingt schwere Schuld beim Täter voraussetzt – zu denken ist etwa an die Tötung des Vaters, der über lange Zeit regelmäßig in Trunkenheit die Familie tyrannisiert, ohne dass für den Jugendlichen im konkreten Fall eine Notwehr oder notwehrähnliche Lage gegeben wäre.[38]

Liegen bei dem Täter die Zurechnungsfähigkeit (und damit seine Schuld!) vermindernde Umstände vor, so kommt eine Jugendstrafe wegen Schwere der Schuld nur in Betracht, wenn die Tat durch gewichtige schulderhöhende Faktoren gekennzeichnet ist.[39] Andererseits kann sich eine besonders hässliche Gesinnung auch bei der Begehung von nur der mittelschweren Kriminalität zugehörenden Straftaten zeigen (Betrug gegenüber hilflosen und vertrauensvollen alten Leuten),[40] obwohl davor zu warnen ist, überall dort eine niedrige Gesinnung zu vermuten, wo wir uns nur ein unanständiges Motiv denken können. Die Enttäuschung von Vertrauen hat auch jeweils ihre eigene, oft tragische psychische Vorgeschichte bei dem Täter! Bei besonders rücksichtslosen Fahrlässigkeitstaten kann – ausnahmsweise – auch Jugendstrafe wegen „Schwere der Schuld" in Betracht kommen.[41]

c) Vereinbarkeit beider Arten von Jugendstrafe?

Die beiden Voraussetzungen „schädliche Neigungen" und „Schwere der Schuld" stehen scheinbar unvereinbar nebeneinander. Einmal hängt die Verurteilung zu Jugendstrafe von der Gefährdung des Jugendlichen, so wie sie sich in der Hauptverhandlung darstellt, und den Möglichkeiten, dieser zu begegnen, ab, im anderen Fall hat sie deutlich Vergeltungscharakter und wird auch verhängt, wenn aus Erziehungsgründen Jugendstrafe vermieden werden müsste.[42] Dass in beiden Fällen die Maßnahme „Jugendstrafe" heißt, macht den Widerspruch nicht leicht zu ertragen.[43] Es ist deshalb nur zu verständlich, dass der *BGH* eine Harmonisierung versucht hat:

---

[38] Vgl. zu derartigen Fallgestaltungen: *Schaffstein*, FS Stutte, S. 253 ff.

[39] *BGH* StrVert 1986, 305; *BGH* Beschl. v. 7. 2. 2001, RÜ NStZ-RR 2001, 322; *OLG Zweibrücken* StrVert 1994, 599; *BGHSt* 24, 360 ff. (die Ausführungen betreffen die Strafaussetzung – 364); *Brunner/Dölling*, § 17 Rn. 15 b.

[40] *BGH* StrVert 1998, 332 (keine Jugendstrafe bei vergleichsweise geringem zurechenbaren Schaden).

[41] *Brunner/Dölling*, § 17 Rn. 16; *Schaffstein/Beulke*, § 22 II 2 c; DSS-*Sonnen*, § 17 Rn. 26; *AG Dillenburg* NStZ 1987, 409 mit Anm. *Böhm* und *Eisenberg*. Vgl. auch *BayObLG* StrVert 1985, 155 mit Anm. *Böhm; OLG Braunschweig* NZV 2002, 194.

[42] Jedenfalls für Jugendstrafen wegen Schwere der Schuld gilt die Feststellung des *OLG Schleswig* NStZ 1985, 475, 476, wonach der (nicht erziehungsfeindliche) Vollzug der Jugendstrafe auch dann verfassungsgemäß ist, wenn „außerhalb der Justizvollzugsanstalt besser erzogen werden kann". Vgl. auch *BGH* StrVert 1998, 335 und NStZ-RR 1998, 285.

[43] *Schaffstein*, aaO, S. 461, spricht in diesem Zusammenhang von der „Doppelnatur der Jugendstrafe".

„Wenn auch bei einer reinen Schuldstrafe der das JGG beherrschende Gedanke der Erziehung durchbrochen ist, so soll doch auch die Schuldstrafe, dem Grundgedanken des Gesetzes entsprechend, in erster Linie dem Jugendlichen dienen. Sie soll ihm das von ihm begangene Unrecht vor allem deshalb vor Augen führen, um seine eigene Sühnebereitschaft zu wecken."[44] Und: „Wird die Schwere der Schuld durch die charakterliche Haltung und das Persönlichkeitsbild, so wie sie in der Tat zum Ausdruck gekommen sind, festgestellt und dabei auch unter Berücksichtigung des Entwicklungsstandes des Jugendlichen ermittelt, in welchem Ausmaß er sich bereits frei und selbstverantwortlich gegen das Recht und für das Unrecht entschieden hat, und wird dabei dem äußeren Unrechtsgehalt der Tat keine selbständige Bedeutung zugemessen, so lassen sich Erziehungsstrafe und Schuldausgleich miteinander vereinbaren."[45]

Die Literatur folgt dem *BGH* bei diesem Harmonisierungsversuch mehrheitlich nicht, sie meint, das Gesetz enthalte einen Kompromiss mit dem Vergeltungsbedürfnis der Allgemeinheit.[46] Es spricht allerdings einiges dafür, dass das Gesetz von einem dualen Erziehungsverständnis ausgeht, d. h. einem „idealistischen", das Erziehung durch Sühne der Tat, Aufrüttelung des Gewissens, bewirken will und einem „positivistischen", das durch Förderung von Fähigkeiten und Problembewältigungsstrategien künftige Straffälligkeit verhindern will.[47] Dann würde der *BGH* das Gesetz richtig interpretieren.

Zwar hat der *BGH* die früher häufiger gebrauchte Formulierung abgemildert, aus dem in § 17 JGG vorgesehenen Grund der Schwere der Schuld dürfe nur dann auf Jugendstrafe erkannt werden, „wenn diese aus erzieherischen Gründen erforderlich" sei, denn „für die Frage, ob und in welcher Höhe die reine Schuldstrafe dieser Bestimmung verhängt werden" solle, sei „in erster Linie das Wohl des Jugendlichen maßgebend".[48] Freilich war wohl auch diese Formulierung nie ganz so ausschließlich gemeint, wie sie klang.[49] Obendrein bleibt unklar, ob die zur Weckung des Sühnebedürfnisses nötige Strafe aus erzieherischen Gründen erforderlich ist,[50] oder ob sie sich nur, weil sie dem Wohle des Jugendlichen dient, mit dem Erziehungsgedanken verträgt. Jetzt jedenfalls vertritt der *BGH*, dass bei der Verhängung und der Bemessung der Jugendstrafe wegen Schwere der Schuld der Erziehungszweck nicht das allein ausschlaggebende Kriterium ist, dass vielmehr daneben – insbesondere bei einer Mordtat – auch

---

[44] *BGHSt* 15, 224, 225.

[45] *BGH* NStZ 1982, 332, StrVert 1982, 335; kritisch zum Gehalt dieses Schuldbegriffs des *BGH: Meyer,* Zbl 1984, 445 ff.

[46] *Brunner/Dölling,* § 17 Rn. 14, 15 m.w. Hinweisen; *Meyer* Zbl 1984, 445 ff.; *Streng,* § 12 Rn. 14 f.; *Ostendorf,* § 17 Rn. 4; *Schaffstein/Beulke,* § 22 II 2 c; eher dem *BGH* zustimmend: *Eisenberg,* § 17 Rn. 34, 35; *Meier/Rössner/Schöch,* § 11 Rn. 16.

[47] *Grunewald,* NStZ 2002, 449 ff. und – im Einzelnen – Die De-Individualisierung des Erziehungsgedankens im Jugendstrafrecht, 2002, 237 ff.

[48] *BGHSt* 16, 261, 263; *BGH* StrVert 1981, 130.

[49] *Böhm,* NStZ 1982, 413, 414 m.w. Hinweisen.

[50] So *BGHSt* 36, 37 ff., 43, 44. Vgl. auch *Hartmann,* aaO, S. 64 ff., 81 ff.

dem Zweck der Sühne und dem Gedanken der Vergeltung für begangenes Unrecht Rechnung getragen werden darf. Hierbei handelt es sich offenbar – mindestens auch – um Gesichtspunkte, die zu dem aus erzieherischen Gründen zu befriedigenden (oder zu weckenden) Sühnebedürfnis des Angeklagten hinzutreten, etwa zur positiven Generalprävention gehörende elementare Forderungen der Gemeinschaft, die im Rahmen der durch das Verschulden des Täters gezogenen Grenzen berücksichtigt werden können.[51] Diese Erwägungen haben eigenständige Bedeutung. Welches Gewicht ihnen zukommt, ist Sache des Einzelfalls und hängt sowohl von den Umständen der Tat als auch von der Persönlichkeit des Täters ab.[52] Nach Ansicht des *BGH* bleibt aber eine „reine Schuldstrafe" unzulässig, genießt der Erziehungsgedanke allemal Vorrang.[53] Der *BGH* geriete immer noch in Schwierigkeiten, wenn etwa begründet werden sollte, warum der frühere SS-Mann, der als 19-Jähriger bei der Bewachung von Konzentrationslagern Morde begangen hat, nachdem das Verbrechen Jahrzehnte später aufgeklärt worden ist, zu zehn Jahren Jugendstrafe verurteilt worden ist. Diese Jugendstrafe ist gewiss nicht aus erzieherischen Gründen erforderlich und dient auch nicht dem Wohle des Verurteilten. Es handelt sich um eine reine Schuldstrafe. Erzieherische Gesichtspunkte haben hier nicht nur keine vorrangige, sondern gar keine Bedeutung.[54] Aber auch andere Fälle „später Sühne" – meist nach vielen Jahren aufgeklärte Totschlags- und Mordtaten unterdessen oft gut eingegliederter Erwachsener, die zur Tatzeit jugendlich waren – könnten mit dem Vokabular des *BGH* kaum erfasst werden.[55]

Übrigens gibt es viele Fälle, in denen Jugendstrafe sowohl wegen „schädlicher Neigungen" als auch wegen „Schwere der Schuld" geboten ist. Freilich stehen bei der mittelschweren Kriminalität meist die „schädlichen Neigungen", bei Tötungs-, Notzuchts- und besonders schweren Raubfällen meist die „Schwere der Schuld" im Vordergrund. Die wegen „Schwere der Schuld" verhängte Jugendstrafe ist in aller Regel auch aus erzieherischen Gründen im Prinzip erforderlich. Freilich ist die Bemessung nicht immer pädagogisch vertretbar.[56] Eher findet man wegen „schädlicher Neigungen" zu Jugendstrafe Verurteilte, die zu dem Zeitpunkt, in dem der durch Rechtsmittel etwa herausgezögerte Vollzug beginnt, bereits wieder voll eingegliedert sind.

---

[51] *Ostendorf,* § 17 Rn. 5.

[52] *BGH* StrVert 1981, 26; *BGH* JR 1982, 432 mit Anm. *Brunner; BGH* Urt. v. 21. 4. 1983, RÜ NStZ 1983, 448; vgl. auch *Bruns,* StrVert 1982, 592 ff.; *BGH* Urt. v. 8. 7. 86, RÜ NStZ 1987, 442; *BGH* StrVert 1994, 598, 599.

[53] *BGH* StrVert 1981, 26; StrVert 1982, 273; StrVert 1982, 336; *BGH* StrVert 1988, 307; *BGH* StrVert 1991, 423; *BGH* Urt. v. 3. 11. 93, RÜ NStZ 1994, 529.

[54] Ebenso *Meyer,* Zbl 1984, 445 ff., 453; *Schaffstein/Beulke,* § 8 II 1 b. Auch mit der „Weckung des Sühnebedürfnisses" könnte nicht argumentiert werden, weil dies bei einem längst erwachsenen Täter nicht mehr „zur Erziehung erforderlich" wäre.

[55] Vgl. *Strunk,* MschrKrim 1968, 135, 136.

[56] Hierzu die aufschlussreichen Fallberichte von *Gerson,* MschrKrim 1959, 40 ff.; 1960, 225 ff.; *Mollenhauer,* MschrKrim 1961, 162 ff.; *Rehbein,* MschrKrim 1960, 211 ff.

d) Reformüberlegungen

Während vor 30 Jahren die Jugendstrafe wegen der Schwere der Schuld systemwidrig erschien, wird heute die („ersatzlose") Abschaffung der Jugendstrafe wegen schädlicher Neigungen gefordert.[57] Das ist kein sinnvolles Reformprogramm. Will man das geltende Recht ändern, was im Übrigen nicht besonders dringlich erscheint, nach dem die Rechtsprechung beide Begriffe durch Auslegung so eingegrenzt hat, dass angemessen verfahren werden kann, so müssen die Voraussetzungen der Verhängung vielmehr insgesamt neu bestimmt werden. Schon lange gibt es Vorschläge, die sich an den Auslegungen des *BGH* orientieren.[58] Andere Vorschläge gehen dahin, die Strafzumessungsregeln des allgemeinen Strafrechts mit Milderungsmöglichkeiten zu übernehmen.[59] Die DVJJ will die Verhängung von Jugendstrafe gegenüber 14 und 15 Jahre alten Tätern nur noch bei Schwerstkriminalität (im Wesentlichen wohl Tötungsverbrechen) zulassen, im Übrigen (bei 16-Jährigen und älteren) auch bei wiederholter Begehung von nicht unerheblichen Straftaten (d. h. solchen, die im allgemeinen Strafrecht mit einer erhöhten Mindeststrafe bedroht sind).[60] Ob es freilich angemessen ist, einen 14-jährigen Straßenräuber, der sich jedem Einfluss entzieht und seine Straftaten fortsetzt, bis über seinen 16. Geburtstag hinaus sein kriminelles Treiben zu ermöglichen, scheint zweifelhaft.[61] Und ein 19-jähriger Räuber sollte, auch wenn er noch nicht wegen einer schweren Tat vorverurteilt ist, zu Jugendstrafe verurteilt werden können, wenn andere Maßnahmen keinen Resozialisierungserfolg versprechen. Nach den Vorstellungen der DVJJ wäre in einem solchen Fall auch nicht die Verhängung einer voll zur Bewährung ausgesetzten Jugendstrafe möglich. Auch die Anknüpfung an die „erhöhte Mindeststrafe nach allgemeinem Strafrecht" leuchtet nicht ein. Taten, für die ein erhöhtes Mindestmaß nicht vorgesehen ist, können schwer wiegen. Wenn ein Schweremaß eingeführt werden sollte, so könnte bloß die im konkreten Fall bei einem Erwachsenen angemessene Strafe als Bezugspunkt in Betracht kommen. Bliebe sie unter 6 Monaten, käme ohnehin die Verhängung einer Jugendstrafe, deren Mindestmaß 6 Monate blei-

---

[57] Etwa Gesetzentwurf des Landes Brandenburg, BR-Drs. 634/02, S. 3, 12; *Streng*, § 12 Rn. 10 und Gutachten, N 81 ff. (der aber stattdessen eine neue „Betreuungssanktion" für erforderlich hält, N 89 f.); *Albrecht*, § 30 II 5. Die Schärfe, mit der oft gegen die Jugendstrafe wegen schädlicher Neigungen argumentiert wird, hängt damit zusammen, dass sie als „Erziehungsstrafe" eingeführt worden ist. Sie wurde nicht – wie heute überwiegend – als unumgängliche Notlösung, wenn andere Maßnahmen mehr in Frage kommen, angesehen, sondern als eine Art pädagogische Wunderwaffe, die in „schweren Fällen" besonders gute Resultate verspricht.

[58] *Kreuzer*, MschrKrim 1978, 1 ff.; UJ 1999, 65; *Schaffstein/Beulke*, § 22 II 3, *Kornprobst*, JR 2002, 311.

[59] *Albrecht*, Gutachten, D 149 ff., 171.

[60] DVJJ-Reform, S. 86 ff., 90, 91.

[61] *Beulke/Dittrich/Mann*, DVJJ-J 2/2002, 122 ff., 125.

ben soll, nicht in Betracht.[62] Bei „ersatzlosem" Wegfall der Jugendstrafe wegen schädlicher Neigungen wäre absehbar, dass die Gerichte die Grenzen der „Schwere der Schuld" weiter ziehen würden, was zu einer Annäherung an die Verhängungspraxis der Freiheitsstrafe führen würde.[63] So ist zu empfehlen (und zu erwarten!), dass der Gesetzgeber, wenn er überhaupt tätig wird, die Voraussetzungen der Verhängung der Jugendstrafe in Anlehnung an die vom *BGH* vorgenommenen Auslegungen der Begriffe „schädliche Neigungen" und „Schwere der Schuld" neu formulieren, vielleicht weitere Einschränkungen bei 14- und 15-jährigen Tätern vorsehen wird.

2. Bemessung der Jugendstrafe

a) Tat, Schuld und Erziehungsgedanke als Bemessungskriterien

Im Verfahren nach dem allgemeinen Strafrecht wird zunächst der Strafrahmen nach den gesetzlichen Regelungen im besonderen und allgemeinen Teil des Strafgesetzbuches festgestellt und danach innerhalb des Strafrahmens der – engere – Schuldrahmen gefunden, in dessen Grenzen erst spezial- und generalpräventive Überlegungen eine recht begrenzte Bedeutung erlangen können.[64] Im Jugendstrafrecht gelten die Strafrahmen des allgemeinen Strafrechts nicht. Stattdessen gilt für Jugendliche der Strafrahmen des § 18 I 1 JGG (sechs Monate bis fünf Jahre). Nur dann, wenn schwere Verbrechen eines Jugendlichen zur Aburteilung stehen (etwa: Mord, Totschlag, Raub, Notzucht, schwere Brandstiftung), muss nach § 18 I 2 JGG ausnahmsweise der Strafrahmen des allgemeinen Strafrechts festgestellt werden: mehr als fünf bis zehn Jahre Jugendstrafe können verhängt werden, wenn der Jugendliche ein Verbrechen begangen hat, für das nach allgemeinem Strafrecht eine Höchststrafe von mehr als zehn Jahren Freiheitsstrafe angedroht ist.[65] Innerhalb dieser allgemeinen Rahmen der Jugendstrafe gilt als Bemessungsgrundsatz § 18 II JGG: „Die Jugendstrafe ist so zu bemessen, dass die erforderliche erzieherische Einwirkung möglich ist."

Als echte Kriminalstrafe kann die Jugendstrafe aber nicht allein nach erzieherischen Überlegungen bemessen werden. Unrecht und Schuld müssen nicht nur bei der Frage bedacht werden, ob überhaupt Jugend-

---

[62] *Eisenberg,* § 17 Rn. 25, § 18 Rn. 15.

[63] *Schaffstein/Beulke,* § 22 II 3; vgl. auch *Meier/Rössner/Schöch,* § 11 Rn. 38.

[64] *Maurach/Zipf,* § 63 Rn. 12, 75, 76.

[65] Geht der Richter vom falschen (hier dem zu niedrigen) Strafrahmen aus, so steht zu befürchten, dass dies – auch im Jugendstrafrecht – zu einer unrichtigen Bemessung der Strafe führt. *BGH* Urt. v. 20. 3. 1984 und v. 20. 10. 1983, RÜ NStZ 1984, 446; ebenso für den Fall, dass der Richter zu Unrecht von einem zu hohen Strafrahmen ausgeht: *BGH* Beschl. v. 24. 7. 1997, RÜ NStZ-RR 1998, 290; *BGH* NStZ 2000, 194; vgl. aber *BGH* Beschl. v. 14. 10. 1998, RÜ NStZ-RR 1999, 290.

strafe verhängt werden darf (S. oben 1. a und b), sie sind für die Bemessung der Jugendstrafe von Bedeutung. So ist es unstreitig, dass die Strafdauer nicht außer Verhältnis zu Tat und Schuld stehen darf,[66] also wegen der in der Rege geringeren Verantwortlichkeit junger Täter niedriger ausfallen muss als die Freiheitsstrafe in einem vergleichbaren Fall gegen einen Erwachsenen.[67]

Daraus folgt zunächst, dass die Jugendstrafe nie höher sein darf, als der im allgemeinen Strafrecht festgelegte Strafrahmen dies erlaubt. Was die Obergrenze der Strafe anlangt, behalten die Strafrahmen des allgemeinen Strafrechts also doch ihre Bedeutung. Im Gegensatz hierzu hat es der *BGH* für zulässig erachtet, dass die Jugendstrafe im Einzelfall für eine längere Dauer bemessen sein darf, als nach dem Strafgesetzbuch Freiheitsstrafe für einen Erwachsenen zulässig wäre (Acht Jahre Jugendstrafe für einen Totschlag in einem minderschweren Fall nach §§ 212, 213 StGB – Höchststrafe damals fünf Jahre Freiheitsstrafe).[68] Obwohl die an besonders schwere und minderschwere Fälle anknüpfenden Strafrahmen im Jugendstrafrecht nicht gelten – für die Frage, ob der Strafrahmen nach § 18 I 1 JGG oder der nach § 18 I 2 JGG zur Anwendung kommt, ist die abstrakte Betrachtungsweise maßgebend[69] – und deshalb die entsprechenden Gesetzesvorschriften auch nicht im Tenor des Urteils des Jugendgerichts erscheinen dürfen,[70] seien die Umstände, die eine solche Strafrahmenänderung im allgemeinen Strafrecht zur Folge haben, genau zu ermitteln und bei der Zumessung der Jugendstrafe zu berücksichtigen. Die in ihnen zum Ausdruck kommende Bewertung des Tatunrechts erlange auch im Jugendstrafrecht Bedeutung,[71] habe aber die im allgemeinen Strafrecht mit ihnen (meist) zwingend verbundene Strafrahmenverschiebung im Jugendstrafrecht nicht zur Folge, denn auch bei Strafen wegen Schwere der Schuld sei allein der Bemessungsgrundsatz des § 18 I 1 JGG maßgebend.[72]

---

[66] *Brunner/Dölling,* § 18 Rn. 11 m.w. Hinweisen; *BGH* Beschl. v. 13. 6. 95, RÜ NStZ 1995, 536; „Der Erziehungsgedanke darf nicht zur Überschreitung der schuldangemessenen Strafe führen": *BGH* Beschl. v. 14. 8. 1996, RÜ NStZ 1997, 481.

[67] *BGH* StrVert 1998, 333.

[68] *BGHSt* 8, 78 ff.; *BGH* StrVert 1982, 27 = NStZ 1982, 26. Es ist wohl kein Zufall, dass die Entscheidungen zu § 213 StGB ergangen sind, dessen (zu?) niedrige Höchststrafe im allgemeinen Strafrecht diskutiert wurde, vgl. *Herde,* ZRP 1990, 458 ff. und unterdessen geändert ist. Sie beträgt jetzt 10 Jahre.

[69] Wie sie für die Entscheidung der Frage gilt, ob eine Tat ein Verbrechen oder ein Vergehen ist; vgl. *Maurach/Zipf,* § 73 Rn. 8; *BGHSt* 8, 78.

[70] *BGH* NStZ 2000, 194 (st. Rspr.).

[71] *BGH* StrVert 1981, 130; *BGH* NStZ 1982, 466; *BGH* StrVert 1987, 306; *BGH* DVJJ-J 4/2002, 464 st. Rspr. Vgl. auch *OLG Zweibrücken* StrVert 1994, 599.

[72] Weshalb die für die Strafrahmenverschiebungen im allgemeinen Strafrecht maßgeblichen Umstände „volle Berücksichtigung" bei der normalen Bemessung der Jugendstrafe finden müssen: *BGH* Beschl. v. 17. 3. 92, RÜ NStZ 1992, 528; *BGH* Urt. v. 14. 12. 93, RÜ NStZ 1994, 529; vgl. aber *BGH* NStZ-RR 2000, 224.

Die Bedenken gegen diese ständige Rechtsprechung des *BGH* liegen auf der Hand: ist schon die Schwere der Schuld Grund für die Verhängung der Jugendstrafe, so lässt sich schwer einsehen, wieso die Dauer der Jugendstrafe die nach Schuldgesichtspunkten bemessene Freiheitsstrafe gegen einen Erwachsenen überschreiten darf, gar noch über den für die Erwachsenen geltenden gesetzlichen Strafrahmen hinaus. Derartig bemessene Jugendstrafen stehen außer jedem Verhältnis zu Tat und Schuld.[73] Dagegen muss eine wegen Schwere der Schuld verhängte Jugendstrafe in ihrer Dauer keineswegs so bemessen werden, dass sie die mit der Schuld noch vereinbare obere Grenze erreicht. Deshalb ist in der Regel zu besorgen, dass die Jugendstrafe falsch (und zwar zu hoch) bemessen ist, wenn sie sowohl mit der Schwere der Schuld als auch mit schädlichen Neigungen begründet wird und letztere nicht ausreichend dargetan sind.[74]

Das Mindestmaß der Jugendstrafe beträgt sechs Monate. Dadurch soll die Verhängung der Jugendstrafe auf schwerwiegende Sachverhalte beschränkt bleiben[75] und die Vollstreckung kurzer Freiheitsstrafen vermieden werden, die sich nicht für eine „Gesamterziehung" eignen.[76] Freilich ist es nicht ausgeschlossen, auch kürzere Freiheitsstrafen vollzugspädagogisch zu gestalten,[77] und das ist auch im Bereich der Jugendkriminalrechtspflege notwendig, weil nicht selten nach Anrechnung der Untersuchungshaft oder nach Widerruf einer Strafaussetzung der noch zu verbüßende Strafrest nur wenige Wochen oder Monate beträgt.[78] Aber eine Absenkung der gesetzlichen Mindeststrafe würde nicht dazu führen, dass die bisher verhängten Jugendstrafen kürzer würden, sondern dass die Gesamtzahl der verhängten Jugendstrafen beträchtlich anstiege.[79] Zudem zeigen sich schon jetzt die mindestens teilweise zu verbüßenden kürzeren Jugendstrafen zwischen sechs Monaten und einem Jahr als besonders nachteilig.[80] Ist eine Jugendstrafe von mindestens sechs Monaten wegen der geringfügigen Tatschwere oder niedriger Schuld nicht vertretbar, so

---

[73] *Schaffstein/Beulke,* § 23 III; *Brunner/Dölling,* § 18 Rn. 15; *Eisenberg,* § 18 Rn. 11; *Streng,* GA 1984, 149 ff., 164.

[74] St. Rspr.: *BGH* Beschl. v. 13. 11. 80, RÜ NStZ 1981, 251; Beschl. v. 17. 3. 95, RÜ NStZ 1995, 536; *BGH* StrVert 1998, 331 und 391; *BGH* Beschl. v. 19. 6. 1998, RÜ NStZ-RR 1999, 290.

[75] *Eisenberg,* § 18 Rn. 6.

[76] *Schaffstein/Beulke,* § 23 II 1; Zwar sind auch sechs Monate für eine „Gesamterziehung" recht kurz, die gesetzliche Festlegung darf aber nicht durch − noch dazu nicht belegte − allgemeine Überlegungen (unter einer Zeit von zwei Jahren sei eine erzieherische Beeinflussung nicht möglich) unterlaufen werden: *BGH* Beschl. v. 17. 5. 95, RÜ NStZ 1995, 536.

[77] Für den allgemeinen Strafvollzug: *Dolde,* ZfStrVo 1992, 24 ff.

[78] *Böhm,* FS Schaffstein, S. 303 ff., 318 ff.

[79] *Ostendorf,* Grdl. zu §§ 17−18, Rn. 8; *Brunner/Dölling,* § 18 Rn. 1; *Herz,* S. 76. Diese Auffassung hat sich auch auf dem 64. DJTag durchgesetzt (Beschlüsse C VI 11). Siehe hierzu auch oben § 24, 4 h.

[80] Nach der Rückfallstatistik des GBA erfolgten in den auf die Erledigung der Strafvollstreckung folgenden fünf Jahren bei den kurzen Jugendstrafen in 76,6 % der Fälle neue Verurteilungen zu Jugend- oder Freiheitsstrafe, bei den Jugendstrafen von mehr als einem Jahr Dauer in 69 % der Fälle.

ist die Verhängung von Jugendstrafe nicht zulässig.[81] Aber auch wenn die mit Tat und Schuld vereinbare Strafhöhe im unteren Höhenbereich erzieherisch nicht genützt werden kann, sondern eher eine mögliche positive Entwicklung gefährdet, kommt eine Jugendstrafe nicht in Betracht.[82]

Der Wortlaut des § 18 II JGG legt die Auslegung nahe, es sei für eine ausreichende Dauer der Jugendstrafe zu sorgen, damit in der Anstalt die erforderliche Gesamterziehung stattfinden könne.[83] Das verweist auf die frühere Vorstellung, eine Gesamterziehung im Vollzug sei eine besonders wirksame erzieherische Maßnahme (s. o. Fn. 57). Schon deshalb sollte die Bemessungsregel anders gefasst werden. Der bei der Bemessung der Jugendstrafe zu beachtende Erziehungsgedanke führt nach der Rechtsprechung vielmehr richtigerweise dazu, dass die Dauer der Jugendstrafe begrenzt wird, die nach Schwere des Tatunrechts und Schwere der Schuld zulässige Höhe unterschreitet.[84] In diesem Sinne werden in der Rechtsprechung eine positive Entwicklung des Angeklagten in der Untersuchungshaft,[85] die Beeindruckung durch das Erleben von Untersuchungshaft,[86] eine positive Entwicklung seit der Tat,[87] die unauffällige Entwicklung bis zur Tat,[88] die Möglichkeit, in einer geordneten Familie gefördert zu werden,[89] die Chance, in Freiheit die Berufsausbildung[90] oder die Schulausbildung[91] fortzuführen oder das eigene Kind zu betreuen,[92] oder auch die positive Veränderung des Umfeldes wegen Auflösung einer kriminellen Gruppe, in der die Taten begangen wurden,[93] oder wegen Inhaftierung der älteren Freunde, die einen schlechten Einfluss ausübten,[94] Hindernisse einer Förderung in der Haftanstalt[95] oder aber auch beson-

---

[81] *Schaffstein/Beulke,* § 23 II 1.

[82] *BGH* Beschl. v. 2. 5. 89, RÜ NStZ 1989, 522.

[83] *Dallinger/Lackner,* § 18 Rn. 7, 8.

[84] *Beulke,* in: 2. Kölner Symposium, S. 353 ff., 359; *Böhm,* in: Trenczek, S. 197 ff., 199.

[85] *BGH* StrVert 1991, 423; 1993, 532.

[86] *BGH* NStZ 1984, 508; *OLG Köln* StrVert 1991, 426; *BGH* NStZ-RR 1998, 86; oder von Strafhaft: *BGH* NStZ-RR 1996, 347.

[87] Vor allem, wenn die Tat schon längere Zeit zurückliegt: *BGH* NStZ 1986, 71; *BGH* StrVert 1988, 307; 1991, 423; *BGH* Beschl. v. 2. 2. 93, RÜ NStZ 1993, 528.

[88] *BGH* Beschl. v. 2. 5. 86, RÜ NStZ 1986, 407; *BGH* StrVert 1993, 532; *OLG Köln* StrVert 1991, 426; *BGH* StrVert 1996, 269; *BGH* Beschl. v. 6. 10. 1999, RÜ NStZ-RR 2000, 322.

[89] *BGH* StrVert 1981, 405; 1993, 532.

[90] *BGH* Beschl. v. 4. 12. 85, RÜ NStZ 1986, 447; *BGH* StrVert 1998, 335.

[91] *BGH* Urt. v. 26. 2. 80, RÜ NStZ 1981, 251 (zur Strafaussetzung zur Bewährung).

[92] *BGH* Beschl. v. 11. 4. 89, RÜ NStZ 1989, 522.

[93] *BGH* Beschl. v. 10. 9. 85, RÜ NStZ 1986, 447; *BGH* StrVert 1990, 503; vgl. auch *BGH* StrVert 2003, 458.

[94] *BGH* Urt. v. 18. 7. 90, RÜ NStZ 1990, 529.

[95] *BGH* StrVert 1987, 306.

ders günstige Möglichkeiten, die dort bestehen,[96] angenommen. Generell sind die Folgen, die eine Haftverbüßung für den Verurteilten hat, stark zu gewichten.[97] Der Tatrichter hat hier (vor allem zugunsten des Verurteilten) einen weiten Ermessensspielraum.[98] Dagegen beanstandet der *BGH* Entscheidungen, in denen der Erziehungsgedanke nicht vorrangig bedacht wird, sondern gegenüber Schuld und Unrecht „deutlich zurücktritt".[99] Die nur an der Schuld ausgerichtete Strafe ist unzulässig.[100] Und es werden Urteile beanstandet, deren Zumessungserwägungen sich auf Umstände beschränken, die auch bei erwachsenen Tätern von Bedeutung sind.[101]

Es zeigt sich, dass die „erzieherischen Gründe" in der höchstrichterlichen Rechtsprechung durchweg zur zusätzlich erforderlichen Bestätigung der aus Gründen der Schwere des Unrechts und der Größe der Schuld gerechtfertigten Höhe der Jugendstrafe genützt werden und dabei in der Regel zu einer Begrenzung der Strafe auch in der Richtung einer Unterschreitung des Schuldmaßes führen.

Bei geringfügigen Änderungen des Schuldspruchs zugunsten des Verurteilten (Wegfall geringfügiger Verurteilungen, Auswechslung des Tatvorwurfs, andere Festlegung des Konkurrenzverhältnisses) wird vom *BGH* der Strafausspruch mitunter aufrecht erhalten, weil es angesichts der für die Bemessung der Jugendstrafe maßgebenden erzieherischen Gründe ausgeschlossen werden könne, dass „das Tatgericht bei zutreffender rechtlicher Würdigung auf eine geringere Jugendstrafe erkannt hätte".[102] Bei Änderungen des Schuldspruchs zu ungunsten des Verurteilten wird der Strafausspruch zudem mitunter unter dem Gesichtpunkt aufrecht erhalten, dass eine Verfahrensverzögerung ohnehin zu einer Strafmilderung führen müsse und der Beschleunigungsgrundsatz gerade im Jugendstrafrecht besondere Bedeutung habe.[103]

Schon weil, was Verhängung und Bemessung der Jugendstrafe betrifft, Jugendliche und Heranwachsende nicht schlechter gestellt werden dürfen als Erwachsene bei der Verhängung und Bemessung von Freiheitsstrafe

---

[96] *BGH* Beschl. v. 14. 7. 94, RÜ NStZ 1995, 536.

[97] *BGH* Beschl. v. 11. 4. 89, RÜ NStZ 1989, 522; *BGH* StrVert 1993, 532; *BGH* StrVert 1998, 334.

[98] *BGH* Urt. v. 22. 12. 92, RÜ NStZ 1993, 528; vgl. auch *BGH* Urt. v. 15. 5. 92, RÜ NStZ 1992, 528 und Urt. v. 16. 9. 94, RÜ NStZ 1995, 536; *BGH* NStZ 1994, 124, 125.

[99] *BGH* StrVert 1982, 78; ähnlich StrVert 1982, 336.

[100] *BGH* StrVert 1981, 26; 1982, 336, 473.

[101] *BGH* StrVert 1982, 137; *BGH* NStZ 1984, 508; *BGH* StrVert 1988, 307; 1993, 532; *BGH* Beschl. v. 25. 4. 95, RÜ NStZ 1995, 536; vgl. auch *OLG Zweibrücken* JR 1990, 304, 305; *BGH* StrVert 1998, 334; *BGH* NStZ-RR 1998, 86.

[102] *BGH* Urt. v. 4. 12. 2002, RÜ NStZ-RR 2003, 258; *BGH* NZV 2002, 236; *BGH* NStZ 2002, 216; *BGH* NStZ 2001, 381; *BGH* NStZ-RR 2000, 343; krit. *Eisenberg*, § 18 Rn. 27; vgl. auch − freilich das allgemeine Strafrecht betreffend − *BVerfG* StrVert 2004, 189 f.

[103] *BGH* NStZ 1994, 124; *BGH* StrVert 2003, 74; *BGH* NStZ-RR 2004, 139.

(s. o. § 3.2 a), müssen unverschuldete Verfahrensverzögerungen ebenso wie bei Erwachsenen strafmildernd berücksichtigt werden.[104] Dass sich der Jugendliche effektiv gegen den Schuldvorwurf verteidigt, darf ihm nicht straferschwerend angelastet werden.[105] Natürlich muss auch ein Geständnis strafmildernd berücksichtigt werden. Deshalb ist es auch nicht einzusehen, warum eine in dem Rahmen der BGH-Rechtsprechung[106] erfolgte Absprache über die Strafobergrenze unzulässig sein soll.[107]

b) Abschreckung anderer als Nebenzweck zulässig?

Von Zeit zu Zeit gehen von Taten Jugendlicher erhebliche Beunruhigungen aus. Ausländerfeindliche Gewalttaten jugendlicher Rechtsextremisten führen etwa dazu, dass von der Bevölkerung Strafen erwartet werden, die Gleichgesinnte abschrecken.[108] In ständiger Rechtsprechung erklärt der *BGH* zutreffend, dass „der Strafzweck der Abschreckung anderer – über die mit jeder gerichtlichen Ahndung verbundene generalpräventive Wirkung hinaus – keine Rolle spielen" darf. „Denn dieser Gesichtspunkt berücksichtigt nicht das Interesse des Jugendlichen, das das JGG beherrscht."[109]

c) Jugendstrafe bei schwersten Verbrechen

Dass bei Schwerverbrechen Jugendlicher und bei Heranwachsenden allgemein die Höchststrafe auf zehn Jahre festgesetzt ist, erscheint als eine Konzession an die Erwartung der rechtstreuen Bevölkerung, die i. S. der positiven Generalprävention bei Heranwachsenden und bei schwersten Verbrechen Jugendlicher hohe Strafen zur Sühne der Tat und Schuld

---

[104] *Eisenberg,* § 18 Rn. 15 o; *Streng,* § 12 Rn. 36; *BGH* NStZ 1987, 232; *BGH* NStZ 1997, 29; *BGH* StrVert 1999, 681; *BGH* NStZ-RR 2001, 343, *BGH* StrVert 2003, 74 und StrVert 2003, 458; offenbar anders, jedenfalls bei einer wegen schädlicher Neigungen verhängten Jugendstrafe: *BGH* DVJJ-J 1/2003, 77.

[105] *BGH* StraFo 2003, 206; *Streng,* § 12 Rn. 36.

[106] *BGHSt* 43, 195 ff.

[107] *Eisenberg,* NStZ 2001, 556 f. gegen *BGH* StrVert 2001, 555; nicht einleuchtend die Beschränkung auf Jugendstrafe wegen Schwere der Schuld: *Noak,* StrVert 2002, 445 ff.

[108] Vgl. *BGH* NStZ 1994, 124, 125, der dort diesen Überlegungen entgegentritt; *BGH* Beschl. v. 9. 2. 94, RÜ NStZ 1994, 529.

[109] *BGHSt* 15, 224, 226; *BGH* StrVert 1981, 183; *BGH* Beschl. v. 1. 12. 81 und v. 5. 5. 82, RÜ NStZ 1982, 414; *BGH* StrVert 1990, 505; *BGH* Urt. v. 14. 12. 93, RÜ NStZ 1994, 529. Ebenso *Bruns,* Leitfaden des Strafzumessungsrechts, 1980, S. 98; DSS-*Sonnen,* § 18 Rn. 16; *Eisenberg,* § 18 Rn. 23; *Schaffstein/Beulke,* § 23 III. Auch der positive Aspekt der Generalprävention, die Bestätigung der Rechtsgesinnung der Bevölkerung, berücksichtigt nicht das Interesse des Verurteilten. Deshalb erscheint auch eine stärkere Orientierung an diesem Strafzweck, die *Tenckhoff* empfiehlt, JR 1977, 485 ff., nicht wünschenswert. „Bewährung der Rechtsordnung erfolgt in ausreichendem Maße durch die schuldangemessene Strafe"; *Brunner/Dölling,* § 18 Rn. 9 a; ähnlich DSS-*Sonnen,* § 18 Rn. 16; *Ostendorf,* § 17 Rn. 5; *Streng,* § 12 Rn. 30. Zulässig ist aber der Strafzweck der Abschreckung des Täters selbst (negative Spezialprävention): *BGH* Urt. v. 8. 7. 86, RÜ NStZ 1987, 442.

für erforderlich hält. Strafen dieser Länge gelten als gefährlich, weil sie den Jugendlichen oder Heranwachsenden durch die lange Haft lebensuntüchtig machen und der Resignation Vorschub leisten.[110] Eine Anstaltserziehung verspreche nur bis zur Dauer von 4 bis 5 Jahren Erfolg, das sei allgemeine Meinung.[111] Dabei wird übersehen, dass gerade diesen zur Höchststrafe verurteilten Jugendlichen gegenüber alle Möglichkeiten und – im weiteren Verlauf der Strafe – alle Lockerungen des Vollzugs zur Anwendung kommen und ein meist größerer Strafrest zur Bewährung ausgesetzt wird.[112] Diese Umstände verhindern mindestens die Schäden des vergleichsweise langen Vollzugs, der gelegentlich auch pädagogisch sinnvoll sein kann.[113] Bei den Langstrafigen ist die Legalbewährung überdurchschnittlich günstig, d. h., es werden nur wenige wieder straffällig und auch dann in der Regel nicht mit schwerster Kriminalität.[114] Aber auch eine Lebensbewährung (etwa im Beruf und in der Familie) kann häufig beobachtet werden. Dies spricht natürlich nicht dafür, generell längere Jugendstrafen zu verhängen. Sie sind nur bei schwersten Straftaten gerecht und dann auch oft geboten.[115] Und nur eine Strafe, die auch der Verurteilte, wenn er sie schon nicht akzeptiert, so doch angesichts des von ihm angerichteten Unheils begreifen kann, lässt sich pädagogisch nützen.

d) Reformüberlegungen

Während nach allgemeiner Ansicht an der Mindeststrafe von 6 Monaten festgehalten werden soll, wird von der DVJJ für Jugendliche ausnahmslos eine Höchststrafe von 5 Jahren gefordert und bei Heranwachsenden die Verhängung von Jugendstrafe zwischen 5 und 10 Jahren auf Verbrechen begrenzt, die nach allgemeinem Strafrecht mit einer Höchststrafe von mehr als 10 Jahren Freiheitsstrafe bedroht sind.[116] Ob für den Mord eines 17-Jährigen 5 Jahre Jugendstrafe als Höchststrafe angemessen

---

[110] *Schaffstein/Beulke*, § 23 II 2; *Albrecht*, § 31 B 13; *Meier/Rössner/Schöch*, § 11 Rn. 32.

[111] *BGH* NStZ 1996, 232.

[112] Zutr. deshalb *BGH* NStZ 1998, 285 und StrVert 1998, 333, die auch eine 5 Jahre übersteigende Jugendstrafe im Einzelfall als zur erzieherischen Einwirkung auf den Verurteilten geeignet ansehen.

[113] *Mollenhauer*, MschrKrim 1961, 164; *Böhm*, FS Schaffstein, S. 318. Vgl. auch *Stutte/Walter*, MschrKrim 1976, 309 ff.; *Lempp*, MschrKrim 1984, 328 f.; *Stenger*, in: Ber. 19. JGTag, S. 463 ff., 469.

[114] *Mollenhauer*, aaO. Bei Auswertung der Rückfallstatistik des GBA ergibt sich, dass von 403 jungen Männern, die Jugendstrafen von fünf bis zehn Jahren mindestens teilweise verbüßt hatten, in den auf die Erledigung der Vollstreckung folgenden fünf Jahren 165 = 41 % wieder zu Jugend- oder Freiheitsstrafen verurteilt werden mussten. Das ist die niedrigste Rückfallquote nach Jugendstrafe.

[115] *BGH* NStZ-RR 1996, 120. Selbstverständlich bedarf dies sorgfältiger, dem Einzelfall gerecht werdender Begründung: *BGH* Beschl. v. 4. 12. 1996, RÜ NStZ-RR 1997, 481.

[116] DVJJ-Reform, S. 86 ff. (18.6); *Goerdeler/Sonnen*, ZRP 2002, 347 ff., 351.

sind (wobei noch zu bedenken ist, dass eine Entlassung zur Bewährung nach Teilverbüßung angestrebt werden sollte), erscheint ebenso zweifelhaft wie die Höchststrafe von 5 Jahren Jugendstrafe bei einem 20-jährigen Serieneinbrecher. Umgekehrt wird bei voller Einbeziehung der Heranwachsenden in das Jugendstrafrecht für Mordtaten Heranwachsender die Verhängung von Jugendstrafe bis zu 15 Jahren für erforderlich gehalten.[117] Aber auch bei Herausnahme der Heranwachsenden aus dem Jugendstrafrecht wird die Erhöhung der Jugendstrafe bei Mord auf 15 Jahre gefordert.[118] So spricht viel dafür, es bei der geltenden Regelung zu belassen, derzufolge Jugendstrafen von mehr als 5 Jahren auch gegen Heranwachsende fast ausnahmslos bei Straftaten verhängt werden, die mit Freiheitsstrafe von mehr als 10 Jahren bedroht sind (Notzucht, Tötungsdelikte, Geiselnahme, Raubtaten und schwere Verstöße gegen das BtMG), aber darüber hinaus die in Einzelfällen notwendige Flexibilität erlaubt ist. Die Bemessungsregel in § 18 II JGG müsste aber neu gefasst werden; erzieherische Gründe rechtfertigen nie eine Dauer der Jugendstrafe, die die nach Tatunrecht und Schuldschwere allenfalls erlaubte Höhe übersteigt. Umgekehrt muss eine nach Tatunrecht und Schuldschwere (unter Berücksichtigung der in der Regel geringeren Verantwortlichkeit junger Menschen) vertretbare Jugendstrafe sich gegenüber erzieherischen Einwänden rechtfertigen lassen.

3. Vorzeitige Entlassung

Während im allgemeinen Strafrecht eine Entlassung zur Bewährung bei guter Prognose erfolgen muss, wenn $^2/_3$ der Strafzeit verbüßt sind, und unter bestimmten zusätzlichen Voraussetzungen auch schon nach Verbüßung der Hälfte der Strafzeit erfolgen kann (§ 57 StGB), darf der Jugendrichter als Vollstreckungsleiter im Jugendstrafrecht eine Entlassung zur Bewährung nach sechs Monaten Strafverbüßung anordnen, wenn insgesamt ein Drittel der Jugendstrafe verbüßt ist (§ 88 JGG). Das bedeutet einmal, dass bis auf Ausnahmefälle („besonders wichtige Gründe" § 88 II JGG) das zur Verbüßung stehende Maß der Jugendstrafe immer sechs Monate betragen soll, weil in einer geringeren Frist keine sinnvolle Einwirkung auf den Verurteilten möglich erscheint. Insofern können zu Freiheitsstrafe von 6 bis 9 Monaten Dauer Verurteilte im Einzelfall besserstehen, was der Richter bei Prüfung der Frage, ob und in welcher Höhe er Jugendstrafe verhängt, bedenken muss, zum anderen können lange Jugendstrafen recht weitgehend ausgesetzt werden – eine Jugendstrafe von zehn Jahren etwa bereits nach drei Jahren und vier Monaten Verbüßung. Dies ist wieder eine Folge des Grundsatzes, dass bei

---

[117] S. o. § 7.6 c.
[118] *Werwigk-Hertneck/Rebmann,* ZPR 2003, 225 ff., 229.

jungen Menschen in jedem Stadium des Verfahrens und der Vollstreckung die Entwicklung zu berücksichtigen und hierauf flexibel zu reagieren ist. Voraussetzung für die Strafaussetzung zur Bewährung ist, dass dies im Hinblick auf die Entwicklung des Jugendlichen auch unter Berücksichtigung des Sicherheitsinteresses der Allgemeinheit verantwortet werden kann. Allerdings muss der Jugendrichter auch bei Vorliegen dieser Voraussetzung die Aussetzung nicht anordnen („kann": § 88 I JGG im Gegensatz zu „ist" in § 57 I StGB). So wird bei wegen schwerer Verbrechen verhängten langen Jugendstrafen nach Ablauf eines Drittels mitunter die Sühnefunktion der Strafe noch eine weitere Verbüßung – ausnahmsweise auch bis zu dem Zweidrittelzeitpunkt – gebieten.[119] Die nach § 454 II 1 Nr. 2 StPO vorgesehene Begutachtung durch Sachverständige vor der Entlassung als gefährlich angesehener Gefangener gilt im Jugendstrafverfahren nicht.[120]

4. Strafaussetzung zur Bewährung

a) Voraussetzungen, Geschichte und Bedeutung

Nach § 21 JGG wird Jugendstrafe von nicht mehr als einem Jahr von Anfang an zur Bewährung ausgesetzt, wenn zu erwarten ist, dass der Jugendliche sich schon die Verurteilung zur Warnung dienen lassen und auch ohne die Einwirkung des Strafvollzugs unter der erzieherischen Einwirkung der Bewährungszeit künftig einen rechtschaffenen Lebenswandel führen wird. In den Richtlinien (zu § 21 Nr. 1 und Nr. 3) wird betont, dass diese Entscheidung eine sorgfältige Erforschung der Persönlichkeit und der Verhältnisse des Jugendlichen – auch bei Erstbestraften – voraussetze. Es empfehle sich, dem Jugendlichen bewusst zu machen, dass die Jugendstrafe im Vertrauen auf seine Fähigkeit und seinen Willen, sich zu bewähren, ausgesetzt werde und dass ihm daraus eine besondere Verpflichtung erwachse. Diese Formulierungen sind nur aus der wechselvollen Geschichte der Strafaussetzung zu erklären.

Im Jugendgerichtsgesetz von 1923 war die Aussetzung von Freiheitsstrafen zur Bewährung eingeführt worden. Da es keine Bewährungshilfe, keine Weisungen und keine Auflagen in der Bewährungszeit gab, fühlten sich die so behandelten Jugend-

---

[119] *OLG Düsseldorf* StrVert 2001,183 mit krit. Anm. *Hoffmann* StrVert 2002, 449; *OLG Schleswig* SchlHA 1998, 196; ähnlich *LG Berlin* NStZ 1999, 102 mit krit. Anm. *Schönberger.* Vgl. auch den von *Gerson*, MschrKrim 1960, 225 ff., geschilderten Fall. Entsprechende Diskussionen fanden zwischen dem Vollstreckungsleiter und den mit der Erziehung der Gefangenen befassten Bediensteten seit 1960 in der Jugendstrafanstalt Rockenberg bei Erörterung der „Langstrafigen" regelmäßig statt. Vgl. *LG Bonn* NJW 1977, 2226 mit Anm. *Böhm* NJW 1977, 2198. *Brunner/Dölling*, § 88 Rn. 1a; *Eisenberg*, § 88 Rn. 9b; *Schaffstein/Beulke*, § 23 IV b; *Streng*, § 12 Rn. 37. Von den Einwendungen unbeeindruckt erneut *LG Bonn* StrVert 1984, 255 mit Anm. *Tondorf;* s. auch *Stein*, BewHi 1985, 88, 89.
[120] *OLG Frankfurt* NStZ-RR 1999, 91.

lichen frei und erfuhren obendrein nicht die dringend benötigte Unterstützung in ihrer Lebensführung. So führte die Aussetzung sehr häufig zum Misserfolg. Deshalb wurde das Institut im Reichsjugendgerichtsgesetz von 1943 ersatzlos abgeschafft. Der erneute Versuch mit der Strafaussetzung zur Bewährung im Jahre 1953 sollte nun bessere Erfolge erzielen.[121] Ihre Einführung war daher von den einschränkenden Mahnungen begleitet, die uns heute, nachdem die Strafaussetzung zur Bewährung auch im allgemeinen Strafrecht in fast demselben Umfang wie im Jugendstrafrecht angewendet wird, eigenartig anmuten. Tatsächlich wird die Jugendstrafe bis zu einem Jahr bei Jugendlichen schon seit 25 Jahren zu 80 bis 85 %, bei Heranwachsenden zu 75 bis 80 % zur Bewährung ausgesetzt. Im Jahre 2001 wurden 3418 männliche Jugendliche zu Jugendstrafen bis zur Höhe von einem Jahr verurteilt. 2777 (81,2 %) dieser Jugendstrafen wurden zur Bewährung ausgesetzt. Bei den nach Jugendstrafrecht verurteilten männlichen Heranwachsenden waren es von 5751 derartigen Jugendstrafen 4507 (78,3 %). Bei den weiblichen Jugendlichen sind von 283 Jugendstrafen bis zu einem Jahr Dauer 234 (82,7 %), bei den weiblichen Heranwachsenden von 460 solchen Jugendstrafen 363 (78,9 %) zur Bewährung ausgesetzt worden.[122]

Bei guter Prognose muss die Strafe zur Bewährung ausgesetzt werden. Dabei spielt es keine Rolle, ob die Jugendstrafe wegen in der Tat zum Ausdruck gekommener „schädlicher Neigungen" oder wegen „Schwere der Schuld" verhängt worden ist. Allerdings wird eine nur wegen Schwere der Schuld verhängte Strafe normalerweise zur Bewährung ausgesetzt werden müssen,[123] während bei einer (auch) wegen schädlicher Neigungen verhängten Jugendstrafe geprüft werden muss, ob die bei der „Bewährung in Freiheit" zu treffenden Maßnahmen erfolgversprechend sind.[124] Aus generalpräventiven Gründen, weil etwa die Verteidigung der Rechtsordnung es gebietet, darf die Strafaussetzung nicht verweigert werden; eine dem § 56 III StGB entsprechende Vorschrift fehlt im Jugendgerichtsgesetz.[125]

Im Gegensatz zu den Richtlinien, die immer noch – wenn auch neuerdings gemäßigter – den Eindruck erwecken, die Aussetzungsentscheidung sei besonders schwierig, wird das Gericht die wichtigsten Informationen schon bei der Reifeentscheidung nach §§ 3 oder 105 JGG und vor allem bei der Prüfung, ob schädliche Neigungen vorliegen und welche erzieherischen Überlegungen bei der Bemessung der Jugendstrafe anzustellen sind, gewonnen haben. Es ist nun nur noch zusätzlich zu ermitteln, welche Voraussetzungen (Wohnung, Arbeitsplatz, Freizeitmöglichkeiten, Trennung von ungeeignetem Umgang, pädagogische Hilfen) vorhanden sind oder geschaffen werden müssen, und ob der Angeklagte bereit und

---

[121] *Schaffstein/Beulke*, § 24 I; *Herz*, S. 82.
[122] Strafverfolgungsstatistik (Arbeitsunterlage) 2001 betr. die in den alten Bundesländern und Berlin Verurteilten.
[123] *Ostendorf*, § 21 Rn. 7. Erwägungen derart, dass die Sühne die Vollstreckung der Strafe gebiete, sind mit der geltenden Fassung des § 21 I JGG nicht vereinbar. Schon früher zu Recht zurückhaltend: *BGHSt* 10, 233, 234. Vgl. zur Veranschaulichung das Beispiel bei *Herz*, S. 85, 86.
[124] DSS-*Sonnen*, § 21 Rn. 12; *Ostendorf*, § 21 Rn. 5.
[125] *BGH* Urt.v. 15. 2. 94, RÜ NStZ 1994, 530.

fähig ist, sich den Belastungen einer Bewährung in Freiheit zu stellen. Bei Erstverurteilten wird sich dann in aller Regel die Aussetzung empfehlen. Maßstäbe dafür, wann das ausnahmsweise nicht sinnvoll ist, sind bisher nicht entwickelt.[126] Aber auch bei Rückfälligen, Bewährungsversagern und Angeklagten mit vielfältigen Störungen und Auffälligkeiten wird man es oft und vielleicht zum wiederholten Male mit einer Strafaussetzung zur Bewährung versuchen können. Auch aus einer misslungenen Aussetzung kann der Proband etwas lernen, vielleicht geht er mit realistischeren Vorstellungen in die zweite Bewährungszeit und nimmt die Ratschläge des Bewährungshelfers ernster, die er beim ersten Mal leichtfertig in den Wind geschlagen hat. Schwierige und schon lange auffällige Jugendliche, die in der Schule versagt haben, ins Arbeitsleben nicht integriert sind und trotz Vorverurteilungen immer wieder straffällig werden, versagen nämlich nicht nur häufig bei einer Strafaussetzung zur Bewährung. Rückfälle dieser Personen werden auch nach Verbüßung einer Jugendstrafe deutlich häufiger festgestellt als bei den in ihrer Sozialisation weniger Geschädigten.[127] Nur wenn aber bei ihnen die Verbüßung der Jugendstrafe häufiger zum Erfolg führen würde als die Strafaussetzung zur Bewährung – und davon kann nach den Untersuchungen keine Rede sein –, wäre es zu verantworten, sie regelmäßig von einer Strafaussetzung zur Bewährung auszunehmen. Diese oft entmutigten Jugendlichen und Heranwachsenden sollten im Gegenteil möglichst oft Ermutigung erfahren. Dies kann aber auch dadurch geschehen, dass man ihnen, besonders wenn geeignete Bewährungshelfer zur Verfügung stehen und man ihnen mit Weisungen Unterstützung in ihrer Lebensführung geben kann, die als Chance empfundene Strafaussetzung zur Bewährung einräumt.[128] Die Vollstreckung der Jugendstrafe wird bei diesen Personen meist nur ihre Resignation verstärken und die ohnehin geringe Chance der Lebensbewährung verringern. Im Zweifel sollte also Strafaussetzung zur Bewährung angeordnet werden. Nur dann ist die Vollstreckung der Jugendstrafe zu betreiben, wenn die Aussetzung keinerlei Erfolg verspricht, etwa bei Tätern, die die Verurteilung nicht ernst nehmen und sich jeder ambulanten Hilfe und Beeinflussung entziehen.

b) Vorschrift des § 21 II JGG

Jugendstrafen zwischen einem und zwei Jahren werden ebenso wie Jugendstrafen bis zu einem Jahr zur Bewährung ausgesetzt, „wenn nicht die

---

[126] So gelang es besonders schlecht, die – wenigen – später rückfälligen Erstverbüßer von Freiheitsstrafen bei der Aussetzungsentscheidung zu erkennen: *Böhm/Erhard,* Strafrestaussetzung und Legalbewährung. Ergänzungsuntersuchung, 1991, S. 106 f.

[127] *Böhm,* RdJB 1973, 40.

[128] Ebenso *Brunner/Dölling,* § 21 Rn. 6 a; *Eisenberg,* § 21 Rn. 20. Vgl. hierzu und zu den vergleichsweise günstigen Verläufen der Bewährungszeit gerade auch bei stark gefährdet erscheinenden Probanden: *Spieß,* MschrKrim 1981, 296 ff.; *Dünkel/Spieß,* BewHi 1992, 117 ff.

Vollstreckung im Hinblick auf die Entwicklung des Jugendlichen geboten ist". Die Einschränkung sollte wohl ein Trostpflaster für diejenigen politischen Kräfte darstellen, die gegen eine Ausweitung der Aussetzungsmöglichkeiten Bedenken hatten.

Sie hat keine praktische Bedeutung. Wieso nämlich die Vollstreckung einer Jugendstrafe trotz positiver Prognose im Hinblick auf die Entwicklung des Jugendlichen geboten sein soll, ist ebenso wenig nachzuvollziehen wie, wenn es denn so ein erzieherisches Gebot geben sollte, dessen Nichtberücksichtigung bei der Aussetzung kürzerer Jugendstrafen.[129] Man könnte, wollte man die beiden Gruppen voneinander trennen, für die längeren Strafen eine strengere Prognose fordern; so lässt sich aber die „Einschränkung" nicht auslegen. Die Rechtsprechung hat, was nicht verwunderlich ist, zu dieser Frage keine Kriterien entwickelt.[130] Es sollte deshalb die auszusetzende Jugendstrafe in § 21 I JGG auf 2 Jahre erhöht und Absatz 2 gestrichen werden.[131]

In den alten Bundesländern und Berlin wurden in den Jahren 1996–2000 57 % der gegen männliche Jugendliche verhängten Jugendstrafen zwischen 1 und 2 Jahren zur Bewährung ausgesetzt, von den gegen männliche Heranwachsende verhängten Jugendstrafe dieser Höhe 53 %, von den gegen jugendliche und heranwachsende weibliche Verurteilte verhängten Strafen 64,5 % bzw. 63 %.[132]

Eine Erweiterung der Möglichkeit der Strafaussetzung auf Jugendstrafen bis zu drei Jahren wird erwogen.[133] Davon ist abzuraten. Jugendstrafen von mehr als zwei Jahren können bei einer positiven Sozialprognose ohnehin nur wegen Schwere der Schuld bei sehr erheblicher (Gewalt-) Kriminalität verhängt werden. In solchen Fällen ist eine Strafaussetzung nicht angemessen.[134] Würde sie gleichwohl ermöglicht, wäre mit einer generellen Anhebung des Strafniveaus zu rechnen.[135]

c) „Vorbewährung"

Im Gegensatz zu der Regelung im allgemeinen Strafrecht kann der Jugendrichter eine Jugendstrafe bis zu zwei Jahren auch noch nach Rechtskraft des Urteils durch Beschluss zur Bewährung aussetzen (§ 57 JGG).

---

[129] Ebenso *Schaffstein/Beulke*, § 25 II 3; DSS-*Sonnen*, § 21 Rn. 19; *Ostendorf*, § 21 Rn. 29, *Streng*, § 12 Rn. 46. Bedenklich (Berücksichtigung des Sühneaspekts) *Brunner/Dölling*, § 21 Rn. 11 a.

[130] *BGH* StrVert 1994, 598, 599.

[131] *Streng*, Gutachten, N 86; *Dölling*, Symp Brunner, S. 181 f., 193.

[132] Eigene Berechnungen nach der Strafverfolgungsstatistik 1996–2000 und 2001 (Arbeitsgrundlage). Die Zahlen für 2001: männliche Jugendliche 1759 Jugendstrafen von ein bis zwei Jahren Dauer, 989 (56,2 %) zur Bewährung ausgesetzt. Männliche Heranwachsende 3823, davon 2206 (57,7 %) zur Bewährung, weibliche Jugendliche 96 zu 63 (66 %), weibliche Heranwachsende 223 zu 125 (55 %).

[133] *Schaffstein/Beulke*, § 25 II 3, DVJJ-Reform, S. 94; Beschl. 64. DJTag C VI 14 a.

[134] *Streng*, Gutachten, N 86; *Albrecht*, Gutachten, D 155 f.

[135] S. auch *Dünkel/Morgenstern*, FS Müller-Dietz, S. 133 ff., 152.

Ist das Gericht im Zweifel, ob die Aussetzung zur Bewährung verantwortet werden kann, so wird sich der Richter die Entscheidung über die
Aussetzungsfrage vorbehalten. In diesen Fällen wird es meistens von ent-
scheidender Bedeutung sein, wie sich der Jugendliche unter dem Eindruck der Verurteilung verhält.[136] Der Jugendrichter wird ihm Verhaltens-
maßregeln erteilen, und der Jugendgerichtshelfer sollte den Jugendlichen
beobachten und ihm helfend und beratend zur Seite stehen. Der Jugendrichter kann gem. § 8 JGG dem Jugendlichen Weisungen erteilen und gegebenenfalls einen Betreuer bestellen (Betreuungsweisung), wobei es sich
empfehlen kann, den (möglicherweise späteren) Bewährungshelfer auszuwählen.[137]

Das Gericht wird aber nur ausnahmsweise so verfahren dürfen. Fehlen nämlich die Erkenntnisse darüber, ob eine Aussetzung in Betracht
kommt, dann dürften in aller Regel auch die Persönlichkeit und die Lebensverhältnisse des Jugendlichen nicht so genau erforscht sein, wie es
nötig wäre, um überhaupt eine Bestrafung zu begründen. Bedenklich ist
dann auch, dass eine wichtige Frage der Strafbemessung ohne die Laienrichter entschieden wird.[138] Eine solche Entscheidung kommt deshalb
nur dann in Betracht, wenn die Wirkung der Verurteilung auf den Jugendlichen oder seine oder seiner Eltern gegebenen Versprechungen auf ihre
Bedeutung für den Erfolg der Strafaussetzung überprüft werden sollen.
Das mag etwa der Fall sein, wenn der Verurteilte sich noch gar nicht mit
der Möglichkeit einer Aussetzung zur Bewährung befasst hat und deren
Einzelheiten auch deshalb noch nicht erwogen werden konnten. Die nun
noch nötigen Erkenntnisse wird sich der Jugendrichter in kurzer Zeit
(die mitunter als Richtzeit genannten drei Monate scheinen schon zu
lang) verschaffen können.[139] Dann ist ein Vorgehen nach § 57 JGG auch
nicht gesetzwidrig.[140] Es ist nicht zulässig, wenn in einem Fall, in dem

---

[136] Bis zur Entscheidung über ihre Aussetzung darf die Jugendstrafe nicht vollstreckt werden, *KG* NStZ 1988, 182; *Eisenberg/Wolski*, Anm. zu insoweit unrichtiger
Entscheidung des *OLG Stuttgart* NStZ 1986, 219; vgl. auch *OLG Frankfurt* NStZ-RR
1997, 250.

[137] Der dann aber nicht als Bewährungshelfer, sondern als Betreuungshelfer i. S.
von § 10 I Nr. 5 JGG tätig wird. Vgl. auch *OLG Dresden* NStZ-RR 1998, 318.

[138] *Brunner/Dölling*, § 57 Rn. 3.

[139] Ähnlich *Walter/Pieplow*, NStZ 1988, 165 ff., 168. Die umstrittene rechtliche
Struktur dieser Schwebezeit hat Ähnlichkeiten mit § 71 JGG und ist keine Bewährungszeit. Fällt das Gericht aber in vertretbarer Zeit keine Entscheidung, so muss das
so gewertet werden, als ob die Aussetzung gewährt worden wäre: *OLG Dresden*
NStZ-RR 1998, 318, wobei eine Probezeit von 6 Monaten als gerade noch hinnehmbar
angesehen wird. Vgl. auch *OLG Stuttgart* RÜ NStZ 1995, 537.

[140] *Eisenberg*, § 57 Rn. 6; *Brunner/Dölling*, § 57 Rn. 4; *DSS-Sonnen*, § 57 Rn. 15;
Streng, § 12 Rn. 51. Für eine gesetzwidrige Maßnahme halten die „Vorbewährung"
aber *Ostendorf*, § 57 Rn. 6; *Schaffstein/Beulke*, § 25 V; *Albrecht*, § 33 D II; *Meier/Röss-
ner/Schöch*, § 12 Rn. 24. Sachdienlich wäre jedenfalls eine eingehendere gesetzliche
Regelung: DVJJ-Reform, S. 96, 97 (18.7.3).

die Voraussetzungen für die Strafaussetzung zur Bewährung vorliegen, der Jugendliche hingehalten würde, um ihm das Strafübel besonders fühlbar zu machen, oder wenn der Richter dem Verurteilten eine monatelange Probezeit auferlegt – dann wäre die positive Entscheidung über die Strafaussetzung geboten. Wenn aber der Richter in einer knappen und übersehbaren Frist letzte Zweifel klären will, ob die Strafaussetzung verantwortet werden kann, so ist ein Vorgehen nach § 57 JGG für den Verurteilten günstiger, als wenn der Richter, was er sonst müsste, den Termin verlegen und die „Vorbewährung" – der Begriff ist missverständlich, es geht um die notwendige Hilfeleistung für einen in seiner Entwicklung offenbar erheblich gefährdeten jungen Menschen – über Anordnungen nach § 71 JGG organisieren würde.[141]

Hat das Gericht keine Entscheidung über die Bewährungsfrage getroffen, so ist ebenso zu verfahren, als wenn es sich im Urteil die spätere Entscheidung vorbehalten hätte.

Aber selbst dann, wenn im Urteil die Strafaussetzung zur Bewährung ausdrücklich abgelehnt worden ist, kann der Jugendrichter nach Rechtskraft des Urteils, aber vor Beginn des Strafvollzugs, nachträglich die Strafaussetzung gewähren, „wenn seit Erlass des Urteils Umstände hervorgetreten sind, die allein oder in Verbindung mit den bereits bekannten Umständen eine Aussetzung der Jugendstrafe zur Bewährung rechtfertigen" (§ 57 II JGG). Diese Regelung trägt dem Erziehungsgedanken Rechnung, verkörpert die dem Jugendstrafrecht innewohnende Flexibilität und trägt dazu bei, aus erzieherischen Gründen unnötige oder gar schädliche Verbüßung von Jugendstrafen zu verhindern.

d) Durchführung der Strafaussetzung

Die Bewährungszeit beträgt mindestens zwei und höchstens drei Jahre. Sie kann bis auf vier Jahre verlängert oder – allerdings nur in den Fällen des § 21 I JGG – auf ein Jahr verkürzt werden. Die kürzere Dauer gegenüber den Erwachsenen (zwei bis fünf Jahre) ist festgelegt, um den Jugendlichen nicht zu entmutigen. Außerdem zeigt die Erfahrung, dass ein guter Verlauf einer Bewährungszeit von zwei bis drei Jahren ein recht sicheres Anzeichen für künftige Lebensbewährung ist.[142] Dem Jugendlichen oder Heranwachsenden muss in jedem Fall ein Bewährungshelfer beigeordnet werden (§§ 24, 25 JGG). Dies geschieht für höchstens zwei Jahre innerhalb der Bewährungszeit. Der Richter kann aber die Unterstellung des Jugendlichen unter die Aufsicht und Leitung eines Bewährungshelfers auch in der Bewährungszeit mehrfach anordnen, und die Zweijahresdauer kann dann überschritten werden. Jedenfalls kann die Bewährungs-

---

[141] Wobei es natürlich unschädlich ist, wenn der Jugendliche Weisungen (Auflagen sind natürlich unzulässig) auch deshalb befolgt, um die Aussetzung zu erlangen (insoweit unverständlich *Ostendorf*, § 57 Rn. 6).

[142] DSS-*Sonnen*, § 22 Rn. 2; *Schaffstein/Beulke*, § 25 III 2.

zeit länger dauern als die Betreuung durch einen Bewährungshelfer. Nach § 113 JGG sind die Länder verpflichtet, eine ausreichende Zahl von Bewährungshelfern anzustellen. Diese sehr allgemeine Anweisung hat es nicht vermocht, zufrieden stellende Verhältnisse zu schaffen. Die ständige Ausweitung des Instituts der Bewährungsaufsicht, zu der jetzt auch noch die Führungsaufsicht getreten ist, wird nicht durch Vermehrung von Bewährungshelferstellen ausgeglichen. Aber nur wenn die Bewährungshelfer ausreichend Zeit haben, sich mit den einzelnen Probanden zu beschäftigen, kann diese Einrichtung ihre optimale Wirkung entfalten. Im Bundesdurchschnitt ist jeder Bewährungshelfer für etwa 70 Probanden zuständig, während eine Belastung mit 30 Probanden als erstrebenswert angesehen wird.[143]

Die Bewährungshelfer sind ausgebildete Sozialarbeiter, die der Fach- und Rechtsaufsicht ihrer Anstellungsbehörde (meistens dem Präsidenten des Landgerichts) unterstehen. Im Einzelfall arbeiten sie mit dem Jugendrichter zusammen. Dieser kann dem Bewährungshelfer Anweisungen erteilen. Dem Jugendrichter muss der Bewährungshelfer über den Ablauf der Bewährungsaufsicht berichten, ihm notfalls auch besondere Vorkommnisse wie z. B. neue Straftaten des Probanden mitteilen (§ 25 JGG). Dagegen ist der Bewährungshelfer nicht verpflichtet, Polizei oder Staatsanwaltschaft von dem Verhalten seines Probanden zu informieren. Freilich hat er auch kein Zeugnisverweigerungsrecht; es ist Aufgabe des Richters, dann, wenn der Bewährungshelfer in einem späteren Strafverfahren als Zeuge etwa über im Gespräch zwischen ihm und seinem Probanden bekannt gewordene Straftaten aussagen muss, bei der Vernehmung möglichst das besondere Vertrauensverhältnis zwischen Bewährungshelfer und Probanden zu berücksichtigen. Der Bewährungshelfer unterstützt den Probanden und berät ihn. Weisungen darf er ihm nicht erteilen. Solche zu erlassen, ist Sache des Richters, der sein Recht nicht auf den Bewährungshelfer übertragen darf. Deshalb ist es unrichtig, wenn im Beschluss, der die Modalitäten der Bewährung regelt, angeordnet wird, der Verurteilte müsse den Weisungen des Bewährungshelfers nachkommen.[144]

Der Richter soll den Jugendlichen durch Weisungen erzieherisch beeinflussen und kann ihm Auflagen erteilen (§ 23 I JGG). Davon sieht er zunächst ab, wenn der Jugendliche sich erbietet, von sich aus etwa Wiedergutmachung zu leisten oder seine Lebensführung zu ändern, und zu erwarten ist, dass er seine Zusagen einhalten wird. Erweist sich diese Erwartung als unbegründet, so kann der Jugendrichter die ihm erforderlich erscheinenden Weisungen und Auflagen nachträglich anordnen.

Während die Weisungen die Lebensführung des Probanden regeln, dienen die Auflagen neben der zur Bewährung ausgesetzten Jugendstrafe dazu, Genugtuung für das begangene Unrecht zu schaffen. Die Auffassung, in Verbindung mit der Strafaussetzung diene auch die Auflage der Erziehung,[145] kann nicht geteilt werden. Die Auflagen sind zur Gestal-

---

[143] *Ostendorf,* Grdl. zu §§ 21–26 a, Rn. 5; *Eisenberg,* § 113 Rn. 4; *Göppinger,* S. 696.
[144] *Schaffstein/Beulke,* § 25 III 3; *Streng,* § 12 Rn. 57–62.
[145] *Eisenberg,* § 23 Rn. 5.

tung der Lebensführung des Probanden ersichtlich nicht geeignet. Wie jede Ahndung dienen sie natürlich auch der Rückfallverhinderung durch Individualabschreckung.[146] Weisungen haben dagegen die Funktion, Defiziten des Verurteilten entgegenzuwirken. Deshalb soll der Richter Weisungen erteilen, dass etwa der Proband im Rahmen einer Behandlung sich einem Drogenkontrollprogramm unterzieht,[147] während Auflagen nur ausnahmsweise in Betracht kommen. Gelegentlich mag die Anordnung, den durch die Straftat angerichteten Schaden nach Kräften wiedergutzumachen, angemessen sein, in seltenen Fällen auch die Auflage, Geldzahlungen an gemeinnützige Einrichtungen zu leisten, um dem Jugendlichen deutlich zu machen, dass die Strafaussetzung kein Freispruch ist. Kommt der Proband Auflagen und Weisungen nicht nach, so kann ihre Befolgung durch Verhängung von Jugendarrest (auch mehrfach, aber insgesamt nur bis zur Höhe von vier Wochen) erzwungen werden.[148] Während es hier richtig erscheint, dass der Richter Weisungen auch nachträglich treffen, ändern und aufheben kann, um den Verlauf der Bewährungszeit optimal zu gestalten, wird er die ahndenden Auflagen im normalen Bewährungsverlauf jedenfalls nicht verschärfen dürfen. Die Weisungen und Auflagen stellt der Richter in einem Bewährungsplan zusammen, der auch den Namen des Bewährungshelfers enthält und dem Jugendlichen ausgehändigt wird (§ 60 JGG).

e) Widerruf der Strafaussetzung

aa) Wegen neuer Straftaten. Die Strafaussetzung zur Bewährung wird widerrufen und die Vollstreckung der Jugendstrafe betrieben, wenn der Verurteilte eine neue Straftat in der Bewährungszeit bzw. zwischen der die Strafaussetzung anordnenden Entscheidung und deren Rechtskraft (§ 26 I 2 JGG) begeht und dadurch zeigt, dass sich die Erwartung, die der Strafaussetzung zugrunde lag, nicht erfüllte. Aus diesem Grunde erfolgen die meisten Widerrufe, nämlich 85 %.[149] Nicht jede neue Straftat führt zum Widerruf, denn Taten, die geringfügig sind, besonderen Konfliktlagen entspringen oder in eine Phase sonst günstiger Entwicklung fallen, müssen nicht anzeigen, dass sich „die Erwartung, die der Strafaussetzung zugrunde lag, nicht erfüllt hat". Das trifft vor allem, aber nicht nur, auf Verkehrsdelikte zu.[150] Wird die neue Straftat mit Weisungen, Zuchtmitteln oder − der Proband ist inzwischen 21 Jahre alt − mit Geldstrafe geahndet, so ist der Widerruf in der Regel nicht angezeigt, meistens auch

---

[146] *Schaffstein/Beulke,* § 25 III 3; *Meier/Rössner/Schöch,* § 12 Rn. 12.

[147] *OLG Zweibrücken* NStZ 1989, 578; *BVerfG* NStZ 1993, 482 − zum allgemeinen Strafrecht.

[148] Vgl. hierzu *OLG Zweibrücken* NStZ 1992, 84 mit Anm. *Ostendorf.*

[149] *DSS-Sonnen,* §§ 26, 26 a Rn. 2; *Göppinger,* S. 695.

[150] Zu Recht großzügig auch bei schwerem Versagen in der Bewährungszeit: *LG Marburg* RÜ NStZ 1982, 415; *LG Hamburg* StrVert 1984, 32; vgl. auch *BGH* NStZ-RR 1996, 133.

dann nicht, wenn wegen der neuen Straftat wieder eine Jugend- oder
Freiheitsstrafe verhängt wird, deren Vollstreckung von Anfang an zur Bewährung ausgesetzt wird. Aber auch wenn das Begehen der neuen Straftat die Erwartung enttäuscht hat, ist der Widerruf der Strafaussetzung
nicht die notwendige Folge. Es kann sogar durchaus sein, dass der Proband wegen der neuen Straftat eine neue Jugend- oder Freiheitsstrafe verbüßen muss und gleichwohl in der alten Sache weiter unter Bewährung
steht. Zunächst ist nämlich immer zu prüfen, ob statt des Widerrufs eine
Verlängerung der Bewährungszeit oder der Unterstellungszeit unter einen Bewährungshelfer oder auch die erneute Unterstellung unter einen
Bewährungshelfer während der Bewährungszeit in Betracht kommen,
wenn nicht schon Änderungen oder neue Anordnungen von Weisungen
und Auflagen (wogegen hier dann keine Einwände bestehen) genügen,
doch noch der ursprünglichen Aussetzungsentscheidung zum Erfolg zu
verhelfen. Streitig ist, welche Anforderungen an den Beweis der „neuen
Straftat" zu stellen sind. Teilweise wird deren rechtskräftige Aburteilung
durch das hierfür zuständige Gericht verlangt. Das dauert indessen lange.
Die Behandlung des Probanden wäre vielleicht besser sichergestellt,
wenn die Vollstreckung der ausgesetzten Strafe sofort bei Bekanntwerden
der neuen Straftat begänne. Ob dies gegen die Unschuldsvermutung verstößt, erscheint fraglich. Einerseits ist von „neuer Straftat" die Rede, andererseits ergeht eine Entscheidung in einem anderen Verfahren, und die
Unschuldsvermutung erfasst (natürlich) nicht jede Konsequenz, die aus
der Begehung einer neuen Straftat gezogen wird.[151] Den meisten Gerichten genügt es, wenn nach Sachlage kein vernünftiger Zweifel an der Täterschaft des Probanden besteht.[152]

Ein ungutes Gefühl bleibt. Es kommt nicht selten vor, dass der Proband zwar nach
dem Widerruf die ausgesetzte Strafe verbüßen musste, danach aber im Verfahren
wegen der „neuen Straftat" freigesprochen wurde oder, noch häufiger, dass die neue
Sache im Hinblick auf den Widerruf nicht weiterverfolgt, sondern nach den Vorschriften der Strafprozessordnung oder des Jugendgerichtsgesetzes eingestellt, mithin auch nicht aufgeklärt wurde.[153] Manchmal wird in solchen Fällen ein anderer
Widerrufsgrund angegeben, der aber nur deshalb die Widerrufsfolge nach sich zieht,
weil der Richter davon ausgeht, der Proband habe die neue Straftat wirklich begangen.
In der Regel sollte die neue Sache rechtskräftig geklärt sein, ehe der Widerruf erfolgt.[154]

bb) Wegen Verstoßes gegen Weisungen. Der Widerruf der Strafaussetzung
ist auch möglich, wenn der Proband gröblich oder beharrlich gegen die

---

[151] Eingehend hierzu *Ostendorf,* §§ 26–26 a Rn. 7.
[152] *BVerfG* NStZ 1991, 30 und StrVert 1996, 163; *OLG Hamburg* NStZ 1992, 130:
vgl. aber *EGMR* NStZ 2004, 159; *Schaffstein/Beulke,* § 25 IV 1a; *Brunner/Dölling,*
§ 26 a Rn. 2 a.
[153] *Ostendorf* verlangt ein glaubhaftes Geständnis im Beisein eines Verteidigers,
§§ 26–26 a Rn. 7.
[154] Ebenso *Eisenberg,* §§ 26, 26 a Rn. 5.

Weisungen verstößt oder sich der Aufsicht und Leitung des Bewährungshelfers entzieht und dadurch Anlass zur Besorgnis gibt, er werde erneut
Straftaten begehen.

cc) Wegen Nichterfüllung von Auflagen. Schließlich kann auch bei gröb-
licher und beharrlicher Nichterfüllung der Auflagen der Widerruf der
Strafaussetzung geboten sein, wenn alle anderen Mittel, etwa auch die
Vollstreckung eines Beugearrestes, versagt haben.[155]
 Vor dem Widerruf ist dem Probanden Gelegenheit zur mündlichen
Äußerung vor dem Richter zu geben (§ 58 I 3 JGG). Im Verfahren zur
Prüfung des Widerrufs kann er unter den Voraussetzungen des § 453 c
StPO verhaftet werden. Diese *Sicherungshaft,* die einen Haftbefehl des
die Bewährung überwachenden Richters voraussetzt, wird wie Unter-
suchungshaft vollzogen und voll auf die ausgesetzte Strafe angerechnet.
Manchmal kann auch nach kurzer Sicherungshaft und Klärung einiger,
die Strafaussetzung zur Bewährung betreffender Fragen die Strafaussetzung fortgesetzt werden.[156] Ergeht kein Widerruf, so wird nach Ablauf
der Bewährungszeit die zur Bewährung ausgesetzte Strafe erlassen (§ 26 a
JGG).[157]

f) Zur Rechtsnatur und zum Erfolg der Strafaussetzung

Die Rechtsnatur der Strafaussetzung zur Bewährung ist umstritten.[158]
Sie ist in der Rechtswirklichkeit ein besonders ausgestaltetes, eigenständiges Reaktionsmittel, dessen Bedeutung ständig zunimmt. Gleichwohl
handelt es sich juristisch um eine Jugendstrafe, die Strafaussetzung betrifft nur deren Vollstreckung.

Das Institut der Aussetzung der Jugendstrafe zur Bewährung hat sich
zunächst insoweit bewährt, als die Mehrzahl der Aussetzungen zum
Erlass der ausgesetzten Strafe führen. Die erfolgreichen Beendigungen
haben prozentual ständig zugenommen, und das, obgleich ein immer
größerer Anteil von Jugendstrafen zur Bewährung ausgesetzt wird und
die Probanden der Bewährungshilfe folglich auch eine zunehmend problematischere Klientel darstellen.[159] Allerdings hat sich auch die Wider-
rufspraxis geändert. Die gesetzlichen Bestimmungen sind gelockert worden. Wurde früher bei nahezu jeder in der Bewährungszeit festgestellten

---

[155] Mit *Ostendorf,* §§ 26–26 a Rn. 10, ist freilich zusätzlich eine negative Prognose
erforderlich. Die bloße Sühnewirkung der Auflage ist mit der Vollstreckung des Beugearrestes nämlich erreicht. Vgl. auch *Streng,* § 12 Rn. 54, 55, 71.

[156] § 58 II JGG. Die Vorschrift ist auch im Rahmen der sog. „Vorbewährung" anwendbar: *OLG Karlsruhe* NStZ 1983, 92; *LG Freiburg* NStZ 1989, 387 mit Anm.
Fischer, NStZ 1990, 52.

[157] Die Entscheidung ist unanfechtbar (§ 59 IV JGG) und kann – anders als im
allg. Strafrecht (§ 56 g II StGB) – nicht widerrufen werden.

[158] *Schaffstein/Beulke,* § 25 I.

[159] *DSS-Sonnen,* §§ 26, 26 a Rn. 3.

neuen Straftat widerrufen, geschieht das heute fast nur noch, wenn wegen
der neuen Tat zu Freiheits- oder Jugendstrafe verurteilt und Strafaussetzung nicht gewährt wird. Selbst wenn eine neue Strafe verbüßt werden
muss, wird die Ausgangsentscheidung oft nicht widerrufen. Widerrufe
(nur) wegen Weisungs- und Auflagenverstoß werden immer seltener. Ob
die beiden Linien – immer mehr erfolgreiche Aussetzungen/ständig
höhere Anforderungen an die Widerrufsentscheidung – sich ausgleichen
oder ob „objektiv" die Aussetzungen erfolgreicher (oder auch weniger erfolgreich) geworden sind, lässt sich deshalb nicht eindeutig feststellen.
Die Unterstellungen nach § 21 II JGG verlaufen, wenn man die „Erfolge",
was sinnvoll erscheint, im Vergleich der durch Erlass auf der einen, durch
Widerruf oder auf andere Weise geendeten Bewährungsfällen auf der anderen Seite errechnet, geringfügig besser als die nach § 21 I JGG.[160] Bei
den (wenigen) weiblichen Probanden sind die Erfolge besser als bei den
Männern. Nach der Rückfallstatistik des Generalbundesanwalts gab es
hinsichtlich der 1981 bis 1985 mit Erlass oder Widerruf der Strafaussetzung zur Bewährung beendeten Vollstreckungen von Jugendstrafen nach
fünfjähriger Kontrolle bei den Männern in den Fällen des § 21 I JGG
49,2 % und in den Fällen des § 21 II JGG 47,5 % neue Verurteilungen zu
Freiheits- oder Jugendstrafe (mit oder ohne Bewährung), bei den jungen
Frauen 42,8 % und 41,3 %.[161]

Nach derselben Statistik waren bei den Männern in den Fällen des § 21 I JGG
72 % der Strafen erlassen worden (in den fünf darauf folgenden Jahren in 44,5 % der
Fälle neue Verurteilungen zu Jugend- oder Freiheitsstrafe), in den Fällen des § 21 II
JGG 70 % (44 %). In den Fällen des § 21 I JGG waren 28 % der Bewährungsentschei-
dungen widerrufen worden (bei § 21 II JGG 30 %) – die Gründe hierfür ergeben sich
aus der Statistik nicht. In den fünf darauf folgenden Jahren gab es in 68 % (64,5 %) dieser Fälle erneute Verurteilungen zu Jugend- oder Freiheitsstrafen.[162] Die Bewährungshilfestatistik, die auch die letzten Jahre dokumentiert, ist wenig aussagekräftig. Hier
werden zwar die Erfolgs- und Widerrufsquoten mitgeteilt, daneben aber unterschiedlich hohe Quoten „sonstiger Erledigung" erwähnt. Dabei handelt es sich zu einem großen (aber nicht genau quantifizierten) Teil um Fälle, in denen die zur Bewährung ausgesetzten Strafen wegen neuer Straffälligkeit gem. § 31 II JGG in neue Jugendstrafen
einbezogen worden sind. Soweit diese Strafen nicht zur Bewährung ausgesetzt worden
sind, steht der Sachverhalt einem Bewährungswiderruf gleich. Soweit freilich für die
neue Einheitsstrafe erneut Bewährung gewährt worden ist, handelte es sich eher um
einen Fall der Verlängerung der Bewährungszeit.[163]

---

[160] *Göppinger*, S. 700.

[161] 11457 von 23352 Männern, 705 von 1615 Frauen (errechnet nach den Rückfallsta-
tistiken des GBA 1986–1990); günstigere Ergebnisse bei 4-jähriger Kontrollzeit: *Jehle/
Heinz/Sutterer*, Legalbewährung nach strafrechtlichen Sanktionen, 2003, S. 44, 119;
vgl. auch *Heinz*, ZJJ 1/2004, 35 ff.

[162] *Göppinger*, S. 700.

[163] Vgl. hierzu *Göppinger*, S. 699–701.

5. Vollstreckung und Vollzug der Jugendstrafe

a) Einleitung der Vollstreckung

Der nach § 84 JGG zuständige Jugendrichter als Vollstreckungsleiter sorgt nach Rechtskraft des Urteils dafür, dass der zu Jugendstrafe Verurteilte entweder aus der Untersuchungshaft in die zuständige Anstalt verlegt wird oder – wenn er sich auf freiem Fuß befindet – eine Ladung erhält, sich zum Vollzug in der zuständigen Anstalt zu stellen. Sobald er in der Anstalt aufgenommen ist, geht die weitere Vollstreckung einschließlich der Entscheidung über eine Entlassung zur Bewährung auf den besonderen Vollstreckungsleiter über. Vollstreckungsleiter ist der Jugendrichter an dem in der Nähe der Vollzugsanstalt gelegenen Amtsgericht, den die Landesjustizverwaltung hierfür allgemein bestimmt hat (§ 85 II JGG).

Auch dieser Vollstreckungsleiter kann bei drogenabhängigen Jugendlichen oder nach Jugendstrafrecht verurteilten Heranwachsenden bei besonderen Therapievoraussetzungen mit Zustimmung des Gerichts des ersten Rechtszuges die Vollstreckung der Jugendstrafe, eines Strafrestes oder der Maßregel nach § 7 JGG, § 61 Nr. 2 StGB gem. §§ 38 I 1, 35 BtMG zurückstellen.[164] Eine Ablehnung der Zurückstellung ist im Verfahren nach §§ 23 ff. EGGVG anfechtbar.[165] Widerruft der Vollstreckungsleiter gem. § 35 IV BtMG die Zurückstellung nicht, so wird die Therapiezeit nach §§ 38 I 1, 36 BtMG auf die Jugendstrafe angerechnet und die Verurteilung wird nicht in das Führungszeugnis aufgenommen (§ 32 II Nr. 3 BZRG). Sobald Entscheidungen nach § 36 I–III BtMG anstehen, ist das Gericht des ersten Rechtszuges zuständig, und der als Vollstreckungsleiter zuständige Jugendrichter hat nach Zurückstellung der Strafvollstreckung die Vollstreckung an dieses Gericht zurückzugeben. Es liegt dann ein wichtiger Grund i. S. des § 85 V JGG vor.[166]

b) Die Jugendstrafanstalten

Die Jugendstrafe wird in Jugendstrafanstalten vollzogen (§ 92 I JGG).[167] Für die männlichen Jugendlichen und Heranwachsenden existieren in allen Bundesländern – Strafvollzug ist Ländersache! – eigene Anstalten. Während in den Stadtstaaten Berlin (Plötzensee), Bremen (Blockland)[168]

---

[164] Der Vollstreckungsleiter nach §§ 82, 84 JGG ist für diese Entscheidungen zuständig, wenn sie vor der Verlegung in die Jugendstrafanstalt ergehen können. In den rheinland-pfälzischen Jugendstrafanstalten wurden 13,6 % der vom 1.1.2002 bis 31.7.2003 Entlassenen nach Vollstreckung eines Teils ihrer Strafe in eine Therapieeinrichtung vermittelt, in der hessischen Jugendstrafanstalt Rockenberg von 1993–2002 mit geringen jährlichen Schwankungen aber nur 3,2 %.

[165] *OLG München* NStZ 1983, 236; *OLG Frankfurt* MDR 1983, 156; *OLG Zweibrücken* MDR 1983, 254; vgl. auch *Eisenberg*, § 82 Rn. 5 a; Nix *(Richtberg)*, § 82 Rn. 6, 7.

[166] BGHSt 32, 58 ff.

[167] *KG* NJW 1978, 284 mit Anm. *Frenzel:* es ist unzulässig, einen rechtskräftig zu Jugendstrafe Verurteilten wegen Platzmangels in der Jugendstrafanstalt in der Untersuchungshaftanstalt zu belassen.

[168] Der Jugendstrafvollzug des Landes Bremen soll von Niedersachsen übernommen werden.

und Hamburg (Hanöfersand)[169] sowie in den Bundesländern Mecklenburg-Vorpommern (Neustrelitz), Saarland (Ottweiler), Sachsen (Zeit-
hain), Schleswig-Holstein (Neumünster) Baden-Württemberg (Adelsheim) und Thüringen (Ichtershausen) jeweils nur eine Jugendstrafanstalt
besteht, verfügen Hessen (Rockenberg und Wiesbaden), Sachsen-Anhalt
(Raßnitz und Halle), und Rheinland-Pfalz (Schifferstadt und Wittlich)
über je zwei, Bayern (Ebrach, Laufen-Lebenau und Neuburg-Herrenwörth) und Niedersachsen (Göttingen-Leineberg, Hameln und Vechta-
Falkenrott) über je drei und Nordrhein-Westfalen (Heinsberg, Herford,
Iserlohn-Hennen, Siegburg und Staumühle-Hövelhof) über fünf Jugendstrafanstalten.[170] In Brandenburg gibt es größere Abteilungen für Jugend-
strafgefangene in den Strafanstalten Cottbus (Spremberg), Wrietzen und
Oranienburg. Am 31. 3. 2003 befanden sich 6835 junge Männer im Jugendstrafvollzug. Soweit es in einem Bundesland mehrere Jugendstrafanstalten gibt, werden die Anstalten nach regionalen Gesichtspunkten
(Rheinland-Pfalz), teilweise nach dem Alter der Verurteilten zur Tatzeit
(Hessen) oder auch nach dem Sicherungsgrad (Bayern) belegt. In Niedersachsen erfolgt die Verlegung nach regionalen Gesichtspunkten in die
beiden offenen Jugendstrafanstalten, während alle für den offenen Jugendstrafvollzug nicht in Betracht kommenden Gefangenen in die Jugendstrafanstalt Hameln eingewiesen werden. Dabei sind Abweichungen nach
Maßgabe der in den Anstalten unterschiedlich vorhandenen Bildungs-
angebote und Therapiemöglichkeiten allerorts üblich.

In den Anstalten stehen meist 150 bis 300 Haftplätze zur Verfügung, nur wenige
Anstalten (Raßnitz, Adelsheim, Hameln, – 620 Plätze im geschlossenen Vollzug –
Siegburg – im Jahre 2003 mit 700 Gefangenen belegt) sind größer. Es handelt sich teil-
weise um alte Bauten, die früher Klöster oder Schlösser waren (Ebrach, Rockenberg,
Ichtershausen), oder ehemalige Gefängnisse oder Zuchthäuser für Erwachsene (Herford, Wittlich).[171] Ganz neu im Pavillonstil auf meist großer Fläche mit modernen
Werkbetrieben und Sportanlagen sind Raßnitz, Blockland, Iserlohn-Hennen, Heinsberg, Wiesbaden, Ottweiler, Adelsheim, Schifferstadt, Neuburg-Herrenwörth und
Hameln in den letzten 35 Jahren gebaut worden. Die älteren Anstalten sind teilweise
gründlich modernisiert. Die Anstalten unterscheiden sich äußerlich nicht von Anstalten für erwachsene Gefangene: Mauern und Gitter oder ähnliche Sicherungs-
anlagen werden überall für nötig gehalten. Der Wohnbereich ist vom Arbeits- und

---

[169] Die nach dem 1. Weltkrieg als offene Anstalt geführte, zeitweise für den Jugendstrafvollzug wegweisende Anstalt (hierzu *Schaffstein/Beulke*, § 44 I 2) hat jetzt überwiegend geschlossene Bereiche und wird auch als Frauenstrafanstalt genützt. Vgl. auch
ZfStrVo 2003, 106.

[170] Eine systematische Darstellung der Praxis des Jugendstrafvollzuges fehlt. Für
die alten Bundesländer finden sich aber vergleichsweise aktuelle Angaben bei *Dünkel*,
S. 143 f. im Überblick und S. 258 ff. zu einigen Anstalten. Vgl. auch *Bulczak*, aaO. Neuere Daten, vor allem für die Jugendstrafanstalten in den neuen Bundesländern: *Dünkel*, ZfStrVo 2002, 67 ff.; *Nagler*, KUP 24, 143 ff.; *Schott*, DVJJ-J 4/2000, 354 ff.; *Preus-
ker*, ZfStrVo 2003, 109 f.

[171] Zu Wittlich – als erstem Jugendgefängnis in Preußen – *Ellger*, ZfStrVo 1962,
207 ff.

Wirtschaftsbereich getrennt. Weitgehend offene Anstalten wie die in einem ehemaligen Erziehungsheim in Göttingen eingerichtete,[172] und die vom Gelände des Truppenübungsplatzes Staumühle umgebene nordrhein-westfälische Anstalt Hövelhof bilden Ausnahmen.

Die zu Jugendstrafe verurteilten jungen Frauen (31. 3. 2003: 270) sind in – oft nicht einmal selbständigen – Abteilungen der Frauenstrafanstalten, die ihrerseits meist nur Abteilungen von Anstalten sind, die im Übrigen mit (erwachsenen) männlichen Straf- und U-Gefangenen belegt sind, untergebracht. Da beim Strafvollzug das größere Gewicht auf die Trennung der Geschlechter als auf die Trennung der Altersstufen gelegt wird und insgesamt nur wenige Frauen in Untersuchungshaft oder Strafhaft einsitzen, ist im Frauenstrafvollzug eine Differenzierung in unterschiedliche Anstalten nicht und innerhalb einer Anstalt in einigermaßen getrennte und selbständige Abteilungen kaum möglich. Die Praxis widerspricht also § 92 I JGG.[173] Die Unterbringung der jungen Frauen in gesonderten Abteilungen von im Übrigen mit jungen Männern belegten Jugendstrafanstalten ist nicht unproblematisch.[174] Soll diese „co-correction" nicht verwirklicht werden, so müsste für Frauen in § 92 I JGG eine Sonderregelung geschaffen werden. Den Gesetzesbefehl insoweit auch künftig zu ignorieren, erscheint jedenfalls indiskutabel.[175] Man bemüht sich in den Frauenstrafanstalten den besonderen Problemen der zu Jugendstrafe Verurteilten gerecht zu werden. Die Schwierigkeiten sind groß, sie können hier nicht besonders dargelegt werden.[176]

c) Die rechtlichen Regelungen des Vollzuges

In § 91 JGG wird dem Jugendstrafvollzug die Aufgabe gestellt, die Verurteilten dazu zu erziehen, künftig einen rechtschaffenen und verantwortungsbewussten Lebenswandel zu führen. Ordnung, Arbeit, Unterricht, Leibesübungen und sinnvolle Beschäftigung in der freien Zeit werden als Grundlagen der Erziehung erwähnt. Die Berufsausbildung in Lehrwerkstätten wird als besonders wichtig angesehen. Auflockerungen des Vollzugs und seine Durchführung in weitgehend freien Formen werden für zulässig, Eignung und Ausbildung der Beamten für die Erziehungsaufgabe für erforderlich gehalten. In § 115 JGG findet sich eine Ermächtigung an die Bundesregierung, durch Rechtsverordnung mit Zustimmung des Bundesrats den Jugendstrafvollzug in einer Reihe von im Einzelnen aufgeführten Fragen genauer zu regeln. Was die Ahndung von Verstößen

---

[172] Hierzu *Dünkel*, S. 322.

[173] *Eisenberg*, § 92 Rn. 4.

[174] *Steinhilper*, in: Trenczek, S. 145 ff.; *Einsele/Bernhardt*, in: Schwind/Blau, Strafvollzug in der Praxis, 2. Aufl. (1988), S. 58 ff., 66, 67.

[175] So auch *Walter/Neubacher* aaO 7. § 40 I Satz 2 EGJVollz will die Unterbringung in einer getrennten Abteilung einer Anstalt für erwachsene Frauen zulassen.

[176] *Steinhilper*, aaO; *Einsele/Bernhardt*, aaO.

gegen die Ordnung und Sicherheit der Anstalt angeht, so setzt § 115 II
JGG weitere Richtlinien fest, die jedenfalls insoweit, als sie der Verwaltung Grenzen setzen, verbindlich sind.[177] Die Bundesregierung hat
bis heute keine Rechtsverordnung nach § 115 JGG erlassen. Diese Er-
mächtigungsnorm dürfte den Anforderungen des Art. 80 GG indessen
auch nicht genügen.[178] Die sehr allgemein gehaltenen gesetzlichen Vorschriften werden hinsichtlich der Anwendung des unmittelbaren Zwangs
und des Arbeitsentgelts durch die entsprechenden Regelungen des Strafvollzugsgesetzes ergänzt (§§ 176, 178 StVollzG). Obwohl das Strafvollzugsgesetz im Übrigen nicht für den Jugendstrafvollzug gilt, haben sich
die Justizminister der Bundesländer darauf geeinigt, die meisten Vorschriften des Strafvollzugsgesetzes einschließlich der hierzu ergangenen
Verwaltungsvorschriften auch im Jugendstrafvollzug anzuwenden. Das
ist mit einer überall geltenden Verwaltungsvorschrift (VVJug) – die nur
an wenigen Stellen (etwa bei den Voraussetzungen für Vollzugslockerungen) den Besonderheiten des Jugendstrafvollzugs Rechnung trägt –
geschehen.[179]

Spätestens seit der Entscheidung des *BVerfG* vom 14. 3. 1972 ist es fraglich, ob derartige Regelungen den rechtsstaatlichen Forderungen entsprechen. Das *BVerfG* erklärte damals, dass das Rechtsverhältnis zwischen
dem Staat und den nach allgemeinem Strafrecht verurteilten Gefangenen
gesetzlich geregelt sein müsse.[180] Allerdings hat das Strafgesetzbuch über
die Freiheitsstrafe weniger Aussagen enthalten als das Jugendgerichtsgesetz über die Jugendstrafe. Das BVerfG hat sich zur Verfassungsmäßigkeit
des Jugendstrafvollzugs noch nicht geäußert.[181] In der Literatur wird inzwischen überwiegend die Ansicht vertreten, der gegenwärtige Zustand
entspreche nicht der Verfassung.[182] Insoweit überzeugt jedenfalls die Forderung, dass der Gesetzgeber aufgrund des Sozialstaatsprinzips in Verbindung mit dem Rechtsstaatsprinzip verpflichtet ist, die im JGG für die
Jugendstrafe maßgebliche Zielvorstellung „Erziehung" (§§ 17 II, 91 JGG)

---

[177] *Brunner/Dölling*, § 115 Rn. 5; *Eisenberg*, § 115 Rn. 2.
[178] *Schüler-Springorum*, in: FS Würtenberger, S. 426; *Ostendorf*, § 115 Rn. 1.
[179] Abgedruckt bei DSS, Anhang VIII; *Eisenberg*, Anhang 6.
[180] *BVerfGE* 33, 1 ff. So meinten *OLG Stuttgart* und *OLG Koblenz* ZfStrVo 1980,
60–62, der Jugendstrafvollzug sei nicht in der erforderlichen Form gesetzlich geregelt.
Der verfassungswidrige Zustand könne nur noch bis zum alsbaldigen Erlass eines Jugendstrafvollzugsgesetzes hingenommen werden. Danach ist in der Rechtsprechung
der Oberlandesgerichte die Verfassungsmäßigkeit des Jugendstrafvollzuges nicht mehr
bezweifelt worden (z. B. *OLG Celle*, NStZ 2000, 167).
[181] *BVerfG* NJW 1995, 2215; zu den Versuchen einzelner Jugendrichter, eine Entscheidung herbeizuführen: *Bieder*, StrVert 2002, 452 ff.; *Sonnen*, DVJJ-J 1/2003, 61 ff.;
AG Herford DVJJ-J 3/2002, 346 und 347; *BVerfG* DVJJ-J 3/2002, 348 mit Anm. *J. Walter; AG Rinteln*, DVJJ-J 3/2002, 343 ff.
[182] *Eisenberg*, § 91 Rn. 5; *Ostendorf* §§ 91–92 Rn. 3; *Schaffstein/Beulke*, § 44 II 1;
Streng, § 12 Rn. 78; *Dünkel*, FS Böhm, S. 105 f.; *Bammann*, UJ 2002, 30 ff.; *Mertin* ZRP
2002, 18 ff.

„in ihren wesentlichen Zügen auf die Haftsituation hin zu konkretisieren, die nötigen Rahmenbedingungen festzulegen, deren Implementation abzusichern sowie die nötigen Eingriffs- und Befugnisnormen daran auszurichten".[183] Dagegen ließe sich die Rechtsstellung des jungen Gefangenen notfalls noch verfassungskonform ermitteln: dass § 91 I JGG eine Arbeitspflicht des Gefangenen enthält, ist sicher, die Rahmenbestimmungen der Disziplinierung (Hausstrafen) zeichnet § 115 II JGG,[184] im Übrigen könnten die Vorschriften des StVollzG (etwa zu den Außenkontakten) als „rechtsstaatliche Minima" gelten.[185] Aber selbst wenn der Jugendstrafvollzug verfassungsmäßig sein sollte, so wäre es dringend erforderlich, um die Aufgabenerfüllung zu sichern und zu verbessern, alsbald eine gesetzliche Regelung zu schaffen.[186]

Vorarbeiten für eine gesetzliche Regelung des Jugendstrafvollzuges leistete die zwischen 1976 und 1979 im Auftrage des BMJ tätige Jugendstrafvollzugskommission, die ihren Schlussbericht 1980 vorlegte. Die von der Kommission unterbreiteten Vorschläge umfassen die Reform des Jugendstrafvollzuges und der Untersuchungshaft unter Einbeziehung der ambulanten Straffälligenhilfe, der Jugend- und Sozialhilfe.[187] In den folgenden 24 Jahren ist es trotz einiger Arbeits- und Referentenentwürfe des BMJ nicht gelungen, auf diesem Gebiet weiterzukommen.[188] Anstalts- und Vollstreckungsleiter haben einen eigenen Entwurf erarbeitet, der die Arbeiten der Jugendstrafvollzugskommission fortschreibt.[189] Das BMJ hat nun wieder einen Entwurf eines Gesetzes zur Regelung des Jugendstrafvollzuges (Stand: 28. 4. 2004) vorgelegt.

d) Die Erziehungsmittel des Jugendstrafvollzuges

Der Jugendstrafvollzug wird nach den im § 91 II JGG genannten Schwerpunkten vollzogen.[190]

aa) Ordnung. Es herrscht in den Anstalten eine oft zu rigide Ordnung.[191] Der Tagesablauf ist genau geregelt, die Insassen müssen die Hafträume und sich selbst sauber halten, pünktlich ihre Mahlzeiten einneh-

---

[183] *Walter/Neubacher;* aaO, 1 ff., 7.

[184] Die Praxis richtet sich seit 1954 nach diesen Vorgaben über Anordnungsgrund (Verstöße gegen Sicherheit und Ordnung der Anstalt), Anordnungsbefugnis (Vollzugsleiter), Höchststrafen (Arrest bis zu 2 Wochen; Beschränkung des Verkehrs mit der Außenwelt auf dringende Fälle bis zu drei Monaten).

[185] *Walter/Neubacher,* aaO, 5.

[186] *Brunner/Dölling,* § 91 Rn. 6; Beschl. 64. DJTag C XII 1.; *Busch,* UJ 1985, 126 ff., DSS-*Sonnen,* § 91 Rn. 7.

[187] *BMJ* (Hrsg.), Schlussbericht der Jugendstrafvollzugskommission, 1980.

[188] Überblick bei DSS-*Sonnen,* § 91 Rn. 14–18.

[189] *Bulczak/Fleck/Jöcks/Kreutzer/Scheschonka,* Jugendstrafvollzugsgesetz Entwurf, 1988.

[190] Sie werden – merkwürdigerweise – als antiquiert bezeichnet: *Streng,* § 12 Rn. 77.

[191] Zur Schilderung des Haftalltags aus der Sicht Gefangener: *Machura/Stirn,* Eine kriminelle Karriere, 1978; *Kreuzer,* UJ 1979, 59 ff.; *Kersten/v. Wolffersdorff-Ehlert,* Jugendstrafe – Innenansichten aus dem Knast, 1980; *Ortner,* Hinter Schloss und Riegel, 1983.

men und sich höflich verhalten. Eine solche Ordnung ist schon erforderlich, um das Zusammenleben von 100 und mehr jungen Leuten auf dem engen Raum einer Anstalt zu gewährleisten. Sie gibt dem Jugendlichen auch eine gewisse Sicherheit, er weiß, wie er sich verhalten muss. Ob sich diese äußere Ordnung als Erziehungsmittel bewährt, ist indessen zweifelhaft. Ihre Betonung führt zu Leerlauf und Sterilität, frühem „Einschluss" und Überbewertung reibungsloser Anpassung. Sie kann eine recht mächtige Subkultur mit ihren gefährlichen Einflüssen nicht verhindern.[192] Die jungen Gefangenen müssen aber befähigt werden, mit der Umwelt zurechtzukommen, ihre Wünsche in angemessener Form zur Geltung zu bringen, die berechtigten Interessen anderer zu respektieren, die Probleme in ihrer Familie zu bewältigen, sich selbst besser zu verstehen, kurz: Ordnung in ihr Leben zu bringen. An solchen Lernprozessen sind die Jugendlichen in der Regel interessiert. Sie erfordern Einzel- und Gruppenarbeit mit den Insassen, sind anstrengend und personalintensiv.[193] Als technische Voraussetzung empfiehlt sich der unterdessen in den meisten Anstalten eingeführte *Wohngruppenvollzug*, wonach in einem baulich abgegrenzten Bereich Gefangene in Einzelräumen wohnen, ihre Freizeit in eigenen Gruppenräumen (mit Wohnküche, Duschraum etc.) verbringen, die im Alltag auftretenden Schwierigkeiten gemeinsam mit den Bediensteten besprechen und einer Lösung zuführen. Die Bezugspersonen der Gruppe (Sozialarbeiter, Aufsichtsbeamte) bleiben möglichst konstant. Ihm entspricht eine dezentralisierte Organisationsstruktur der Anstalt mit weit gehenden Entscheidungsbefugnissen des Wohngruppenteams.[194] Der Wohngruppenvollzug ist nur zu verantworten, wenn seine organisatorischen und personellen Voraussetzungen gewährleistet sind.[195] Anderenfalls nehmen angesichts der schwierigen Klientel in den Jugendstrafanstalten Gewalttätigkeiten und Unterdrückungshandlungen gegen Schwächere und Außenseiter in einem Maße überhand, die diesen gegenüber den Vollzug sicher unzulässig machen.[196] Gewiss verspricht eine Erziehungsarbeit gegen die Gleichaltrigengruppe, die für viele inhaftierte Jugendliche die wichtigste Bezugsgruppe ist, keinen Erfolg.[197] Allerdings sind die subkulturellen Gruppen in den Jugendstrafanstalten am Interesse der Gewalttätigen und kriminell besonders Verfestigten ausgerichtet, die Schwächeren werden unterdrückt und ausgebeutet und beachten die nur

---

[192] *Quensel*, aaO, S. 174 ff.

[193] Im Einzelnen hierzu *Rieger*, ZfStrVo 1997, 165; *Walkenhorst*, DVJJ-J 3/1999, 247 ff.; *Fleck*, ZfStrVo 2000, 271 ff.; *J. Walter*, DVJJ-J 3/1998, 236 ff.

[194] *Raddatz*, ZfStrVo 1975, 54; *Kunze*, MschrKrim 1975, 197 ff.; *Bulczak*, Zbl 1980, 403 ff.; *Böhm*, FS Schneider, S. 1021 f.; SchlussB., S. 24; *Fleck/Müller*, ZfStrVo 1984, 84 ff.; *Fleck*, ZfStrVo 2000, 271.

[195] *Michelitsch-Traeger*, ZfStrVo 1991, 282 ff.

[196] *Wattenberg*, ZfStrVo 1990, 37 ff.; vgl. auch *Zelter*, Ohne Mauern hinter Gittern, 1985, S. 105 ff.; *Meier*, ZfStrVo 2002, 139 ff.; *Walkenhorst*, DVJJ-J 3/1999, 248 f.

[197] *J. Walter*, DVJJ-J 2/2002, 139.

ihren Peinigern dienlichen „Normen" aus Angst.[198] Es ist deshalb eine intensive und geduldige pädagogische Arbeit vonnöten und der Schutz der schwächeren Gefangenen zu gewährleisten.[199] Für jeden einzelnen Gefangenen wird nach sorgfältiger Prüfung der Unterlagen, Gesprächen, Beobachtungen und psychologischen Untersuchungen ein Erziehungsplan erstellt, der die in der Vollzugszeit für notwendig erachteten Maßnahmen und die erforderlichen Entlassungsvorbereitungen zusammenfasst. Er wird in regelmäßigen Zeitabschnitten überprüft und fortgeschrieben.[200]

Brief- und Besuchsverkehr werden heute großzügig gestattet und kaum noch überwacht. Auch Telefongespräche sind möglich. Es gibt – hier wird aber vielerorts zunehmend restriktiver verfahren – nach Ablauf einer gewissen Strafzeit *Urlaub* nach Hause und am Sonntag Ausgang mit den Besuchern anstelle eines Besuchs in der Anstalt.[201] Diese „Liberalisierung" allein genügt indessen nicht; die meist gestörten und nur äußerlich befriedigenden Beziehungen mit den Eltern oder anderen Bezugspersonen bedürfen intensiver Pflege. Eltern und Inhaftierte müssen fachkundig beraten werden, die Erlebnisse der Urlaube sind zu verarbeiten.[202]

Ordnungsverstöße werden weniger exemplarisch geahndet als früher. Allerdings sind Disziplinarfälle häufiger als im Strafvollzug Erwachsener. Das dürfte indessen nicht an einer Benachteiligung der Gefangenen aus „Gründen der Erziehung",[203] sondern an der größeren Disziplinlosigkeit und Gewalttätigkeit junger Gefangener liegen, auf die – gerade unter Vernachlässigung des Erziehungsgedankens – oft nur disziplinarisch ebenso wie auf entsprechendes Verhalten Erwachsener reagiert wird. Die Vorfälle dürfen nicht übersehen und verharmlost werden, sollten aber vornehmlich Anlass zu pädagogischem Handeln sein und, soweit es sich um Aus-

---

[198] *Meier,* ZfStrVo 2002, 144; *Bergmann,* Die Verrechtlichung des Strafvollzugs und ihre Auswirkungen auf die Strafvollzugspraxis, Diss. Mainz 2003, S. 187, 199 f.; vgl. auch *Kury/Brandenstein,* ZfStrVo 2002, 22 ff.

[199] Eine Aufgabe, die im Augenblick angesichts der Überbelegung kaum bewältigt werden kann: *J. Walter,* DVJJ-J 2/2002, 128, 129; *Baumann,* UJ 2002, 30 ff., 33; *Bergmann* (Fn. 198), S. 183 f., 190 f.

[200] *Mey,* ZfStrVo 1992, 21 ff.

[201] In der Jugendstrafanstalt Rockenberg wurden im geschlossenen Vollzug bei einer Durchschnittsbelegung von 200 Gefangenen in den Jahren 1993 bis 1997 jeweils gut 170 Urlaube und über 500 Ausgänge gewährt; in den Jahren 2000 bis 2002 waren es nur noch knapp 20 Urlaube und 130 Ausgänge.

[202] SchlussB., S. 42 ff.; *Bottenberg/Gareis,* MschrKrim 1972, 32 ff., 39; *Bulczak,* TBer. V, 61; *Grosse-Boes,* Kriminalpädagogische Praxis 1978, Heft 8, 12 ff.; *Bepperling/Hartmann/Kunze/Weinert,* in: Dierking (Hrsg.), Analytische Familientherapie und Gesellschaft, 1980, S. 34 ff.; *Jürgensen/Rehn,* MschrKrim 1980, 231 ff.; *Wasielewski,* ZfStrVo 1984, 290 ff. Vgl. auch *Alberti,* in: Trenczek, S. 163 ff., 170 f.

[203] *Dünkel,* ZRP 1992, 176 ff.; *J. Walter,* MschrKrim 1993, 273 ff. Statistische Erhebungen, deren Interpretation – von ihrer fragwürdigen Zuverlässigkeit einmal abgesehen – schwierig sein dürfte: *Dünkel,* S. 255 ff. Zur rechtlichen Problematik *Böhm,* in: Trenczek, S. 197 ff., 204 f.

einandersetzungen unter den Gefangenen handelt, häufiger zu Schadenswiedergutmachung und Täter-Opfer-Ausgleich führen.[204] Das *Beschwer-
derecht* ist gewährleistet, wird aber von den Insassen kaum genützt. Junge
Menschen wollen meist sofort Bescheid erhalten, notfalls schimpfen sie
los, in seltenen Fällen beschädigen sie auch ihren Haftraum. Daran, dass
sie nach Wochen von einer ihnen fremden Dienststelle einen Bescheid erhalten, der einen inzwischen längst vergessenen Vorgang betrifft, haben
sie kaum Interesse.[205] Fühlt sich der Jugendliche durch eine Entscheidung
des Vollzugsleiters – meist ist das in kleineren Anstalten der Anstaltsleiter sonst, bei Unterteilung der Anstalt in Vollzugsabteilungen, der Leiter
dieser Abteilung[206] – in seinen Rechten verletzt, so kann er nach §§ 23 ff.
EGGVG Antrag auf gerichtliche Entscheidung an den Strafsenat des zuständigen *OLG* richten – eine wenig befriedigende Zuständigkeit.[207] Der
im allgemeinen Strafvollzug geltenden Regelung entsprechend sollte der
Vollstreckungsleiter die Entscheidungen treffen.[208] Spätestens in einem
Jugendstrafvollzugsgesetz müsste diese Zuständigkeit geschaffen werden.
Der Vollstreckungsleiter ist für den Jugendlichen leichter zu erreichen, an
ihn wenden sich die jungen Gefangenen eher, ihm werden aber auch die
durch die Beschwerden gewonnenen Erkenntnisse für seine anderen vollstreckungsrechtlichen Aufgaben nützlich sein (vgl. auch § 10, 3).

bb) Arbeit. Die Arbeit, vor allem die berufliche Förderung der Verurteilten hält der Gesetzgeber für wesentlich. Tatsächlich sind die wenigsten jugendlichen Gefangenen vor ihrer Einlieferung kontinuierlicher
Arbeit nachgegangen, eine Berufsausbildung hat kaum einer abgeschlossen,[209] viele haben gebummelt oder ständig den Arbeitsplatz gewechselt.
Bei den meisten Gefangenen sind längere Zeiten von Arbeitslosigkeit vor
Haftantritt festzustellen. In beinahe allen Jugendstrafanstalten sind deshalb Lehrwerkstätten eingerichtet worden. Allerdings ist es nur einer
Minderheit der Verurteilten möglich, eine Handwerkslehre in der Straf-
anstalt zu beginnen, weiterzuführen oder zu beenden. Oft reichen weder
die Vorkenntnisse noch die mitgebrachte Strafzeit aus. In den meisten
Anstalten werden darum auch Berufsfindungs- und Berufsvorbereitungs-
lehrgänge durchgeführt, in denen die Teilnehmer binnen eines Jahres den
Hauptschulabschluss nachholen oder – teilweise auch in nur wenigen

---

[204] *J. Walter*, aaO 138, 139; *Rieger*, ZfStrVo 1997, 165; *Walkenhorst*, DVJJ-J 3/1999,
247 ff.

[205] *Bergmann* (Fn. 198), S. 181, 182.

[206] Etwa in RhPf (JBl 1982, 258).

[207] *Böhm*, FS Blau, S. 199 ff.

[208] So auch *Eisenberg*, ZRP 1985, 49; und § 91 Rn. 39; *Dünkel*, ZRP 1992, 179;
Ostendorf, Grdl. zu §§ 91–92 Rn. 7; *Schaffstein/Beulke*, § 44 II 1. Die JStrVK wollte
die dem Vollstreckungsleiter übergeordnete Jugendkammer beim Landgericht mit dieser Aufgabe betraut wissen, SchlussB., S. 41. So auch § 35 III EGJVollz.

[209] Etwa 2 % in der Jugendstrafanstalt Schifferstadt: *Gudel*, ZfStrVo 2002, 227 ff.

Monaten dauernden Kursen – Grundfertigkeiten in einem handwerklichen Berufsfeld erwerben können. Neben solchen berufsqualifizierenden Maßnahmen stellen Haus-, Garten-, vor allem aber Zuarbeiten für freie Betriebe einen großen Teil des Arbeitsangebotes dar.[210] Soweit Gefangene Fabrikarbeit in der Anstalt leisten, sind selten normale Arbeitsbedingungen gegeben; die geforderten Tätigkeiten sind oft sehr primitiv und entsprechen kaum dem, was ein Jugendlicher sich als Tätigkeit für sein Leben vorstellt. Die Motivation zu derartiger Arbeit ist unecht, denn wenn der Gefangene nicht zur Arbeit geht, wird er in seinem Haftraum eingesperrt, langweilt sich und erhält auch die Arbeitsentlohnung nicht, für die er sich in der Anstalt Zigaretten, Süßigkeiten und andere eher selbstverständliche Annehmlichkeiten kaufen kann und von der er obendrein noch ein Entlassungsgeld ansparen muss.[211] Kein Wunder, dass vor allem in streng geleiteten Anstalten diese Arbeiten von den meisten Gefangenen fleißig verrichtet werden, dass aber auch eben diese Gefangenen, kaum entlassen, an ihrer Arbeitsstelle bummeln und durch ihre Tätigkeit in der Anstalt kein Verhältnis zur Arbeit gefunden haben.[212] Dagegen scheinen diejenigen Gefangenen, die beruflich gefördert wurden, trotz der häufig veralteten Ausbildungseinrichtungen in der Freiheit eher ihren Mann zu stehen.[213] Die Fertigungsarbeiten für freie Betriebe machen die Anstalten zusätzlich von den konjunkturellen Schwankungen abhängig. Oft sind deshalb junge Gefangene längere Zeit beschäftigungslos. Dieser Übelstand ließe sich bei Schaffung einer ausreichenden Zahl von Ausbildungs- und Schulplätzen sowie zusätzlichen beschäftigungstherapeutischen Angeboten[214] vermeiden.

---

[210] Zusammenfassend: *Stenger*, Berufliche Sozialisation in der Biographie straffälliger Jugendlicher, 1984, S. 51 ff. Zum Ausbildungs- und Arbeitsplatzangebot der Jugendstrafanstalt Plötzensee vgl. *Matzke*, Der Leistungsbereich bei Jugendstrafgefangenen – Ein Beitrag zur Funktion der Jugendstrafe, Diss. jur. Berlin 1982, S. 86 ff. Einen guten Überblick über die Situation in den Jahren 1980–1990 bietet *Dünkel*, S. 285 ff.; vgl. auch *Wiegand*, in: Schwind/Blau, Strafvollzug in der Praxis, 2. Aufl. (1988), S. 276 f.; *Bunk/Stentzel*, ZfStrVo 1995, 73 ff.; zu den – günstigen – Möglichkeiten in der Jugendstrafanstalt Schifferstadt: *Gudel*, ZfStrVo 2002, 227 ff.

[211] Der monatliche Verdienst eines arbeitenden Gefangenen macht (22 Arbeitstage, mittlere Lohnstufe) nach § 176 StVollzG im Jahr 2004 229,46 Euro aus. Drei Siebtel davon werden als Überbrückungsgeld angespart (§§ 176 I, IV, 51 StVollzG i.V. mit Nr. 41 I VVJug) so dass dem Gefangenen im Monat etwa 130 Euro zum Einkauf zur Verfügung stehen. Der schuldlos unbeschäftigte Gefangene erhält auf Antrag, wenn er bedürftig ist, 14 % des Arbeitsverdienstes, also etwa 32 Euro im Monat zum Einkauf (Nr. 40 VVJug). Zur Arbeitsentlohnung vgl. *Böhm*, Strafvollzug, 3. Aufl. 2003, Rn. 319–322; *Laubental*, Strafvollzug, 3. Aufl. 2003, Rn. 446–458.

[212] *Neuland*, in: Nass (Hrsg.), Prognose und Bewährung, 1966, S. 40 ff., 49, 50.

[213] *Böhm*, Die deutsche Berufs- und Fachschule, 1973, 267 ff.; *Luzius*, MschrKrim 1979, 98 ff.; *Stenger*, in: Ber. 19. JGTag, S. 463 ff.; *Fleck/Müller*, ZfStrVo 1984, 74 ff.; *Dolde/Grübl*, ZfStrVo 1988, 29 ff., 33; *Mey/Wirth*, FS Böhm, S. 610.

[214] Die zunehmend wichtiger werden. Vgl. auch *Fiedler*, in: Trenczek, S. 132, 133 f. Wie der SchlussB (S. 16) sieht § 40 VII EGJVollz für mindestens zwei Drittel der Haft-

Die Berufsausbildung kann nicht ebenso stattfinden wie in der Freiheit. Die vielfältigen Misserfolge im Leben haben die Jugendlichen häufig zu einer rasch resignierenden Haltung und unlustigen Arbeitseinstellung geführt. Ihre Ausbildung in der Anstalt erfordert viel Verständnis und große Geduld, nach kleinen Lernschritten bedarf es der Ermunterung.[215] Bei solchem Vorgehen gelingen aber oft ganz überraschende Lehrerfolge. 16-jährige junge Burschen, die – stark verwahrlost und offenbar arbeitsscheu – bei Beginn des Anstaltsaufenthalts kaum lesen und rechnen konnten, haben drei oder vier Jahre später in Anstaltsbetrieben oder in einer Fortsetzungslehrstelle während der Bewährungszeit ihre Gesellenprüfung als Jahrgangsbeste abgelegt.[216]

Kommt eine Ausbildung nicht in Betracht, etwa weil die Strafzeit nicht ausreicht, so sollte mindestens während des Strafvollzugs eine gründliche Berufsberatung mit den erforderlichen Eignungsuntersuchungen vom Arbeitsamt vorgenommen werden, um – jedenfalls nach der Entlassung – die Weichen für die weitere Arbeitstätigkeit des Entlassenen richtig zu stellen.[217]

cc) Unterricht. Das Gesetz sieht Unterricht vor. Deshalb sind in allen Jugendstrafanstalten Lehrer tätig. Für in Lehrausbildung befindliche Gefangene gibt es Berufsschulunterricht. In den meisten Jugendstrafanstalten kann der Hauptschulabschluss nachgeholt werden. Dieser Unterricht findet anstelle von Arbeit statt. Bei regelmäßiger Teilnahme am Unterricht wird Arbeitsentgelt oder Ausbildungsvergütung ausbezahlt. Auch hier muss man der besonderen Situation der jungen Gefangenen Rechnung tragen. Vor allem wird der Lehrer nicht nur den einzelnen, sondern die ganze Unterrichtsgruppe zur Mitarbeit gewinnen müssen und sich wesentlich stärker als im „normalen" Schulunterricht pädagogisch zu engagieren haben.[218] Einen Anspruch auf Ablösung vom anstaltsinternen Schulunterricht hat der Jugendliche nicht, auch wenn er nach dem Schulpflichtgesetz von der Schulpflicht befreit ist.[219] In verschiedenen Anstalten besteht auch die Möglichkeit, den Realschulabschluss, in Einzelfällen auch das Abitur zu erreichen.[220] Indessen ist eher wichtiger, was mit den jungen Gefangenen geschehen soll, deren Bildungsstand die Teilnahme

---

plätze Plätze für allgemeine schulische und berufliche Bildung sowie für arbeitspädagogische Maßnahmen vor.

[215] *Hilkenbach*, ZfStrVo 1979, 83 ff., 88, 89.

[216] *Manske*, in: Schriften des Fliedner-Vereins Rockenberg, 1970, H. 38, S. 18 ff.

[217] *DVJJ*, aaO, S. 34.

[218] *Pönitz*, in: Hofmann/Pönitz/Herz, Jugend im Gefängnis, 1975, S. 247 ff.; *Müllges*, ZfStrVo 1974, 1 ff.; *Bernhardt*, ZfStrVo 1975, 32 ff.; *Myschker*, ZfStrVo 1976, 145 ff.; *Gudel* ZfStrVo 2002, 227 ff.; *Walkenhorst*, DVJJ-J 4/2002, 404 ff.

[219] „Diese Befreiung hat keinen Einfluss auf die Rechtmäßigkeit individueller schulischer Förderungsmaßnahmen im Jugendstrafvollzug. Andernfalls könnte die Vollzugsbehörde die ihr nach § 91 JGG obliegenden Vollzugsaufgaben nicht sachgerecht erfüllen." *OLG Frankfurt*, ZfStrVo 1984, 382, 383.

[220] *J. Walter*, DVJJ-J 3/2000, 251 ff., 257: 1584 Hauptschul- und 164 Realschulabschlüsse in 25 Jahren in der Jugendstrafanstalt Adelsheim.

an Haupt- und Realschulkursen nicht erlaubt. Während $^3/_4$ aller Jugendlichen in der Bundesrepublik Deutschland mindestens den Hauptschulabschluss erreichen, haben im Jugendstrafvollzug allenfalls $^1/_4$ dieses
Schulziel geschafft.[221] Trotz fast durchschnittlicher Intelligenz gibt es in
den Anstalten sehr viele Sonderschüler, Verhaltens- und Lerngestörte,
notorische Schulschwänzer, ja sogar eine ganze Reihe Jugendlicher, die
weder lesen noch schreiben können und denen die einfachsten Rechen-
aufgaben Mühe bereiten. Auch für diese Jugendlichen wird in den Strafanstalten vereinzelt Unterricht angeboten. Ausgebildete Sonderschul-
lehrer stehen aber kaum zur Verfügung, so dass gerade die Jugendlichen
mit den schwersten Schulmisserfolgen oft nicht ausreichend gefördert
werden können. Angesichts dieses Befundes erscheint es zweifelhaft, ob
die Rangfolge des § 91 JGG richtig ist. Es müsste „Schule und Unterricht"
vor „Arbeit und Berufsausbildung" stehen und auch in der Anstaltspraxis
mit umgekehrtem Gewicht eingeplant sein, denn nur derjenige, der die
Schulausbildung abgeschlossen und auch seelisch bewältigt hat, ist streng
genommen berufs- und arbeitsreif. Wird die Entwicklungsstufe „Schulausbildung" mehr oder weniger übersprungen und der Verurteilte, ohne
dass er diesen Lebensabschnitt bewältigt hat, in irgendeine Art primiti-
ver Hilfsarbeit gepresst, dann ist künftiger Rückfälligkeit nicht angemessen vorgebeugt.[222]

dd) Leibesübungen. Leibesübungen sind wichtig, weil die Bewegungs-
armut im Strafvollzug, wo die Anmarschwege vom Wohn- zum Arbeits-
bereich sehr kurz sind, ausgeglichen werden muss und viele Jugendliche
körperlich wenig leistungsfähig sind. Beim Mannschaftssport kann sozia-
les Verhalten geübt werden. In fast allen Jugendstrafanstalten bemühen
sich Lehrer, Sozialarbeiter und Beamte des allgemeinen Vollzugsdienstes,
die als Sportübungsleiter ausgebildet sind, die Forderung des Gesetzgebers zu erfüllen. Allerdings sind die räumlichen Voraussetzungen nicht
überall gegeben. Bei vielen jungen Gefangenen sind Kraftsporträume be-
liebt, die sich in den Anstalten leicht einrichten lassen und in denen die
Gefangenen meist ohne fachliche Anleitung trainieren. Der sportliche
und pädagogische (es fehlt jede soziale Komponente!) Wert dieser Betäti-
gung ist zweifelhaft. In den alten Bundesländern verfügen inzwischen
die meisten Jugendstrafanstalten über Sporthallen, und auch die Sport-
plätze in den Anstaltshöfen sind inzwischen gut ausgebaut. Mancherorts
haben Gefangene, Bedienstete und freie Bürger gemeinsam Gefangenen-
sportvereine gegründet, die im Fußball und Tischtennis an den Wett-

---

[221] *Böhm,* FS Schaffstein, S. 321; *Hilkenbach,* ZfStrVo 1979, 83; *Wiegand,* in:
Schwind/Blau, S. 277, 278; *Fleck/Müller,* ZfStrVo 1984, 74; *Gudel,* ZfStrVo 2002,
227 ff., 228.
[222] DVJJ, aaO, S. 32, 33; *Hetzer,* RdJB 1960, 129 ff. Die Reihenfolge ist bereits in
Nr. 3 Abs. 2 VVJug umgekehrt. Vgl. auch SchlussB., S. 26 und § 22 EGJVollz.

kämpfen der freien Vereine des Bezirks teilnehmen. In verschiedenen Anstalten kann das Sportabzeichen erworben werden. Geeignete Gefangene werden in Gruppen in Schwimmbäder ausgeführt. Bergwandern und Kanufahren werden in Adelsheim angeboten.[223] Trotzdem fragt es sich, ob der Sport wirklich als Erziehungsmittel voll genutzt wird. Es gibt nicht genug Sportlehrerstellen, so dass sich die meisten Gefangenen mit zwei bis drei Sportstunden pro Woche begnügen müssen.[224]

ee) Sinnvolle Beschäftigung in der freien Zeit. Die sinnvolle Beschäftigung in der freien Zeit wird als gelenkte Freizeit verstanden. In den Abendstunden und teilweise auch an den Wochenenden werden von den Lehrern, den Sozialarbeitern, Beamten des Werk- und des allgemeinen Vollzugsdienstes sowie von ehrenamtlichen Helfern verschiedene Angebote gemacht: z. B. Basteln und Werken oder gemeinsames Erarbeiten eines Projekts – eines Films, einer Fotoausstellung, einer Theateraufführung. Dazu treten Fortbildungsangebote wie Computerkurse oder Unterricht in Fremdsprachen. Das Angebot muss so attraktiv sein, dass es sich gegen das bequeme Konsumverhalten, das ja auch „draußen" die Freizeit bestimmt, durchzusetzen vermag. Dabei erweisen sich Freizeitkurse, die den emotionalen Bereich ansprechen, wie etwa Malen oder andere gestalterische Tätigkeiten, und solche Gruppensitzungen als attraktiv, bei denen die persönlichen Schwierigkeiten der Jugendlichen zur Sprache kommen.[225]

ff) Religionsausübung. Nach Art. 4 GG muss dem Eingesperrten die Religionsausübung in der Anstalt ermöglicht werden, kann er doch nicht die Gottesdienste und religiösen Veranstaltungen außerhalb aufsuchen. Der kirchliche Einfluss auf die Gefängnisse hat Tradition.[226] Obwohl heute die meisten Insassen von Jugendstrafanstalten keine starken Bindungen zu Kirchen und anderen Religionsgemeinschaften unterhalten, sind doch diejenigen in der Mehrzahl, die wenigstens nominell einer Kirche angehören und sich deren einerseits zu festlichen Ereignissen, andererseits in Notsituationen erinnern. So erwarten viele Jugendliche und Heranwachsende in den Anstalten (aber auch deren Angehörige) Hilfe von den Geistlichen beider Konfessionen, die darum ein weites Betätigungsfeld finden. Ihr durch die unmittelbare Beziehung zur jeweiligen Kirche und durch die Schweigepflicht distanziertes Verhältnis zu den anderen Anstaltsbediensteten erleichtert es den Jugendlichen und Heran-

---

[223] *Behnke*, ZfStrVo 1980, 25 ff.; *Nickolai/Sperle*, ZfStrVo 1980, 34 und ZfStrVo 1993, 162 ff.; *Wattenberg*, ZfStrVo 1984, 95 f.

[224] *Asselborn/Lützenkirchen*, ZfStrVo 1991, 269 ff.; *Schröder*, ZfStrVo 1995, 204 ff.; vgl. auch *Rössner*, FS Böhm, S. 453 ff.

[225] *Lukas*, ZfStrVo 1969, 95 ff.; *E. und St. Quensel*, in: Praxis der Kinderpsychologie und -psychiatrie, 1975, S. 64 ff.; *Herkert*, TBer. IV, S. 1 ff.

[226] Vgl. *Böhm*, ZfStrVo 1995, 3 ff.

wachsenden, mit ihnen persönliche Probleme zu besprechen. Oft gelingt nur über sie die Wiederherstellung eines Kontakts zu den Angehörigen der Gefangenen. Sie können auch leichter Beziehungen zur Außenwelt anbahnen und freie Gruppen auf ihre Verpflichtungen gegenüber den Gefangenen hinweisen. In Notfällen können sie mit den Mitteln der Kirche helfen. Vielfach gelingt es, durch Angebote jugendgemäßer Gottesdienste auch Jugendliche an den Aussagen der Bibel zu interessieren.[227] Nicht wenige Jugendliche oder Heranwachsende wollen noch nachträglich getauft oder konfirmiert werden, sie empfinden wohl auch, dass insoweit eine Sozialisation nötig ist und ihnen nicht vorenthalten werden sollte, was die meisten anderen bekommen haben. Die Pfarrer bieten auch nicht christlichen Gefangenen, besonders den zahlreichen Muslimen, Gespräche und Hilfe an. Die regelmäßige Heranziehung von Geistlichen nichtchristlicher Religionen gelingt noch nicht überall. Dagegen wird den Gefangenen die Beachtung religiöser Speisegebote ermöglicht.

gg) Therapeutische Behandlung. Eine zunehmende Anzahl der zu Jugendstrafe Verurteilten ist mit vielfältigen und unterschiedlichsten Persönlichkeitsstörungen belastet, die besondere therapeutische Behandlungsformen erforderlich machen. § 91 II JGG erwähnt diesen Bedarf nicht. Daher forderte die JStrVK, dass der Jugendstrafvollzug in die Lage zu versetzen sei, „auf der Basis eines alle Bereiche der Anstalt umfassenden therapeutischen Klimas geeignete therapeutische Hilfe anzubieten". Hierdurch sollen Verhaltens- und Erlebnisänderungen bei den jungen Gefangenen herbeigeführt werden, die sie zu einer individuell befriedigenden und sozial annehmbaren Lebensführung befähigen.[228] Erfahrungsberichte liegen insoweit über die Jugendabteilung der sozialtherapeutischen Anstalt in Ludwigshafen[229] und das Rudolf-Sieverts-Haus der Jugendstrafanstalt Hameln[230] vor. Im Hinblick auf die häufig wegen Gewaltdelikten einsitzenden Gefangenen wird in einigen Anstalten ein Antiaggressionstraining betrieben.[231] Auch auf Sexualtäter wird zunehmend

---

[227] Ein Beispiel solcher Arbeit ist bei *Kleinert* (Hrsg.), Strafvollzug-Analysen und Alternativen, 1972, S. 140 ff., abgedruckt; vgl. auch *Seesemann,* TBer. V, S. 1 ff.; *Uebler/Diekmann/Kratz,* in: Diekmann u. a. (Hrsg.), Nicht sitzen lassen. Gefängnisseelsorge in der Gruppe, 1989, S. 51 ff., 67 ff., 115 ff.

[228] SchlussB., S. 30 ff.; zur Arbeitstherapie: *Müller,* TBer. III, S. 43 ff.; *Wattenberg,* ZfStrVo 1983, 279 ff. und ZfStrVo 1992, 181 ff.; allgemein: *Kunze,* ZfStrVo 1983, 151 ff. Vgl. auch §§ 10 III Nr. 4, 12 EGJVollz.

[229] *Schmitt,* ZfStrVo 1978, 146 ff.; *Michelitsch-Traeger,* ZfStrVo 1991, 282 ff.

[230] *Weiß,* ZfStrVo 1991, 277 ff.; *v. Brisinski,* ZfStrVo 2001, 285 ff.; zu Gruppenpsychotherapie in der Jugendstrafanstalt Neumünster: *Hinrichs,* DVJJ-J 4/1999, 445.

[231] *Weidner,* ZfStrVo 1989, 295 ff.; *Bauer-Cleve/Jadasch/Oschwald,* ZfStrVo 1995, 202 ff.; *Heilemann/Frischwasser von Proeck,* ZfStrVo 1998, 228. Die unterdessen auch außerhalb des Vollzugs weit verbreitete Methode wird teilweise wegen ihrer konfrontativen Härte kritisiert: *J. Walter,* ZfStrVo 1999, 23 ff. Zur Evaluation: *Ohlemacher u. a.,* DVJJ-J 4/2001, 380 ff.

mit Behandlungsangeboten zugegangen.[232] Stressbewältigung und familientherapeutische Maßnahmen finden statt. Das Bedürfnis an Einzelbehandlungsmaßnahmen (etwa gesprächstherapeutischer Art) ist groß.[233] In dem Maß, in dem die Anstaltspopulation sich stärker aus erheblich auffälligen und in der Entwicklung gestörten Persönlichkeiten zusammensetzt, müssen die Behandlungsangebote qualifizierter und differenzierter werden. Dass indessen für weniger Gefangene immer mehr qualifiziertes Personal (oder zu entschädigende außenstehende Fachkräfte) benötigt werden, lässt sich in Zeiten knapper werdender öffentlicher Mittel schwer verständlich machen und noch schwerer durchsetzen.

Besondere Probleme verursacht das stetige Anwachsen Drogenabhängiger, die sich im Jugendstrafvollzug befinden.[234] So sieht sich der Vollzug vor die wichtige und schwierige Aufgabe gestellt, geeignete Behandlungsmaßnahmen zu entwickeln, die dem Aufbau drogenfreier Lebensgewohnheiten dienen. Bei der Unterbringung im Vollzug versucht man dem Behandlungsbedürfnis der Drogensüchtigen an manchen Orten dadurch Rechnung zu tragen, dass man die Abhängigen zu einer besonderen Gruppe in der Anstalt zusammenfasst und sie von den übrigen Insassen möglichst weitgehend isoliert.[235] Aber eher ist − bei Gewährleistung interner oder externer Beratung − die Integration der Abhängigen in die Gruppe der übrigen Gefangenen die Regel.[236] Nach den Vorschriften des BtMG können Insassen während des Vollzugs in freie Therapieeinrichtungen vermittelt werden.[237] Schwieriger als zu den Gefangenen, die von illegalen Drogen abhängig sind, gestaltet sich der Zugang zu den noch zahlreicheren Insassen, die erhebliche Alkoholprobleme haben und die ihnen hierdurch drohende gesundheitliche, soziale und kriminelle Gefährdung in der Regel unterschätzen.[238]

hh) Vollzug in freien Formen. § 91 III JGG erlaubt es, den Vollzug zu lockern und in geeigneten Fällen weitgehend in freien Formen abzuwickeln. Erst durch das Strafvollzugsgesetz ist es im Vollzug für Erwachsene möglich geworden, Ausgang, Urlaub und Freigang zu gestatten. Vorher waren solche Maßnahmen dort nur als Unterbrechungen des Strafvollzugs im Gnadenwege möglich. Dagegen war es im Jugendstrafvollzug schon immer erlaubt, Experimente mit Lockerungen zu betreiben. Zu

---

[232] Hierzu *Bulczak,* in: Schwind/Blau, S. 80; *Dünkel,* S. 325 f.

[233] *Hinrichs/Thiel,* ZfStrVo 1992, 173 ff.; *Kühn,* ZfStrVo 1990, 102 ff.

[234] *Ohle,* in: Trenczek, S. 152 ff., 154.

[235] *Dünkel,* S. 323, 324; *Grübl,* ZfStrVo 1992, 296 ff.

[236] *Schmitt/Welkert,* in: Feser (Hrsg.), Drogenerziehung. Handbuch für pädagogische und soziale Berufe, Eltern und Studenten. 2. Aufl. (1981), S. 393 ff.; *Claßen,* ZfStrVo 1982, 27 ff.

[237] Vgl. *Kurze,* Strafrechtspraxis und Drogentherapie, 1993.

[238] Was sogar für die Gefährdung durch harte Drogen oft zutrifft: *Ohle,* in: Trenczek, S. 156.

den Lockerungen gehören die „offenen Anstalten", in denen die Unter-
kunftshäuser nicht vergittert und abgeschlossen werden und das Anstalts-
gelände nicht durch Mauern gesichert ist. Vor allem in Niedersachsen,
aber auch in Nordrhein-Westfalen hat diese Vollzugsart Tradition.[239] An-
dernorts sind Wanderungen mit Erziehern, Besuch von Sportveranstal-
tungen außerhalb der Anstalt und im weitesten Sinn erlebnispädagogische Aktivitäten außerhalb der Anstalt üblich.[240] Zum Vollzug in freien
Formen gehört der stundenweise Ausgang mit den Eltern anstelle eines
Besuchs in der Anstalt, der Ausgang ohne Begleitung (etwa zur Arbeitssuche vor der Entlassung oder zur Teilnahme an Sport- und Bildungsver-
anstaltungen, evtl. sogar zu einer Therapie außerhalb der Anstalt), ferner
der Urlaub bis zu drei Wochen im Jahr,[241] der unter gewissen Auflagen
nach Ablauf eines Teils der Strafe gewährt wird, um die Beziehungen mit
den Angehörigen und Freunden zu stärken und den Gefahren der Illu-
sionsbildung in der Anstalt über die Verhältnisse in der Freiheit entgegenzuwirken.[242]
Wichtigste Ausgestaltung des Vollzugs in freien Formen ist jedoch
der „Freigang":[243] geeignete Jugendliche und Heranwachsende gehen
ohne Begleitung zur Schule, zur Berufsausbildung oder zur Arbeit außerhalb der Anstalt, verbringen auch ihre Freizeit teilweise ohne besondere
Kontrolle „draußen" und sind nur nachts und teilweise während ihrer
Freizeit in der Anstalt oder einem Freigängerhaus, wo sie Gelegenheit haben, ihre Probleme mit ausgesuchten Bediensteten zu erörtern. Dieses
Realitätstraining in einem gewissen Schutz- und Beratungsraum ist besonders erforderlich nach langen Strafzeiten im geschlossenen Vollzug
und bei solchen jungen Gefangenen, die sich zwar in einer festen Ordnung gut anpassen, Freiheiten aber nicht bewältigen können. Deshalb ist
die Hilfe bei Schwierigkeiten und die Beratung wichtig. Die Freigänger-
gruppen dürfen nicht zu groß sein, die Bediensteten müssen Zeit für die
Jugendlichen haben. Vor allem darf man nicht von der Erwartung ausgehen, dass der Freigänger sich der Vergünstigung würdig erweise.

Man muss Probleme mit Alkohol, mit der Arbeit, mit den jungen Frauen (und beim
Freigang der jungen Frauen mit den Männern) erwarten und eine vernünftige Bewäl-

---

[239] *Dünkel,* S. 322, 327.

[240] *Volp,* ZfStrVo 1998, 352.

[241] Zu denen noch weitere Urlaubstage treten können, die der Gefangene bei regelmäßiger Teilnahme an Arbeit oder Ausbildung gem. Nr. 38 a V VVJug (Arbeitsurlaub)
beantragen kann oder die ihm aus wichtigem Anlass gewährt werden (Nr. 30 I
VVJug).

[242] Zur Berücksichtigung von Flucht- und Missbrauchsgefahr sowie der allgemeinen
Strafzwecke bei Urlaubsgewährung bzw. sonstigen Vollzugslockerungen im Jugend-
strafvollzug: *OLG Frankfurt* NStZ 1984, 382 mit kritischer Anmerkung von *Böhm; OLG
Stuttgart* NStZ 1987, 430 mit Anm. *Schüler-Springorum* und *Funck; OLG Stuttgart* Die
Justiz 1987, 114; *Böhm,* in: Trenczek, S. 202–204; *Eisenberg,* ZRP 1985, 46.

[243] *Busch,* ZfStrVo 1980, 11 ff.; *Grübl/Nikolai,* ZfStrVo 1980, 22 ff.

tigung anstreben, wobei auch Rückschläge nicht als Versagen, sondern als notwendige Lernschritte angesehen werden sollten. Dann ist die Einrichtung für den späteren Lebenserfolg hilfreich. Ihre Erweiterung erscheint ein Gebot der Stunde, wobei freilich nur wenige Jugendliche oder Heranwachsende sofort zu Freigängern gemacht werden können, da sie ja fast alle schon zuvor in einer Bewährungszeit versagt haben und damit auch gezeigt haben, dass sie eingeschränkte Freiheit nicht zu nutzen verstanden. Aber einen Teil der Jugendstrafe sollten möglichst viele Verurteilte im Freigängerstatus verbringen.[244]

Freigängerhäuser sind meistens als getrennte Abteilungen der (mehr oder weniger) geschlossenen Anstalten eingerichtet. Das ist wirtschaftlich, weil man deren Einrichtungen und aushilfsweise auch deren Mitarbeiter nützen und einsetzen kann. Besser bewährt haben sich aber völlig selbständige kleine Häuser mit Heimcharakter und 10 bis 15 Plätzen.[245] So ließe sich auch am ehesten die Idee der Regionalisierung des Jugendstrafvollzugs[246] ansatzweise in die Tat umsetzen. Diese Einrichtungen sind aber nicht so kostengünstig zu betreiben wie große Anstalten (oder in deren Bereich gelegene Häuser ohne Fenstergitter). Deshalb ist gegenwärtig nicht mit dem Ausbau solcher vollzugspädagogisch besonders wertvoller Einrichtungen zu rechnen, eher ist die Schließung der wenigen derartigen Häuser zu befürchten.

Zu den Maßnahmen des gelockerten Vollzugs gehören auch die *Abgangsabteilungen,* in denen für diejenigen, die nicht Freigänger werden können oder wollen, in den letzten Wochen des Vollzugs die Probleme der Entlassung und der Freiheit trainiert werden. Geeignete Themen sind der Umgang mit Geld, mit Alkohol, mit Behörden, mit Arbeitgebern und Kollegen, mit den Eltern; an Methoden bieten sich Ausgänge, Maßnahmen zur Steigerung der Selbstverantwortlichkeit – der Versuch, selbst pünktlich aufzustehen und die Arbeitsstelle in der Anstalt aufzusuchen – und Rollenspiele an.[247]

Für jugendliche Gefangene, die eine intensive pädagogische Zuwendung benötigen, einerseits erheblich rückfallgefährdet sind andererseits vor den Einflüssen der im Wesentlichen von etwas älteren (18- bis 20-Jährigen) Insassen geprägten Jugendstrafanstalten bewahrt werden sollen, sind in Baden-Württemberg zwei von nicht staatlichen Trägern unter der Aufsicht der Jugendgerichtshilfe betriebene Heime mit 15 bis 25 Plätzen eingerichtet worden.[248] Die Gefangenen werden nach sorgfältiger Prü-

---

[244] Ausführlich zu dem Problem: *Schalt,* Der Freigang im Jugendstrafvollzug, Diss. jur. Freiburg, 1977; *Groß,* in: Ber. 16. JGTag, S. 153 ff.; *Busch,* ZfStrVo 1980, 11 ff.

[245] Vgl. Fliedner-Verein Rockenberg (Hrsg.), 40 Jahre Fliedner-Haus Groß-Gerau, 1994.

[246] Hierzu: *Maelicke,* in: Trenczek, S. 207 ff., 211.

[247] *Copony,* ZfStrVo 1980, 36; *Mitzel,* ZfStrVo 1980, 158.

[248] *Streng,* § 12 Rn. 86; *J. Walter,* DVJJ-J 2/2002 127 ff., 137; *Dölling,* Das Projekt Chance in Baden-Württemberg, in: Schöch/Jehle (Hrsg.), Angewandte Kriminologie zwischen Freiheit und Sicherheit, 2004, 99 ff.

fung aus der Aufnahmeabteilung der Jugendstrafanstalt Adelsheim nach § 91 III JGG zum weiteren Vollzug in diese Einrichtungen verlegt.

e) Besondere Gefangenengruppen

Das Gesetz kennt – zu Recht! – nur Jugendliche und Heranwachsende und differenziert im Übrigen nur nach dem Geschlecht. Dass im Lauf der Zeit immer neue Gruppierungen in den Jugendstrafvollzug gelangen und andere ablösen, und immer wieder neue Methoden und Maßnahmen zu deren erfolgreicher Erziehung bedacht werden müssen, ist ebenso selbstverständlich wie unvermeidbar.

Seit 25 Jahren hat der Ausländeranteil unter den jungen Strafgefangenen erheblich zugenommen.[249] Das wird als ein dem Jugendstrafvollzug belastendes Problem angesehen.[250] Dabei geht es aber um sehr unterschiedliche Sachverhalte. Die meisten Ausländer sind in Deutschland aufgewachsene (teilweise hier geborene) Kinder ausländischer Arbeitnehmer oder Gewerbetreibender, die in Deutschland bleiben wollen und in der Regel gut deutsch sprechen. Die bei dieser Gruppe auftretende Schwierigkeit besteht im Wesentlichen darin, dass ausländerrechtlich ihr weiterer Aufenthalt in Deutschland nicht gesichert ist. Oft sind diese Fragen bis zum Strafende nicht geklärt. Es droht ihnen die Ausweisung in eine fremde „Heimat". Sie hoffen in der Regel gleichwohl, hier bleiben zu können. Ihre ungeklärte Zukunft beschäftigt sie meist so stark, dass sie schwer für das berufliche, schulische und pädagogische Programm der Anstalt, das eigentlich auch für sie angemessen und nötig ist, zu gewinnen sind.[251] Vollzugslockerungen werden ihnen normalerweise nicht gewährt.[252] Stünde fest, dass sie in Deutschland bleiben dürfen, würde ihre vollzugliche Behandlung keine besonderen Probleme bereiten, spezifische Eingliederungsschwierigkeiten und familiäre Besonderheiten wären zu berücksichtigen. Vordringlich wäre eine Lösung der ausländerrechtlichen Frage, wobei realistischer weise ein weiterer Aufenthalt in Deutschland regelmäßig zu gestatten wäre.

Eine kleinere Gruppe sind Ausländer, die sich nur vorübergehend in Deutschland aufhalten und in ihre Heimat zurückkehren. Bei ihnen sind

---

[249] Zur „ethnischen Vielfalt": *Pfeiffer/Dworschak*, DVJJ-J 2/1999, 184; 10 % deutsche Aussiedler aus GUS-Staaten, 16,3 % Türken, 18,9 % sonstige Ausländer, 54,8 % „echte" Deutsche. In der Jugendstrafanstalt Rockenberg sind (Aussiedler sind hier nicht erfasst, rechnen also zu den deutschen Gefangenen) seit 1993 bis heute ständig mehr als 40 % der Strafgefangenen und mehr als 50 % der UGef Ausländer. Vgl. auch *Schütze*, in: Trenczek, S. 137 ff.

[250] *Laubenthal*, FS Böhm, S. 310 ff.

[251] *Böhm*, FS Schneider, S. 1028 ff.; *Schmülling/Walter*, StrVert 1998, 313 ff.; zu den besonderen Schwierigkeiten bei der zweckmäßigen Behandlung drogenabhängiger ausländischer Gefangener: *Schlebusch*, ZfStrVo 1999, 15 ff.

[252] Nr. 6 VIII b und c, XI d, Nr. 8 VII b und c, X e VVJug; vgl. hierzu *Laubenthal*, FS Böhm, S. 315, 316.

die Sprachkenntnisse oft schlecht.²⁵³ Hier wäre beim Erziehungsplan zu
bedenken, welche Angebote der Anstalt ihnen auch im Hinblick auf ihr
späteres Leben in ihrer Heimat dienlich sind.²⁵⁴ Zudem wäre eine Ab-
schiebung unter teilweisem Vollstreckungsverzicht gem. § 456 a StPO anzustreben.

Vollzugliche Schwierigkeiten bereiten zur Zeit besonders junge deutsche Aussiedler aus den GUS-Staaten. Sie sind zwar rechtlich gesehen
nicht Ausländer, fühlen sich aber nicht als Deutsche und haben besondere Mühe, sich zu integrieren. In den Anstalten bilden sie oft eine streng
organisierte Subkultur, die sich gegen andere Gefangene und die Bediensteten abschottet.²⁵⁵

f) Die Vollzugsbeamten

Die Vollzugsbeamten sollen – ebenso wie die anderen im Jugendstrafverfahren tätigen Amtspersonen – für ihre Aufgabe besonders ausge-
sucht und ausgebildet sein. Ebenso wie sonst im Jugendstrafrecht wird
auch hier diese gesetzliche Aufgabe vernachlässigt. Außer der Fachaus-
bildung eines Psychologen, Lehrers oder Sozialarbeiters oder der Lauf-
bahnausbildung für den gehobenen oder mittleren Dienst im Strafvollzug
erhalten die im Jugendstrafvollzug tätigen Bediensteten keine vorge-
schriebene Sonderausbildung, die § 91 IV JGG gerade verlangt.²⁵⁶ Man
behilft sich mit Tagungen, die seltener von der Justiz, häufiger von der
Deutschen Vereinigung für Jugendgerichte und Jugendgerichtshilfen, den
katholischen und evangelischen Akademien, dem paritätischen Bildungs-
werk oder auch einzelnen Anstalten in Eigeninitiative organisiert werden. Daneben versucht man es mit dem sog. „in-service-training" – also
der Besprechung und Vertiefung der im täglichen Dienst aufgetretenen
Fragen innerhalb der Anstalt. Nicht allein die Ausbildung der Bediens-
ten erweist sich indessen als verbesserungsbedürftig. Auch die *hierarchi-
sche Struktur*, wonach Anstaltsleiter alle Entscheidungen verantwortlich
treffen, scheint sich für den Erziehungsvorgang nicht zu eignen. Stattdessen sollten Entscheidungen und Verantwortung in pädagogischen Fra-

---

²⁵³ Hierzu *Schütze*, in: Trenczek, S. 143.

²⁵⁴ *Schwind*, FS Böhm, S. 358.

²⁵⁵ *Dietlein*, ZfStrVo 2002, 151; *Otto/Pawlik-Mierzwa*, DVJJ-J 2/2001, 124 ff.; zur
Behandlung: *Asselborn/Dietrich*, ZfStrVo 2002 156 f.; vgl auch *Kirchner/Otto/Pawlik-
Mierzwa* in: Russlanddeutsche im Strafvollzug, Schriftenreihe des Landtags Rheinland-Pfalz, Nr. 19, März 2002; *J. Walter/Grübl*, Junge Aussiedler im Strafvollzug. Integrieren statt ausgrenzen. Über Möglichkeiten des Zugangs zu „schwierigen" Täter-
gruppen, 1999, S. 47 ff.

²⁵⁶ Allgemeiner Überblick über die Bedienstetenproblematik im Jugendstrafvollzug bei *Böhm*, ZfStrVo 1980, 3 ff. In der Bayerischen Justizvollzugsschule ist unterdessen eine besondere (Zusatz-)Ausbildung eingeführt worden: *Wydra*, Auswahl sowie
Aus- und Fortbildung der Bediensteten im Jugendstrafvollzug, in: Schriften des Fliedner-Vereins Rockenberg, Nr. 56/Oktober 1994; für Baden-Württemberg: *J. Walter/Ost-
heimer*, ZfStrVo 1999, 92; vgl. auch § 41 EGJVollz.

gen verlagert werden, wie das im Wohngruppenvollzug auch schon weitgehend geschieht.[257]

g) Herausnahme und Hereinnahme

Über 18 Jahre alte zu Jugendstrafe Verurteilte können vom Vollstreckungsleiter durch richterlichen Beschluss aus dem Jugendstrafvollzug herausgenommen werden, wenn sie sich für den Jugendstrafvollzug nicht eignen (§ 92 II JGG). Sie werden in die Vollzugsanstalt für Erwachsene verlegt, die Jugendstrafe wird an ihnen wie Freiheitsstrafe vollzogen. Es gelten die Vorschriften des Strafvollzugsgesetzes. Über einen Antrag auf gerichtliche Entscheidung gegen Vollzugsmaßnahmen der aus dem Jugendstrafvollzug Ausgenommenen, die jetzt die Jugendstrafe in einer für den Vollzug der Freiheitsstrafe zuständigen Anstalt verbüßen, befindet die Strafvollstreckungskammer.[258] Für ihre Entlassung (aus der – wie Freiheitsstrafe vollzogenen – Jugendstrafe) bleibt freilich der Vollstreckungsleiter zuständig, der insoweit nach § 88 JGG verfährt. Allerdings kann der Vollstreckungsleiter nach pflichtgemäßem Ermessen, insbesondere aus Gründen der Vollzugsnähe, die Vollstreckung nach § 85 JGG an den Jugendrichter abgeben, in dessen Bezirk die Erwachsenenanstalt liegt.[259] Wird in der Strafanstalt für Erwachsene vor oder im Anschluss an die Jugendstrafe eine nach allgemeinem Strafrecht verhängte Freiheitsstrafe gegen denselben Verurteilten vollzogen, so ist der Jugendrichter für die Vollstreckung der Jugendstrafe, für die Freiheitsstrafe dagegen die Staatsanwaltschaft und die Vollstreckungskammer zuständig.[260]

Bei über 21 bzw. 24 Jahre alten Verurteilten kann unter bestimmten Voraussetzungen der Vollstreckungsleiter nach der Herausnahme aus dem Jugendstrafvollzug die weitere Vollstreckung der Jugendstrafe auf die nach dem allgemeinen Strafrecht zuständige Vollstreckungsbehörde (die Staatsanwaltschaft: § 451 StPO) und die ihre Aussetzung betreffenden Entscheidungen auf die nach dem allgemeinen Strafrecht für die Erwachsenenanstalt zuständige Vollstreckungskammer übertragen (§§ 85 VI, 89 a III JGG).[261]

---

[257] *Fleck*, TBer. VI, S. 89 ff.; *Fleck/Müller*, ZfStrVo 1984, 74 ff.; SchlussB., S. 54–57; *Michelitsch-Traeger*, ZfStrVo 1991, 282 ff.; *Thiel*, in: Trenczek, S. 114 ff., 119 f.; *Heckmann*, in: Ber. 16. JGTag, S. 146 ff.

[258] *BGHSt* 29, 33 ff., 35.

[259] *BGHSt* 30, 9 f.

[260] *OLG Karlsruhe* Die Justiz 1998, 602; *OLG Dresden* NStZ-RR 2000, 381; *Eisenberg*, § 89 a Rn. 6.

[261] Sie entscheidet aber hinsichtlich der Vollstreckung der Jugendstrafe (vor allem: Strafaussetzung zur Bewährung) nach den Vorschriften des JGG (§ 88 JGG): *Eisenberg*, § 85 Rn. 17 a; *Kühn*, NStZ 1992, 526; *OLG Zweibrücken* Beschl. v. 20. 5. 94 – 1 Ws 220/94 – unveröffentlicht; *OLG Hamm* NStZ-RR 2000, 92; *OLG Frankfurt* NStZ-RR 1991, 91; *OLG Hamm* JR 1997, 210 mit zust. Anm. *Böhm*; aA *OLG Düsseldorf* NStZ 1995, 520; *KG* DVJJ-J 4/2002, 467: *Heinrich*, NStZ 2002, 182 ff. Die nach § 88 JGG günstigeren Aussetzungsmöglichkeiten können dem Verurteilten nicht durch Vollstreckungsmaßnahmen entzogen werden. Vgl. auch *Streng*, § 12 Rn. 98.

Die gesetzliche Möglichkeit einer „Herausnahme" ist nötig: es gibt
über 18 Jahre alte junge Männer, die wegen des hohen Grades ihrer kriminellen Gefährdung oder sonstiger Verwahrlosung, etwa ihrer ungehemm-
ten Gewalttätigkeit, ihrer aggressiven Sexualität oder ihres destruktiven
Einflusses den Jugendstrafvollzug so stören und die anderen Jugendlichen und Heranwachsenden so gefährden, dass man sie im Interesse
einer sinnvollen Arbeit aus der Jugendstrafanstalt verlegen muss.[262] Die
Maßnahmen des Jugendstrafvollzugs sind auch gegenüber zu Jugendstrafe Verurteilten, die unterdessen 24 Jahre alt und älter sind, in der
Regel nicht angemessen.

Faktisch hängt die mangelnde Eignung leider auch von den Platzange-
boten in den Jugendstrafanstalten ab, worauf die erheblichen regionalen
Unterschiede des Anteils der Ausgenommenen an der Gesamtheit der
Jugendstrafe verbüßenden Personen hinweisen (Saarland: 30 %; Baden-
Württemberg: 35,3 %; Bayern: 32,3 % einerseits; Berlin: 12 %, Sachsen-
Anhalt: 11 %, Bremen: 3 % andererseits, am 31. 3. 2003 − Bundesdurchschnitt: 22,6 %). In einigen Bundesländern sind die Ausgenommenen in
baulich, strukturell und personell besonders geeigneten *Jungmänner-
anstalten* zusammengefasst.[263]

Da es unterdessen in den Vollzugssystemen der Länder spezialisierte Anstalten für
nach allgemeinem Strafrecht verurteilte Männer gibt: Sozialtherapeutische Anstalten,
Berufsbildungszentren und Schulzentren, und gerade unter den jungen Gefangenen
häufig Täter sind, die in einem Feld gefördert werden müssen, für das es im Jugendstrafvollzug auch wegen der dort geringen Teilnehmerzahl keine Gelegenheit gibt,
und bei denen die Möglichkeit des Freigangs noch nicht besteht, müsste eine gesetzliche Regelung geschaffen werden, die es erlaubt, sie vorübergehend mit ihrer Zustimmung in der entsprechenden Anstalt für Erwachsene unterzubringen.[264]

Unter 24 Jahre alte, zu Freiheitsstrafe verurteilte Gefangene sollen
gem. § 114 JGG in den Jugendvollzug „hereingenommen" werden. Hier
verbleibt dann die Zuständigkeit für die Entlassung zur Bewährung beim
Vollstreckungsgericht, auch der Vollzug regelt sich nach dem Strafvollzugsgesetz − eine Konstruktion übrigens, die einer Überprüfung wert
wäre und die deshalb geändert werden soll (Art. II Nr. 6 EGJVollz). Im
Gegensatz zu den Richtlinien zu § 114 JGG werden kaum zu Freiheitsstrafe Verurteilte in Jugendstrafanstalten eingewiesen.[265] Hauptanwen-
dungsgebiet für den § 114 JGG sind vielmehr sog. Anschlussstrafen.

---

[262] Die Vorschrift erlaubt es aber nicht, wegen bloßer Vollzugsstörungen schwierige
junge Menschen in den allgemeinen Vollzug abzuschieben: *LG Berlin* StrVert 2003,
462.

[263] *J. Walter,* ZfStrVo 1991, 274 ff.; *Finkbeiner/Karsten/Meiners,* ZfStrVo 1993, 343 ff.

[264] Das EGJVollz sieht dagegen einen entsprechenden Ausbau des Jugendstrafvollzugs vor (§§ 13, 40 V–VII).

[265] *Thole,* MschrKrim 1975, 265, berichtet, dass von 1603 klassifizierten, zu Freiheitsstrafe verurteilten Gefangenen ganze vier gem. § 114 JGG in eine Jugendstrafanstalt verlegt wurden. Am 31. 3. 2003 waren von 6835 männlichen Insassen der Jugend-

Verbüßt etwa ein Heranwachsender in der zuständigen Jugendstrafanstalt den Rest einer ursprünglich zur Bewährung ausgesetzten Jugendstrafe und wird er wegen einer in der Zwischenzeit begangenen neuen Straftat nunmehr zu Freiheitsstrafe verurteilt, so wird ihm häufig gestattet, diese Freiheitsstrafe im Anschluss an den Strafrest der Jugendstrafe in der Jugendstrafanstalt zu verbüßen, etwa um seine Berufsausbildung dort zu beenden.

h) Rückfalluntersuchungen

Erstmals ist die Legalbewährung aller in Deutschland im Jahre 1994 rechtskräftig nach allgemeinem oder Jugendstrafrecht zu einer ambulanten Sanktion (Weisung, Zuchtmittel, Geldstrafe, Jugend- oder Freiheitsstrafe zur Bewährung) Verurteilten und der in diesem Jahr aus dem Vollzug einer Jugend- oder Freiheitsstrafe nach deren vollständiger oder teilweiser Verbüßung Entlassenen (insoweit unabhängig davon, in welchem Jahr die dieser Strafe zugrunde liegende Tat rechtskräftig abgeurteilt worden ist) nach einem Zeitraum von 4 Jahren überprüft worden. Die deutschen aus dem Jugendstrafvollzug Entlassenen sind die am häufigsten rückfällige Gruppe, von 2255 wurden in dem überprüften Zeitraum nur 396 nicht wieder verurteilt (82,4 % erneut verurteilt). Erneut zu verbüßender Freiheit- und Jugendstrafe wurden 1101 = 48,8 % verurteilt, weitere 438 zu Jugend- und Freiheitsstrafen, die voll zur Bewährung ausgesetzt worden sind (also 1539 zur bedingten und unbedingten Freiheits- und Jugendstrafen: 68,2 %). Der Anteil der rückfälligen deutschen Männer dürfte noch geringfügig höher liegen, weil die etwa 3 % Frauen an der Gesamtheit der aus dem Jugendstrafvollzug im Jahre 1994 Entlassenen nur zu etwa 35 % wieder zu zu verbüßender Freiheits- oder Jugendstrafe verurteilt werden mussten. Die Rückfälligkeit ist nach Jugendstrafen bis zu zwei Jahren am höchsten, bei den Jugendstrafen über 5 Jahre liegt sie (23,2 % Neuverurteilungen zu zu verbüßender Jugend- oder Freiheitsstrafe) nahe bei der Rückfälligkeit nach voll ausgesetzter Jugendstrafe (17,3 %).[266] Diese Ergebnisse bestätigen in der Tendenz die aus der für die Jahre 1980–1985 in der Rückfallstatistik des Generalbundesanwalts bei einer fünfjährigen Kontrollzeit und etwas anderen Erhebungsmodalitäten gewonnenen Befunde.[267]

---

strafanstalten 78, also kaum mehr als 1 %, nach § 114 JGG „Hereingenommene". 45 davon befinden sich in Hessen. Allein in der Jugendstrafanstalt Wiesbaden werden in nennenswertem Umfang junge, zu Freiheitsstrafe Verurteilte in den Jugendstrafvollzug „hineingenommen". Vgl. auch *Brunner/Dölling,* § 92 Rn. 7.

[266] *Jehle/Heinz/Sutterer,* Legalbewährung nach strafrechtlichen Sanktionen, 2003, S. 119, 120, 124; Überblicktabellen 4.3 (S. 57) und 4.4 (S. 59).

[267] *Göppinger,* S. 702, 720. Hier ist jede neue Verurteilung zu Jugend- oder Freiheitsstrafe als „Rückfall" gewertet, weil diese Statistik eine Trennung in zur Bewährung ausgesetzte und zu verbüßende Jugend- oder Freiheitsstrafen nicht erlaubt hat. Zu den vielen Kritikpunkten an der Statistik: *Jehle,* in: Jehle (Hrsg.), Datensammlungen und Akten in der Strafrechtspflege, 1989, S. 245 ff.

Die hohe Rückfälligkeit nach (teil-)verbüßter Jugendstrafe könnte einmal auf die Schädlichkeit eines jeden Freiheitsentzugs (besonders gegenüber jungen Mensch) hindeuten. Sie ist freilich auch nicht überraschend,
weil zu dieser Strafe – und zwar im Laufe der Zeit zunehmend – nur
noch Jugendliche und Heranwachsende verurteilt werden, deren Gefährdungen und kriminelle Entwicklung durch andere Maßnahmen nicht
mehr beeinflussbar erscheinen. Die günstigeren Ergebnisse der Nicht-
deutschen könnten damit zusammenhängen, dass einige von ihnen nach
der Strafverbüßung ausgewiesen werden oder freiwillig in ihre Heimat
zurückkehren. Ob sie dort wieder rückfällig werden, bleibt in der Regel
unbekannt. Es könnte aber auch eine Rolle spielen, dass Nichtdeutsche
eher zu zu verbüßender Jugendstrafe verurteilt werden als Deutsche, mithin eine weniger kriminell gefährdete Gruppe darstellen. Schließlich
scheint bei nichtdeutschen Insassen in Jugendstrafanstalten der familiäre
Rückhalt stärker zu sein, was prognostisch günstig zu werten wäre.

Bei den besseren Ergebnissen langer Jugendstrafen wird eine Rolle
spielen, dass die aus ihnen Entlassenen schon älter sind und die Krimina-
litätsbelastung ohnehin ab einem Alter von 24 oder 25 Jahren deutlich
rückläufig ist.

Rückfalluntersuchungen, die einen Zeitraum von zehn und mehr Jahren nach der Entlassung betreffen und hier eine Rückfälligkeit im ersten,
zweiten und im dritten Jahrfünft überprüfen, ergeben übereinstimmend,
dass die im ersten Jahrfünft nicht oder nicht erheblich Rückfälligen überwiegend auch im zweiten und dritten Jahrfünft nicht wieder erheblich
straffällig wurden, wogegen von den im ersten Jahrfünft stark Rückfälligen mehr als ein Drittel danach nicht mehr oder nur noch geringfügig
straffällig wurden.[268]

Soweit einzelne Vollzugsmaßnahmen in diesem Zusammenhang überprüft worden sind, haben besonders beruflich im Vollzug Geförderte
bessere Resozialisierungserfolge erzielt, aber auch schulische Förderung,
offener (vor allem: Freigänger-)Vollzug und Gewährung von Vollzugslockerungen scheinen günstige Wirkungen zu haben.[269] Hier ist freilich
zu bedenken, dass die so Geförderten möglicherweise schon ohnehin
eine positive Auswahl darstellen. Selbst wenn äußere Belastungsdaten bei
Vergleichsgruppen gleichgehalten werden, so sind doch die erfolgreich
Geförderten junge Menschen, die sich um die betreffenden Förderungen
bemühen, ihnen sich mindestens ohne Widerstand unterziehen. Möglicherweise sind schon diese Einstellungen prognostisch bedeutsam.[270]

---

[268] *Fleck/Müller,* ZfStrVo 1984, 74 ff., 77; *Dolde/Grübl* und *Kerner/Janssen,* in: Ker-
ner/Dolde/Mey (Hrsg.), Jugendstrafvollzug und Bewährung, 1996, S. 137 ff., 214 ff.;
221 ff., 303 ff.; *Göppinger,* S. 727 ff.
[269] *Dolde/Grübl* (Fn. 268), S. 318, 355.
[270] Zusammenfassend zur Evaluation: *Dünkel,* FS Böhm, S. 124 ff.; *Mey/Wirth,* FS
Böhm, S. 597 ff., 60 f.

i) Überlegungen zur Reform

Der Jugendstrafvollzug ist in den letzten 20 Jahren zunehmend in Schwierigkeiten geraten.[271] Das Fehlen einer gesetzlichen Regelung macht es immer schwerer, sein eigenes Profil zu erhalten und zu schärfen, die rechtlichen Unterschiede zwischen Jugend- und Freiheitsstrafe in den Vollzug hinein zu verlängern und ihn auch als besonders intensive Erziehungsmaßnahme zu begreifen. Er gerät stattdessen stärker in die Nähe des allgemeinen Strafvollzugs. Das zeigt sich z. B. daran, dass die Aufgabe, die Allgemeinheit durch sichere Unterbringung des Verurteilten zu schützen, denselben Rang wie im allgemeinen Strafvollzug einnimmt, obwohl sogar noch in den VVJug im bewussten Gegensatz zu der Regelung des § 11 II StVollzG Vollzugslockerungen an weniger strenge Voraussetzungen gebunden sind (Nr. 6 X VVJug).[272] Inzwischen sind Lockerungen, Urlaub und offener Vollzug ebenso zurückgenommen wie im allgemeinen Strafvollzug. Natürlich dient auch der Vollzug der Jugendstrafe dem Schutz der Gesellschaft, und dieser ist auch in einigen Fällen durch ausbruchsichere Unterbringung der Gefangenen zu gewährleisten.[273] Hauptsächlich erfolgt er aber durch erzieherische Maßnahmen, die eine Rückfälligkeit nach der Entlassung verhindern sollen.[274] Zu diesen gehören eben auch Vollzugslockerungen, bei deren Gewährung ein gewisses Missbrauchsrisiko in Kauf genommen werden muss. Stattdessen werden heute junge Strafgefangene zur Bewährung entlassen, ohne zuvor als lockerungsgeeignet angesehen worden zu sein: statt unter Inkaufnahme eines gewissen Risikos Freiheit einzuüben, wird das mögliche − und dann problematischere − Scheitern auf die Zeit nach der (probeweisen) Entlassung verschoben (wo es dann die jeweilige Opposition dem Justizminister nicht mehr anlasten kann). Die Überbelegung, die zu einem guten Teil damit zusammenhängt, dass bisher an anderen Stellen vollzogene Untersuchungshaft an Jugendlichen und Heranwachsenden ohne Kapazitätserweiterung in Jugendstrafanstalten verlegt worden ist, behindert Grundvoraussetzungen eines sinnvollen Jugendstrafvollzuges: die nächtliche Einzelunterbringung der Gefangenen ist nicht mehr gewährleistet, die Wohngruppen sind zu groß.[275] Die Bediensteten können die Gruppe nicht in der notwendigen Weise begleiten, so dass Außenseiter und Schwächere nicht beschützt und subkulturelle Aktivitäten nicht kontrolliert werden, es sei denn, es würden die gemeinschaftliche Freizeit drastisch verkürzt und die Zeit des Einschlusses im Haftraum verlängert, was

---

[271] „Jugendstrafvollzug in der Krise", *J. Walter*, aaO; *Dünkel*, FS Böhm, S. 100; *Bammann*, UJ 2002, 32 f.; *Fleck*, ZfStrVo 2000, 271.

[272] *Schaffstein/Beulke*, § 44 II 1c; zu der seltenen Gewährung von Lockerungen: *Dünkel*, FS Böhm, S. 121 f.; *Böhm*, FS Schneider, S. 1034 f.

[273] *Schaffstein/Beulke*, § 44 II 1 c.

[274] *Dünkel*, FS Böhm, S. 131.

[275] *J. Walter*, aaO, S. 128.

fast ebenso erziehungswidrig wäre. Bei Überbelegung können auch nicht alle Gefangenen beschäftigt werden.[276] Das vielerorts noch sehr eindrucksvolle Angebot an schulischer und beruflicher Förderung wird in nicht unerheblichem Umfang von justizfremder Seite (europäischer Sozialfond, Bundesagentur für Arbeit, Straffälligenvereine) finanziert.[277] Es ist denkbar, dass diese Finanzquellen versiegen; wie die Justiz dies auffangen will, ist nicht erkennbar. Ähnliche Entwicklungen zeichnen sich bei der Ausländer-, Drogen und Schuldnerberatung ab. Während eine eher schwieriger werdende und stärker kriminell belastete Insassenschaft mehr persönliche Zuwendung verlangt,[278] treffen die Einsparungen an Personal und Sachmitteln den Jugendstrafvollzug wie den allgemeinen Vollzug. Das geht besonders zu Lasten der (erlebnis-)pädagogischen Maßnahmen, die für die Erziehung besonders wichtig, andererseits personalaufwendig und für den rein verwaltungsmäßigen Ablauf des Vollzugs natürlich nicht erforderlich sind.

Eine gesetzliche Regelung des Jugendstrafvollzugs müsste diesen Trend stoppen. Das wäre durch die Herausarbeitung einer eigenständigen Aufgabe, die deutlich von der des allgemeinen Strafvollzugs insbesondere von dessen Sicherungsaufgabe abgesetzt wird, durch die Absicherung von Standards (Anstaltsgröße, Wohngruppen-Größe, Wohngruppen-Einrichtung, Personalausstattung, nächtliche Einzelunterbringung, Vorrang von schulischer und beruflicher Ausbildung, Mindestangebot von Sport, Gewährung von therapeutischen Maßnahmen), durch Beibehaltung von erzieherischen Freiräumen und Experimentiermöglichkeiten, zu gewährleisten.[279] Die Chancen für eine solche Regelung stehen nicht gut. Die gesetzlich exakte Regelung der Rechtsstellung der jungen Gefangenen, die natürlich auch erfolgen müsste, erscheint eher durchsetzbar, ist aber nicht so dringlich und insbesondere nicht ausreichend.

§ 26. Aussetzung der Verhängung der Jugendstrafe

Literatur: Lorbeer, Probleme der Aussetzung der Verhängung der Jugendstrafe nach §§ 27 ff. JGG (gleichzeitig eine Untersuchung der Anwendung des § 27 JGG im OLG-Bezirk Hamburg in den Jahren 1960–1970), Diss. jur. Hamburg, 1980; *Heublein,* § 27 JGG – eine ungeliebte Vorschrift? in: Zbl 1985, 436 ff.

---

[276] *J. Walter,* aaO, S. 129.
[277] Vgl. *Dünkel,* FS Böhm, S. 123.
[278] „Erziehung durch Beziehung": *Fleck,* ZfStrVo 2000, 271.
[279] Vgl. die Vorschläge von *Dünkel,* FS Böhm, S. 129 ff.; *J. Walter,* aaO, S. 137 ff.; *Neubacher/Walter* aaO; s. auch *Bergmann* (Fn. 198), S. 277–282. Der EGJVollz nimmt eine Reihe dieser Vorschläge auf.

1. Voraussetzungen

Hat ein Jugendlicher oder Heranwachsender Straftaten von einigem Gewicht begangen und lässt sich bis zur Hauptverhandlung trotz sorgfältiger Untersuchungen der Jugendgerichtshilfe und vielleicht sogar durch weitere Sachverständige nicht sicher feststellen, dass in der Tat schädliche Neigungen zum Ausdruck gekommen sind, derentwegen zur Erziehung Zuchtmittel und Erziehungsmaßnahmen nicht ausreichen,[1] steht der Jugendrichter vor einer schwierigen Situation. Die Voraussetzungen zur Verhängung von Jugendstrafe sind nicht gegeben. Deshalb kann auch eine Verurteilung zu Jugendstrafe zur Bewährung nicht in Betracht kommen. Da aber auch unsicher ist, ob andere Erziehungsmaßnahmen oder Zuchtmittel zur Erziehung ausreichen, scheint deren Anordnung nicht zweckmäßig. Wären die Reaktionen im Jugendstrafrecht vorwiegend sühnender oder vergeltender Art, so würde man nach dem Grundsatz „in dubio pro reo" die „milderen" Maßnahmen, also etwa Jugendarrest verhängen. Im Jugendstrafrecht steht aber der Gedanke der notwendigen Erziehung im Vordergrund, so dass die Anordnung einer aus Erziehungsgründen nicht angezeigten Maßnahme also (vom schon erörterten Fall der Jugendstrafe wegen Schwere der Schuld abgesehen) unzulässig ist. Nach § 27 JGG stellt der Jugendrichter deshalb in den genannten Zweifelsfällen die Schuld fest und setzt die Verhängung einer Jugendstrafe zur Bewährung aus. Er bestimmt eine Bewährungszeit von ein bis zwei Jahren, erteilt für die Dauer der Bewährungszeit Weisungen und Auflagen und ordnet für die ganze Bewährungszeit oder einen Teil derselben Bewährungshilfe an (§§ 28, 29 JGG). Stellt sich innerhalb der Bewährungszeit heraus, dass die schädlichen Neigungen doch derart sind, dass zu ihrer Behebung die Verhängung von Jugendstrafe erforderlich ist, findet ein neuer Verhandlungstermin statt, in dem nur noch über die Höhe der Jugendstrafe entschieden wird, die man verhängt hätte, wäre in dem ersten Termin schon bekannt gewesen, dass schädliche Neigungen in dem Jugendstrafe notwendig machenden Umfang vorhanden sind. Ist indessen die Bewährungszeit erfolgreich abgelaufen, so wird der Schuldspruch für erledigt erklärt, und die Straftaten des Jugendlichen oder Heranwachsenden erfahren keine weitere Reaktion (§ 30 JGG). Ergeben sich in der

---

[1] Es ist streitig, ob § 27 JGG bei Zweifeln über das Vorliegen von schädlichen Neigungen überhaupt anwendbar ist (so *OLG Düsseldorf* MDR 1990, 446; *Schaffstein/ Beulke*, § 26 I 2; *Brunner/Dölling*, § 27 Rn. 5; *Meier/Rössner/Schöch*, § 12 Rn. 25) oder nur, wenn schädliche Neigungen sicher vorliegen, aber Ungewissheit über deren Umfang besteht (DSS-*Diemer*, § 27 Rn. 5; *Eisenberg*, § 27 Rn. 11; *Streng*, § 12 Rn. 108). Letzteres ist richtig; denn wenn schon unklar ist, ob überhaupt schädliche Neigungen vorliegen, wird deren möglicher Umfang die Verhängung von Jugendstrafe nicht rechtfertigen. Selbstverständlich setzt die Anwendung von § 27 JGG ein Tatgeschehen voraus, das, wenn denn schädliche Neigungen bejaht werden könnten, die Verhängung einer Jugendstrafe erlaubte, vgl. *Heublein* aaO.

Bewährungszeit Schwierigkeiten, die eine Entscheidung, nicht aber die Verhängung von Jugendstrafe, erforderlich machen, so kann der Jugendrichter die Weisungen verändern, ihre Befolgung oder die Erfüllung von Auflagen gegebenenfalls durch Jugendarrest erzwingen, die Bewährungszeit, wenn sie weniger als zwei Jahre beträgt, auf die Höchstdauer von zwei Jahren verlängern und die Unterstellung unter die Aufsicht und Leitung eines Bewährungshelfers in diesem Umfang erweitern.

2. Rechtsnatur

Es liegt nahe, hier an das Institut des *„Schuldinterlokuts"* zu denken, aber im Gegensatz zu dieser Zweiteilung des Strafverfahrens in Schuldfeststellung und Straffestsetzung wird hier ja sehr genau über die Straffestsetzung ermittelt und verhandelt. Nur erlaubt das erzielte Ergebnis keine Entscheidung in der „Reaktionsfrage". Deshalb ist diese Entscheidung auch nicht mit der *„Verwarnung mit Strafvorbehalt"* des § 59 StGB vergleichbar. Zwar ergeht auch hier nur ein Schuldspruch, der keine Strafe im Rechtssinne ist, aber für den Fall des Fehlgehens ist bereits eine bestimmte Geldstrafe festgelegt. Es ist auch nicht so, dass der Jugendrichter auf jede Maßnahme neben dem Schuldspruch verzichtet. Vielmehr greift er durch Weisungen, das Unrecht der Tat sühnende Auflagen und Anordnung der Bewährungsaufsicht in den Entwicklungsprozess des jungen Menschen ein.[2]

In Rechtskraft erwächst nur der Schuldspruch. An ihn und etwa auch die Feststellung, dass ein Heranwachsender nach § 105 JGG noch einem Jugendlichen gleichsteht, bleibt der Jugendrichter im Nachverfahren gebunden. Nur über den Umfang der schädlichen Neigungen und die Höhe der Jugendstrafe ist dann frei zu entscheiden, wobei Ereignisse während der Bewährungszeit nur insoweit berücksichtigt werden dürfen, als sie einen Hinweis darauf liefern, dass bei der ersten Entscheidung schon erhebliche schädliche Neigungen vorlagen.[3]

3. Einzelfragen

Als günstig wird es von einigen Jugendrichtern empfunden, den Schuldspruch mit einer Verurteilung zu Jugendarrest zu verbinden. Einmal könne dadurch auf das in der Tat liegende Unrecht mitunter angemessener reagiert werden als nur durch eine Bewährungsauflage, zum anderen werde der Jugendliche oder Heranwachsende nach dem Eindruck eines kurzfristigen Freiheitsentzuges eher bereit sein, sich in der Bewährungszeit zusammenzunehmen und Aufsicht und Leitung des Bewäh-

---

[2] *Brunner/Dölling,* § 27 Rn. 2.
[3] *Brunner/Dölling,* § 30 Rn. 8.

rungshelfers anzunehmen.[4] Ein solches Vorgehen ist nach der bestehenden Gesetzeslage nicht erlaubt. Die in §§ 27 bis 30 JGG aufgeführten Vorschriften stellen eine abgeschlossene Sonderregelung dar. Dementsprechend wird der Schuldspruch auch in § 8 JGG nicht aufgeführt und kann deshalb mit Erziehungsmaßregeln und Zuchtmitteln nicht verbunden werden.[5] Aber auch wenn man diese Folgerung mit der h. L. nicht zieht, bestehen erhebliche Bedenken. Stellt sich nämlich später heraus, dass schädliche Neigungen vorlagen, dann wird im Nachverfahren in der gleichen Sache Jugendstrafe verhängt, in der schon Jugendarrest angeordnet und vollstreckt worden ist. Im Ergebnis ist dann der Grundsatz der Einspurigkeit freiheitsentziehender Reaktionen verletzt. Zudem haben Jugendarrest und Jugendstrafe einander ausschließende Anwendungsbereiche.[6] Daran ändert auch nichts die Tatsache, dass bei hartnäckigem Verstoß gegen Bewährungsweisungen und -auflagen Jugendarrest zulässig ist. Dieser ist dann nämlich eine Reaktion nicht auf die ursprüngliche Tat, sondern auf den Ungehorsam in der Bewährungszeit. Darüber hinaus wäre die Verhängung von Jugendarrest neben dem Schuldspruch auch ein Verstoß gegen das Verbot der Doppelbestrafung, woran auch nichts mehr dadurch geändert würde, dass man den verbüßten Jugendarrest auf die spätere Strafe anrechnet.[7] Ebenso ist eine Entscheidung nach § 12 Nr. 2 JGG (Heimerziehung) gleichzeitig mit dem Schuldspruch unzulässig.[8] Es ist zulässig, neben dem Schuldspruch Maßregeln der Besserung und Sicherung anzuordnen (§ 7 JGG). Allerdings ist ein Schuldspruch neben der Unterbringung in einem Psychiatrischen Krankenhaus normalerweise entbehrlich, § 5 III JGG. Für Führungsaufsicht fehlen die Voraussetzungen, da gerade eine Rückfallgefahr nicht festgestellt werden kann; denn sonst müsste ja wegen der schädlichen Neigungen Jugendstrafe verhängt werden. Dagegen können als Maßregel der Besserung und Sicherung Entzug der Fahrerlaubnis und u. U. Einweisung in eine Entziehungsanstalt angeordnet werden. Folgt man der h. L., ist auch die Anordnung eines Fahrverbots möglich.[9]

---

[4] *Brunner/Dölling*, § 27 Rn. 14, 15; vgl. auch − mit Überlegungen für eine künftige Regelung − *Schaffstein/Beulke*, § 26 IV a.

[5] *Böhm*, Anm. zu *BGH* JR 1989, 297.

[6] *BGHSt* 18, 207 ff.; *BayObLG* NStZ 1997, 216; *Streng*, § 12 Rn. 111; *Schaffstein/Beulke* § 26 IV a; *Meier/Rössner/Schöch*, § 12 Rn. 28; aA; *AG Winsen* NStZ 1982, 120; *LG Augsburg* NStZ 1986, 507 mit zust. Anm. *Brunner* und abl. Anm. *Schaffstein* sowie − NStZ 1987, 177 − *Herrlinger/Eisenberg*.

[7] Vgl. hierzu auch *OLG Celle* NStZ 1988, 315 mit Anm. *Bietz.*

[8] *BGHSt* 35, 288 mit zust. Anm. *Böhm*, JR 1989, 297; DSS-*Diemer*, § 8 Rn. 8; *Brunner/Dölling*, § 27 Rn. 16; *Streng*, § 12 Rn. 111.

[9] *Ostendorf*, § 27 Rn. 9; DSS-*Diemer*, § 27 Rn. 11. Wie hier − Fahrverbot ist nicht zulässig −, aber mit anderer Begründung: *Eisenberg*, § 27 Rn. 20.

4. Anwendungsbereich und Erfolg

In der Strafverfolgungsstatistik werden die Schuldsprüche gem. § 27 JGG gesondert als „andere Entscheidungen" ausgewiesen und zählen nicht zu den Verurteilungen.[10] Die im Nachverfahren gem. § 30 I JGG verhängten Jugendstrafen werden aber unter den Verurteilungen zu Jugendstrafe als besondere Gruppe gerechnet.[11] In den alten Bundesländern und Berlin kamen in den Jahren 1996 bis 2000 zu 448096 Verurteilungen nach Jugendstrafrecht (Erziehungsmaßregeln, Zuchtmittel und Jugendstrafen) 8487 Schuldsprüche nach § 27 JGG (1,86 %). Von den 84163 Jugendstrafen waren 4135 (4,9 %) im Nachverfahren nach § 30 JGG verhängt worden. Im Jahre 2001 kamen auf 96675 Verurteilungen nach Jugendstrafrecht 1939 Schuldsprüche nach § 27 JGG (1,96 %), von den 17722 Jugendstrafen waren 807 (4,6 %) nach § 30 I JGG verhängt worden.[12]

Diese Zahlen sind wenig aussagekräftig. Der Schuldspruch kann nur ergehen, wenn der ihm zugrunde liegende strafrechtliche Vorwurf bei einem erwachsenen Täter eine Freiheitsstrafe von mehr als 6 Monaten rechtfertigen würde. Von diesen Fällen scheiden diejenigen aus, bei denen wegen der Schwere der Schuld Jugendstrafe geboten ist.[13] Es bleiben dann die Fälle, bei denen es um den Umfang der schädlichen Neigungen geht. Wie viele der pro Jahr verhängten Jugendstrafen wegen schädlicher Neigungen verhängt werden, ist nicht bekannt.[14] Ebenso wenig ist bekannt, in wie vielen Fällen im Jahr der Umfang schädlicher Neigungen geprüft und letzten Endes entschieden wird, dass doch noch Zuchtmittel oder Erziehungsmaßregeln (normalerweise kommen wohl Betreuungsweisungen oder soziale Trainingskurse in Betracht) ausreichen. Zwischen diesen Gruppen liegt der Schuldspruch nach § 27 JGG. Er dürfte 10–20 % der skizzierten Fälle abdecken und damit nicht eine seltene Ausnahme sein. Dass indessen meistens eine eindeutige Entscheidung über das Ausmaß der schädlichen Neigungen getroffen werden kann, ist bei der im Jugendstrafverfahren gebotenen sorgfältigen Persönlichkeitsforschung erwartungsgemäß.[15] Die Jugendrichter machen von der Vorschrift sehr unterschiedlich Gebrauch.[16] Mehr als drei Viertel der Verurteilungen zu Ju-

---

[10] Strafverfolgungsstatistik (Arbeitsunterlage 2001) S. 6, 45.
[11] Strafverfolgungsstatistik (Arbeitsunterlage 2001), S. 250.
[12] Nach den Strafverfolgungsstatistiken (Arbeitsunterlagen) 1996–2001 errechnet.
[13] *Streng*, § 12 Rn. 107; *Eisenberg*, § 27 Rn. 9.
[14] Nach *Meier/Rössner/Schöch*, § 11 Rn. 38 ergehen 15 % aller Jugendstrafen wegen Schwere der Schuld, 70 % wegen schädlicher Neigungen und 15 % wegen beider Umstände. Dagegen meint *Landau*, Gutachten N 55, der Begriff der schädlichen Neigungen sei schon deshalb entbehrlich, weil der praktische Anwendungsbereich dieser Alternative gering sei.
[15] Und richtig: *Schaffstein/Beulke*, § 26 I 3.
[16] *Eisenberg*, § 27 Rn. 16.

gendstrafe nach § 30 I JGG erfolgen in Nordrhein-Westfalen; seit 10 Jahren stets über 90 % in Nordrhein-Westfalen, Baden-Württemberg und Schleswig-Holstein zusammen, obgleich in diesen drei Ländern weniger als die Hälfte der in den alten Bundesländern und Berlin gezählten Verurteilungen nach Jugendstrafrecht stattfinden.[17]

Setzt man die jährlich ergehenden Schuldsprüche nach § 27 JGG in Verbindung mit den Verurteilungen zu Jugendstrafe nach § 30 I JGG, so findet in den Jahren 1996–2000 in 48,7 (2001: 40,6 %) der Fälle das Nachverfahren statt, was auf eine hohe Misserfolgsrate hinweist, zumal gewiss nicht selten bei erneuter Straffälligkeit in der Bewährungszeit der Schuldspruch ohne Nachverfahren gem. § 31 JGG in der neuen Verurteilung aufgeht.[18] Nach der – freilich unzuverlässigen – Bewährungshilfestatistik ergibt sich ein viel günstigeres Bild: mindestens 75 % aller Schuldsprüche enden danach mit Tilgung gem. § 30 II JGG.[19]

§ 27. Registerrechtliche Besonderheiten

1. Erziehungsregister

Auf der einen Seite besteht im Bereich des Jugendkriminalrechts die dringende Notwendigkeit, viele Informationen über den Jugendlichen oder Heranwachsenden zu besitzen, denn nur wenn über die Fehlentwicklung und die auf einzelne Ereignisse erfolgte Reaktion lückenlos Kenntnis besteht, lässt sich sinnvoll entscheiden, was bei einer neuen Straftat geschehen soll. Die früheren Entscheidungen sind als Teil der Persönlichkeitserforschung wichtig. Anderseits soll dem Jugendlichen durch Entscheidungen des Jugendgerichts oder des Vormundschaftsgerichts kein Nachteil entstehen. Die stigmatisierende Wirkung der Verurteilung darf ihn bei der Arbeitssuche, der Schulausbildung, im Freizeitbereich und als Staatsbürger nicht behindern. Diesem Dilemma versucht die Einrichtung des Erziehungsregisters Rechnung zu tragen.[1] Das Erziehungsregister wird beim Bundeszentralregister in Berlin geführt. Hier werden alle Erziehungsmaßregeln und Zuchtmittel nebst Nebenstrafen und Nebenfolgen eingetragen, aber auch vormundschaftsrichterliche Entscheidungen über das Sorgerecht, die Einstellung von Strafverfahren nach

---

[17] Nach den Strafverfolgungsstatistiken (Arbeitsunterlagen) 1992–2001 errechnet. 2001 entfielen auf Nordrhein-Westfalen, Baden-Württemberg und Schleswig-Holstein 43 % der Verurteilungen nach Jugendstrafrecht und 44,1 % der Verurteilungen zu Jugendstrafe bezogen auf die alten Bundesländer und Berlin.

[18] Hierzu *Brunner/Dölling*, § 30 Rn. 9 a und 15.

[19] Vgl. auch *Streng*, § 12 Rn. 114 einerseits, *Eisenberg*, § 30 Rn. 21 und *Brunner/Dölling*, § 27 Rn. 1 anderseits.

[1] *Schaffstein/Beulke*, § 45 IV.

§§ 45 und 47 JGG² sowie die Freisprüche mangels Reife i. S. des § 3 JGG, schließlich die Anordnungen und Maßnahmen nach § 3 Satz 2 JGG (§ 60 BZRG). Damit ist gewährleistet, dass an einer Stelle alle gerichtlichen Entscheidungen über Jugendliche und Heranwachsende festgehalten sind. Auskünfte aus dem Erziehungsregister erhalten aber nur die Strafgerichte und Staatsanwaltschaften für Zwecke der Rechtspflege, der Vormundschafts- und Familienrichter für Verfahren, die das Sorgerecht betreffen, die Jugendämter sowie die Gnadenbehörden in Gnadensachen (§ 61 BZRG). Die von den Eintragungen betroffenen Jugendlichen und Heranwachsenden brauchen weder die Eintragungen im Erziehungsregister noch die diesen zugrundeliegenden Sachverhalte zu offenbaren (§ 64 BZRG). Diese Vorschriften stellen sicher, dass Arbeitgeber und Privatpersonen, aber auch Polizei, Schulen und andere Behörden (der Zoll, wenn sich der Jugendliche dort als Bedienster bewirbt) von diesen Entscheidungen und den ihnen zugrunde liegenden Geschehnissen nichts erfahren. Die Eintragungen im Erziehungsregister werden am 24. Geburtstag des Betreffenden entfernt (§ 63 BZRG),³ soweit nicht im Bundeszentralregister noch eine Verurteilung zu Freiheitsstrafe, Strafarrest, Jugendstrafe oder zu einer freiheitsentziehenden Maßregel der Besserung oder Sicherung eingetragen ist.

2. Bundeszentralregister

In das Bundeszentralregister werden nur der Schuldspruch, alle Jugendstrafen und die Maßregeln der Besserung und Sicherung eingetragen (§ 4 BZRG). Auskünfte erhalten hier außer den Gerichten und Staatsanwaltschaften für Zwecke der Rechtspflege alle obersten Bundes- und Landesbehörden, die Verfassungsschutzämter, die Kriminaldienststellen der Polizei für Zwecke der Verhütung und Verfolgung von Straftaten sowie einige andere besonders aufgezählte Behörden (§ 41 BZRG).

---

² Da bei nach allgemeinem Strafrecht erfolgenden Einstellungen nach §§ 153, 153 a StPO eine registerliche Meldung unterbleibt, wird insoweit eine Benachteiligung jugendlicher und heranwachsender Täter gerügt: *Eisenberg*, § 45 Rn. 39. Soweit es die Verwendung bei künftigen Strafverfahren angeht, besteht allerdings keine Benachteiligung: die Daten aller gegen Jugendliche, Heranwachsende und Erwachsene durchgeführten Strafverfahren, auch wenn sie – aus was für Gründen auch immer – eingestellt werden sind oder ein Freispruch erfolgt, stehen hierfür in dem länderübergreifenden staatsanwaltschaftlichem Verfahrensregister zur Verfügung, das ebenfalls beim Bundeszentralregister geführt wird (§ 492 StPO; vgl. hierzu *Meier/Rössner/ Schöch*, § 14 Rn. 44).
³ Für ihre Mitteilung in einem neuen Verfahren kommt es nicht auf die tatsächliche Entfernung der Eintragung, sondern auf die „Entfernungsreife", also darauf an, ob zum Zeitpunkt der Hauptverhandlung das 24. Lebensjahr bereits vollendet war, *BGH* Beschl. v. 15. 9. 94 und Beschl. v. 6. 6. 95, RÜ NStZ 1995, 538 und *BGH* Beschl. v. 21. 6. 2000, RÜ NStZ-RR 2001, 327.

Wünschen z. B. Arbeitgeber zu wissen, ob der Bewerber vorbestraft ist, so können sie verlangen, dass dieser ein Führungszeugnis vorlegt. Für den Normalfall ist es deshalb nur von Bedeutung, welche Verurteilungen im *Führungszeugnis* eingetragen werden, das dem Betroffenen gem. § 30 BZRG und unter eingeschränkten Voraussetzungen auch Behörden (§ 31 BZRG) erteilt wird. Nicht aufgenommen in das Führungszeugnis werden der Schuldspruch nach § 27 JGG, Verurteilungen zu Jugendstrafe von nicht mehr als zwei Jahren, wenn die Vollstreckung der Strafe ganz oder die Vollstreckung eines Strafrestes gerichtlich oder im Gnadenweg zur Bewährung ausgesetzt oder nach § 35 BtMG zurückgestellt und diese Entscheidung nicht widerrufen ist, Verurteilungen zu Jugendstrafe, bei denen der Strafmakel als beseitigt erklärt ist, Verurteilungen, durch die neben Jugendstrafe von nicht mehr als zwei Jahren die Unterbringung in einer Entziehungsanstalt angeordnet worden ist, wenn die Vollstreckung der Strafe, des Strafrests oder der Maßregel nach § 35 BtMG zurückgestellt und diese Entscheidung nicht widerrufen worden ist, und Verurteilungen, durch die Maßregeln der Besserung und Sicherung, Nebenstrafen und Nebenfolgen allein oder in Verbindung mit Erziehungsmaßregeln und Zuchtmitteln angeordnet worden sind (§ 32 BZRG). Für die nach Jugendstrafrecht verurteilten Jugendlichen und Heranwachsenden bedeutet das im wesentlichen, dass nur Verurteilungen zu Jugendstrafe aufgenommen werden, die nicht zur Bewährung ausgesetzt ist, und dass nach der Entlassung aus der Jugendstrafe zur Bewährung nur Verurteilungen mitgeteilt werden, die zwei Jahre übersteigen. Ausgenommen von dieser Regelung sind allerdings Jugendstrafen, die wegen einer Straftat nach §§ 174 bis 180 oder 182 StGB verhängt worden sind (§ 32 I 2 BZRG). In allen anderen Fällen kann der Verurteilte sich gegenüber jedermann als unbestraft bezeichnen und den der Verurteilung zugrundeliegenden Sachverhalt verschweigen, da die Verurteilung nicht ins Führungszeugnis aufzunehmen ist (§ 53 BZRG).

Drei Jahre nach dem letzten tatrichterlichen Urteil[4] wird Jugendstrafe bis zu einem Jahr auch dann nicht mehr in das Führungszeugnis aufgenommen, wenn sie weder ganz noch teilweise zur Bewährung ausgesetzt worden war bzw. die Bewährung widerrufen worden ist. Hat ein Jugendlicher oder Heranwachsender eine Jugendstrafe von mehr als zwei Jahren teilverbüßt, ist er zur Bewährung entlassen worden und hat er die Bewährungszeit gut durchgestanden, so wird drei Jahre nach dem Urteil erster Instanz (§ 36 BZRG), verlängert um die in der Jugendstrafanstalt verbrachte Strafzeit (§ 34 II BZRG), die Verurteilung nicht mehr ins Führungszeugnis aufgenommen. Sonst beträgt die Frist, nach der Verurteilungen nicht mehr ins Führungszeugnis aufgenommen werden, fünf Jahre (§ 34 I Nr. 2 BZRG). Abweichend von dieser Regelung werden Jugendstrafen von mehr als einem Jahr, die wegen einer Straftat nach den §§ 174–180 oder 182 StGB verhängt worden sind, erst nach zehn Jahren nicht mehr in das Führungszeugnis eingetragen (§ 34 I Nr. 2 BZRG).

---

[4] *OLG Hamburg* MDR 1977, 162.

Abgesehen von Verurteilungen zu Jugendstrafen wegen Sexualstraftaten (§§ 174–180, 182 StGB) kann der Verurteilte, wenn die gesetzliche
Frist für die unbeschränkte Auskunft noch nicht abgelaufen ist, gem.
§ 97 JGG die Beseitigung des Strafmakels durch Richterspruch verlangen.
Voraussetzung ist, dass der Vollzug der Strafe beendet, eine etwaige Bewährungszeit erfolgreich abgelaufen ist und sich der Verurteilte der Beseitigung des Strafmakels besonders würdig erwiesen hat. Zwei Jahre
nach Verbüßung der Strafe oder nach Erlass einer Reststrafe nach erfolgreichem Ablauf der Bewährungszeit wird der Strafmakel auf Antrag oder
von Amts wegen getilgt, wenn der Jugendrichter die Überzeugung erlangt hat, dass der zu Jugendstrafe verurteilte Jugendliche oder Heranwachsende sich durch einwandfreie Führung als rechtschaffener Mensch
erwiesen hat. Hier sind also keine Leistungen des Jugendlichen, durch
die er sich der Beseitigung des Strafmakels besonders würdig gezeigt hat,
erforderlich. Wenn bei Verurteilungen zu nicht mehr als zwei Jahren Jugendstrafe die ganze Strafe oder ein Strafrest nach erfolgreichem Ablauf
der Bewährungszeit erlassen wird, so erklärt der Richter den Strafmakel
zugleich als beseitigt (§ 100 JGG).[5]

Alle diese Möglichkeiten sollen auch dem zu Jugendstrafe Verurteilten
die Chance geben, in einigen Fällen sofort nach der Verurteilung oder
der Strafentlassung, in anderen Fällen jedenfalls in möglichst kurzer Zeit
nach der Entlassung aus der Haft ohne die Belastung der Vorstrafe leben
zu können.

Endgültig werden die Jugendstrafen nach fünf und in einigen Fällen
nach zehn Jahren – handelt es sich um Jugendstrafen von mehr als einem
Jahr wegen Sexualstraftaten nach 20 Jahren – getilgt (§ 46 BZRG), wenn
nicht Verurteilungen zu weiteren Strafen erfolgt sind.[6] Ist die Strafe getilgt, so erhalten Gerichte und Staatsanwaltschaften keine Auskunft über
die Verurteilungen mehr, die Tat und die Verurteilung dürfen dem Betroffenen im Rechtsverkehr nicht mehr vorgehalten und nicht zu seinem
Nachteil verwertet werden, § 51 BZRG.[7]

3. Bewertung der Regelung

Insgesamt erscheint die Regelung der Eintragung und der Auskunft zufrieden stellend und abgewogen. Auch die zu Jugendstrafe Verurteilten

---

[5] Die Verurteilung darf dann nur noch Strafgerichten und Staatsanwaltschaften
mitgeteilt werden, wenn ein neues Strafverfahren gegen den Betroffenen stattfindet,
vgl. § 41 III BZRG.

[6] Vgl. *BGH* NStZ 1991, 591 mit Anm. *Kalf.*

[7] Vgl. auch *BGH* Beschl. v. 17. 8. 83, RÜ NStZ 1984, 447 f.; auch wenn der Angeklagte von sich aus dem Gericht von der getilgten oder tilgungsreifen Verurteilung
und der ihr zugrunde liegenden Tat berichtet: *BGH* Beschl. v. 4. 10. 2000, RÜ NStZ-
RR 2001, 327.

haben wesentlich bessere Möglichkeiten als die zu Freiheitsstrafe Verurteilten, die Vorstrafenbelastung wenigstens aus den Bereichen, in denen sie im täglichen Leben stört, wie etwa bei der Arbeitssuche, herauszuhalten. Andererseits können Gerichte und Staatsanwaltschaften lange Zeit zu Zwecken der Rechtspflege, insbesondere also für die zur Bemessung der Strafen und Maßnahmen in neuen Verfahren erforderliche Persönlichkeitserforschung, alle Auskünfte erhalten. Bedauerlich ist freilich, dass durch die Gesetzesänderung im Jahre 1998 die Verurteilungen zu Jugendstrafe von mehr als einem Jahr wegen Sexualstraftaten pauschal zehn Jahre lang im Führungszeugnis auftauchen und von der Tilgung des Strafmakels ausgenommen sind (§§ 97 I 3, 100 Satz 2 JGG).[8]

---

[8] „Systembruch": *Eisenberg,* § 100 Rn. 2.

Paragraphenregister

(Die angegebenen Fundstellen beziehen sich auf die Seitenzahlen)

*Referentenentwurf eines Zweiten Gesetzes
zur Änderung des Jugendgerichtsgesetzes
(E 2. JGGÄndG, Stand: 8. 4. 2004)*

Stichwortverzeichnis

(Die angegebenen Fundstellen beziehen sich auf die Seitenzahlen)